天津圖書館古籍善本書目

【中】集部·叢部

天津圖書館 編

國家圖書館出版社

集部

楚辭類

楚騷五卷 楚屈原撰 **附錄一卷** 漢司馬遷撰 明正德十五年熊宇刻篆楷對照本 四册 ○七八五
五行篆楷各五字白口四周單邊 有刻工 鈐八千卷樓
收藏書籍朱文方印 世德堂朱文長方印 善本書室朱文方印

楚騷五卷 楚屈原撰 **附錄一卷** 漢司馬遷撰 明正德十五年熊宇刻篆楷對照本 十册 ○七八六
鈐古香簃珍藏記白文方印 積學齋徐乃昌藏書朱文長方印
揚州阮氏琅環仙館藏書之印朱文方印 延古堂李氏珍藏白文方印

楚辭十卷 漢劉向輯 明吳勉學校 明吳勉學刻本 二册 九行十八字白口左右雙邊 ○七九一

楚辭十七卷 漢王逸章句 **疑字直音補一卷** 明隆慶五年豫章夫容館刻本 八 ○七九三
册 八行十七字小字雙行字同白
口四周雙邊 目錄后鐫隆慶辛未歲豫章夫容館宋版重雕牌記

楚辭十七卷　漢王逸章句　附錄一卷　明萬曆十四年馮紹祖觀妙齋刻本　二册　九行十八字小字雙行字同白口左右雙邊　鈐蟫香館藏書朱文長方印　文珊朱文方印　○七八一

楚辭十七卷　漢王逸章句　附錄一卷　明萬曆十四年馮紹祖觀妙齋刻本　八册　○七八二

楚辭十七卷　漢王逸章句　明萬曆十四年馮紹祖觀妙齋刻本　六册　○七八三

楚辭十七卷　漢王逸章句　疑字直音補一卷　明萬曆朱燮元、朱一龍刻本　四册　八行十七字小字雙行字同白口四周單邊　各卷前鐫明朱燮元懋和朱一龍官虞校刻　○七八七

楚辭十七卷　漢王逸章句　疑字直音補一卷　明萬曆朱燮元、朱一龍刻本　八册　○六四四

楚辭十七卷　漢王逸章句　宋洪興祖補注　明刻本　張大方題識　七册　九行十四至十六字小字雙行二十一字白口左右雙邊　存十二卷　一至八　十一至十三　十七　○七八九

楚辭十七卷　宋洪興祖、明劉鳳等注　明陳深批點　附錄一卷　明凌毓枏刻套印本　二册　八行十八字白口四周單邊　卷尾鐫吳興凌毓枏殿卿父校　鈐尺五山房白文方印　閩戴成芬芷農圖籍朱文方印　一八四八

楚辭集註八卷辨證二卷後語六卷　宋朱熹撰　明萬曆二十五年吉府魏椿重刻本　四册　八行十七字小字雙行　○七八八

字同白口四周雙邊　目録後鐫萬曆丁酉季春月穀旦吉府承奉司常山暘谷魏椿重刊　有刻工　鈐嘉惠堂藏閲書朱文長方印　王石泉朱文方印　戢塋白文方印

存　楚辭集註八卷　辨證二卷

楚辭八卷辯證二卷後語六卷　宋朱熹撰　明刻本　八册　九行十七字小字雙行字同白口四周單邊　○七九六

楚辭集註八卷　宋朱熹撰　明刻本　佚名評點　三册　九行十八字小字雙行字同小字單行十七字白口四周單邊　○七九五

楚辭集注八卷　宋朱熹撰　清乾隆五十三年吴晅聽雨齋刻套印本　六册　八行二十二字白口左右雙邊　下書口鐫聽雨齋　封面鐫乾隆戊申新鐫　一八四九

楚辭集注八卷　宋朱熹撰　清乾隆五十三年吴晅聽雨齋刻套印本　八册　一八五〇

楚辭評林八卷總評一卷　宋朱熹集註　明沈雲翔輯評　明崇禎十年吴郡八詠樓刻本　六册　九行二十五字白口四周單邊　封面鐫吴郡八詠樓藏版牌記　一七一九

離騷集傳一卷　宋錢杲之撰　清影宋抄本　清李宏信跋　一册　九行十八字小字雙行字同白口左右雙邊　鈐小李山房朱文方印　徐維則讀書記朱文長方印　會稽徐氏鑄學齋藏書印朱文方印　二九六四

離騷經訂註一卷　明趙南星撰　**屈原傳一卷**　漢司馬遷撰　明萬曆趙悦學重刻本　二册　九行十八字白口四周單邊　卷端題銜處鐫仲孫趙悦學重刊　封面鐫趙儕鶴古鄗廉善堂藏版　○七八四

楚辭十九卷讀楚辭語一卷雜論一卷　明陸時雍撰　屈原傳一卷　漢司馬遷撰　明末陸氏緝柳齋刻本　四册　九行二十字白口四周單邊　每卷卷端下書口鐫緝柳齋藏板　〇七九七

楚辭述註五卷　明來欽之撰　九歌圖一卷　明陳洪綬繪　明崇禎刻黄象彝等印本　二册　九行二十字小字雙行十九字白口四周單邊　〇七九二

楚辭述註五卷　明來欽之撰　九歌圖一卷　明陳洪綬繪　清康熙三十年刻本　二册　九行二十字小字雙行十九字白口四周單邊　四八九〇

離騷圖不分卷　清蕭雲從繪並注　清初刻本　四册　九行二十四字白口四周單邊　四七八九

楚辭燈四卷楚懷襄二王在位事蹟考一卷　清林雲銘撰　屈原列傳一卷　漢司馬遷撰　清康熙三十六年挹奎樓刻本　四册　八行二十字小字雙行字同白口左右雙邊　五七九三

楚辭燈四卷楚懷襄二王在位事蹟考一卷　清林雲銘撰　屈原列傳一卷　漢司馬遷撰　清康熙三十六年挹奎樓刻本　佚名批校　二册　六六九三

離騷辯不分卷　清朱冀撰　清康熙綠筠堂刻本　一册　七行十八字小字雙行字同白口左右雙邊　下書口鐫綠筠堂　四六八四

山帶閣註楚辭六卷首一卷餘論二卷説韻一卷 清蔣驥註 清雍正五年蔣氏山帶閣刻本 二册 十行二十一字小字雙行三十二字白口左右雙邊 有刻工 五七九一

楚辭節註六卷 清姚培謙撰 **楚辭叶音一卷** 清劉維謙撰 清乾隆六年刻本 一册 八行十八字小字雙行字同黑口左右雙邊 封面鐫乾隆辛酉春鐫 五七九〇

屈原賦七卷通釋二卷 清戴震撰 **音義三卷** 清汪梧鳳撰 清乾隆二十五年汪梧鳳刻本 二册 十行二十一字白口左右雙邊 鈐胡氏長守閣藏書印朱文長方印 胡澍壬戌年後所得朱文方印 四七八八

別集類

東方先生集一卷 漢東方朔撰 明呂兆禧校 明刻漢魏六朝諸家文集本 一册 九行二十字白口左右雙邊 一八〇六

漢蔡中郎集六卷 漢蔡邕撰 明嘉靖二十七年任城楊賢刻本 四册 九行二十一字白口四周單邊 〇八八〇

蔡中郎集六卷補遺一卷 漢蔡邕撰 清劉嗣奇校 清雍正五年刻本 四册 十行二十字黑口四周單邊 八〇五七

蔡中郎集十九卷　漢蔡邕撰　清嚴可均輯校　清吳氏石蓮閣抄本　丁艮善題識　二册　十二行二十四字小字雙行字同無格　Z〇〇八四

諸葛丞相集四卷　附錄一卷　蜀諸葛亮撰　清朱璘輯　清康熙三十七年萬卷堂刻本　八册　九行十九字小字雙行字同白口四周雙邊　封面鐫康熙戊寅年新鐫　萬卷堂藏板　五八八四

曹子建集十卷　疑字音義一卷　魏曹植撰　明刻本　二册　九行十八字白口左右雙邊　〇八八三

曹子建集十卷　疑字音義一卷　魏曹植撰　明刻本　四册　九行十八字白口四周雙邊間單邊　鈐環翠軒藏書印朱文方印　〇八八四

陳思王集十卷　魏曹植撰　明刻本　佚名朱筆據宋本校　二册　九行十九字白口左右雙邊　鈐理卿藏書朱文方印　Z〇〇二三

陸士衡集十卷　晉陸機撰　明萬曆汪士賢刻漢魏六朝二十一家集本　一册　九行二十字白口左右雙邊　〇八八五

陸士衡集十卷　晉陸機撰　明汪士賢校　明南城翁少麓翻刻汪士賢本　二册　九行二十字白口左右雙邊　封面鐫徐民瞻先生訂正南城翁少麓梓　〇八八六

陶靖節集十卷　總論一卷　晉陶潛撰　宋湯漢等箋注　明嘉靖二十五年蔣孝移齋刻本　六册　九行十八字小字雙行字同白口左右雙邊　序後鐫晉陵蔣氏梓于家塾　卷三後鐫晉陵蔣氏丙午仲秋　卷八後鐫晉陵蔣氏梓于移齋牌記　〇八九六

陶靖節集十卷　總論一卷　晉陶潛撰　宋湯漢等箋注　明萬曆十五年休陽程氏刻本　四册　九行十八字白口左右雙邊　卷末鐫萬曆丁　〇八九一

亥休陽程氏梓牌記　鈐碧香石庵朱文方印　聞妙香齋白文方印

陶靖節集十卷　晉陶潛撰　宋湯漢等箋注　總論一卷　明刻本　六册　九行十八字白口左右雙邊　有刻工　鈐汲古閣朱文方印　錢曾朱文圓印　〇八九四

陶靖節集八卷　晉陶潛撰　宋湯漢等箋注　蘇東坡和陶詩二卷　宋蘇軾撰　附錄一卷　明萬曆四十七年楊時偉刻合刻忠武靖節二編本　三册　九行十八字小字雙行字同白口四周單邊　鈐稼翁朱文方印　蟫香館藏書印朱文方印　檇李曹溶朱文方印　徐麟白文方印　〇八九五

陶靖節集八卷　晉陶潛撰　宋湯漢等箋注　總論一卷附錄一卷　明凌濛初刻套印本　四册　十行十八字白口四周單邊　鈐海文山房朱文方印　姚子眞秘笈印朱文方印　歸安吳雲白文方印　一八五二

陶靖節集八卷　晉陶潛撰　宋湯漢等箋注　總論一卷附錄一卷　明凌濛初刻套印本　四册　一八五三

陶靖節集不分卷　晉陶潛撰　明毛晉重訂　明天啓毛氏綠君亭刻屈陶合刻本　四册　八行十八字白口四周單邊　下書口鐫綠君亭　〇八九七

陶靖節集八卷　晉陶潛撰　宋湯漢等箋注　總論一卷附錄一卷　明崇禎刻阮陶合刻本　佚名批校　清姚尹題識　一册　九行十八字白口左右雙邊　〇八九三

陶靖節詩集四卷　晉陶潛撰　周文焜訂　清蔣薰評　東坡和陶詩一卷　宋蘇軾撰　五八八五

律陶一卷 明王思任輯 清康熙間刻本 一册 九行十九字小字雙行字同白口四周單邊

陶詩集注四卷 清詹夔錫輯 **東坡和陶詩一卷** 宋蘇軾撰 清康熙三十三年詹氏寶墨堂刻本 一册 八行十九字白口左右雙邊 七八六二

陶詩集注四卷 清詹夔錫輯 **東坡和陶詩一卷** 宋蘇軾撰 清康熙三十三年詹氏寶墨堂刻本 四册 七八六一

陶淵明集四卷 晉陶潛撰 **和陶詩一卷** 宋蘇軾撰 清抄本 佚名録鄭虎文批校 二册 八行二十字蘭格白口四周單邊 三〇六四

陶詩衍二卷 明陳龍正輯 明崇禎十六年陳揆刻本 一册 九行十九字白口四周單邊 〇八九九

梁武帝集一卷 梁武帝蕭衍撰 **梁簡文帝集二卷** 梁簡文帝蕭綱撰 明嘉靖刻六朝詩集本 一册 十行十八字白口左右雙邊 有刻工 〇八八八

梁昭明太子文集五卷 梁蕭統撰 明楊慎等校 明遼國寶訓堂重刻本 一册 八行十六字小字雙行字同細黑口左右雙邊 卷端題下鐫大明遼國寶訓堂重梓 〇二二七

梁昭明太子文集五卷 梁蕭統撰 明楊慎等校 明遼國寶訓堂重刻本 二册 〇八八九

江文通集四卷附録一卷 梁江淹撰 清梁賓輯 清乾隆二十四年考城安愚堂刻本 四册 十行十九字黑口左右雙邊 封面鐫乾隆己卯鐫 四七九二

考城安愚堂藏板

江文通集四卷附錄一卷 梁江淹撰 清梁賓輯 清乾隆二十四年考城安愚堂刻本 四冊 六七一二

任彥升集六卷傳一卷 梁任昉撰 明萬曆十八年呂兆禧校刻漢魏諸名家集本 二冊 九行二十字白口左右雙邊 鈐董氏萬卷樓所藏書朱文長方印 ○八八七

何水部集二卷 梁何遜撰 清乾隆十九年江昉貽清堂刻本 一冊 九行二十一字白口四周單邊 封面鐫貽清堂校刊 鈐莫友芝圖書印朱文長方印 莫彝孫印白文方印 莫繩孫印白文方印 四七九一

吳朝請集一卷 梁吳均撰 明張溥閱 明婁東張氏刻漢魏六朝百三名家集本 一冊 九行十八字白口四周單邊 一六八一

陳後主集一卷 陳後主撰 明張溥輯刻漢魏六朝百三名家集本 一冊 九行十八字白口左右雙邊 一三七六

庾開府集十二卷 北周庾信撰 明萬曆天啟汪士賢刻漢魏六朝二十一名家集本 六冊 九行二十字白口左右雙邊 ○八九○

庾子山集十六卷 北周庾信撰 清倪璠註 **年譜一卷總釋一卷** 清倪璠撰 清康熙二十六年崇岫堂刻本 十冊 十行二十字小字雙行字同白口左右雙邊 封面鐫康熙二十六年鐫 崇岫堂藏板 七○九一

以上漢魏六朝別集

虞世南集一卷 唐虞世南撰 明嘉靖十九年刻唐百家詩本 一冊 十行十八字白口四周單邊 ○七六二

唐駱先生文集六卷 唐駱賓王撰　明虞九章等訂釋　明萬曆十九年虞九章刻本　六册　九行十八字小字雙行字同白口左右雙邊　有刻工　鈐山陰祁氏藏書之章白文方印　澹生堂經籍記朱文長方印　曠翁手識白文方印　〇九〇三

靈隱子六卷 唐駱賓王撰　明陳魁士註　明萬曆二十四年陳大科刻本　清戈襄校　二册　十行二十字小字雙行字同白口四周雙邊　有刻工　鈐會稽徐氏鑄學齋藏書印朱文大方印　小蓮朱文方印　維則曾觀朱文方印　〇九〇四

新刊駱子集註四卷記駱賓王遺事一卷 唐駱賓王撰　明陳魁士註　明萬曆七年劉大烈等刻本　六册　十行二十二字小字雙行二十一字白口四周雙邊　鈐研頤堂收藏圖書記朱文長方印　〇〇四〇

新刊駱子集註四卷記駱賓王遺事一卷 唐駱賓王撰　明陳魁士註　明萬曆七年劉大烈等刻本　鈐王利器印白文方印　一五二一六

駱臨海集十卷 唐駱賓王撰　清黃之琦校　清黃士翩重校　清趙忠補輯　清康熙四十六年黃雲琦覺非齋刻乾隆二十六年重印本　二册　九行二十字白口左右雙邊　五八九一

唐丞相曲江張文獻公集十二卷千秋金鑑錄五卷附錄一卷 唐張九齡撰　清乾隆三十三年紹風堂刻本　六册　九行十八字白口四周單邊　封面鐫紹風堂藏版　七五三五

唐丞相曲江張文獻公集十二卷千秋金鑑錄五卷附錄　七二八五

一卷　唐張九齡撰　清乾隆三十三年紹風堂刻本　六册

類箋唐王右丞詩集十卷　唐王維撰　宋劉辰翁評　明顧起經註　唐王右丞文集四卷集外編一卷　唐王維撰　明顧起經輯　唐王右丞年譜一卷　明顧起經撰　歷朝諸家評王右丞詩畫鈔一卷唐諸家同詠集一卷贈題集一卷　明顧起經輯　明嘉靖三十五年顧氏奇字齋刻本　十二册　九行十八字小字雙行字同細黑口左右雙邊　有刻工　〇九三二

唐王右丞詩集六卷　唐王維撰　明顧可久註　明萬曆十八年吳氏漱玉齋刻本　四册　九行十七字小字雙行字同白口左右雙邊　卷一、二、三後鐫吳氏漱玉齋藏板牌記　〇九三五

王摩詰詩集七卷　唐王維撰　宋劉辰翁、明顧璘評　明凌濛初刻套印本　二册　八行十九字白口左右雙邊　一八五八

王摩詰詩集七卷　唐王維撰　宋劉辰翁、明顧璘評　明凌濛初刻套印本　二册　一八五九

王右丞集二十八卷　唐王維撰　清趙殿成箋註　首一卷末一卷　清趙殿成輯　清乾隆趙氏目耕堂刻本　十六册　十行二十字小字雙行字同白口左右雙邊　卷末鐫颺錦齋田翠含刊　五一〇五

王右丞集二十八卷　唐王維撰　清趙殿成箋註　首一卷末一卷　清趙殿成輯　清乾隆趙氏目耕堂刻本　十　五一〇六

二冊

王右丞集二十八卷 唐王維撰 清趙殿成箋註 **首一卷末一卷** 清趙殿成輯 清乾隆趙氏目耕堂刻本 八冊　五一〇七

劉隨州詩集十卷 唐劉長卿撰 明萬曆二十一年祝以豳刻本 四冊 九行二十字白口四周單邊 有刻工　〇九三六

唐劉隨州全集三卷 唐劉長卿撰 清劉沁區編 清康熙三十八年西谿草堂刻本 三冊 十行二十字黑口四周單邊 封面鐫西谿草堂藏板　七六〇四

魯公文集十五卷 唐顏眞卿撰 明萬曆二十四年顏胤祚刻本 四冊 十行二十一字白口左右雙邊 有刻工　〇九二六

魯公文集十五卷 唐顏眞卿撰 明萬曆二十四年顏胤祚刻本 六冊　〇九二七

魯公文集十五卷 唐顏眞卿撰 明萬曆二十四年顏胤祚刻本 四冊　一〇四七

顏魯公集輯覽不分卷 唐顏眞卿撰 清沈叔埏輯 稿本 二冊 行格字數不等 鈐錢塘丁氏正修堂藏書朱文方印 八千卷樓珍藏善本朱文長方印　二九九六

孟浩然詩集二卷 唐孟浩然撰 宋劉長翁評 明李夢陽評 明凌濛初刻套印本 二冊 八行十九字白口左右雙邊 鈐陳穎孫印白文方印　一八六二

孟浩然詩集二卷 唐孟浩然撰 宋劉長翁評 明李夢陽評 明凌濛初刻套印本 二冊　一八六三

孟浩然詩集二卷 唐孟浩然撰 宋劉長翁評 明李夢陽評 明凌濛初刻套印本 二冊　一八〇九

李太白文集三十卷　唐李白撰　清康熙五十六年繆曰芑雙泉草堂刻本　六册　十一行二十字白口左右雙邊　封面鐫雙泉草堂藏板　五〇九四

李太白文集三十卷　唐李白撰　清康熙五十六年繆曰芑雙泉草堂刻本　十二册　五〇九二

李太白文集三十卷　唐李白撰　清康熙五十六年繆曰芑雙泉草堂刻本　四册　五〇九三

分類補註李太白詩二十五卷　唐李白撰　宋楊齊賢集註　元蕭士贇補註　元建安余氏勤有堂刻明修本　十六册　十二行二十字小字雙行二十六字黑口左右雙邊間四周雙邊　目録後鐫建安余氏勤有堂刊牌記　鈐沈慈私印白文方印　洪魯軒圖書記朱文長方印　師竹齋藏朱文長方印　勿菴談劍之收藏私印朱文方印　Z〇〇七五

分類補註李太白詩二十五卷　唐李白撰　宋楊齊賢集註　元蕭士贇補註　唐翰林李太白年譜一卷　宋薛仲邕編　明嘉靖二十五年玉几山人刻重修本　十二册　八行十七字小字雙行字同白口四周雙邊　卷端題大明嘉靖丙午玉几山人校　有刻工　鈐汪氏梅花篠藏朱文方印　〇九一四

分類補註李太白詩二十五卷　唐李白撰　宋楊齊賢集註　元蕭士贇補註　分類編次李太白文五卷　唐李白撰　明嘉靖二十二年郭雲鵬寶善堂刻本　十册　八行十七字小字雙行字同白口左右雙邊　卷末鐫嘉靖癸卯春元日寶善堂梓行牌記　〇九一五

分類補註李太白詩二十五卷　唐李白撰　宋楊齊賢集註　元蕭士贇補註　唐翰林李太白年譜一卷　宋薛仲邕編　明萬曆三十年許自昌校刻李杜全集本　六册　九行二十字小字雙行字同白口左右雙邊　〇九一六

分類補註李太白詩二十五卷　唐李白撰　宋楊齊賢集註　元蕭士贇補註　唐翰林李太白年譜一卷　宋薛仲邕編　明萬曆三十年許自昌校刻李杜全集本　六册　○九一七

分類補註李太白詩二十五卷　唐李白撰　宋楊齊賢集註　元蕭士贇補註　明刻本　十一册　十二行二十字小字雙行二十六字白口四周單邊　○九一八

李翰林集十卷　唐李白撰　宋樂史編　明正德十四年陸元大刻清嘉慶八年王芑孫淵雅堂補刻本　一册　十行十八字白口左右雙邊　封面鐫明初琹宋淳熙本嘉慶八年春正月蘇州王氏淵雅堂補版印行　○九一三

存二十四卷　二至二十五

李太白詩集二十二卷　唐李白撰　宋嚴羽評點　明崇禎二年聞啓祥刻李杜全集本　四册　九行二十字小字雙行字同白口四周單邊　一三四三

韋蘇州集十卷拾遺一卷　唐韋應物撰　明弘治九年李瀚、劉玘刻本　四册　十行十八字黑口四周雙邊　鈐沈慈印白文方印　十峰白文方印　曾在雲間歡園沈氏朱文長方印　鷗舫珍藏朱文方印　○九二三

韋蘇州集十卷拾遺一卷　唐韋應物撰　明嘉靖二十年周桃村刻本　三册　十行十八字白口四周單邊　鈐八千卷樓朱文方印　嘉惠堂藏閲書朱文長方印　○九二〇

韋蘇州集十卷拾遺一卷　唐韋應物撰　明刻本　五册　十行十八字白口左右雙邊　鈐杏花春雨樓朱文方印　明雪主人藏書白文方印　〇九二一

韋蘇州集十卷附錄一卷　唐韋應物撰　明吳世澤較　明刻本　六册　九行十八字白口四周單邊　有刻工　〇九二三

韋蘇州集十卷拾遺一卷　唐韋應物撰　宋劉辰翁等評　明凌濛初刻套印本　四册　八行十八字白口四周單邊　一八八〇

韋蘇州集十卷拾遺一卷　唐韋應物撰　宋劉辰翁等評　明凌濛初刻套印本　四册　一八八一

韋蘇州集十卷拾遺一卷　唐韋應物撰　宋劉辰翁等評　明凌濛初刻套印本　八册　一七〇三

韋蘇州集十卷拾遺一卷　唐韋應物撰　清刻本　五册　十行十八字白口左右雙邊　六一七二

岑嘉州集二卷　唐岑參撰　明嘉靖三十一年江都黄埻東壁圖書府刻唐十二家詩本　二册　九行十九字白口四周雙邊　上書口鐫東壁圖書府　有刻工　〇九〇五

集千家註杜工部詩集二十卷文集二卷附錄一卷　唐杜甫撰　宋黄鶴補注　明嘉靖十五年玉几山人校刻本　十二册　八行十七字小字雙行字同白口四周雙邊　卷端鐫大明嘉靖丙申玉几山人校刻　有刻工　〇九四四

存　詩集二十卷

集千家註杜工部詩集二十卷文集二卷年譜一卷附錄一卷　唐杜甫撰　宋黄鶴補注　明萬曆黄陞刻本　十二册　八行十七字小字雙行字同白口左右雙邊　〇九五一

集千家註批點杜工部詩集二十卷年譜一卷 唐杜甫撰　宋黃鶴補注　宋劉辰翁評點　明嘉靖八年朱邦薴懋德堂刻本　十册　八行十八字小字雙行字同黑口四周雙邊　鈐靖江王章朱文大方印　○九四二

集千家註杜工部詩集二十卷文集二卷 唐杜甫撰　宋黃鶴補注　宋劉辰翁評點　明萬曆許自昌輯刻李杜合刊本　十二册　九行二十字小字雙行字同白口左右雙邊　○九四五

杜律七言註解二卷 唐杜甫撰　元虞集注　明嘉靖七年穆相刻杜律註解本　一册　九行二十字白口四周單邊　○九五二

杜工部七言律詩二卷 唐杜甫撰　元虞集註　明吳登籍校　明刻本　二册　九行二十字小字雙行十九字白口四周雙邊　有刻工

存一卷 一　○九五〇

杜律虞注二卷 唐杜甫撰　元虞集注　清康熙清畏堂刻本　二册　八行十九字白口左右雙邊　封面鐫清畏堂藏版　六五三〇

杜律二註四卷 明章美中輯　明嘉靖二十六年郟縣熊鳳儀退省堂刻本　二册　九行二十字小字雙行字同白口四周單邊　卷末鐫嘉靖丁未秋九月刻于郟縣之退省堂牌記　○九四七

杜律七言註解一卷　元虞集撰

杜律五言註解三卷　元趙汸撰

杜少陵集十卷 唐杜甫撰　明刻本　八册　十行二十字白口四周單邊　○九四一

杜工部詩八卷附錄一卷　唐杜甫撰　明鄭楧編　明萬曆三十年鄭楧刻本　一塵題識　四册　十一行二十字白口左右雙邊　鈐一塵印信白文方印　黄星海太史圖書記朱文長方印　弢齋藏書記朱文長方印　〇九四八

杜工部全集六十六卷目錄六卷　唐杜甫撰　明劉世教輯　年譜一卷　宋黄鶴撰　明萬曆四十年刻合刻分體李杜全集本　十册　九行十八字白口左右雙邊　〇九四六

杜律詹言二卷　明謝杰評撰　明萬曆二十五年張應泰、金士衡刻本　二册　八行十六字小字雙行十五字白口四周雙邊　序後鐫門生張應泰、金士衡敬梓　有刻工　〇九四九

杜工部集二十卷諸家詩話一卷附錄一卷唱酬題詠附錄一卷年譜一卷　唐杜甫撰　清錢謙益註　清康熙六年季氏靜思堂刻本　六册　十一行二十字小字雙行二十八字黑口四周雙邊　封面鐫敬思堂藏板牌記　五八九八

杜工部集二十卷諸家詩話一卷附錄一卷唱酬題詠附錄一卷年譜一卷　唐杜甫撰　清錢謙益註　清康熙六年季氏靜思堂刻本　六册　五八九九

杜工部集箋註二十卷附錄一卷注杜詩略例一卷諸家詩話一卷唱酬題詠附錄一卷　唐杜甫撰　清錢謙益箋註　清康熙六年靜思堂刻本　佚名錄張匠門批校　十二册　五八九六

十一行二十字黑口四周雙邊　鈐謝宗陶藏書印朱文方印

辟疆園杜詩註解五言律十二卷七言律五卷　唐杜甫撰　清顧宸註　清李壯、畢忠吉評
清康熙二年顧氏辟疆園刻本　十三册　九行二十一字白口左右雙邊　下書口鐫辟疆園
存　五言律十二卷　六一六二

杜工部詩集二十卷集外詩一卷杜詩補註一卷文集二卷年譜一卷　唐杜甫撰　清朱鶴齡輯註　清康熙金陵葉永茹萬卷樓刻本　佚名批校　二十四册　九行十九字小字雙行字同白口左右雙邊　封面鐫金陵葉永茹梓行牌記　四七九七

讀書堂杜工部詩集註解二十卷文集註解二卷編年詩史譜目一卷首一卷　唐杜甫撰　清張溍註　清康熙三十七年讀書堂刻本　十二册　九行二十二字小字雙行字同上黑口左右雙邊　下書口鐫讀書堂　七七五〇

讀書堂杜工部詩集註解二十卷文集註解二卷編年詩史譜目一卷首一卷　唐杜甫撰　清張溍註　清康熙三十七年讀書堂刻本　十二册　六一六六

杜詩論文五十六卷　清吳見思撰　清潘眉評　清康熙十一年岱淵堂刻本　十二册　九行二十二字小字單行二十字白口左右雙邊　卷末鐫康熙壬子年三月常州岱淵堂梓牌記　六一五九

杜詩詳註二十五卷首一卷附編二卷　唐杜甫撰　清仇兆鰲輯註　清康熙刻本　姚尹題識　十六册　十行二十二字小字雙行字同下黑口左右雙邊　五八九三

杜詩詳註二十五卷首一卷附編二卷　唐杜甫撰　清仇兆鰲輯註　清康熙刻本　十二册　五八九四

杜詩詳註二十五卷首一卷附編二卷　唐杜甫撰　清仇兆鰲輯註　清康熙刻本　二十四册　五八九五

杜工部七言律詩五卷　唐杜甫撰　清陳之壎註　清康熙刻本　二册　十一行二十一字黑口左右雙邊　四七九四

杜律通解四卷　清李文煒撰　清康熙六十年刻本　四册　十行二十字黑口左右雙邊　六一六〇

杜律通解四卷　清李文煒撰　清康熙六十年刻本　四册　六六六一

讀杜心解六卷首二卷　唐杜甫撰　清浦起龍解　清雍正三年浦氏寧我齋刻本　八册　十行二十二字小字雙行三十一字白口左右雙邊　下書口鐫寧我齋　卷末鐫雍正乙巳六月前硼浦氏刊定牌記　五一一二

杜律啓蒙十二卷年譜一卷　唐杜甫撰　清邊連寶集註　清乾隆四十二年刻本　六册　九行十九字小字雙行十八字白口左右雙邊　封面鐫乾隆丁酉初刻　四七九八

杜工部五言詩選直解三卷七言詩選直解二卷年譜一卷　六一六五

唐杜甫撰　清范廷謀註釋　清雍正六年稼石堂刻本　五册　九行二十字小字雙行字同白口四周雙邊下書口鐫稼石堂

杜詩偶評四卷　清沈德潛撰　清乾隆十二年潘承松賦閒草堂刻本　二册　十行十九字白口左右雙邊　下書口鐫賦閒草堂　鈐無錫丁福保字仲祜別號疇隱白文長方印　七八六七

杜詩偶評四卷　清沈德潛撰　清乾隆十二年潘承松賦閒草堂刻本　佚名批校　二册　鈐涇川洪氏師竹齋藏書印朱文大方印　于景炘印朱文方印　四七九五

杜詩鏡銓二十卷附錄一卷年譜一卷　清楊倫撰　清乾隆九柏山房刻本　八册　九行二十字小字雙行三十字白口四周單邊　封面鐫九柏山房藏版　七九〇九

杜詩鏡銓二十卷附錄一卷年譜一卷　清楊倫撰　清乾隆九柏山房刻本　八册　七九〇八

杜少陵七五律精選不分卷　唐杜甫撰　清宮製錦抄本　二册　七行二十一字無格　鈐宮製錦印白文方印　三八二六

杜詩鈔七卷　唐杜甫撰　清抄本　徐世昌跋　二册　十一行二十一字紅格白口四周單邊　三〇七三

唐元次山文集十卷拾遺一卷　唐元結撰　明湛若水、郭勛校　明嘉靖刻萬曆十一年夏鏜補刻本　二册　十行二十字黑口四周雙邊　〇九二四

唐元次山文集十卷拾遺一卷　唐元結撰　明湛若水、郭勛校　明嘉靖刻萬曆十一年夏鏜補刻本　四册　〇九二五

毘陵集二十卷補遺一卷附錄一卷　唐獨孤及撰　清乾隆五十六年武進趙懷玉亦有生齋刻本　八册　十行二十　四七〇一

一字白口左右雙邊　下書口鐫亦有生齋校本

唐陸宣公集二十二卷　唐陸贄撰　明萬曆三十四年吳繼武光裕堂刻本　六册　十行二十字白口四周單邊　下書口鐫光裕堂梓　封面鐫製錦堂吳吉徵梓　○五二九

唐陸宣公集二十二卷　唐陸贄撰　明萬曆三十四年吳繼武光裕堂刻本　六册　○五三二

唐陸宣公集二十二卷　唐陸贄撰　明萬曆三十四年吳繼武光裕堂刻本　佚名校並錄諸家彙評　七册　○五二八

唐陸宣公文集四卷首一卷　唐陸贄撰　清張伯行訂　清康熙四十八年正誼堂刻本　二册　十行二十二字白口四周單邊　下書口鐫正誼堂　七二四六

唐陸宣公集二十二卷　唐陸贄撰　清雍正元年年羹堯刻本　十二册　十行二十字白口四周單邊　五五三七

唐陸宣公集二十二卷　唐陸贄撰　清雍正元年年羹堯刻本　十二册　五五三八

唐陸宣公集二十二卷　唐陸贄撰　清雍正元年年羹堯刻本　六册　五五三九

唐陸宣公翰苑集二十四卷　唐陸贄撰　明萬曆三十五年陸基忠刻本　十二册　九行十八字白口四周雙邊　各卷後鐫二十七世孫基忠校梓　有刻工　○九三七

唐陸宣公翰苑集二十四卷　唐陸贄撰　清張佩芳注　清乾隆張氏希音堂刻本　四册　九行二十一字小字雙行字同白口左右雙邊下書口鐫希音堂　七八七九

唐陸宣公翰苑集二十四卷　唐陸贄撰　清張佩芳注　清乾隆張氏希音堂刻本　十二册　七五六六

歌詩編四卷集外詩一卷　唐李賀撰　明崇禎毛氏汲古閣刻唐人四集本　一册　十二行二十字細黑口左右雙邊　下書口間鐫汲古閣　存　歌詩編四卷　〇九一一

歌詩編四卷集外詩一卷　唐李賀撰　明崇禎毛氏汲古閣刻唐人四集本　佚名校　一册　〇九一〇

李長吉歌詩四卷外卷一卷　唐李賀撰　宋吳正子箋註　宋劉辰翁評點　明天啓刻合刻宋劉須溪點校書九種本　二册　九行二十字小字雙行字同白口四周單邊　〇九〇九

李長吉歌詩四卷外卷一卷　唐李賀撰　宋吳正子箋註　宋劉辰翁評點　明天啓刻合刻宋劉須溪點校書九種本　清李士震校並跋　二册　鈐李士震印白文方印　東屏朱文方印　〇九〇八

李長吉歌詩四卷外詩集一卷　唐李賀撰　宋劉辰翁評　明凌濛初刻套印本　二册　八行十九字白口左右雙邊　一八六八

李長吉歌詩四卷外詩集一卷　唐李賀撰　宋劉辰翁評　孟東野詩集十卷　一七〇四

唐孟郊撰 宋國材、劉辰翁評 明凌濛初刻套印本 十册 八行十九字白口左右雙邊

唐李長吉詩集四卷外詩集一卷 唐李賀撰 明徐渭、董懋策批註 明萬曆四十一年刻本 一册 八行十九字小字雙行字同白口四周單邊 ○九○七

唐歐陽先生文集八卷附錄一卷 唐歐陽詹撰 清抄本 清黃裳題款 六册 九行十八字無格 鈐古香樓朱文圓印 休寧汪季青家藏書笈朱文方印 黃裳藏本白文方印 三三一二

朱文公校昌黎先生文集四十卷外集十卷遺文一卷 唐韓愈撰 宋朱熹考異 宋王伯大音釋 **傳一卷** 元刻本 一册 十三行二十三字小字雙行字同黑口四周雙邊 鈐毛奇齡印白文方印 史官朱文方印 徐維則讀書記朱文長方印 Z○○六八

存外集十卷傳一卷遺文一卷

朱文公校昌黎先生文集四十卷外集十卷遺文一卷 唐韓愈撰 宋朱熹考異 宋王伯大音釋 **傳一卷** 明初刻本 二十册 十三行二十三字小字雙行字同黑口四周雙邊 鈐宗熙印白文方印 郭宗熙印白文方印 宗熙所讀之書朱文長方印 遺經齋藏書印朱文方印 綆古樓鑒藏印朱文方印 Z○○一○

朱文公校昌黎先生文集四十卷外集十卷遺文一卷 唐韓愈撰 ○九六二

宋朱熹考異　宋王伯大音釋　傳一卷　明嘉靖十三年安正書堂刻本　佚名批校　二十四册　十行二十四字小字雙行字同白口四周雙邊　有刻工　鈐松雪齋朱文長方印　玲瓏館珍賞印朱文方印　退耕堂藏書記朱文方印

○九五六　**朱文公校昌黎先生文集四十卷外集十卷遺文一卷**　唐韓愈撰　宋朱熹考異　宋王伯大音釋　**傳一卷**　明刻萬曆三年重修本　八册　九行十八字小字雙行字同黑口四周雙邊　補版頁口下鐫萬曆三年補

○九五七　**朱文公校昌黎先生文集四十卷外集十卷遺文一卷**　唐韓愈撰　宋朱熹考異　宋王伯大音釋　**傳一卷**　明萬曆朱崇沐刻本　十二册　九行十八字小字雙行字同白口四周雙邊

○九五八　**朱文公校昌黎先生文集四十卷外集十卷遺文一卷**　唐韓愈撰　宋朱熹考異　宋王伯大音釋　**傳一卷**　明萬曆朱崇沐刻本　佚名批校　十四册　鈐華亭范氏藏書朱文長方印　范原朱文方印

存　文集四十卷

五○九八　**昌黎先生集考異十卷**　宋朱熹撰　清康熙四十七年李光地刻本　二册　十行二十字小字雙行字同白口左右雙邊

○九六○　**昌黎先生集四十卷外集十卷遺文一卷**　唐韓愈撰　宋廖瑩中校正　**朱子校昌黎先生集傳一卷**　明徐氏東雅堂刻本　二十四册　九行十七字小字雙行字同細黑口四周雙邊　下書口鐫東雅堂　各卷末鐫東吳徐

氏刻梓家塾　有刻工　鈐草窗幽賞白文方印

昌黎先生集四十卷外集十卷遺文一卷　唐韓愈撰　宋廖瑩中校正　朱子校　昌黎先生集傳一卷　明徐氏東雅堂刻本　十六册　〇九五九

昌黎先生集四十卷外集十卷遺文一卷　唐韓愈撰　宋廖瑩中校正　朱子校　昌黎先生集傳一卷　明徐氏東雅堂刻本　十六册　一〇四五

昌黎先生全集四十卷外集十卷遺文一卷傳一卷　唐韓愈撰　明葛鼒校　明末葛氏永懷堂刻乾隆六年補刻本　周叔弢題識　佚名錄清方苞批校　八册　九行二十六字白口四周單邊　下書口鐫永懷堂　七八七五

韓文一卷　唐韓愈撰　明郭正域評選　明萬曆四十五年閔氏刻韓文杜律套印本　一册　八行十八字白口左右雙邊　卷末鐫萬曆丁巳夏六月烏程閔齊伋識　一八五六

唐大家韓文公文鈔十六卷　唐韓愈撰　明茅坤評　明萬曆七年茅一桂刻唐宋八大家文鈔本　四册　九行十九字白口左右雙邊　有刻工　〇九六一

韓文公文鈔十六卷　唐韓愈撰　明茅坤評點　明刻套印本　八册　九行二十字白口四周單邊　一八六五

韓文起十二卷　唐韓愈撰　清林雲銘評註　韓文公年譜一卷　清林雲銘撰　清康熙三十二年刻本　六册　九行二　六七一七

十三字小字雙行字同白口左右雙邊　封面鐫挹奎樓主人識語

韓文起十二卷　唐韓愈撰　清林雲銘評註　**韓文公年譜一卷**　清林雲銘撰　清康熙三十二年刻本　四册　六七一六

昌黎先生詩集注十一卷年譜一卷　唐韓愈撰　清顧嗣立刪補　清康熙三十八年秀野草堂刻本　四册　十一行二十字小字雙行三十字白口左右雙邊　下書口鐫秀野草堂　有刻工　七八五六

昌黎先生詩集注十一卷年譜一卷　唐韓愈撰　清顧嗣立刪補　清康熙三十八年秀野草堂刻本　六册　五一〇〇

昌黎先生詩集注十一卷年譜一卷　唐韓愈撰　清顧嗣立刪補　清康熙三十八年秀野草堂刻本　吳庠錄查愼行等批校並跋　四册　五〇九九

韓昌黎詩集編年箋注十二卷　清方世舉撰　清乾隆二十三年盧見曾雅雨堂刻本　六册　十行二十三字小字雙行二十二字白口四周單邊　下書口鐫雅雨堂　封面鐫春及堂藏版　五一〇一

韓昌黎詩集編年箋注十二卷　清方世舉撰　清乾隆二十三年盧見曾雅雨堂刻本　六册　五八七三

韓子文鈔十卷　唐韓愈撰　清林明倫註　清乾隆二十一年文起堂刻本　四册　九行二十二字白口左右雙邊　封面鐫乾隆丙子冬鐫　文起堂藏板　六七一八

韓子粹言一卷　唐韓愈撰　清康熙五十二年刻本　二册　八行二十二字白口四周單邊　六七一九

柳文四十三卷別集二卷外集二卷唐柳宗元撰　附錄一卷明嘉靖十六年游居敬刻韓柳文本　八册　十一行二十二字白口左右雙邊　○九六六

存三十二卷　十二至四十三

柳文四十三卷別集二卷外集二卷附錄一卷後錄一卷唐柳宗元撰　明嘉靖二十八年王士翹刻三十一年朱有孚續刻本　六册　十一行二十二字白口左右雙邊　○四九四

柳文四十三卷別集二卷外集二卷唐柳宗元撰　附錄一卷明嘉靖三十五年莫如士刻韓柳文本　六册　十一行二十二字白口左右雙邊　○六五五

柳文四十三卷別集二卷外集二卷唐柳宗元撰　附錄一卷明嘉靖三十五年莫如士刻韓柳文本　六册　一七一八

河東先生集四十五卷外集二卷龍城錄二卷唐柳宗元撰　宋廖瑩中校正　附錄二卷傳一卷明郭雲鵬濟美堂刻本　十八册　九行十七字小字雙行字同細黑口四周雙邊　下書口鐫濟美堂　每卷後鐫東吳郭雲鵬校壽梓　有刻工　○九六四

河東先生集四十五卷外集二卷龍城錄二卷唐柳宗元撰　宋廖瑩中校正　○九六三

附錄二卷傳一卷　明郭雲鵬濟美堂刻本　清姚瑩俊題識　二十册

〇九四三　河東先生集四十五卷外集二卷龍城錄二卷　唐柳宗元撰　宋廖瑩中校正　附錄二卷傳一卷　明郭雲鵬濟美堂刻本　清盧文弨硃校　二十册

〇九六七　增廣註釋音辯唐柳先生集四十三卷別集二卷外集二卷　唐柳宗元撰　宋童宗說註釋　宋張敦頤音辯　宋潘緯音義　附錄一卷　明正統十三年善敬堂刻萬曆三年補刻本　八册　九行十八字小字雙行字同黑口四周雙邊　補版下書口鐫萬曆三年補　諸賢姓氏後鐫正統戊辰善敬堂刊

〇九七二　京本校正音釋唐柳先生集四十三卷別集一卷外集一卷附錄一卷　唐柳宗元撰　宋童宗說音註　宋張敦頤音辯　宋潘緯音義　明刻本　明繆開先評點　清錢陸燦跋　十二册　十行二十四字小字雙行字同白口四周雙邊　鈐繆開先印白文方印

〇九六五　唐柳先生集四十五卷外集二卷龍城錄二卷　唐柳宗元撰　宋童宗說音註　宋張敦頤音辯　宋潘緯音義　附錄二卷集傳一卷　明萬曆刻本　佚名圈點　二十四册　十行二十字小字雙行字同白口四周單邊

Z〇〇一八　增廣註釋音辯唐柳先生集二十卷別集一卷外集一卷

唐柳宗元撰　宋童宗説音註　宋張敦頤音辯　宋潘緯音義　附録一卷　明刻本　十二册　十三行二十六字小字雙行字同黑口四周雙邊

唐大家柳柳州文抄十二卷　唐柳宗元撰　明茅坤評　明萬曆茅一桂刻唐宋八大家文鈔本　六册　九行十九字白口左右雙邊　○九六九

唐柳河東集四十五卷外集五卷遺文一卷附録一卷　唐柳宗元撰　明蔣之翹輯注　明崇禎六年蔣氏三徑草堂刻韓柳全集本　十册　九行十七字小字雙行字同白口左右雙邊　下書口鐫三徑藏書　○九七○

柳文七卷　唐柳宗元撰　明茅坤輯　明刻套印本　十二册　八行十八字白口四周單邊　一八六四

劉賓客詩集九卷　唐劉禹錫撰　清雍正元年趙氏涵碧齋刻本　四册　十行十九字黑口左右雙邊　封面鐫涵碧齋藏版　四八○一

劉賓客詩集九卷　唐劉禹錫撰　清雍正元年趙氏涵碧齋刻本　清姚尹題識　三册　六一七一

孟東野集十卷聯句一卷　唐孟郊撰　明末毛氏汲古閣刻五唐人集本　周叔弢校並跋　二册　九行十九字小字雙行字同白口左右雙邊　下書口鐫汲古閣　○四四八

孟東野集十卷聯句一卷　唐孟郊撰　明末毛氏汲古閣刻五唐人集本　四册　一三七二

孟東野詩集十卷　唐孟郊撰　宋國材、劉辰翁評　明淩濛初刻套印本　四册　八行十九字白口左右雙邊　一八五七

白氏文集七十一卷　唐白居易撰　明嘉靖十七年伍忠光龍池草堂刻本　十六册　十二行二十字白口左右雙邊　序後鐫嘉靖戊戌春王正月既望吳郡晚學　○六九○

伍忠光校刻於龍池草堂　有刻工　鈐晉三經眼朱文方印　宜興任氏天春園所有圖書朱文長方印

六一六七　白香山詩長慶集二十卷後集十七卷別集一卷補遺二卷　唐白居易撰　年譜一卷　清汪立名撰　年譜舊本一卷　宋陳振孫撰　清康熙四十一至四十二年汪立名一隅草堂刻本　十二册　十二行二十一字白口左右雙邊　下書口鐫一隅草堂

六一六八　白香山詩長慶集二十卷後集十七卷別集一卷補遺二卷　唐白居易撰　年譜一卷　清汪立名撰　年譜舊本一卷　宋陳振孫撰　清康熙四十一至四十二年汪立名一隅草堂刻本　八册

三〇六八　白氏策林四卷　唐白居易撰　清抄本　四册　十行二十一字白口左右雙邊

〇七六五　項斯詩集一卷　唐項斯撰　明嘉靖刻唐百家詩本　一册　十行十八字白口左右雙邊

〇九四〇　增廣音註唐郢州刺史丁卯詩集二卷　唐許渾撰　元祝德子訂正　明刻本　二册　九行十九字小字雙行字同白口四周雙邊

七八九〇　重訂李義山先生詩集箋注三卷集外詩箋注一卷　唐李商隱撰　清朱

鶴齡注　清程夢星刪補　年譜一卷詩話一卷　清程夢星輯　清乾隆十一年東柯草堂刻本　八冊　十行二十一字小字雙行三十一字黑口四周單邊

重訂李義山先生詩集箋注三卷集外詩箋注一卷　唐李商隱撰　清朱鶴齡注　清程夢星刪補　**年譜一卷詩話一卷**　清程夢星輯　清乾隆十一年東柯草堂刻本　八冊　五〇八八

李義山詩一卷　唐李商隱撰　清陸崑曾解　清雍正四年劉晰公刻本　四冊　九行十九字黑口四周單邊　五〇八四

李義山詩集十六卷　唐李商隱撰　清姚培謙箋　清乾隆五年姚氏松桂讀書堂刻本　四冊　十行二十一字小字雙行三十一字白口左右雙邊　封面鐫松桂讀書堂藏版　卷十六末鐫乾隆庚申二月吳郡王昫谷錄　五〇八六

李義山詩集十六卷　唐李商隱撰　清姚培謙箋　清乾隆五年姚氏松桂讀書堂刻本　四冊　五〇八五

玉谿生詩意八卷　唐李商隱撰　清屈復註　清乾隆藝古堂刻本　四冊　十行二十一字小字雙行字同白口左右雙邊　五〇九一

李義山文集十卷　唐李商隱撰　清徐樹穀箋　清徐炯註　清康熙四十七年徐氏花谿草堂刻本　六冊　十行二十一字小字雙行字同白口左右雙邊　封面鐫花谿草堂藏板　有刻工　五〇八三

李義山文集十卷　唐李商隱撰　清徐樹穀箋　清徐炯註　清康熙四十七年徐氏花谿草堂刻本　四冊　八〇〇八

李義山文集十卷　唐李商隱撰　清徐樹穀箋　清徐炯註　清康熙四十七年徐氏花谿草堂刻本　清桑調元批校　八册　鈐桑調元印白文方印　弢甫朱文方印　桑繩筦印白文方印　五〇八二

長江集十卷附錄一卷　唐賈島撰　明崇禎十二年毛氏汲古閣刻唐人八家詩本　周叔弢錄清何焯批校　一册　十二行二十字細黑口左右雙邊　版心間鐫汲古閣　毛氏正本　〇二二八

八叉集四卷　唐溫庭筠撰　明曾益釋　清顧予咸參　清初刻本　四册　九行二十字小字雙行十九字白口四周單邊　六七一〇

溫飛卿詩集七卷別集一卷集外詩一卷　唐溫庭筠撰　明曾益注　清顧予咸補注　清顧嗣立重校　清康熙三十六年顧氏秀野草堂刻本　二册　十一行二十字小字雙行三十字白口左右雙邊　下書口鐫秀野草堂　五一〇八

溫飛卿詩集七卷別集一卷集外詩一卷　唐溫庭筠撰　明曾益注　清顧予咸補注　清顧嗣立重校　清康熙三十六年顧氏秀野草堂刻本　二册　五一〇九

孫可之集十卷　唐孫樵撰　清安越堂抄本　佚名批校　一册　十二行二十四字紅格白口四周雙邊　鈐藥堂長方印　安越堂藏本朱文方印　三〇七〇

唐皮日休文藪十卷　唐皮日休撰　清抄本　陳寶泉校並跋　六册　十一行二十字無格　鈐筱莊陳氏藏書朱文長方印　陳寶泉朱文長方印　三三七九

唐皮從事倡詶詩八卷　唐皮日休撰　明萬曆四十五年許自昌刻合刻陸魯望、皮襲美二先生集本　一册　九行二十字白口四周單邊　〇四七八

重刊校正笠澤叢書四卷補遺詩一卷　唐陸龜蒙撰　清顧氏碧筠草堂刻本　周叔弢、俞鈞跋　一册　九行十八字白口四周雙邊　封面鐫碧筠艸堂重雕　一九六九

重刊校正笠澤叢書四卷補遺詩一卷　唐陸龜蒙撰　清雍正九年陸鍾輝水雲漁屋刻本　四册　九行十八字白口四周雙邊　六七二一

重刊校正笠澤叢書四卷補遺詩一卷　唐陸龜蒙撰　清雍正九年陸鍾輝水雲漁屋刻本　一册　鈐周暹白文方印　莫繩孫印白文方印　莫彝孫印朱文方印　莫有芝白文方印　八四二三

笠澤叢書四卷補遺一卷續補遺一卷　唐陸龜蒙撰　清抄本　四册　九行十八字無格　三〇六六

陸魯望先生笠澤叢書八卷　唐陸龜蒙撰　清抄本　佚名校　一册　九行二十字無格　二九九五

唐黄御史集八卷附錄一卷　唐黄滔撰　宋黄公度輯　明崇禎十一年黄鳴喬、黄鳴俊等刻本　四册　八行十八字白口左右雙邊　〇九七三

李丞相詩集二卷　南唐李建勳撰　清影抄宋臨安陳宅書籍鋪本　一册　十行十八字白口左右雙邊　三六九七

以上唐五代別集

寇忠愍公詩集三卷附碑文一卷　宋寇準撰　清康熙吳調元辨義堂刻本　二册　九行十九字白口左右雙邊　六一八七

宋王黄州小畜集三十卷 宋王禹偁撰 清乾隆二十五年趙熟典愛日堂刻本 六册 十一行二十二字黑口四周雙邊 封面鐫乾隆丁丑重校愛日堂藏板 七八九七

楊大年先生武夷新集二十卷 宋楊億撰 清康熙四十四年陳璋刻本 四册 八行二十字白口四周單邊 封面鐫仁安堂藏板 有刻工 五九〇八

林和靖先生詩集四卷省心錄一卷詩話一卷 宋林逋撰 清康熙四十七年吳調元刻本 四册 八行十八字白口左右雙邊 五一二一

林和靖先生詩集四卷省心錄一卷詩話一卷 宋林逋撰 清汪安汪定校古香樓刻本 二册 八行十八字白口左右雙邊 封面鐫古香樓藏板 七三八七

穆參軍集三卷遺事一卷 宋穆修撰 清抄本 佚名校 一册 十行二十一字無格 二九九七

鉅鹿東觀集十卷 宋魏野撰 清抄本 清齊召南校 四册 十行二十二字黑口左右雙邊 鈐齊召南印白文方印 次風朱文方印 三〇三一

安陽集五十卷忠獻韓魏王家傳十卷 宋韓琦撰 遺事一卷 宋強至撰 别錄三卷 宋王巖叟撰 清康熙五十六年崑山徐樹敏刻乾隆五年補刻本 十册 十行二十一字細黑口左右雙邊 封面鐫晚香書屋藏板 有刻工 七四一四

安陽集五十卷忠獻韓魏王家傳十卷　宋韓琦撰　遺事一卷　宋強至撰　別錄三卷　宋王巖叟撰　清乾隆三十七年黄邦寧刻本　十册　十行二十一字細黑口左右雙邊　七八八四

范文正公集十二卷年譜一卷補遺一卷褒賢祠錄二卷言行拾遺事錄一卷義莊規矩一卷鄱陽遺事錄一卷附錄一卷　宋范仲淹撰　明毛一鷺彙編　明萬曆刻本　十六册　九行二十字小字雙行字同白口四周單邊　有刻工　一〇三一

范文正公集二十四卷年譜一卷附錄一卷　宋范仲淹撰　明萬曆三十七年康丕揚刻韓范二公集本　十册　九行十九字小字雙行字同白口四周單邊　一〇三二

徂徠石先生全集二十卷附錄一卷　宋石介撰　清康熙五十六年石鍵刻本　四册　十行十九字白口左右雙邊　六四七三

徂徠石先生全集二十卷附錄一卷　宋石介撰　清康熙五十六年石鍵刻本　四册　七四四九

宋端明殿學士蔡忠惠公文集四十卷　宋蔡襄撰　蔡端明別紀十卷　明徐𤊹編　明萬曆陳一元刻四十三年朱謀𡍩重修本　八册　九行十九字白口左右雙邊　各卷末鐫萬曆乙卯仲夏南州朱謀𡍩李克家重校　有刻工　一〇〇六

鐔津文集十九卷首一卷　宋釋契嵩撰　明刻本　二十册　五行十七字上下雙邊　封面鐫大明萬曆七年六月吉日　一九一七

蘇學士文集十六卷　宋蘇舜欽撰　清康熙三十七年徐惇孝、徐惇復白華書屋刻本　二册　十行二十一字白口四周單邊　封面鐫白華書屋藏版　五九〇五

蘇學士文集十六卷　宋蘇舜欽撰　清康熙三十七年徐惇孝、徐惇復白華書屋刻本　二册　五九〇七

蘇學士文集十六卷　宋蘇舜欽撰　清康熙三十七年徐惇孝、徐惇復白華書屋刻本　八册　四八一六

司馬太師溫國文正公傳家集八十卷目錄二卷　宋司馬光撰　明刻本　四十八册　十行二十字小字雙行字同黑口四周雙邊　有刻工　〇九八〇

司馬文正公傳家集八十卷目錄二卷　宋司馬光撰　附錄一卷　年譜一卷　清陳弘謀輯　清乾隆六年陳氏培遠堂刻本　十二册　十一行二十一字黑口左右雙邊　封面鐫乾隆六年重校刊　培遠堂藏板　四八一五

司馬文正公傳家集八十卷目錄二卷　宋司馬光撰　附錄一卷　年譜一卷　清陳弘謀輯　清乾隆六年陳氏培遠堂刻本　十二册　七八八一

司馬文正公傳家集八十卷目錄二卷　宋司馬光撰　附錄一卷　年譜一卷　清陳弘謀輯　清乾隆六年陳氏培遠堂刻本　二十四册　六七二五

司馬溫公文集八十卷目錄二卷　宋司馬光撰　明崇禎元年吴時亮刻清康熙林芃補刻本　十六册　九行二十字小字雙　〇九八一

行字同白口四周雙邊　有刻工

司馬文正公集略三十一卷詩集七卷　宋司馬光撰　明嘉靖十八年江西虔州俞文峰刻本　十二冊　十一行二十二字白口四周單邊　〇九七九

趙清獻公集十卷目錄二卷　宋趙抃撰　明南陽趙用楝刻本　十冊　九行二十字白口四周單邊　封面鐫南陽趙氏裔孫用楝藏板　〇一八二

公是集五十四卷　宋劉敞撰　清四庫全書館抄本　佚名簽批　二十二冊　八行二十一字紅格白口四周雙邊　Z〇〇五六

南豐先生元豐類藁五十卷續附一卷　宋曾鞏撰　明成化六年南豐縣刻遞修本　二十冊　十一行二十一字黑口四周雙邊間單邊　有刻工　鈐休寧汪季青家藏書籍朱文方印　沈氏粹芬閣所得善本書白文方印　一〇三五

南豐先生元豐類藁五十卷續附一卷　宋曾鞏撰　明萬曆二十五曾敏才等刻清順治十五年曾先補刻本　題清來室主人錄何焯批校並題識　八冊　十行二十字小字雙行字同白口四周單邊　有刻工　封面鐫查溪澄雪亭藏板　鈐清來室白文方印　一〇三四

南豐先生元豐類藁五十卷續附南豐先生行狀碑誌哀挽一卷　宋曾鞏撰　明崇禎十一年曾懋爵刻本　十四冊　九行十八字白口四周單邊　目錄前鐫崇禎戊寅歲季春吉旦從裔魯懋爵校刊　〇六〇四

南豐先生元豐類藁五十卷　宋曾鞏撰　集外文二卷　宋曾鞏撰　清顧崧齡輯　四八一七

續附一卷　清康熙五十六年顧崧齡刻本　十六册　十行二十一字白口四周雙邊　七八九九

元豐類藁五十卷　宋曾鞏撰　清乾隆二十八年查溪刻本　十二册　十行二十字白口左右雙邊　封面鐫乾隆癸未年重鐫　下書口鐫查溪藏板　一〇二四

宛陵先生集六十卷拾遺一卷附錄三卷　宋梅堯臣撰　明萬曆四年姜奇方刻本　朱樫之題款　二十四册　九行十八字白口左右雙邊　有刻工　六七二三

宛陵先生集六十卷拾遺一卷附錄三卷　宋梅堯臣撰　明萬曆四年姜奇方刻清康熙二十六年梅枝鳳補刻本　十册　九行十八字白口左右雙邊　封面鐫曾慶堂藏板

存五十六卷　一至二十六　三十二至六十　拾遺一卷

宛陵先生文集六十卷拾遺一卷　宋梅堯臣撰　清康熙四十一年徐敦復白華書屋刻本　六册　十一行二十一字白口左右雙邊　五七八四

伊川擊壤集二十卷　宋邵雍撰　清康熙邵滄來刻本　清方功惠題識　四册　十行二十字白口四周雙邊　鈐巴陵方氏功惠柳橋甫印白文方印　巴陵方氏碧琳琅館藏書之印朱文方印　四八一四

伊川擊壤集二十卷　宋邵雍撰　清康熙邵滄來刻本　清吳重熹、鄭文焯題識　四册　十行二十字白口四周雙邊　封面鐫吳門後裔滄來重訂　鈐石蓮涉　七七五二

獵白文方印　石蓮堪白文長方印

伊川擊壤集二十卷　宋邵雍撰　清康熙邵滄來刻本　四册　十行二十字白口四周雙邊　封面鐫文靖書院藏板　鈐赤㪍朱文方印　周暹之印白文方印　四八一三

濂溪周元公全集十三卷　宋周敦頤撰　歷代褒崇禮制一卷事實一卷年表一卷　明周木輯　明刻本　四册　九行十七字白口四周雙邊　一〇〇七

節孝先生文集三十卷　宋徐積撰　節孝先生語一卷節孝集事實一卷附載一卷　清康熙六十年錫山王邦采刻本　九行十八字黑口四周單邊　封面鐫錫山王氏藏板　七三七二

新刊歐陽文忠公集五十卷　宋歐陽修撰　明曾魯考異　明李均度校　明正德元年日新書堂刻本　十二册　十一行二十三字小字雙行字同黑口四周雙邊　卷末鐫正德元年孟夏日新書堂梨行　一〇一九

新刊歐陽文忠公集五十卷　宋歐陽修撰　明曾魯考異　明李均度校　明正德元年日新書堂刻本　十六册　一〇二〇

歐陽文忠公集一百五十三卷附錄五卷　宋歐陽修撰　明天順六年程宗刻弘治正德嘉靖遞修本　四十八册　十行二十字小字雙行字同黑口四周雙邊　鈐潘氏桐西書屋之印朱文長方印　莫氏秘笈朱文方印　曾藏汪閬源家朱文長方印　一〇二一

歐陽文忠公集一百五十三卷附錄六卷　宋歐陽修撰　年譜一　〇九六八

卷　宋胡柯撰　明正德七年劉喬刻嘉靖十六年季本詹治三十九年何遷遞修本　二十四冊　十行二十字白口四周雙邊

五一一九　**歐陽文忠公全集一百五十三卷附錄五卷年譜一卷本傳一卷**　宋歐陽修撰　清乾隆十一年孝思堂刻本　四十冊　九行二十字小字雙行字同白口左右雙邊　封面鐫乾隆丙寅重梓　孝思堂藏板

四五四五　**歐陽文忠公全集一百五十三卷附錄五卷年譜一卷本傳一卷**　宋歐陽修撰　清乾隆十一年孝思堂刻本　二十四冊

七八三二　**歐陽文忠公全集一百五十三卷附錄五卷年譜一卷本傳一卷**　宋歐陽修撰　清乾隆十一年孝思堂刻本　二十四冊

一〇二三　**歐陽文忠公全集一百三十五卷**　宋歐陽修撰　明嘉靖三十四年陳珊刻萬曆元年雷以仁重修本　三十二冊　十行二十字白口左右雙邊　有刻工

一〇二二　**歐陽先生文粹二十卷**　宋歐陽修撰　宋陳亮輯　**遺粹十卷**　明郭雲鵬輯　明嘉靖二十六年郭雲鵬寶善堂刻本　十六冊　十一行二十一字白口左右雙邊　後敘及書尾鐫吳會郭雲鵬校勘刻於寶善堂、吳會郭雲鵬選輯所梓　有刻工

一八八九　**歐陽文忠公文鈔十卷**　宋歐陽修撰　明茅坤評　明刻套印本　八冊　八行十八字白口四周單邊

歐陽文忠公文鈔十卷 宋歐陽修撰 明茅坤評 明刻套印本 六册 一八九〇

歐陽文忠公文鈔十卷 宋歐陽修撰 明茅坤評 明刻套印本 五册 一六九九

歐陽文忠公詩集十二卷 宋歐陽修撰 清胡芬訂正 清康熙二十七年世綵堂刻本 二册 九行十九字白口四周單邊 下書口鐫世綵堂 七二一二

范忠宣公集二十卷奏議二卷遺文一卷附錄一卷補編一卷 宋范純仁撰 清康熙四十六年歲寒堂刻本 六册 十一行二十一字白口左右雙邊 下書口鐫歲寒堂 六七三〇

范忠宣公集二十卷奏議二卷遺文一卷附錄一卷補編一卷 宋范純仁撰 清康熙四十六年歲寒堂刻本 六册 七三二五

范忠宣公集二十卷奏議二卷遺文一卷附錄一卷補編一卷 宋范純仁撰 清康熙四十六年歲寒堂刻本 六册 六四六六

蘇老泉先生全集十六卷 宋蘇洵撰 明刻本 四册 十行十九字白口四周單邊 鈐葭汀藏書朱文方印 〇九八二

蘇老泉先生全集二十卷附錄二卷 宋蘇洵撰 清康熙三十七年邵仁弘安樂居刻本 八册 九行十九字白口左右雙邊 七二四三

宋大家蘇文公文抄十卷　宋蘇洵撰　明茅坤評　明萬曆刻唐宋八大家文鈔本　二冊　九行二十字白口四周單邊　〇九八三

臨川先生文集一百卷目錄二卷　宋王安石撰　明嘉靖三十九年何遷刻本　四十冊　十二行二十字白口左右雙邊　〇九七七

臨川先生文集一百卷目錄二卷　宋王安石撰　明刻本　二十四冊　十二行二十字白口左右雙邊　有刻工　〇九七八

新刻臨川王介甫先生詩文集一百卷事略一卷　宋王安石撰　明李光祚校　明萬曆四十年王鳳翔光啓堂刻本　十六冊　十行二十字白口四周單邊　封面鐫石城王荆岑梓　〇九七四

新刻臨川王介甫先生詩文集一百卷事略一卷　宋王安石撰　明李光祚校　明萬曆四十年王鳳翔光啓堂刻本　十六冊　〇九七五

王荆文公詩五十卷　宋王安石撰　宋李壁箋注　清乾隆六年張宗松綺清齋刻本　八冊　十一行二十一字小字雙行三十一字細黑口左右雙邊　七八八三

王荆文公詩五十卷補遺一卷　宋王安石撰　宋李壁箋注　清乾隆六年張宗松清綺齋刻本　清翁同龢跋　八冊　十一行二十一字小字雙行三十一字細黑口左右雙邊　封面鐫清綺齋藏板　四八一九

王荆文公詩五十卷　宋王安石撰　宋李壁箋注　清乾隆六年張宗松清綺齋刻本　清莫棠題識　八冊　十一行二十一字小字雙行三十一字細黑口左右雙邊　鈐獨山莫祥芝圖書記朱文方印　莫棠之印白文小方印　四八一八

宋大家蘇文定公文抄二十卷 宋蘇轍撰 明茅坤評 明崇禎刻唐宋八大家文鈔本 六册 九行二十字白口四周單邊 ○九九四

東坡集四十卷續集十二卷後集二十卷奏議十五卷應詔集十卷内制集十卷樂語一卷外制集三卷 宋蘇軾撰 年譜一卷 宋王宗稷撰 明成化四年程宗刻本 八十二册 十行二十字黑口四周單邊 四〇一六

東坡先生全集七十五卷 宋蘇軾撰 東坡先生年譜一卷 宋王宗稷撰 明萬曆三十四年茅維刻本 二十二册 十行十九字白口左右雙邊 鈐補天氏藏書印朱文長方印 ○九八七

東坡先生全集七十五卷 宋蘇軾撰 明茅維輯 東坡詩選十二卷本傳一卷 宋蘇軾撰 明譚元春輯 東坡先生年譜一卷 宋王宗稷撰 明萬曆三十四年刻詩選年譜天啓元年刻明文盛堂合印本 二十八册 十行十九字白口左右雙邊 詩選八行十七字白口四周單邊 封面鐫文盛堂藏板 有刻工 鈐蟫香館藏書印朱文長方印 ○九八四

東坡先生全集七十五卷 宋蘇軾撰 明茅維輯 東坡詩選十二卷本傳一卷 宋蘇軾撰 明譚元春輯 東坡先生年譜一卷 宋王宗稷撰 明萬曆三十四年刻詩選年譜天啓元年刻明文盛堂合印本 二十八册 ○九八六

東坡詩選十二卷年譜一卷 宋蘇軾撰 明譚元春輯 明袁宏道評 明末文盛堂刻本 四册 八行十七字白口四周單邊 ○六一〇

王狀元集百家註分類東坡詩三十二卷 宋蘇軾撰 題宋王十朋纂集 宋劉辰翁批點 元刻本 李明常題識 一册 十二行二十一字小字雙行二十六字黑口四周雙邊 鈐東海李明常印白文方印 映莽金石書畫朱文方印 Z〇〇七二

存三卷 十二至十三

增刊校正王狀元集註分類東坡先生詩二十五卷 宋蘇軾撰 題宋王十朋纂集 宋劉辰翁批點 宋建安虞平齋務本書堂刻本 一册 十一行十九字小字雙行二十五字細黑口左右雙邊 〇九九七

存一卷 一

東坡先生詩集註三十二卷 宋蘇軾撰 題宋王十朋纂集 東坡紀年錄一卷 宋傅藻編 明萬曆茅維刻本 十二册 十行二十一字小字雙行字同白口左右雙邊 〇九九五

蘇東坡詩集注三十二卷宋史本傳一卷 宋蘇軾撰 題宋呂祖謙編 宋王十朋輯 清朱從延補注 東坡先生年譜一卷 宋王宗稷撰 清康熙三十七年朱從延文蔚堂刻本 十二册 十一行十九字小字雙行二十八字白口左右雙邊 下書口鐫文蔚堂 四八二一

蘇東坡詩集注三十二卷宋史本傳一卷 宋蘇軾撰 題宋呂祖謙編 宋王十朋輯 清朱從延補注 六一八一

東坡先生年譜一卷 宋王宗稷撰 清康熙三十七年朱從延文蔚堂刻本 十二册

四八二〇 蘇東坡詩集注三十二卷宋史本傳一卷 宋蘇軾撰 題宋呂祖謙編 宋王十朋輯 清朱從延補注 東坡先生年譜一卷 宋王宗稷撰 清康熙三十七年朱從延文蔚堂刻本 十二册

六一七三 施註蘇詩四十二卷總目二卷 宋蘇軾撰 宋施元之、顧禧註 清邵長蘅、顧嗣立、宋至刪補 蘇詩續補遺二卷 宋蘇軾撰 清馮景補註 王註正譌一卷 清郭長蘅撰 東坡先生年譜一卷 宋王宗稷撰 清康熙三十八年宋犖刻本 十册 十行二十一字小字雙行三十一字黑口四周單邊

六一七四 施註蘇詩四十二卷總目二卷 宋蘇軾撰 宋施元之、顧禧註 清邵長蘅、顧嗣立、宋至刪補 蘇詩續補遺二卷 宋蘇軾撰 清馮景補註 王註正譌一卷 清郭長蘅撰 東坡先生年譜一卷 宋王宗稷撰 清康熙三十八年宋犖刻本 十二册

七八八五 施註蘇詩四十二卷總目二卷 宋蘇軾撰 宋施元之、顧禧註 清邵長蘅、顧嗣立、宋至刪補 蘇詩續補遺二卷 宋蘇軾撰 清馮景補註 王註正譌一卷 清郭長蘅撰 東坡先生年譜一卷 宋王宗稷撰 清康熙三十八年宋犖刻本 十二册

東坡先生編年詩五十卷目錄一卷　宋蘇軾撰　清查慎行補注　清乾隆二十六年查開香雨齋刻本　十四册　十行二十一字小字雙行五十二字白口左右雙邊　封面鐫乾隆辛巳小春鐫　香雨齋藏板　下書口鐫香雨齋　四八二二

東坡先生編年詩五十卷目錄一卷　宋蘇軾撰　清查慎行補注　清乾隆二十六年查開香雨齋刻本　十册　七二〇〇

東坡先生編年詩五十卷目錄一卷　宋蘇軾撰　清查慎行補注　清乾隆二十六年查開香雨齋刻本　二十册　七五六一

蘇文忠詩合註五十卷首一卷年譜一卷　宋蘇軾撰　清馮應榴輯訂　清乾隆六十年踵息齋刻本　三十二册　十一行二十六字小字雙行三十四字白口左右雙邊　四八二三

蘇文忠詩合註五十卷首一卷年譜一卷　宋蘇軾撰　清馮應榴輯訂　清乾隆六十年踵息齋刻本　清姚夔題識　十六册　封面鐫踵息齋藏板　六一八〇

蘇長公表三卷啓二卷　宋蘇軾撰　明李卓吾等評　明錢櫝輯　明萬曆凌濛初刻套印本　二册　八行十八字白口四周單邊　一八八三

重編東坡先生外集八十六卷年譜一卷　宋蘇軾撰　明萬曆三十六年康丕揚刻本　十六册　十行二十字小字雙行字同白口四周雙邊　有刻工　一〇〇二

坡仙集十六卷　宋蘇軾撰　明李贄評輯　明萬曆二十八年陳大來繼志齋刻本　十二册　九行二十字白口四周單邊　總目後鐫萬曆庚子歲錄梓於繼志齋中牌記　一〇〇三

一〇〇四 訂補坡仙集鈔三十八卷 宋蘇軾撰 明李贄選 明陳繼儒訂補 明萬曆刻本 清漁隱批校 二十四册 十行二十字小字雙行字同白口四周單邊 有刻工

一〇〇〇 寓惠録四卷傳一卷附録一卷 宋蘇軾撰 明萬曆三十七年蕭以裕刻本 四册 有圖 九行十八字小字雙行字同白口四周雙邊 古莘書院書籍朱文方印 艮廬收藏朱文方印 鈐武林錢氏白文方印

〇九八八 東坡集選五十卷集餘一卷 宋蘇軾撰 明陳夢槐輯 明陳繼儒等校 年譜一卷 宋王宗稷編 外紀二卷 明王世貞編 外紀逸編一卷 明璩之璞編 明刻本 十二册 九行十九字白口四周單邊

〇九八九 東坡集選五十卷集餘一卷 宋蘇軾撰 明陳夢槐輯 明陳繼儒等校 年譜一卷 宋王宗稷編 外紀二卷 明王世貞編 外紀逸編一卷 明璩之璞編 明刻本 八册 存 集選五十卷 外紀逸編一卷

〇九九〇 陶石簣精選蘇長公合作二卷 宋蘇軾撰 明陶望齡輯 明萬曆二十八年閶門常春堂刻本 二册 九行二十二字白口四周單邊 封面鐫閶門常春堂藏板

一八八四 蘇文忠公策論選十二卷 宋蘇軾撰 明茅坤、鍾惺評 明天啓元年刻三色套印本 十二册 九行十九字白口四周單邊

蘇長公密語十六卷　宋蘇軾撰　明吳京輯　清抄本　八册　八行十九字無格　三三〇八

蘇文忠公文選十卷　宋蘇軾撰　明刻本　十二册　九行十九字白口左右雙邊　有刻工　〇九九三

宋大家蘇文忠公文鈔二十八卷　宋蘇軾撰　明茅坤輯　明崇禎刻唐宋八大家文鈔本（卷十五至二十五、二十七至二十八配清刻本）八册　九行二十字白口四周單邊配本十行二十四字白口四周單邊　〇九九二

蘇東坡先生文抄二卷　宋蘇軾撰　明李春榮輯　明刻本　四册　十行二十一字白口左右雙邊　〇九九六

張橫渠先生集十二卷　宋張載撰　清張伯行編　清康熙四十七年正誼堂刻本　二册　十行二十二字小字雙行字同白口四周單邊　下書口鎸正誼堂　七二一一

石門文字禪三十卷　宋釋德洪撰　明萬曆二十五年徑山興聖萬壽禪寺刻徑山藏本　六册　十行二十字下黑口四周雙邊　各卷末鎸萬曆丁酉仲秋徑山興聖萬禪寺識　一〇〇九

宋黄文節公正集三十二卷外集二十四卷别集十九卷首四卷　宋黄庭堅撰　黄青社先生伐檀集二卷　宋黄庶撰　清乾隆三十年緝香堂刻本　二十册　九行二十字小字雙行十九字白口左右雙邊　封面鎸乾隆乙酉歲重鎸　江右寧州緝香堂藏板　七八八九

豫章先生遺文十二卷　宋黄庭堅撰　清乾隆四十五年汪大本刻本　四册　九行十八字黑口四周雙邊　五九一五

黄詩全集五十八卷　宋黄庭堅撰　清乾隆五十三年樹經堂刻本　二十册　十二行二十三字小字雙行字同白口左右雙邊　封面鐫樹徑堂鋟本　七〇八八
山谷詩内集注二十卷　宋黄庭堅撰　宋任淵注
外集注十七卷　宋黄庭堅撰　宋史容注
別集注二卷　宋黄庭堅撰　宋史季溫注
別集補一卷　清謝啓昆輯
外集補四卷　清謝啓昆輯
重刻山谷先生年譜十四卷　宋黄䓨編

黄詩全集五十八卷　宋黄庭堅撰　清乾隆五十三年樹經堂刻本　二十四册　六一八二

後山居士詩集六卷逸詩五卷詩餘一卷　宋陳師道撰　宋魏衍編　清雍正三年陳唐活字印本　周叔弢録胡然批並跋　三册　九行二十一字小字雙行字同黑口左右雙邊　鈐周氏叔弢朱文方印　二三七四

淮海集四十卷後集六卷長短句三卷　宋秦觀撰　明嘉靖二十四年胡民表刻本　八册　十二行二十一字小字雙行字同白口四周單邊　鈐徐熥眞賞朱文方印　緑玉山房朱文方印　晉安徐興公家藏書朱文長方印　一〇二八

斜川集六卷附録二卷　宋蘇過撰　訂誤一卷　清吳長元撰　清乾隆五十三年趙懷玉亦有生齋刻本　二册　十一行二十一字小字雙行字同白口左右雙邊　封面鐫乾隆戊申武進趙氏亦有生齋校刊眞本　五九一三

斜川集六卷附録二卷　宋蘇過撰　訂誤一卷　清吳長元撰　清乾隆五十三年趙懷玉亦有生齋刻本　二册　五九一四

斜川詩集十卷　題宋蘇過撰　清乾隆二十年朱珪手抄本　二册　十八行二十三字無格　鈐永清朱玖聃藏書記朱文長方印　朱樹元印白文方印　周暹白文小方印　八四二八

傅忠肅公文集三卷　宋傅察撰　清鳴野山房抄本　三册　九行二十二字黑口左右雙邊下書口鐫鳴野山房抄本　三〇八九

龜先生全集四十二卷　宋楊時撰　明萬曆十九年林熙春刻本　六册　十行二十字白口左右雙邊　鈐胡震亨印白文方印　海鹽胡氏家藏朱文印　馬玉堂白文方印　笏齋朱文方印　一〇一〇

楊龜山先生集四十二卷首一卷　宋楊時撰　清康熙四十六年楊繩祖刻本　八册　九行二十字白口左右雙邊　七三三二

宋丞相李忠定公别集三卷　宋李綱撰　明鄭鄤評　明崇禎元年刻本　一册　九行十八字白口四周單邊　〇五一一

宋李忠定公奏議選十五卷文集選二十九卷首四卷　宋李綱撰　明左光先選　明李春熙輯　明崇禎刻清康熙乾隆修補本　三十一册　十行二十字小字雙行十七字白口四周單邊　封面鐫崇本堂藏板　一〇〇五

宋李忠定公奏議選十五卷文集選二十九卷首四卷　宋李綱撰　明左光先選　明李春熙輯　明崇禎刻清康熙乾隆修補本　三十一册　五九一七

洪駒父老圃集二卷　宋洪芻撰　清抄本　一册　十行十八字無格　三〇八八

石林居士建康集八卷　宋葉夢得撰　清抄本　葉德輝題識　二册　九行二十一字無格　三七一〇

韋齋集十二卷　宋朱松撰　玉瀾集一卷　宋朱槹撰　蜀中草一卷　宋朱

昇撰　清康熙四十九年朱昌辰刻本　二冊　九行十八字黑口四周單邊　五九一六

韋齋集十二卷首一卷　宋朱松撰　玉瀾集一卷　宋朱槹撰　清雍正六年朱

字小字雙行字同黑口四周單邊　封面鐫考亭書院藏板　鈐楊守敬印白文方印　玉刻本　四冊　十行二十

封面鐫考亭書院藏板　鈐楊守敬印白文方印　飛青閣藏書印白文方印　六七二九

刻工

孫尚書內簡尺牘編註十卷　宋孫覿撰　宋李祖堯註　明萬曆八年葉逢春刻本

四冊　十行十九字小字雙行字同白口左右雙邊　有　三〇〇〇

鴻慶居士集四十二卷　宋孫覿撰　清抄本　十二冊　八行二十一字無格　一〇三九

羅豫章先生集十二卷首一卷末一卷　宋羅從彥撰　清黃植京訂補　清

九行二十字白口左右雙邊　封面一鐫乾隆元年鐫　乾隆元年刻十一年增刻本　四冊　五九二〇

和靖尹先生文集十卷附錄一卷　宋尹焞撰　明劉宗周輯　明天啟刻本　六

冊　九行二十字下黑口四周雙邊　封面二鐫乾隆十一年新鐫　一〇〇八

岳集五卷　宋岳飛撰　明徐階輯　明張庭校　明嘉靖十五年焦煜刻本　四

冊　九行十八字小字雙行字同白口左右雙邊　一三三五

岳忠武王文集八卷首一卷末一卷　宋岳飛撰　清黃邦寧纂修　清乾隆三

十五年刻本　四冊　十行二十字白口　七三四〇

左右雙邊

鄭忠愍公北山文集三十卷附錄四卷　宋鄭剛中撰　清康熙三十六年鄭世成刻本　六册　十行二十二字白口左右雙邊　五九二三

莆陽知稼翁集二卷　宋黃公度撰　明天啓五年黃崇翰刻本　二册　九行二十字白口四周單邊　有刻工　鈐寶應王念曾之章朱文方印　歗緱氏讀過書朱文長方印　一〇三八

竹洲文集二十卷　宋吳儆撰　附錄一卷　明弘治六年吳雷亨刻本　清姚茫父錄程敏政張金吾跋　四册　十一行二十一字黑口四周雙邊　有刻工　一〇四〇

羅鄂州小集六卷　宋羅願撰　羅郢州遺文一卷　宋羅頌撰　清康熙五十二年程哲七略書堂刻本　一册　十一行二十一字白口左右雙邊　四八二四

晦庵先生朱文公文集一百卷目錄二卷續集五卷別集七卷　宋朱熹撰　清蔡方炳、臧眉錫訂定　清康熙二十七年蔡方炳臧眉錫刻本　四十册　十二行二十四字小字雙行二十三字黑口四周單邊　六七三七

晦庵先生朱文公文集八十八卷目錄二卷別集十卷續　〇一一八

集十一卷　宋朱熹撰　明萬曆三十三年吴養春朱崇沐等刻本　四十册　十二行二十二字小字雙行字同白口四周單邊　五九二八

朱子文集大全類編一百十六卷首一卷　宋朱熹撰　清雍正八年刻乾隆十五年采芝山房重印本

四十八册　十二行二十四字黑口四周單邊　封面鐫采芝山房藏版

朱文公年譜事實三卷附録一卷

朱文公詩賦全集十卷補遺一卷

訓蒙詩一卷

朱文公封事奏劄二卷

朱文公政蹟經筵表疏十一卷

朱文公書劄十四卷

朱文公問答全集三十五卷

朱文公雜著十五卷

朱文公序文全集二十一卷

庭訓一卷

墨蹟一卷

附書目一卷

朱子文鈔二十卷詩鈔四卷　宋朱熹撰　清康熙采山亭刻本　八册　十行二十五字白口左右雙邊　下書口鐫采山亭　五九二七

周益文忠公集二百七卷年譜一卷　宋周必大撰　清初抄本　清錢人龍校　六十四册　行格字數不等無格　三〇〇三

存二百四卷　一至一百十　一百十四至二百七

三〇八七 綱山集八卷　宋林亦之撰　清抄本　四册　十行二十字無格

三〇二九 悔稿八卷　宋項安世撰　清抄本　二册　十行二十字無格　鈐徐維則讀書記朱文長方印　會稽徐氏鑄學齋藏書印朱文大方印

三〇〇五 昌谷集二十二卷　宋曹彦約撰　清抄本　六册　九行二十一字小字雙行字同白口左右雙邊　鈐八千卷樓藏書之記朱文方印

一〇一一 止齋先生文集五十二卷附錄一卷　宋陳傅良撰　明正德元年林長繁刻本　五册　十三行二十三字大黑口四周雙邊　有刻工

五九二三 宋王忠文公文集五十卷附年譜一卷目錄四卷　宋王十朋撰　清唐傳鉎編　清雍正六年唐傳鉎刻本　十二册　十一行二十一字白口四周單邊　封面鐫雍正六重刊　鷹就堂藏板

三〇三〇 蒙隱集二卷　宋陳棣撰　清傳抄四庫全書本　一册　八行二十一字紅格白口四周雙邊　鈐八千卷樓珍藏善本朱文長方印

一〇三六 雙溪文集十七卷　宋王炎撰　明嘉靖十二年王懋元刻本　四册　十行二十一字白口四周單邊　有刻工

五九二四 雙溪集十二卷　宋王炎撰　清康熙五十七年王德淇等刻本　六册　十行二十一字黑口左右雙邊

存十一卷　一至十一

一〇二九 象山先生全集三十六卷　宋陸九淵撰　附錄少湖徐先生學則

辯一卷　明徐階撰　明嘉靖四十年何遷刻本　十六册　十行二十字白口四周雙邊　有刻工　　　　　　　一〇三〇

象山先生全集三十六卷　宋陸九淵撰　附錄少湖徐先生學則

辯一卷　明徐階撰　明嘉靖四十年何遷刻本　十一册　鈐拾經樓朱文長方印
葉啟藩藏白文方印　葉啟發藏白文方印　葉啟勳白文方印　　　　　　　　　　　　　一〇二九

存三十二卷　一至八　十三至三十六

慈湖先生遺書抄六卷　宋楊簡撰　明楊世思輯　明萬曆潘汝積刻本　四册　八行二
十字白口口左右雙邊　　　　　　　　　　　　　　　　　　　　　　　　　　一〇四六

艮齋先生薛常州浪語集三十五卷　宋薛季宣撰　清抄本　二十四册　八行二
行二十字小字雙行字同無格　　　　　　　　　　　　　　　　　　　　　　三〇〇二

石湖居士詩集三十四卷　宋范成大撰　清顧嗣皋等訂　清康熙二十七年顧氏依園
刻本　四册　十一行二十一字上細黑口左右雙邊　　　　　　　　　　　　　四八二六

楊文節公詩集四十二卷　宋楊萬里撰　清乾隆六十年帶經軒刻本　八册　十行二
十四字白口四周單邊　封面鐫乾隆六十年新鐫　帶經軒　　　　　　　　　　七八七一

劍南詩稿八十五卷　宋陸游撰　明末毛氏汲古閣刻陸放翁全集本　十一册　八行十八字白
口左右雙邊　下書口鐫汲古閣　　　　　　　　　　　　　　　　　　　　一〇二七

劍南詩稿八十五卷　宋陸游撰　明末毛氏汲古閣刻陸放翁全集本　三十二册　　一〇二六

劍南詩稿八十五卷　宋陸游撰　明末毛氏汲古閣刻陸放翁全集本　二十四册　八行十
八字白口口左右雙邊　下書口鐫汲古閣　　　　　　　　　　　　　　　　　一〇二五

渭南文集五十卷
藏板

集　部　別集類

四七九

辯

劒南詩鈔六卷　宋陸游撰　清楊大鶴選　清康熙二十四年楊大鶴刻本　八册　十行十八字白口左右雙邊　封面鎸康熙乙丑新鎸　六一九一

水心文集二十九卷　宋葉適撰　清乾隆二十年刻本　十二册　十行二十字白口左右雙邊　六七三四

水心文集二十九卷　宋葉適撰　清乾隆二十年刻本　十二册　七二九五

水心文鈔十卷　宋葉適撰　清方嫈如選　清乾隆五十五年刻本　十册　十行二十一字白口左右雙邊　封面鎸希古堂藏板　六七三五

水心文鈔十卷　宋葉適撰　清方嫈如選　清乾隆五十五年刻本　十册　六七三六

南軒先生文集四十四卷　宋張栻撰　清康熙四十五年錫山華氏劍光書屋刻本　胡宗楙批校　六册　十一行二十字白口左右雙邊　封面鎸錫山劍光書屋藏版　目錄后鎸康熙丙戌錫山華氏鎸版　鈐夢選廔胡氏宗楙藏朱文長方印　葉德輝煥彬甫藏閲書白文方印　六七四一

黄勉齋先生文集八卷　宋黄榦撰　清張伯行編　清康熙四十八年正誼堂刻本　四册　十行二十二字白口四周單邊　下書口鎸正誼堂　七四七六

校注橘山四六二十卷　宋李廷忠撰　明孫雲翼注　明萬曆三十五年刻本　六册　十行二十一字小字雙行字同白口左右雙邊　一〇三七

竹齋先生詩集四卷　宋裘萬頃撰　清康熙四十八年裘奏刻本　一册　十一行二十一字白口左右雙邊　六一八三

龍川先生文集三十卷附錄一卷　宋陳亮撰　明史朝富編　明嘉靖史朝富刻本　八册　十行二十二字白口左右雙邊　有刻工　一〇四一

存 文集三十卷

陳同甫集三十卷 宋陳亮撰 清初嶺南壽經堂活字印本 八册 十行二十一字白口四周雙邊 封面鐫嶺南壽經堂版 鈐周氏叔弢朱文方印 二三七二

陳同甫集三十卷 宋陳亮撰 清初嶺南壽經堂活字印本 八册 二三七三

西山先生眞文忠公文集五十五卷目錄二卷 宋眞德秀撰 明萬曆二十六年金學曾景賢堂刻崇禎十一年、清康熙四年遞修本 十六册 十行二十字白口四周雙邊 書尾鐫萬曆丁酉歲季冬月重梓于景賢堂 有刻工 鈐餘學齋圖書記朱文長方印 禮堂所藏白文方印 石倉藏書之印白文長方印 一三六五

西山先生眞文忠公文集五十五卷目錄二卷 宋眞德秀撰 明萬曆二十六年金學曾景賢堂刻崇禎十一年、清康熙四年、雍正元年遞修本 二十四册 十行二十字白口四周雙邊 五九三二

海瓊玉蟾先生文集六卷續文集二卷 宋葛長庚撰 明朱權重編 明新安劉懋賢等刻本 五册 九行二十字白口左右雙邊 鈐靜妙齋藏書朱文長方印 一〇一二

白石詩集一卷詞集一卷諸家評論一卷 宋姜夔撰 清康熙五十七年曾時燦刻本 一册 十行十九字小字雙行十八字細黑口左右雙邊 七四六八

白石詩集一卷詞集一卷諸家評論一卷　宋姜夔撰　清康熙五十七年曾時燦刻雍正五年洪正治重修本　一册　十行十九字小字雙行十八字細黑口左右雙邊　六一八五

白石詩集一卷詞集一卷諸家評論一卷　宋姜夔撰　清康熙五十七年曾時燦刻雍正五年洪正治重修本　清馬其昶校並題識　一册　十行十九字小字雙行十八字細黑口左右雙邊　鈐榀堂朱文長方印　四八二五

姜白石詩詞合集九卷附錄一卷　宋姜夔撰　清乾隆八年陸鍾輝水雲漁屋刻本　二册　十一行十九字白口左右雙邊　封面鐫水雲漁屋藏板　鈐周暹白文小方印　寒在堂白文方印
詩集二卷　集外詩一卷　詩說一卷　白石道人歌曲四卷　歌曲別集一卷　八四二五

姜白石詩詞合集九卷附錄一卷　宋姜夔撰　清乾隆八年陸鍾輝水雲漁屋刻本　二册
詩集二卷　集外詩一卷　詩說一卷　白石道人歌曲四卷　歌曲別集一卷　六一八六

杜清獻公集十九卷首一卷　宋杜範撰　清抄本　清孫衣言題識　二册　九行十九字二十字不等無格　鈐海陵錢氏小天目山館圖書朱文方印　錢犀庵珍藏印朱文長方印　教經堂朱文圓印　琴西白文方印　三〇〇四

宋宗伯徐清正公存稿六卷附錄一卷　宋徐鹿卿撰　清小山堂抄本　三册　九行二十字無格　鈐小山堂書畫印朱文方印　璜川吴氏收藏圖書朱文方印　翰林院印白文方印　三〇〇七

李忠簡公文溪集二十卷附行狀一卷傳一卷末一卷 宋李昂英撰 清康熙七年李際明刻本 六册 九行二十字白口四周單邊 五九二九

棠湖詩稾一卷 宋岳珂撰 宋臨安陳宅書籍鋪刻本 錢駿祥錄清錢儀吉跋並自跋 鄧邦述傳增湘跋 一册 十行十八字白口左右雙邊 書尾鐫臨安府棚北大街陳宅書籍鋪印行 鈐斧季朱文方印 毛扆之印朱文方印 汲古主人朱文方印 錢駿祥印白文方印 新甫氏朱文方印 傅增湘白文方印 群碧樓印白文方印 正闇朱文方印 周暹白文方印 叔弢朱文方印 Z〇〇六〇

雪磯叢稿五卷 宋樂雷發撰 清抄本 一册 八行十九字無格 三六〇一

剪綃集二卷 宋李龏撰 明毛氏汲古閣刻詩詞雜俎本 一册 八行十九字白口左右雙邊 下書口鐫汲古閣 鈐石徑樓藏白文方印 酌雅齋書畫記朱文長方印 〇八〇八

文山先生全集十六卷 宋文天祥撰 明張元諭編校 明嘉靖三十九年張元諭刻本 八册 十行二十二字白口四周單邊 有刻工 一〇一三

宋丞相文山先生全集二十卷 宋文天祥撰 清康熙十二年曾弘刻本 十二册 十行二十字小字雙行字同白口四周雙邊 封面鐫焉文堂重梓 七五一一

宋文文山先生全集二十一卷 宋文天祥撰 明鍾越輯並評 明崇禎二年鍾越刻本 八册 十行二十一字小字雙行字同白口四周單邊 一〇一四

宋丞相文山先生別集六卷 宋文天祥撰 明鄭鄤評點 明崇禎刻本 二册 九行十八字白口四周單邊 一〇一五

新刊重訂疊山謝先生文集二卷 宋謝枋得撰　明黃溥編　明嘉靖三十四年林光祖刻本　四册　九行二十字白口四周單邊　鈐鏡西珍賞朱文方印　一〇一六

謝疊山先生文集六卷 宋謝枋得撰　明鄭以偉訂　明萬曆三十二年方萬山刻本　二册　十行二十字白口左右雙邊　一〇一七

謝疊山先生文集五卷 宋謝枋得撰　明末刻本　二册　九行二十字小字雙行字同白口四周雙邊　〇九三〇

宋魯齋王文憲公遺集十三卷附宋史儒林傳一卷 宋王柏撰　清順治十一年馮如京刻本　四册　九行二十字小字雙行字同白口四周單邊　六三九九

劉須溪先生記鈔八卷 宋劉辰翁撰　明天啓三年楊讖西刻本　二册　九行二十字白口四周單邊　一〇四四

柴四隱詩集一卷詩餘一卷文類一卷 宋柴望撰　明柴德貞編　清抄本　一册　十行十九字無格　二九九一

湖山類稿五卷附錄一卷 宋汪元量撰　清乾隆三十年知不足齋刻本　一册　十行十九字黑口左右雙邊　封面鐫知不足齋開雕　七四〇六

湖山類稿五卷附錄一卷 宋汪元量撰　清乾隆三十年知不足齋刻本　一册　七四〇七

水雲集一卷附錄三卷 宋汪元量撰　清乾隆三十年知不足齋刻本　一册　十行十九字黑口左右雙邊　封面鐫知不足齋開雕　七五四二

熊勿軒先生文集八卷首一卷易學啓蒙圖傳通義一卷　Z〇八八

春秋五論五卷　宋熊禾撰　明成化弘治間熊氏刻本　六册　九行十七字黑口四周雙邊　春秋五論卷末鐫明弘治甲子熊氏鰲峯書院刻牌記　三〇九三

佩韋齋文集十六卷輯聞四卷　宋俞德鄰撰　清抄本　四册　十一行十九字無格　鈐竹垞收藏朱文方印　雲輪閣朱文長方印　歙西長塘鮑氏知不足齋藏書印朱文方印

盧山集五卷英溪集一卷　宋董嗣杲撰　清宜秋館抄本　佚名批校　一册　十行二十一字黑口左右雙邊　鈐宜秋館藏書白文長方印　三一〇〇

仁山金先生文集四卷附録一卷　宋金履祥撰　清金弘勳校輯　清雍正三年春暉堂刻本　二册　九行十九字白口左右雙邊　七八八六

心史七卷　宋鄭思肖撰　明崇禎十二年張國維刻本　二册　九行二十字白口左右雙邊　一〇一八

以上宋别集

遺山先生詩集二十卷　金元好問撰　明崇禎十一年毛氏汲古閣刻元人十種詩本　四册　九行十九字小字雙行字同白口左右雙邊　下書口鐫汲古閣　〇六四三

遺山先生詩集二十卷　金元好問撰　明崇禎十一年毛氏汲古閣刻元人十種詩本　四册　鈐鏡西珍賞朱文方印　〇六四一

元遺山詩集八卷　金元好問撰　清乾隆四十三年萬廷蘭刻本　四册　十二行二十三字小字雙行字同白口四周單邊　六七三九

元遺山詩集八卷　金元好問撰　清乾隆四十三年萬廷蘭刻本　一册　六七四〇

以上金别集

湛然居士文集十四卷　元耶律楚材撰　清抄本　三册　十行字數不等無格　鈐柯溪藏書白文方印　會稽徐氏鑄學齋藏書印朱文方印　三〇〇八

郝文忠公陵川文集三十九卷　元郝經撰　附錄一卷　清乾隆三年刻五十九年重印本　十册　十行二十二字白口左右雙邊　五一一四

元張文忠公歸田類稿二十卷附錄一卷　元張養浩撰　清乾隆五十五年周永年毛笙刻本　十二册　九行二十一字白口左右雙邊　五一二二

松鄉先生文集十卷　元任士林撰　明泰昌元年刻清光緒十六年補刻本　四册　九行二十字白口四周單邊　封里鐫光緒庚寅季冬上澣補栞牌記　一三七三

松鄉先生文集十卷　元任士林撰　清抄本　清李宏信校　四册　九行二十字無格　鈐小李山房朱文方印　柯溪藏書白文方印　三〇〇六

松雪齋文集十卷外集二卷　元趙孟頫撰　明萬曆崔邦亮刻本　四册　九行十八字白口左右雙邊　各卷前鐫東明際虞崔邦亮校　有刻工　一〇五五

松雪齋文集十卷外集二卷　元趙孟頫撰　明萬曆崔邦亮刻本　清王懿榮跋　四册　九行十八字白口左右雙邊　有刻工　鈐王懿榮白文方印　李文藻印白文方印　素伯朱文方印　左經右史白文方印　慈聖御賜松壽朱文長方印　Z〇三三

趙文敏公松雪齋全集十卷外集一卷續集一卷行狀一　六七四四

卷 元趙孟頫撰 清曹培廉校 清康熙五十二年曹培廉城書室刻本 八册 十行十九字白口左右雙邊 封面鐫城書室藏板

草廬吳文正公集四十九卷道學基統三卷首一卷 元吳澄撰 清乾隆二十一年刻本 二十册 十行二十一字白口左右雙邊 封面鐫乾隆丙子年重鐫 五九三三

仇山村遺集一卷附錄一卷 元仇遠撰 清乾隆五年項夢昶古香書屋刻本 二册 九行二十字白口左右雙邊 封面鐫古香書屋藏板 書後鐫武林金洞橋繡墨齋刊 五九三一

許魯齋先生集六卷 元許衡撰 清張伯行輯 清康熙四十七年正誼堂刻本 二册 十行二十二字白口四周單邊 下書口鐫正誼堂 六四七〇

魯齋遺書十四卷 元許衡撰 明江學詩等校 明萬曆怡愉刻清雍正增刻本 十册 十行二十二字白口四周雙邊 有刻工 一〇四八

青崖集五卷 元魏初撰 清四庫全書館抄本 二册 八行二十一字白口四周雙邊 上書口書四庫全書 鈐古稀天子之寶白文方印 乾隆御覽之寶朱文方印 Z〇〇五〇

存三卷 一至三

陳定宇先生文集十六卷別集一卷 元陳櫟撰 清康熙三十五年陳嘉基刻本 六册 十行二十二字黑口左右雙邊 封面鐫珠谿德馨堂藏板 五九三七

道園學古錄五十卷 元虞集撰 明景泰七年鄭達、黃仕達刻本 清張金吾跋 清朱昂之題款 十册 十三行二十三字黑口四周雙邊 鈐董康暨侍姬玉 Z〇〇二一

奴珍藏記白文方印　毗陵董康審定朱文方印　曾在舊樓朱文長方印　張金吾藏白文方印

揭曼碩詩集三卷　元揭傒斯撰　清道光十九年華氏抄本　清華九芝校並跋　三册　九行十八、十九、二十字不等無格　鈐留讀草廬藏本朱文方印　閬源眞賞朱文方印　汪士鐘印白文方印　句吳華氏留讀草廬藏本朱文方印　三〇九七

翠寒集一卷　元宋無撰　明毛氏汲古閣刻元人十種詩本　二册　九行十九字白口左右雙邊　下書口鐫汲古閣　鈐許氏星臺藏書朱文方印　北平孫氏硯山齋圖書朱文方印　潛水洪軾澂章白文長方印　一六五一

啽囈集一卷　元宋無撰　明毛氏汲古閣刻元人十種詩本　佚名朱筆批校　二册　八行十九字白口左右雙邊　下書口鐫汲古閣　鈐許氏星臺藏書朱文方印　北平孫氏硯山齋圖書朱文方印　星台白文方印　一六五二

吳淵穎先生集十二卷　元吳萊撰　清王邦采、王繩曾箋　清康熙六十年刻本　丁福保題識　十册　九行十八字小字雙行字同細黑口　封面鐫裕昆堂藏板　六七四二

重刊黃文獻公文集十卷　元黃溍撰　明張維樞選　明萬曆張維樞刻清康熙王廷曾重修本　八册　十行二十一字白口四周單邊　一〇五一

柳待制文集二十卷外編附錄一卷　元柳貫撰　清順治十年馮如京刻本　八册　十行二十字白口四周單邊　封面鐫尊經閣藏版　七八九五

柳待制文集二十卷外編附錄一卷 元柳貫撰 清順治十年馮如京刻康熙五十年查遴補刻本 八册 九行二十字白口四周單邊 封面鐫尊經閣藏版 五九三五

周翰林近光集三卷紀行詩一卷 元周伯琦撰 清抄本 一册 十一行二十二字無格 鈐小李山房朱文印 名山樓朱文長方印 張進朱文小方印 三〇三五

蟻術詩選八卷詞選四卷 元邵亨貞撰 清傳抄明隆慶六年汪稷好德軒本 一册 十一行二十一字無格 鈐南陵徐乃昌校勘經籍記朱文長方印 積學齋徐乃昌藏書朱文長方印 延古堂李氏珍藏朱文長方印 三〇九四

栲栳山人詩集三卷 元岑安卿撰 清張廷枚重編 清乾隆四十七年寶墨齋刻本 一册 十行二十一字白口左右雙邊 下書口鐫寶墨齋 六一八九

栲栳山人詩集三卷 元岑安卿撰 清乾隆五十四年岑振祖刻本 佚名批校 一册 八行二十字白口左右雙邊 封面鐫延綠齋藏板 六一八八

純白齋類稿二十二卷附錄二卷 元胡助撰 明胡淮等重編 清康熙四十五年刻本 四册 十行二十一字白口左右雙邊 六七四七

貢尚書玩齋集十卷首一卷 元貢師泰撰 清乾隆四十年南湖書塾刻本 五册 十行二十字白口左右雙邊 封面鐫乾隆乙未年鐫 南湖書塾藏板 跋文末鐫大清乾隆乙未年仲夏月重刊越孟冬下浣竣事牌記 六七四六

友石山人遺稾一卷　元王翰撰　清抄本　一册　十行二十字無格　三〇三七

玉笥集十卷　元張憲撰　清抄本　佚名校　四册　八行二十一字無格　三〇三八

鶴年海巢集四卷　元丁鶴年撰　附錄一卷　清抄本　一册　九行二十一字無格　三一一一

九靈山房集三十卷補編二卷　元戴良撰　戴九靈先生年譜一卷　清戴殿江、戴殿泗撰　清乾隆三十六年戴氏傳經書屋刻本　八册　十行二十一字黑口左右雙邊　封面鐫乾隆辛卯重刻　傳經書屋藏版　六七四八

倪雲林先生詩集六卷　元倪瓚撰　明蹇曦輯　附錄一卷　明萬曆十九年倪理刻本　六册　九行二十字白口四周單邊　卷端鐫八世孫理重刻　一〇五〇

倪雲林先生詩集六卷　元倪瓚撰　明蹇曦輯　附錄一卷　明萬曆十九年倪理刻本　徐坊題識　四册　鈐徐坊印信朱文方印　徐世章濠園收藏記朱文長方印　一〇四九

清閟閣全集十二卷　元倪瓚撰　清康熙五十二年曹培廉城書室刻本　四册　十一行二十一字白口四周單邊　下書口鐫城書室　五九三九

清閟閣全集十二卷　元倪瓚撰　清康熙五十二年曹培廉城書室刻本　四册　五九四〇

清閟閣全集十二卷　元倪瓚撰　清康熙五十二年曹培廉城書室刻本　六册　五〇六九

玉山璞稿二卷 元顧瑛撰 清抄本 一册 九行二十四字無格 鈐徐維則讀書記朱文長方印 述史樓朱文長方印 三〇三九

呂敬夫集二卷 元呂誠撰 清抄本 一册 八行二十一字無格 三〇四〇

鐵崖文集五卷附傳一卷 元楊維楨撰 明弘治十四年馮允中刻本 二册 十行二十字大黑口四周雙邊 一〇五二

楊鐵崖文集五卷史義拾遺二卷 元楊維楨撰 **西湖竹枝集一卷** 元楊維楨輯 **香奩集一卷** 元王德璉撰 明末陳于京漱雲樓刻本 四册 九行二十字白口左右雙邊 史義拾遺封面鐫漱雲樓藏板 鈐鏡西珍賞朱文方印 一〇五四

鐵崖樂府註十卷詠史註八卷逸編註八卷 元楊維楨撰 清樓卜瀍註 清乾隆三十九年楊惟信聯桂堂刻本 六册 十行二十二字小字雙行二十一字白口四周雙邊 封面鐫乾隆甲午年鐫 聯桂堂藏板 七二四九

夷白齋稿三十五卷外集二卷 元陳基撰 明戴良編 清環碧山房抄本 佚名校 四册 十一行二十一字黑口四周單邊 下書口鐫環碧山房祕鈔 三〇〇九

庸菴集十四卷 元宋禧撰 清嘉慶十三年餘姚宋氏活字印本 清徐時棟抄配並題識 一册 九行十九字白口四周單邊 封面鐫嘉慶戊辰夏餘姚宋氏藏板 鈐柳泉白文方印 柳泉書畫白文方印 周氏叔弢朱文方印 二三八一

存七卷　一至七

荻溪集二卷　元王偕撰　清抄本　一册　九行十八字無格　鈐丁氏八千卷樓藏書記白文方印　三〇三六

清江碧嶂集一卷　元杜本撰　元程嗣祖編　明末毛氏汲古閣刻本　一册　九行十九字白口左右雙邊　下書口鐫汲古閣　一六九三

以上元别集

高皇帝御製文集二十卷　明太祖朱元璋撰　明萬曆十年姚士觀、沈鈇刻本　五册　九行十七字白口四周雙邊　一〇六六

朱楓林集十卷　明朱升撰　明萬曆四十四年朱氏刻本　四册　九行二十字白口四周單邊　封面鐫歙邑朱府藏板　有刻工　一〇六〇

新刊宋學士全集三十三卷　明宋濂撰　明嘉靖三十年韓叔陽刻崇禎十二年增刻本　十二册　十行二十四字白口左右雙邊　卷末鐫嘉靖辛亥孟冬十月刊行牌記　一〇六四

宋學士全集三十二卷首一卷附録一卷　明宋濂撰　清康熙四十八年彭始摶刻本　十六册　十一行二十二字白口左右雙邊　七二九一

宋學士全集三十二卷首一卷附録一卷　明宋濂撰　清康熙四十八年彭始摶刻本　十六册　七一九四

重刊宋文憲公集三十卷潛溪燕書一卷　明宋濂撰　清楊汝穀等輯　清康熙五十一年傅旭元募捐　六七五一

刻本　三十二册　十一行二十四字白口左右雙邊　各卷末鎸仙華書院藏板　有刻工

潛溪集八卷附録一卷　明宋濂撰　明嘉靖十五年徐嵩、溫秀刻本　八册　十行二十字白口四周單邊　有刻工　一〇五九

新喻梁石門先生集十卷首一卷末一卷　明梁寅撰　清乾隆十五年暨用其刻本　五册　十一行二十一字白口左右雙邊　封面鎸乾隆十五年鎸　義學藏板　五九四五

太師誠意伯劉文成公集十八卷　明劉基撰　明樊獻科編　明嘉靖刻本　八册　十行二十三字白口四周雙邊　卷末鎸嘉靖乙卯冬至縉雲樊獻科識　有刻工　一〇五七

太師誠意伯劉文成公集二十卷　明劉基撰　明何鏜編校　明隆慶六年謝廷傑、陳烈刻本　八册　十行二十三字白口四周雙邊　有刻工　鈐王鳴盛印白文方印　西莊居士白文方印　一〇五六

太師誠意伯劉文成公集二十卷首一卷　明劉基撰　清康熙四十六年刻雍正八年萬里補刻本　十六册　十行二十三字白口左右雙邊　五九五一

劉文成公全集十二卷　明劉基撰　明鍾惺評輯　明末刻本　四册　九行十八字白口四周單邊　〇四九〇

鳳池吟稿十卷　明汪廣洋撰　明萬曆四十五年王百祥刻本　六册　九行二十字白口左右雙邊　有刻工　一〇六五

〇九三一　陶學士先生文集二十卷　明陶安撰　事蹟一卷　明弘治十三年項經刻明補刻本　十二册　十行十八字黑口四周雙邊

一〇五八　王忠文公文集二十四卷傳一卷　明王褘撰　繼志齋文稿二卷　明王紳撰　王瞶齋詩稿一卷　明王稌撰　王齊山稿一卷　明王汶撰　明萬曆三十二年張維樞刻本　十六册　十行二十字白口左右雙邊　有刻工

六七四九　王忠文公集二十五卷　明王褘撰　明劉傑編　清王廷曾續編　清康熙三十年王廷曾刻本　十二册　十行二十字白口四周雙邊
存二十四卷　一至二十四

一〇六九　坦齋劉先生文集二卷　明劉三吾撰　明萬曆六年賈綠刻本　二册　十行二十四字白口四周雙邊　鈐丁氏八千卷樓藏書記白文方印

三〇八一　説學齋稿不分卷　明危素撰　清抄本　清李宏信校並錄明歸有光跋　四册　九行二十一字無格　鈐小李山房朱文大方印　徐維則印字爲仲咫白文方印　柯溪白文方印　鑄學齋藏子孫永保朱文橢圓印

五九四六　危學士全集十四卷　明危素撰　明嚴紋璽等輯　清乾隆二十三年芳樹園刻本　六册　九行二十字白口左右雙邊　封面鐫乾隆戊寅年新鐫　芳樹園藏板

七五二六　危學士全集十四卷　明危素撰　明嚴紋璽等輯　清乾隆二十三年芳樹園刻本　八册

劉槎翁先生詩選十二卷　明劉崧撰　明萬曆二十五年張應泰刻清同治三年補刻本　四册　十行二十字白口四周單邊　有刻工　〇七七九

劉槎翁先生文集十八卷　明劉崧撰　清康熙四十一年刻乾隆二十七年補刻本　六册　十行二十字白口四周雙邊　七五〇八

蘇平仲文集十六卷　明蘇伯衡撰　清抄本　三册　十二行二十四字無格　鈐小李山房朱文方印　三〇一一

清江貝先生詩集十卷文集三十卷　明貝瓊撰　清金檀輯　清康熙五十八年金檀燕翼堂刻本　十二册　十一行二十一字白口左右雙邊　封面鐫燕翼堂藏版　五九四九

清江貝先生詩集十卷附詩餘一卷文集三十卷　明貝瓊撰　清金檀輯　清康熙五十八年金氏燕翼堂刻乾隆扆硯齋增刻本　六册　十一行二十一字白口左右雙邊　五九四八

林登州遺集二十三卷附錄一卷　明林弼撰　清康熙四十五年林興刻本　六册　九行十八字白口左右雙邊　五九四七

缶鳴集十二卷　明高啓撰　明介石堂刻本　二册　九行二十字白口左右雙邊　下書口鐫介石堂　六一九〇

高季迪先生大全集十八卷　明高啓撰　清康熙許氏竹素園刻本　八册　十行二十字白口左右雙邊　六一九八

高季迪先生大全集十八卷　明高啓撰　清康熙許氏竹素園刻本　二册　五九四四

高季迪先生大全集十八卷　明高啓撰　清康熙許氏竹素園刻本　清劉熙載批校　八册　四八二九

五九四三 青邱高季迪先生詩集十八卷遺詩一卷鳧藻集五卷附扣弦集一卷年譜一卷　明高啓撰　清金檀輯注　清金成鼎、金宏熹校　清雍正六年金氏文瑞樓刻本　八册　十一行二十二字小字雙行三十三字白口左右雙邊　封面鐫文瑞樓藏板

五九四二 青邱高季迪先生詩集十八卷遺詩一卷鳧藻集五卷附扣弦集一卷年譜一卷　明高啓撰　清金檀輯注　清金成鼎、金宏熹校　清雍正六年金氏文瑞樓刻本　十册

五九四一 青邱高季迪先生詩集十八卷遺詩一卷鳧藻集五卷附扣弦集一卷年譜一卷　明高啓撰　清金檀輯注　清金成鼎、金宏熹校　清雍正六年金氏文瑞樓刻寶芸堂印本　十册　十一行二十二字小字雙行三十三字白口左右雙邊　封面鐫平湖寶芸堂藏板

一〇六三 重刻徐幼文北郭集六卷　明徐賁撰　明陳邦瞻訂　明汪汝淳校　明刻本　四册　十行二十字白口四周單邊

一〇六一 覆瓿集八卷　明朱同撰　明萬曆四十四年朱氏刻本　二册　九行二十字白口四周單邊　有刻工　封面鐫歙邑朱府藏板

一〇六二 春草齋文集六卷詩集五卷　明烏斯道撰　附名公讚春草集歌詠一卷　明烏獻明輯　明崇禎二年蕭基刻本　四册　九行二十字白口左右雙邊

峴泉集六卷　明張宇初撰　清乾隆十九年刻本　六册　十行二十字白口左右雙邊　五九五〇

春雨軒詩正集九卷附集一卷　明劉炳撰　明嘉靖十二年劉塾刻本　一册　九行二十字白口左右雙邊　一三七七
存五卷　一至五

趙弢古先生遺集六卷　明趙謙撰　清張廷枚輯　清乾隆三十八年銘西堂刻本　四册　十行二十一字細黑口四周單邊　下書口鐫銘西堂藏板　封面鐫乾隆癸巳銘西堂藏板　六七五二

海叟詩集四卷集外詩一卷附錄一卷　明袁凱撰　清康熙六十一年曹炳曾城書室刻本　二册　九行十九字白口左右雙邊　下書口鐫城書室　書尾鐫康熙再壬寅春日旌邑劉文彬開雕　六一九七

羅德安先生文集三卷　明羅子理撰　明隆慶四年羅紈刻本　一册　十行二十字細黑口左右雙邊　有刻工　一二〇六

斗南老人詩集四卷　明胡奎撰　明姚綬抄本　明項元汴跋　四册　十行字數不等無格　鈐項墨林鑑賞章白文方印　季振宜朱文方印　Z〇〇四四

竹居詩集一卷　明王珙撰　清抄本　一册　七行二十字無格　鈐丁氏八千卷樓藏書記白文方印　三〇四一

解文毅公集十六卷首一卷附錄一卷　明解縉撰　清乾隆三十二年解韜刻本　六册　十行十九字白口左右雙邊　六七五七

泊菴集十六卷　明梁潛撰　清抄本　六册　八行二十一字無格　三〇一二

遜志齋集二十四卷附錄一卷　明方孝孺撰　明嘉靖四十年王可大刻本　十册　十行二十字白口左右雙邊　一〇六八

遜志齋集二十四卷附錄一卷　明方孝孺撰　明嘉靖四十年王可大刻本　二十八册　鈐朱彝尊印朱文方印　朱氏錫鬯白文方印　一〇六七

方正學先生遜志齋集二十四卷外紀二卷　明方孝孺撰　明萬曆四十年丁賓等刻清方忠祁補刻本　十册　有圖　十行二十字白口四周單邊　有刻工　〇八〇九
存　遜志齋集二十四卷

遜志齋集二十四卷　明方孝孺撰　清俞化鵬等重輯　清康熙刻本　十六册　十行二十字白口四周單邊　四八三二

弜隱程先生詩集二卷文集二卷　明程本立撰　清金檀輯　清康熙五十八年金氏燕翼堂刻本　四册　十一行二十一字白口左右雙邊　五九五二

天台林公輔先生文集不分卷　明林右撰　清抄本　一册　十二行二十字無格　三〇七九

東里文集二十五卷　明楊士奇撰　明萬曆刻清康熙十七年補刻本　八册　九行十八字白口左右雙邊　書尾鐫康熙戊午夏四月二日八世孫學瑚識語　有刻工　〇九〇〇

退菴鄧先生遺稿七卷 明鄧林撰 明陳贄等編 清抄本 一册 十行二十字無格 鈐丁氏八千卷樓藏書記白文方印 三〇四三

曹月川先生夜行燭一卷 明曹端撰 清康熙二十五年刻本 一册 九行二十字白口左右雙邊 五一四六

曹月川集一卷 明曹端撰 清抄本 一册 八行二十一字無格 三〇一四

溪園詩稿九卷 明駱象賢撰 清嘉慶間活字印本 三册 九行二十字白口四周單邊 二三八七

夏忠靖集六卷附錄一卷 明夏原吉撰 清眠雲精舍抄本 一册 十行二十一字白口左右雙邊 下書口鐫眠雲精舍 三〇一三

青城山人詩集八卷 明王璲撰 清抄本 佚名錄黃丕烈跋 二册 十行二十字無格 三〇四二

觀光詩集二卷助教侯先生詩集二卷文集四卷 明侯復撰 清金氏文瑞樓抄本 二册 十一行字數不等白口左右雙邊 下書口鐫文瑞樓 Z〇〇八一

文清公薛先生文集二十四卷 明薛瑄撰 清雍正十二年薛氏刻乾隆印本 十二册 有圖 十行二十字白口四周雙邊 五九五七

文清公薛先生文集二十四卷 明薛瑄撰 清雍正十二年薛氏刻乾隆印本 十二册 有圖 五九五六

于忠肅公集十二卷附錄四卷 明于謙撰 明天啓元年孫昌裔刻本 十二册 九行二十字白口左右雙邊 一〇七〇

吳竹坡先生文集五卷詩集二十八卷附載一卷 明吳節撰 清雍正三年吳琦 五九五五

刻乾隆重印本　六册　八行二十字白口四周單邊

東原文集二卷　明杜瓊撰　清道光二十九年韓氏寶鈇齋活字印本　四册　八行二十一字白口四周單邊　封面鐫道光二十又九年夏日寶鈇齋韓氏印牌記　二三九七

商文毅公集十一卷　明商輅撰　明隆慶六年鄭應齡刻本　八册　十行二十字白口四周雙邊　一〇八五

商文毅公集十卷　明商輅撰　明劉體元輯　明萬曆三十年劉體元刻本　四册　十行二十字白口四周雙邊　一〇八六

類博稿十卷附錄二卷　明岳正撰　明嘉靖八年任慶雲刻本　四册　十行二十字黑口四周雙邊　Z〇〇八六

王端毅公文集九卷　明王恕撰　明嘉靖三十一年喬世寧刻本　四册　十行二十字白口四周單邊　一〇七二

平橋藁十八卷附錄一卷　明鄭文康撰　清康熙三十二年鄭起泓、鄭定遠刻本　四册　八行十八字白口四周雙邊　鈐文瑞樓白文方印　金星軺藏書記朱文長方印　四七〇二

白沙子全集九卷附錄一卷　明陳獻章撰　明萬曆四十年何上新刻本　十册　九行十八字小字雙行字同白口四周單邊　一一一三

白沙先生詩教解十五卷　明陳獻章撰　明湛若水輯解　明嘉靖刻本　二册　十行十九字白口左右雙邊　一一一二

白沙子全集六卷首一卷　明陳獻章撰　清顧嗣協校正　清何九疇重編　清康熙五十年刻本　十六册　十一行二十一字黑口左右雙邊　封面鐫理堂藏版　五九六六

白沙子全集六卷首一卷　明陳獻章撰　清顧嗣協校正　清何九疇重編　清康熙五十年刻本　六册　五九六五

白沙子全集六卷首一卷　明陳獻章撰　清顧嗣協校正　清何九疇重編　清康熙五十年刻本　十六册　五九六四

白沙子全集十卷首一卷末一卷古詩教解二卷　明陳獻章撰　清乾隆三十六年碧玉樓刻本　十册　十行二十一字白口四周雙邊　封面鐫乾隆辛卯重鐫　碧玉樓藏版　八〇七四

白沙子全集十卷首一卷末一卷古詩教解二卷　明陳獻章撰　清乾隆三十六年碧玉樓刻本　十册　八〇七五

白沙子全集十卷首一卷末一卷古詩教解二卷　明陳獻章撰　清乾隆三十六年碧玉樓刻本　十册　八〇七六

竹巖集十八卷補遺一卷附錄一卷　明柯潛撰　清雍正十一年柯潮刻本　四册　十行二十字白口左右雙邊　五一八九

黎陽王襄敏公集四卷　明王越撰　年譜一卷　明王紹雍、王正蒙撰　明萬曆十三年刻本　十二册　十行二十字白口四周雙邊　有刻工　一〇七六

徐文靖公謙齋文錄四卷　明徐溥撰　明嘉靖徐垚重刻本　佚名簽校　四册　十行二十字白口左右雙邊　鈐一六淵海朱文方印　Z〇〇一六

方洲先生集二十六卷讀史錄六卷　明張寧撰　明萬曆錢世堯刻本　十册　九行十九字白口左右雙邊　有刻工　一〇七八

文肅公文集三十四卷外集一卷　明何喬新撰　清康熙三十三年何源濬等刻本　十六册　九行二十三字白口左右雙邊　五九五九

謝文莊公集六卷附錄一卷　明謝一夔撰　明謝廷傑輯　清乾隆二十二年甘竹書院刻本　二册　十行二十字白口左右雙邊　封面鐫乾隆二十二年重鐫　甘竹書院藏板　五九五四

東園鄭先生文集續編十三卷附錄一卷　明鄭紀撰　明刻本　四册　九行二十字白口四周雙邊　一〇七四

懷麓堂詩稿二十卷詩後稿十卷文稿三十卷文後稿三十卷續後稿十卷　明李東陽撰　清康熙二十一年刻四十八年補刻本　二十册　十行二十字白口四周單邊　五九七七

桃溪淨稿文集三十九卷詩集四十五卷　明謝鐸撰　明嘉靖刻本　十册　十行二十字白口四周單邊　一〇七五

康齋先生文集十二卷附錄一卷　明吳與弼撰　明正德十年彭杰刻本　十二册　十行二十字白口四周單邊　鈐蟫香館藏書朱文長方印　安樂堂藏書記朱文長方印　一〇七七

篁墩程先生文集九十四卷　明程敏政撰　明嘉靖十二年書林宗文堂刻本　十册　十三行二十七字白口四周單邊　目錄後鐫癸巳歲孟　一〇八二

秋宗文堂新刊 卷末鐫書林精舍京本重刊牌記

存八十六卷 一至十二 二十一至九十四

楓山章先生文集九卷 明章懋撰 明嘉靖九年張大綸刻章翰補刻本 清盛百二題識 五册 十行二十字白口左右雙邊 鈐盛百二朱文方印 一〇八八

未軒公文集十二卷附錄一卷 明黄仲昭撰 明嘉靖三十四年黄希白刻本 十二册 十行二十字白口四周單邊 有刻工 一〇八九

定山先生集十卷附錄一卷 明莊昶撰 清康熙四十一年莊清佐刻本 四册 十行二十字白口四周單邊 五九七五

韓忠定公集四卷 明韓文撰 清乾隆三年韓宗藩刻本 六册 十行二十字白口四周雙邊 五九八八

白洲詩集三卷 明李士實撰 明正德刻本 三册 十行二十字黑口四周雙邊 鈐授經樓藏書記朱文方印 錢唐丁氏正修堂藏書朱文方印 吳興藥盦朱文方印 Z〇〇三九

翠渠摘稿八卷 明周瑛撰 明林近龍編 明刻清雍正間周成續刻本 四册 十行二十四字黑口四周雙邊 有刻工 一〇七一

石淙詩稿二十卷 明楊一清撰 明嘉靖刻本 十册 十一行二十二字間九行十八字小字雙行二十二字白口四周雙邊 鈐會稽鈕氏世學樓圖籍朱文方印 一一七六

學古齋集三卷雜文一卷 明瞿俊撰 清嘉慶七年瞿青垂刻本 一册 十行二十一字白口左右雙邊 六九七八

王文恪公集三十六卷名公筆記一卷 明王鏊撰 鶡音一卷 〇〇五六

白社詩草一卷 明王禹聲撰 明萬曆震澤王氏三槐堂刻本 八册 九行二十字白口四周單邊 下書口鐫三槐堂

存　王文恪公集三十五卷　二至三十六　名公筆記一卷

王文恪公集三十六卷名公筆記一卷　明王鏊撰　鶡音一卷　一〇八四
白社詩草一卷　明王禹聲撰　明萬曆震澤王氏三槐堂刻本　二十册
存　王文恪公集三十六卷　名公筆記一卷

楊維斗先生手訂王文恪公家藏未刻稿不分卷　明王鏊撰　明楊延樞輯　清　七四六五
順治十三年王氏三槐堂刻本　一册　十行二十六字白口四周單邊　下書口鐫三槐堂
存　上論下論

馬東田漫稿六卷　明馬中錫撰　明孫緒評　明嘉靖十七年文三畏刻本　八册　十行十七　一〇九〇
字白口四周雙邊　有刻工　鈐崑山徐氏家藏朱文方印　健庵白文方印
乾學之印白文方印

見素集二十八卷續集十二卷奏議七卷　明林俊撰　明萬曆十三年林　一〇九四
及祖刻本　八册　十行二十
二字白口四周單邊　有刻工

半江趙先生文集十五卷附錄一卷　明趙寬撰　清康熙六十年刻本　四册　五九五八
九行十七字白口左右雙邊　封面鐫康

熙辛丑年重鐫

古城文集六卷首一卷　明張吉撰　清康熙三十年楊楡刻本　四册　十行二十二字白口四周雙邊　五九六〇

荷亭辯論八卷附書二卷文集六卷　明盧格撰　清嘉慶七年刻本　六册　九行二十一字小字雙行字同白口四周單邊　六七五八

東所先生文集十三卷　明張詡撰　明嘉靖三十年張希擧刻本　四册　十一行二十二字白口四周單邊　一〇八一

虛齋蔡先生文集五卷　明蔡清撰　明正德十六年葛志貞刻本　三册　十行二十四字黑口四周雙邊　有刻工　鈐八千卷樓印朱文方印　一〇七九

重刻蔣文定公湘皋集四十卷　明蔣冕撰　清俞廷擧輯　清嘉慶二十一年全州俞氏刻本　十册　十行二十字白口左右雙邊　五九八九

文肅公圭峯羅先生文集三十七卷附錄一卷　明羅玘撰　明崇禎七年盱江羅氏代文堂刻本　十册　九行十八字白口四周單邊　有刻工　一〇九三

明夏赤城先生文集二十三卷首一卷　明夏鍭撰　清乾隆三十七年夏氏映南軒活字印本　六册　十行二十字白口四周單邊　下書口鐫映南軒　二三九一

石田稿三卷　明沈周撰　明弘治十六年嘉定黃淮集義堂刻本　六册　九行十九字白口左右雙邊　上書口鐫弘治癸亥集義堂刊　前序鐫弘治癸亥歲夏六月嘉定庠生黃淮刊行　〇〇九二

牌記

石田先生集十一卷　明沈周撰　明萬曆四十三年陳仁錫刻本　四册　九行十九字白口四周雙邊　一一三三

石田先生集十一卷　明沈周撰　明萬曆四十三年陳仁錫刻本　四册　一一三五

方簡肅公文集十卷附錄一卷　明方良永撰　明萬曆八年方攸績刻本　四册　九行十八字白口四周雙邊　有刻工　一〇九七

鄭山齋先生文集二十四卷　明鄭岳撰　明萬曆十九年鄭炫刻清鄭象賢增刻本　六册　九行十八字白口四周雙邊　一一〇八

空同先生集六十三卷　明李夢陽撰　明嘉靖刻本　十二册　十一行二十字白口左右雙邊　有刻工　一一〇六

空同子集六十六卷目錄三卷　明李夢陽撰　**附錄二卷**　明萬曆三十年鄧雲霄刻本　十册　十行二十字白口左右雙邊　附錄後鐫癸卯孟夏南昌劉一焻參閱　一一〇四

空同詩鈔十六卷附錄一卷　明李夢陽撰　清乾隆五十年誦芬堂刻本　六册　十行二十一字小字雙行二十字白口左右雙邊　封面鐫乾隆五十年新鐫　六二〇〇

邊華泉集八卷集稿六卷　明邊貢撰　清康熙四十四年張逴刻嘉慶十年李肇慶補刻本　四册　十行二十二字白口四周單邊　五九八二

萬里志二卷　明張弘至撰　清刻本　一册　八行二十字白口左右雙邊　七八七七

王文成公全書三十八卷　明王守仁撰　明隆慶六年謝廷傑刻本　三十二册　九行十九字白口四周雙邊　一〇九九

王陽明先生全集二十卷首一卷　明王守仁撰　清康熙十二年俞嶙刻本　二十册　九行十九字白口左右雙邊　封面鐫是政堂藏板　六七〇九

陽明先生文粹十一卷　明王守仁撰　明嘉靖三十六年大梁書院刻本　四册　十行二十字黑口四周雙邊　一〇九八

陽明先生要書八卷附錄五卷　明王守仁撰　明陳龍正編　明崇禎八年刻本　十册　九行十九字小字雙行字同白口四周單邊　〇一三九

凌谿先生集十八卷　明朱應登撰　明嘉靖刻遞修本　三册　十行十九字白口四周單邊　有刻工　一〇九五

貞翁淨稿十二卷附錄一卷　明周倫撰　清抄本　四册　十行十八字無格　三〇二六

唐伯虎先生集二卷　明唐寅撰　外編五卷　明何大成輯　明萬曆何大成刻本　一册　九行二十字白口四周雙邊　鈐沔陽歐陽澹園珍藏印朱文方印　〇五五一

康對山先生集四十五卷　明康海撰　清康熙五十一年馬逸資刻本　十二册　十行二十一字白口左右雙邊　六七六〇

康對山先生文集十卷附錄一卷　明康海撰　清乾隆二十六年武功縣刻本　六册　十行二十字白口四周雙邊　封面鐫乾隆辛巳孟秋選刻　武功縣藏板　六七六一

康對山先生文集十卷附錄一卷 明康海撰 清乾隆二十六年武功縣刻本 六册 五九七三

蒼谷全集十二卷附錄一卷 明王尚絅撰 清乾隆二十三年密止堂刻本 六册 十行十八字白口四周雙邊 封面鐫乾隆戊寅重鐫 五九七一

何文定公文集十一卷 明何瑭撰 明萬曆四年賈待問等刻清道光二十八年補刻本 四册 十行二十一字白口左右雙邊 五九七八

内臺集七卷 明王廷相撰 明嘉靖十五年刻本 一册 十行十八字白口四周單邊 一一〇三

存二卷 一至二

何大復先生集三十八卷 明何景明撰 明萬曆五年陳堂、胡秉性刻本 十二册 十行二十字白口四周單邊 有刻工 一〇九一

何大復先生集三十八卷 明何景明撰 明萬曆五年陳堂、胡秉性刻本 十二册 一〇九二

何大復先生集三十八卷 明何景明撰 清乾隆十五年賜策堂刻本 八册 九行二十字白口四周雙邊 封面鐫乾隆庚午歲重鐫 七二七七

洹詞十二卷 明崔銑撰 明趙府味經堂刻清乾隆三十六年黄邦寧補刻本 六册 十行二十字白口四周雙邊 封面鐫乾隆三十六年補鐫 一三三七

直廬稿十卷 明嚴嵩撰 明嘉靖三十一年刻本 四册 十行二十字白口左右雙邊 一一〇七

桂軒先生全集十卷首一卷 明顧恂撰 清雍正十年桂雲堂刻本 四册 十一行二十二字黑口左右雙邊 封面鐫桂雲堂藏板 六一九六

迪功集六卷談藝錄一卷 明徐禎卿撰 清乾隆二十五年鞠履厚刻本 一册 十一行二十一字白口左右雙邊 五三二〇

張文定公覲光樓集十卷環碧樓集十六卷 明張邦奇撰 明刻本 六冊 十行二十一字白口左右雙邊 有刻工 一一〇二

張文定公四友亭集二十卷 明張邦奇撰 明刻本 五冊 十行二十一字白口左右雙邊 一一〇一

太白山人詩五卷附錄一卷 明孫一元撰 明嘉靖刻本 三冊 十行十七字白口左右雙邊 一一二三

南湖先生文選八卷 明丁奉撰 清抄本 四冊 九行二十字小字雙行字同無格 鈐光緒壬午年嘉惠堂丁氏所得朱文長方印 八千卷樓藏書之記朱文方印 三〇一六

苑洛集二十二卷 明韓邦奇撰 明嘉靖三十一年刻本 十冊 十行二十字白口四周單邊 一一一九

端溪先生集八卷 明王崇慶撰 明嘉靖三十一年張蘊刻本 二十四冊 十行二十二字白口四周單邊 鈐宛平王氏家藏白文方印 一一一〇

鳥鼠山人小集十六卷後集二卷近取編二卷願學編二卷擬漢樂府八卷可泉擬涯翁擬古樂府二卷雍音四卷唐雅八卷 明胡纘宗撰 明嘉靖刻清順治十三年周盛時補刻本 二十冊 十一行二十字白口四周單邊 一一二四

鳥鼠山人小集十六卷後集二卷近取編二卷願學編二卷擬漢樂府八卷可泉擬涯翁擬古樂府二卷雍音四 一一二五

卷唐雅八卷　明胡纘宗撰　明嘉靖刻清順治十三年周盛時補刻本　十册　鈐延古堂李氏珍藏白文方印

存

鳥鼠山人小集一至四卷
擬漢樂府八卷
可泉擬涯翁擬古樂府二卷

歐陽恭簡公遺集二十二卷　明歐陽鐸撰　明嘉靖刻本　六册　十行二十字白口四周單邊　一一二七

唐襄文公文定四卷　明唐龍撰　明崔徵麟評選　清初刻本　二册　十行二十二字黑口左右雙邊　六四〇二

棠陵文集八卷　明方豪撰　清康熙十二年方元啓刻本　二册　九行十八字白口左右雙邊　五九六九

升菴先生文集八十一卷目録四卷　明楊慎撰　明楊有仁輯　明萬曆二十九年王藩臣、蕭如松刻本　十六册　十行二十字白口左右雙邊　一一二一

太史升菴全集八十一卷目録二卷年譜一卷　明楊慎撰　清乾隆六十年周參元刻本　二十册　九行十九字白口四周雙邊　封面鐫乙卯年重鐫　養拙山房藏板　六七六九

太史升菴全集八十一卷目録二卷年譜一卷　明楊慎撰　清乾隆六十年周參元刻本　六七七〇

二十册

鄒東廓先生文選四卷 明鄒守益撰 明鄒善編 明隆慶六年宋儀望刻本 四册 十行二十字白口四周單邊 有刻工 一二三二

東廓鄒先生文集十二卷 明鄒守益撰 明劉佃等編 明鄒德涵等重輯 清刻本 二十册 九行二十四字白口左右雙邊 一一一八

游少石先生詩文集五卷 明游璉撰 清嘉慶十四年游程刻本 四册 十行二十字白口四周雙邊 封面鐫嘉慶十四年重刊 德光堂藏板 五九八三

古菴毛先生文集十卷附昆陵正學編一卷 明毛憲撰 明嘉靖刻清康熙二十四年補刻本 六册 十行二十字白口左右雙邊 封面鐫永思堂藏板 二五五六

嗜泉詩存二卷附錄一卷詩說一卷 明李璋撰 清乾隆二十八年刻本 二册 十行十九字黑口左右雙邊 六七五九

谿田文集十一卷補遺一卷 明馬理撰 明萬曆刻清乾隆補刻本 四册 八行十八字白口四周雙邊補遺八行二十字白口左右單邊 存九卷 一至五 九至十一 補遺一卷 一九五二

梓溪文鈔内集八卷外集十卷附行實一卷 明舒芬撰 明萬曆四十八年刻清乾隆七年舒香補刻本 七册 九行十八字小字雙行字同白口四周雙邊 〇六六七

桂洲詩集二十四卷 明夏言撰 明嘉靖二十五年曹忭、楊九澤刻本 八册 八行十七字黑口四周雙邊 鈐御書堂白文方印 王阮亭藏書記朱文長方印 一一二〇

夏桂洲先生文集十八卷年譜一卷　明夏言撰　明崇禎十一年吴一璘刻清康熙五十八年吴橋補刻本　十二册　十行十九字白口四周單邊　封面鐫薌溪吴淑采較刊　斤桂艸堂藏版　五九七二

小山類稾選二十卷輯略一卷　明張岳撰　明萬曆刻清補刻本　十二册　九行二十字小字雙行字同白口四周雙邊　有刻工　存　小山類稾選二十卷　一一一七

同安林次崖先生文集十八卷　明林希元撰　清乾隆十八年陳臚聲詒燕堂刻本　十六册　十一行二十二字白口左右雙邊　下書口鐫詒燕堂　五九九〇

張龍湖先生文集十五卷　明張治撰　清雍正四年彭思眘刻本　四册　十行二十字白口左右雙邊　五九七九

張龍湖先生文集十五卷　明張治撰　清雍正四年彭思眘刻本　八册　七四三四

張龍湖先生文集十五卷　明張治撰　清雍正四年彭思眘刻本　四册　五九八〇

甓餘雜集十二卷　明朱紈撰　明末朱質刻本　八册　十行二十字白口四周單邊　〇五四三

張水南文集十一卷　明張袞撰　明隆慶元年范惟一刻本　四册　十行二十字白口四周單邊　有刻工　一一一四

太師張文忠公集十七卷　明張孚敬撰　明萬曆四十三年張汝紀等刻本　八册　十行二十字白口左右雙邊　有刻工　上書口鐫勅建眞義書　一一一五

院
文稿四卷
詩稿四卷
詩稿續一卷
奏疏八卷

五龍山人集十卷 明王同祖撰 附錄一卷 明萬曆十六年刻本 四册 十行二十字白口四周單邊 一一四九

甫田集三十六卷 明文徵明撰 明初刻清補刻本 六册 十一行二十一字白口左右雙邊 五九七〇

西村詩集二卷補遺一卷 明朱朴撰 明嘉靖刻萬曆朱絲續刻清乾隆三年補刻本 一册 十行二十字白口四周單邊 六一九九

練溪集四卷附墓誌銘一卷 明淩震撰 清嘉慶二十年淩鳴喈刻本 二册 十一行二十一字白口左右雙邊 封面鐫嘉慶乙亥重鐫 五九八七

東園遺稿二卷 明黃璽撰 明嘉靖刻本 二册 九行十八字白口四周單邊 有刻工 一一六六

雅宜山人集十卷 明王寵撰 明嘉靖十六年董宜陽、朱浚明刻本 二册 十行十八字白口左右雙邊 一一七八

存四卷 五至六 九至十

重鐫心齋王先生全集六卷 明王艮撰 明萬曆刻本 六册 九行十六、十七、十八字不等白口四周單邊間雙邊 一一二九

少湖先生文集七卷 明徐階撰 明嘉靖三十六年宿應麟刻本 四册 九行二十字黑口四周單邊 一二四一

世經堂集二十六卷　明徐階撰　明萬曆徐氏刻清康熙二十年徐佺補刻本　二十册　十行二十字白口四周雙邊　有刻工　〇九二九

潘笠江先生集十二卷　明潘恩撰　明嘉靖三十四年聶叔頤刻本　二册　十行二十字白口左右雙邊　一一四四

天馬山房遺稿八卷　明朱淛撰　明隆慶三年張秉鐸刻遞修本　四册　十二行二十二字白口左右雙邊　有刻工　一一三七

北泉文集五卷　明藍田撰　清抄本　五册　九行二十五字無格　三一一〇

芝園定集四十八卷　明張時徹撰　明嘉靖刻本　二十册　十一行二十二字白口左右雙邊　一一三〇

衡藩重刻胥臺先生集二十卷　明袁袠撰　明萬曆十二年衡藩刻本　十册　十行十八字白口四周雙邊　一一四五

趙浚谷文集十卷詩集六卷　明趙時春撰　明萬曆八年周鑑刻本　十二册　九行二十一字白口四周單邊　一一五一

趙浚谷文集十卷詩集六卷　明趙時春撰　明萬曆八年周鑑刻本　十二册　一一五二

嚴居稿八卷　明華察撰　清抄本　一册　九行二十字無格　三〇四四

田叔禾小集十二卷　明田汝成撰　明嘉靖四十二年田藝衡刻本　六册　九行十八字細黑口四周雙邊　有刻工　一一八〇

玩芳堂摘稿四卷　明王慎中撰　明嘉靖二十九年蔡克廉刻本　四册　十行二十字白口四周雙邊　一一四八

江午波先生集四卷　明江以達撰　清乾隆四年江原重刻本　四册　九行二十一字白口四周單邊　下書口鐫玉書堂　五九八六

屠漸山蘭暉堂集十二卷　明屠應埈撰　明嘉靖三十一年屠仲律刻本　四册　九行十七字白口左右雙邊　一一七四

石聯遺稿八卷　明沈⿰火侖撰　明萬曆刻本　二册　九行十七字白口四周雙邊　有刻工　一一四〇

念菴羅先生集十三卷　明羅洪先撰　明嘉靖四十三年甄津刻本　十六册　十一行二十字白口四周單邊　鈐海豐吳氏珍藏白文方印　一一六四

重刊荆川先生文集十七卷　明唐順之撰　明萬曆元年純白齋刻本　八册　十行二十字白口左右雙邊　序後鐫萬曆元年孟春吉旦重刊于純白齋牌記　鈐草廬朱文方印　游藝軒朱文方印　一一五三

唐荆川先生文集十八卷　明唐順之撰　清康熙五十一年唐執玉刻本　八册　十行二十一字黑口左右雙邊　五九六八

唐荆川集六卷　明唐順之撰　清張汝瑚選　清郢雪書林刻本　四册　十行二十字白口四周單邊　封面鐫郢雪書林梓行　七三〇〇

南沙先生文集八卷　明熊過撰　明泰昌元年熊胤衡刻本　四册　九行十九字白口四周單邊　一一五〇

斛山楊先生遺稿四卷　明楊爵撰　明萬曆六年陳世賢、曾如春刻本　四册　十行二十字白口四周雙邊　一一七七

葛端肅公文集十八卷　明葛守禮撰　明萬曆十年刻本　八册　九行二十字白口四周雙邊　一一九六

大椿堂詩選二卷　明楊博撰　明楊俊民輯　明萬曆二十一年裴述祖刻本　二册　七行十六字白口四周單邊　有刻工　一一六九

陂門山人集八卷　明馮惟健撰　明嘉靖三十五年馮惟訥刻本　二册　十行二十二字白口四周單邊　鈐王士禛印白文方印　一一四二

隋堂摘稿六卷 明許應元撰　明嘉靖刻本　二册　九行十八字白口四周單邊　有刻工　一一〇九

冰玉堂綴逸藁二卷蘭舟漫稿一卷二餘詞一卷 明陳如綸撰　明萬曆刻本　一册　十行十八字白口左右雙邊　一六九五

存 二餘詞一卷

朔埜山人集六卷 明尹耕撰　明崇禎十年來臨刻本　六册　九行二十一字白口四周單邊　一一三一

海石先生文集二十九卷目録二卷 明錢薇撰　**附侍御公遺詩一卷** 明錢嘉徵撰　明萬曆四十二年錢端喚刻清錢熸增補刻本　十册　九行十九字白口左右雙邊　封面鐫承啓堂全集顯忠祠藏板　卷二十八末鐫萬曆癸丑秋季梓行甲寅春季畢工金陵張一鳳督刻牌記　一一八二

海石先生文集二十九卷目録二卷 明錢薇撰　明萬曆四十二年錢端喚刻本　八册　九行十九字白口左右雙邊　卷首目録卷　二十三至二十八　書賈作僞挖掉　一一八三

存 文集二十二卷　一至二十二

龍谿王先生全集二十卷 明王畿撰　明王應吉輯　明萬曆十五年蕭良幹刻本　十册　九行十九字白口四周單邊　有刻工　鈐嘉惠堂藏閱　一一八四

書朱文長方印

趙文肅公集四卷　明趙貞吉撰　明李贄選評　明刻本　四册　九行二十字白口四周單邊　一一五四

欽定洞麓堂集十卷　明尹臺撰　清嘉慶五年崇正書院刻本　六册　十行二十字白口左右雙邊　封面鐫明尚書永新尹洞山署嘉慶五年鐫　崇正書院藏板　五九九三

少村漫稿四卷　明黄廷用撰　明萬曆刻本　二册　九行十八字白口四周單邊　有刻工　一一七五

方山薛先生全集六十八卷　明薛應旂撰　明嘉靖刻本　十六册　十行二十字白口四周單邊　有刻工　一一四六

王氏存笥稿二十卷　明王維楨撰　明嘉靖三十六年鄭本立刻本　十二册　十行二十二字白口四周雙邊　一一一一

靳兩城先生集二十卷　明靳學顔撰　明萬曆十七年靳需刻本　八册　九行十八字白口四周雙邊　鈐山東海豐吳式芬誦孫白文方印　一一六三

馬恭敏集六卷　明馬森撰　明萬曆十八年馬夔等刻本　四册　九行十七字白口四周單邊　一一九九

袁文榮公文集八卷詩集八卷　明袁煒撰　明王錫爵等校　明萬曆元年馮孜、張德夫刻本　六册　十行十八字白口左右雙邊　文集目録后鐫太倉州知州馮孜、長洲知縣張德夫梓行　一一四七

崇蘭館集二十卷　明莫如忠撰　明萬曆十四年馮大受、董其昌等刻本　二十册　九行十八字白口左右雙邊　一二五二

王仲山先生詩選八卷文選一卷　明王問撰　明殷邦靖輯　明萬曆刻本　八册　八行十六字白口左右雙邊　一二一九

二谷山人詩文集不分卷緱山侯氏譜二卷附錄一卷　明侯一元撰　明嘉靖三十七年刻本　八册　八行十六字白口左右雙邊　有刻工　一一三八

二谷山人集十卷　明侯一元撰　明嘉靖四十三年刻本　四册　十行十八字白口四周單邊　有刻工　一一三九

訥谿先生詩錄九卷文錄十卷尺牘四卷雜錄三卷　明周怡撰　明萬曆二年周恪刻本　八册　十行十九字白口四周雙邊　一一八一

青霞沈公遺集十六卷　明沈鍊撰　明末源遠堂刻本　六册　十行十九字白口左右雙邊　下書口鐫源遠堂　五九八一

白華樓藏稿十一卷續稿十五卷吟稿十卷　明茅坤撰　明姚翼編　明嘉靖萬曆間遞刻本　十册　九行十九字白口左右雙邊　一一九五

茅鹿門先生文集三十六卷　明茅坤撰　明萬曆刻本　二十册　十行十九字白口左右雙邊　有刻工　一一五六

茅鹿門先生文集三十六卷　明茅坤撰　明萬曆刻本　十九册　一一五五

循夫先生集四卷　明郭廷序撰　明崇禎七年郭守命等刻本　二册　九行二十字白口左右雙邊　一二〇〇

劉子威禪悅小草十八卷　明劉鳳撰　明萬曆刻本　四册　九行十八字白口左右雙邊　一二〇〇

存十五卷 一至十五

山帶閣集三十三卷 明朱曰藩撰 明萬曆刻本 八冊 十行十九字白口四周單邊 一一三四

白雪樓詩集十二卷 明李攀龍撰 明隆慶四年汪時元刻本 四冊 九行十八字白口四周單邊 有刻工 一一六一

滄溟先生集三十卷附錄一卷 明李攀龍撰 明隆慶六年刻本 十六冊 十行二十字白口左右雙邊 一一五七

滄溟先生集三十一卷附錄一卷附錄補遺一卷 明李攀龍撰 明萬曆二十六年重刻本 八冊 十行二十二字白口四周單邊 張佳胤序後鐫萬曆戊戌初春重刊 一一五九

滄溟先生集三十一卷附錄一卷附錄補遺一卷 明李攀龍撰 明萬曆二十六年重刻本 八冊 一一五八

滄溟先生文鈔九卷 明李攀龍撰 明萬曆楊士經刻本 四冊 九行二十二字白口四周單邊 一一六〇

張洺南詩集十卷 明張成教撰 明萬曆賀選刻本 八冊 十行二十字白口四周雙邊 一二三七

愼修堂集二十卷 明亢思謙撰 明萬曆刻清康熙十五年亢宗瑗重修本 八冊 九行十八字白口四周單邊 五九九二

新刻張太岳先生詩文集四十七卷 明張居正撰 明萬曆四十年唐國達刻本 二十冊 十行二十字白口四周單邊 一一七一

太岳集書牘十五卷　明張居正撰　明萬曆刻本　八册　九行十八字白口四周單邊　一一七二

楊忠愍公全集四卷　明楊繼盛撰　清康熙三十七年章鈺敬一齋刻本　二册　九行二十字白口四周雙邊　版心下鐫敬一齋　五一二六

楊忠愍公全集四卷　明楊繼盛撰　清康熙刻本　四册　九行二十字白口四周雙邊　五一二九

李卓吾評選楊椒山奏疏一卷詩集一卷文集一卷年譜一卷　明楊繼盛撰　明李贄評　**楊忠愍公行狀一卷**　明王世貞撰　明刻本　四册　九行二十字白口四周單邊　一二一三

弇州山人四部稿一百七十四卷目錄十二卷　明王世貞撰　明萬曆五年王氏世經堂刻本　三十册　十行二十字白口四周雙邊　下書口鐫世經堂刻　一一八六

弇州山人四部稿選十六卷　明王世貞撰　明沈一貫輯　明刻本　十六册　十行二十一字白口四周單邊　一一八八

弇州山人續稿二百七卷目錄十卷　明王世貞撰　明刻本　四十八册　十行二十字白口左右雙邊　一一八七

讀書後八卷　明王世貞撰　清乾隆二十七年天隨堂刻本　六册　十行二十三字細黑口左右雙邊　封面鐫乾隆壬午重鐫　天隨堂藏板　鈐葉德輝煥彬甫藏閱書白文方印　六七七一

方麓居士集十四卷　明王樵撰　明萬曆刻本　四册　十行二十字白口四周單邊　有刻工　一一八五

太函集一百二十卷目錄六卷　明汪道昆撰　明明萬曆刻本　三十册　十行二十字白口左右雙邊　一一九一

太函集一百二十卷目錄六卷 明汪道昆撰 明萬曆刻本 清方濬師題識 三十二册 十行二十字白口左右雙邊 一一九〇

副墨八卷 明汪道昆撰 明刻本 嚴修題識 一册 九行十八字白口四周單邊 鈐蟫香館藏書印朱文長方印 一一九二
存一卷 一

沖谿先生集二十二卷 明彭輅撰 明萬曆三十九年彭潤宏刻本 六册 九行十八字白口四周單邊 一一九三

李氏山房集四卷 明李先芳撰 明隆慶刻本 四册 九行十八字白口左右雙邊 一一六二

王槐溪先生文集五卷 明王三接撰 明王用言輯 明萬曆三十六年王學曾刻本 五册 十行十六字白口四周雙邊 一一二六

宗子相集八卷 明宗臣撰 明嘉靖三十九年林朝聘等刻本 四册 十行二十字白口四周雙邊 鈐八千卷樓朱文方印 嘉惠堂丁氏藏書之記白文方印 一一四一
存七卷 一至七

歸有園稿詩編七卷文編二十二卷 明徐學謨撰 明萬曆二十一年張汝濟刻四十年徐元嘏重修本 十册 九行十九字白口左右雙邊 有刻工 一二三一

半山藏稿二十卷 明王叔果撰 明萬曆二十八年刻本 五册 九行十八字白口左右雙邊 有刻工 一二二七

借山亭前集六卷續集六卷來青軒文選八卷詩選四卷 一二〇一

見南江閣詩選八卷文選十四卷退樂軒詩選一卷大業堂尺牘六卷　明陳柏撰　明萬曆刻本　十冊　九行十八字白口四周雙邊
存　見南江閣詩選四至八　文選四至十四　其餘全

甑甀洞藁五十四卷目錄二卷　明吳國倫撰　明萬曆十二年刻本　二十冊　十行二十字白口四周單邊　有刻工　一一七三

井丹先生集十八卷首一卷附錄一卷目錄十二卷　明林大春撰　明萬曆十九年刻四十一年增刻本　二十四冊　九行二十字白口四周單邊　一一九七

皇明史惺堂先生遺藁十一卷書經補說一卷　明史桂芳撰　年譜一卷　明夏子羽撰　蕩澹人僅存稿二卷附錄一卷　明史稽古撰　僑翁詩鈔一卷　明史乘古撰　明萬曆二十七年史簡等刻史氏增修本　八冊　八行二十字白口四周單邊僑翁詩抄七行二十字上黑口四周單邊　六四一三

李氏焚書六卷　明李贄撰　明刻本　八冊　九行二十字白口四周單邊　一一六七

衡廬精舍藏稿三十卷續稿十一卷　明胡直撰　明萬曆十二年郭子章刻二十三年莊誠補刻本　二十四冊　十行二十字白口四周雙邊　有刻工　一一九八

存　藏稿一至二十一　二十三至三十　續稿十一卷

蔡恭靖公詩稿十卷　明蔡國珍撰　清乾隆十六年蔡尚才刻本　四册　十行二十二字白口左右雙邊　五九九九

濟美堂集四卷　明吳文華撰　明葉向高輯　明萬曆耿定力刻本　八册　十行十九字白口左右雙邊　一二二七

王奉常集詩十五卷文五十四卷目錄五卷　明王世懋撰　明萬曆刻本　二十五册　十行二十字白口左右雙邊　有刻工　一一八九

王文肅公文草十四卷年譜一卷　明王錫爵撰　清乾隆三十八年刻本　八册　九行二十一字白口左右雙邊　封面鐫乾隆三十八年重梓　宗祠藏版　六四〇四

陳恭介公文集十二卷附錄一卷　明陳有年撰　明陳啓端輯　明萬曆三十年陳啓孫刻本　六册　九行二十字白口四周單邊　有刻工　鈐閩中徐惟起藏書印朱文長方印　閩中李亞華鑑藏經籍圖書之章朱文長方印　一二七一

陳恭介公文集十二卷附錄一卷　明陳有年撰　明陳啓端輯　明萬曆三十年陳啓孫刻本　六册　一一六五

存　文集十二卷

鯤溟先生詩集四卷奏疏一卷　明郭諫臣撰　清康熙五十二年郭鸞刻嘉慶十六年郭一臨增刻本　二册　十行十九字黑口四周　六七六二

單邊

亦玉堂稿十卷　明沈鯉撰　清康熙二十九年劉榛刻本　四册　十行十九字黑口四周單邊　六四〇八

許文穆公集六卷　明許國撰　明萬曆三十九年許氏刻本　六册　十行二十字白口四周單邊　一二一四

許文穆公全集二十卷　明許國撰　明天啓許氏畹香堂刻本　十册　十行二十字白口四周單邊　封面鐫畹香堂藏板　一二一五

歸先生文集三十二卷附錄一卷　明歸有光撰　明萬曆四年翁良瑜雨金堂刻本　四册　十行二十字白口四周雙邊　附錄後鐫萬曆丙子浙人翁良瑜梓行　下書口鐫雨金堂　有刻工　一一七九

歸先生文集三十二卷附錄一卷　明歸有光撰　明萬曆四年翁良瑜雨金堂刻本　六册　一一三六

震川先生集三十卷別集十卷附錄一卷　明歸有光撰　清康熙十年至十四年歸莊、歸玠等刻本　十行二十字白口左右雙邊　警庵錄王宋賢、張鱸江批校並題識　四册　五〇七一

存　震川先生集三十卷

震川先生集三十卷別集十卷附錄一卷　明歸有光撰　清康熙十年至十四年歸莊、歸玠等刻本　十册　十行二十字小字雙行字同白口左右雙邊　清楊倫批校並跋　四八三〇

震川先生集三十卷別集十卷附錄一卷　明歸有光撰　清康熙十年至十四年歸莊、歸玠等刻乾隆四十八年歸景灝、歸景伊等補刻本　十册　十行二十字小字雙行字同白口左右雙邊　五九七四

歸震川先生全稿不分卷　明歸有光撰　清呂留良評　清康熙十八年呂氏天蓋樓刻本　六册　九行二十六字白口四周單邊　有刻工　七七七九

歸震川先生尺牘二卷　明歸有光撰　清顧棫編　清康熙三十八年虞山如月樓刻本　一册　十行二十字黑口左右雙邊　卷二後鐫虞山如月樓刊　六四八一

歸震川先生尺牘二卷　明歸有光撰　清顧棫編　清康熙三十八年虞山如月樓刻本　二册　七三九九

潛學稿十九卷　明鄧元錫撰　明崇禎十二年刻清乾隆八年補刻本　六册　九行十九字小字雙行字同白口四周單邊　〇四八五

明張伯起詩稿一卷　明張伯起撰　稿本　一册　四行九字無格　鈐張伯起白文方印　三二四九

毅齋查先生闡道集十卷附錄一卷　明查鐸撰　清乾隆二十五年刻本　四册　九行二十字白口四周雙邊　封面鐫乾隆庚辰年重鐫　五九九八

五體集唐五卷　明朱多煃撰　明刻本　一册　七行十四字小字雙行字同黑口四周單邊　一一六八

陳白陽集八卷詩餘一卷雜述一卷附錄一卷　明陳淳撰　明萬曆四十三年陳仁錫閱帆堂刻本　四册　九行十九字白口四周雙邊　下書口鐫閱帆堂　一一七〇

蠛蠓集五卷　明盧柟撰　明萬曆三十年張其忠刻本　六册　九行十八字白口四周雙邊　一二二四

少嶽詩集二卷　明項元淇撰　明萬曆三年項氏墨林山堂刻本　二册　十行二十字白口左右雙邊　下書口鐫墨林山堂　一二三六

馮北湖先生鳴春集八卷　明馮光浙撰　明萬曆三十九年馮娗刻本　二册　十行二十字白口四周雙邊　有刻工　一一四三

仲蔚先生集二十四卷附錄一卷　明俞允文撰　明萬曆十年程善定西野書屋刻本　八册　九行十八字小字雙行字同白口四周單邊　有刻工　鈐趙氏種芸仙館收藏印白文方印　一二七五

北游漫稿文三卷　明鄭若庸撰　明隆慶三年汪良迪刻本　三册　九行十八字白口左右雙邊　鈐嘉惠堂丁氏藏書之印朱文方印　Z〇〇八〇

天池雜稿不分卷　明徐渭撰　稿本　二册　九行字數不等藍格白口四周雙邊　三〇二三

徐文長文集三十卷四聲猿一卷　明徐渭撰　明袁宏道評點　明萬曆四十二年鍾人傑刻本　十册　九行二十字小字雙行字同白口四周單邊　四聲猿小字單行字同　一二三四

徐文長文集三十卷四聲猿一卷　明徐渭撰　明袁宏道評點　明萬曆四十二年鍾人傑刻本　五册　**存**　徐文長文集三十卷　一二三三

徐文長逸稿二十四卷畸譜一卷　明徐渭撰　明張汝霖、王思任評選　明天啓三年張維城刻本　九册　九行二十字白　一二三五

口四周單邊

叢桂堂全集四卷　明顏廷榘撰　清初刻本　二册　八行二十字白口四周雙邊　一三三八

童子鳴集六卷　明童珮撰　明萬曆談氏天籟堂刻本　一册　十一行二十字白口左右雙邊　自卷三後各卷末鐫梁谿談氏天籟堂牌記　一二五六

皆非集二卷　明萬達甫撰　清萬斯同輯　一枝軒吟草一卷　明萬邦孚撰　清萬斯同輯　清萬世標刻本　二册　九行十八字白口四周單邊　五〇五二

海嶽山房存稿詩五卷文十五卷別稿五卷附錄一卷　明郭造卿撰　明葉向高等校　明萬曆三十五年師古齋吳勉學刻本別稿四十一年刻本　十册　九行十八字白口左右雙邊　有刻工　總目後鐫萬曆丁未季秋旣望不肖男應寵頓首謹識　一二〇九

晉陵集二卷　明王穉登撰　明萬曆刻王百穀全集本　一册　十行二十字白口四周單邊　〇四三六

燕市集二卷　明王穉登撰　明隆慶四年靖江縣朱宅快閣刻本　二册　十行十八字白口左右雙邊　有刻工　卷上末鐫隆慶庚午三月靖江縣朱宅快閣雕本牌記　鈐積學齋徐乃昌藏書印朱文長方印　一二六〇

竹箭編二卷　明王穉登撰　明萬曆八年青浦縣齋刻本　二册　十行十九字白口左右雙邊　卷上末鐫萬曆庚辰青浦縣齋鋰牌記　一五五六

田亭草二十卷　明黃鳳翔撰　明萬曆四十年甘雨刻本　二十册　十行二十字白口四周雙邊　有刻工　一二〇八

王文端公詩稿二卷奏疏四卷尺牘八卷　明王家屏撰　明萬曆四十年至四十五年刻本　七册　十行二十字白口四周雙邊　有刻工　鈐八千卷樓朱文方印　一二〇二

寶制堂錄二卷　明劉魯撰　清乾隆十三年刻本　二册　十行二十字白口四周單邊　六四〇三

鍾台先生文集十二卷附錄一卷　明田一儁撰　清康熙四十六年田士昭等刻本　六册　九行十八字白口四周雙邊　六〇〇〇

大泌山房集一百三十四卷目錄二卷　明李維楨撰　明萬曆刻本　四十八册　十行二十一字白口四周單邊　有刻工　一三〇三

穀城山館詩集二十卷　明于慎行撰　明萬曆三十二年刻本　六册　九行十八字白口四周單邊　一二〇三

長水先生文抄□卷　明沈懋孝撰　明萬曆刻本　二册　九行十八字白口四周單邊　一二九〇
存二卷　長水先生石林賁草一卷　長水先生賁園草一卷

朱文懿公文集十二卷　明朱賡撰　明天啓刻清康熙五十七年朱之檉重修本　八册　九行二十字白口左右雙邊　一三二五

喙鳴文集二十一卷　明沈一貫撰　明刻本　十册　九行十九字白口左右雙邊　有刻工　一二〇七

鄧文潔公佚稿十卷　明鄧以讚撰　明萬曆萬尚烈、何三畏等刻本　四册　九行十八字白口四周單邊　有刻工　一二〇四

碧山學士集二十一卷　明黃洪憲撰　明萬曆二十六年刻本　二十册　十行十九字白口左右雙邊　一二〇五

中川遺稿三十三卷　明王教撰　明嘉靖三十九年王在仟清白堂刻本　八册　九行十八字白口四周單邊　下書口鐫清白堂　一一二八

宋布衣文集一卷詩集二卷　明宋登春撰　清平閣倡和詩一卷　明宋登春、李先芳等撰　清康熙二十四年王培刻本　四册　九行十九字白口四周單邊　五九九六

申椒館敝帚集四卷　明凌湛初撰　明萬曆刻本　四册　八行十七字白口左右雙邊　有刻工　一二一二

孫宗伯集十卷　明孫繼皐撰　明萬曆陳一教、劉毅等刻本（卷三至十配抄本）　八册　九行十九字白口四周單邊　一二三二

夢白先生集三卷　明趙南星撰　明萬曆挹霞閣刻本　三册　九行十八字白口左右雙邊　有刻工　一二八九

來禽館集二十九卷　明邢侗撰　明萬曆四十六年刻本　十二册　九行二十一字白口四周單邊　有刻工　一二三三

來禽館集二十九卷　明邢侗撰　明萬曆四十六年刻清康熙十九年鄭雍重刻本　八册　九行二十一字白口四周單邊　〇八三一

支華平先生集四十卷附錄一卷　明支大綸撰　明萬曆間清旦閣刻本　十册　九行十九字白口四周單邊　下書口鐫清旦閣　一二四九

呂新吾先生僞齋文集十卷　明呂坤撰　清康熙十三年呂愼多刻本　十册　十行二十字白口四周雙邊　七七三三

郊居遺稿十卷　明沈懋學撰　清乾隆十九年刻本　四册　九行十八字白口四周雙邊　五九九五

快雪堂集六十四卷　明馮夢禎撰　明萬曆四十四年黄汝亨、朱之蕃等刻本　十四册　九行十八字白口四周單邊　一二四五

續刻楊復所家藏文集八卷　明楊起元撰　明楊見晙刻本　四册　九行十八字白口四周雙邊　有刻工　一二六五

趾菴歸養草六卷　明鄭一麟撰　明萬曆四十一年刻本　四册　九行十九字白口四周單邊　一二五四

宗伯集八十一卷　明馮琦撰　明萬曆三十五年刻本　二十八册　九行十七字白口左右雙邊　一二四四

馮用韞先生北海集四十六卷　明馮琦撰　明萬曆林景陽刻本　十册　九行二十字白口四周單邊　有刻工　鈐留餘堂藏書記白文方印　一二四三

淡然軒集八卷　明余繼登撰　明萬曆三十年吳達可、李開芳等刻本　六册　九行二十字白口四周雙邊　有刻工　一二七六

薛荔山房藏稿十卷　明敖文禎撰　明萬曆牛應元刻本　八册　八行十八字白口四周雙邊　一二六七

白榆集二十八卷　明屠隆撰　明萬曆二十八年龔堯惠刻本　六册　九行二十字白口四周單邊　詩集卷一小題下鐫太末龔堯惠梓行　一二七四

鄒南皐集選六卷　明鄒元標撰　明萬曆三十八年余懋衡等刻本　四册　九行二十字白口四周雙邊　有刻工　一二七九

瑞陽阿集十卷　明江東之撰　清乾隆八年東臯堂刻本　二册　十行二十一字小字雙行二十字白口四周雙邊　封面鐫乾隆癸亥重鋟　東臯堂藏板　六四〇七

農丈人詩集八卷文集二十卷　明余寅撰　明萬曆三十二年刻本　十册　九行十八字白口左右雙邊　一二七七
存詩集八卷　文集一至八

劉大司成文集十六卷　明劉應秋撰　明湯顯祖選　明萬曆劉同升刻本　八册　九行十八字白口左右雙邊　一二六八

蒼霞草二十卷詩八卷續草二十二卷餘草十四卷綸扉奏草三十卷續綸扉奏草十四卷後綸扉尺牘十卷　明葉向高撰　明萬曆天啓間遞刻本　六十册　十行十九字間九行十八字白口左右雙邊　有刻工　一二八一

虞德園先生集二十五卷　明虞淳熙撰　明崇禎虞氏刻本　八册　九行二十字白口四周單邊　上書口鐫權務山館　一二九一

龍塢集五十五卷文集二十九卷　明王時濟撰　清順治十八年王震亨刻本　十二册　八行二十二字白口四周單邊　五九九一

弗告堂集二十六卷　明于若瀛撰　明萬曆三十一年刻本　六册　十行二十三字白口四周雙邊　有刻工　一二三〇

玉茗堂詩集十八卷　明湯顯祖撰　明天啓刻玉茗堂全集本　六册　七行十八字白口四周單邊　一二四七

玉茗堂詩集十八卷賦六卷　明湯顯祖撰　明天啓刻玉茗堂全集本　十册
存二十二卷　詩集一至十六　賦六卷　一二四六

玉茗堂尺牘六卷　明湯顯祖撰　明天啓刻玉茗堂全集本　六册　七行十八字白口四周單邊　一二四八

何氏芝園集二十五卷居廬集十五卷　明何三畏撰　明萬曆二十四年刻本　居廬集萬曆二十七年刻本　十二册　九行二十字白口四周單邊　有刻工　一二三六

白蘇齋類集二十二卷　明袁宗道撰　明刻本　六册　九行二十字白口左右雙邊　一二五一

玄感軒稿四卷　明陳邦訓撰　明萬曆四十五年刻本　二册　八行十八字白口四周單邊　一二七〇

歇菴集十六卷　明陶望齡撰　明萬曆三十九年王應遴刻本　十六册　九行十九字白口四周雙邊　一二七二

朱密所先生密林漫稿十卷　明朱吾弼撰　明天啓二年朱恆敬等刻本　八册　十行二十一字白口四周單邊　一二七八

周季平先生青藜館集四卷　明周如砥撰　明崇禎十五年周爆刻本　八册　九行十九字白口四周單邊　一二七三

馮少墟集二十二卷　明馮從吾撰　清康熙十二年刻本　十六册　九行十八字白口四周單邊　六〇〇四

存二十一卷　一至二十一

石隱園藏稿八卷首一卷　明畢自嚴撰　清康熙二十五年畢際有刻本　清李文藻題識　四册　十一行二十一字小字雙行二十字細黑口左右雙邊　鈐竹西書屋白文方印　李文藻印白文方印　素伯印朱文方印　四七〇三

一一五〇 瀟碧堂集二十卷 明袁宏道撰 明萬曆三十六年袁氏書種堂刻本 三册 九行十八字白口四周單邊

三〇二七 袁中郎詩集不分卷 明袁宏道撰 清晚山堂抄本 二册 十行二十四字白口四周單邊 下書口鐫晚山堂

一一三九 梨雲館類定袁中郎全集二十四卷 明袁宏道撰 明末周文煒刻本 六册 八行十八字白口四周單邊

一一四〇 梨雲館類定袁中郎全集二十四卷 明袁宏道撰 明末周文煒刻本 十六册 封面鐫大業堂重梓 鈐漁陽紀果庵藏書之印朱文方印

六〇〇六 綠滋館藁九卷 明吳士奇撰 明萬曆刻清康熙補刻本 四册 九行十八字白口四周單邊 存二十卷 一至二十

一一六三 灌蔬園詩集七卷文集三卷 明李本緯撰 明萬曆三十九年卜有徵刻本 四册 九行十六字白口四周雙邊 存詩集七卷

一一五七 睡庵稿文集二十五卷詩集十一卷 明湯賓尹撰 明萬曆刻本 六册 九行十九字白口四周單邊 有刻工 存文集二十五卷

三八六六 睡庵稿文集二十五卷詩集十一卷 明湯賓尹撰 明萬曆刻本 六册

存　文集二十五卷

鳩茲集十二卷增卷三卷雜著一卷　明徐時進撰　明萬曆張萓刻四十五年徐時進增刻本　十册　九行十八字白口四周單邊　有刻工　一二八〇

水明樓集十四卷　明陳薦夫撰　明萬曆四十三年刻本　四册　九行十八字白口左右雙邊　一二六九

善名堂詩集七卷　明袁懋貞撰　清初刻本　四册　九行十八字白口四周單邊　有刻工　五九九四

絜菴慙錄不分卷　明吳文企撰　明末刻本　二册　八行十五字白口四周單邊　一二六一

郎潛集六卷　明高出撰　明萬曆刻本　六册　九行二十字白口左右雙邊　有刻工　一二三〇

寓林集三十二卷詩六卷　明董汝亨撰　明天啓四年吳敬、吳芝等刻本　三十二册　九行二十字白口左右雙邊　一二九二

存　寓林集一至三十一　詩六卷

崇相集八卷存素詩稿二卷　明董應舉撰　明萬曆四十八年呂純如刻本　八册　九行十九字白口四周單邊　一二五八

存　崇相集八卷

緱山先生集二十七卷　明王衡撰　明萬曆四十四年刻本　十册　九行十八字白口四周單邊　一二一六

秋水閣墨副九卷己酉科河南武試錄一卷　明董光宏撰　明刻本　十二册　八行十七字白口四周雙邊　有刻工　鈐竹垞朱文方印　一二八六

採蕺齋集不分卷　明劉宗周撰　清初抄本　十册　九行二十字小字雙行字同白口四周單邊　三〇一二

靜儉堂集二十卷　明熊化撰　明崇禎十四年刻本　十四册　八行十九字白口四周單邊有刻工　一三〇九

薛文介公文集四卷　明薛三省撰　明崇禎刻本　二册　九行二十字白口四周雙邊　一二三八

陳元凱先生文集十四卷首一卷　明陳勳撰　清康熙二十二年刻本　清楊浚題識　四册　八行二十二字白口左右雙邊　六〇〇一

寧澹齋全集十九卷　明楊守勤撰　明崇禎元年刻本　十六册　九行十八字白口四周單邊　有刻工　一二六四

詩八卷　文八卷　制草二卷　館課一卷

石居士詩删二卷　明石昆玉撰　明刻本　四册　九行二十字白口四周單邊　一九一二

高陽集二十卷　明孫承宗撰　清順治十二年孫之芳刻本　十二册　九行十八字白口四周單邊　六〇〇五

文水李忠肅先生集六卷附一卷　明李邦華撰　清乾隆七年大節堂刻本　八册　九行十八字白口四周雙邊　封面鐫大　五五五二

節堂藏板

五品稿十卷　明李若訥撰　明萬曆刻本　十册　九行二十字白口四周雙邊　一二八五

賜閒堂集四卷　明王象晉撰　清順治九年王與敕等刻本　四册　九行十九字白口四周單邊　四七〇五

王惺所先生文集十卷　明王以悟撰　明天啓二年刻本　六册　九行二十字白口四周雙邊　一二八四

識匡齋全集十六卷　明劉康祉撰　清順治十一年馮如京刻本　八册　十行二十字白口左右雙邊　四七〇七

翠娛閣評選鍾伯敬先生合集文集十一卷詩集五卷　明鍾惺撰　明陸雲龍評　明崇禎九年陸氏翠娛閣刻本　六册　九行二十字白口四周單邊　一二八二

性餘堂集十卷　明涂國鼎撰　清康熙二十一年刻本　四册　八行二十字白口四周單邊　封面鐫脩園藏板　六四一二

景瞻論草不分卷　明賀仲軾撰　清賀萬來刻本　四册　九行二十一字白口四周雙邊　一四八九

濟南百詠一卷　明王象春撰　清初抄本　佚名錄王士禛批校　一册　九行二十六字無格　鈐愚泉藏書印朱文長方印　鉏經堂朱文方印　三一〇九

水蓮集四卷　明夏樹芳撰　明末江陰夏氏清遠樓刻本　二册　七行十六字白口四周單邊　有刻工　一二一一

周忠介公燼餘集三卷　明周順昌撰　年譜一卷附錄一卷　清殷獻臣撰　清康　七三九六

熙四十年刻本　二册　九行二十字白口左右雙邊

紺雪堂集十二卷附本傳一卷行略一卷　明孟紹虞撰　清康熙刻本　十二册　九行十九字白口四周雙邊　六〇〇八

明德先生文集二十六卷　明呂維祺撰　清康熙二年刻乾隆四十八年重印本　十二册　十行二十一字白口左右雙邊　六〇〇三

四素山房集十九卷皇華集二卷　明劉鴻訓撰　明原任大學士青岳劉公傳一卷　明倪元璐撰　明崇禎十六年劉孔中刻清修本　十二册　九行二十一字白口四周單邊　一三一一

秋旻集十卷二刻一卷續刻一卷　明姚希孟撰　明崇禎六年大隱堂刻本　黄裳跋　四册　八行十八字白口左右雙邊　下書口鐫大隱堂　封面鐫張叔籟梓　有刻工　鈐來燕榭珍藏記朱文長方印　黄裳藏本朱文長方印　一二九七

翠筠亭集十三卷補遺一卷　明石文器撰　清初石氏刻本　十二册　八行十九字白口四周單邊　四六七九

藏密齋集二十四卷　明魏大中撰　明崇禎刻本　八册　九行十八字白口四周單邊　一三〇二

南遊草一卷　明王琨撰　明崇禎刻本　一册　八行十八字白口四周單邊　一二六二

陳文忠公遺集五卷　明陳子壯撰　清刻本　三册　十行十九字黑口四周雙邊　六〇一九

一六二五 **南宮集十五卷** 明陳子壯撰　明崇禎十一年刻本　二册　九行二十字白口四周單邊

存四卷

進講錄二卷　秋痕二卷

六二〇二 **白谷山人詩鈔二卷** 明孫傳庭撰　明崇禎十六年孫世瑞、孫世寧刻清順治增刻本　一册　九行二十字白口四周單邊

一三〇四 **岱宗藏稿五十卷** 明楊夢袞撰　明天啓四年秣陵廣慶堂刻本　十二册　九行二十字白口四周單邊　下書口鐫廣慶堂原板　封面鐫秣陵廣慶堂梓行

一二三九 **紫柏老人集十五卷首一卷** 明釋眞可撰　明崇禎四年刻本　八册　有圖　十行二十字白口四周雙邊

一二一八 **耕心子漫稿二十二卷** 明王太白撰　明王孫昌等輯　明萬曆四十二年王孫昌刻本　八册　十行十八字白口四周雙邊　有刻工

三七四四 **鏡心樓集二卷補遺一卷附錄一卷** 明朱方中撰　清抄本　一册　十行二十一字無格

一二五三 **正始堂詩集□□卷** 明陸召𢏗撰　明刻本　四册　九行十八字白口左右雙邊

存七卷

甲午稿一卷　乙未稿一卷　丁酉稿一卷　丙申稿一卷

甲辰稿一卷
己亥稿一卷
戊戌稿一卷

憨山大師夢遊全集一卷　明釋德清撰　清抄本　清姚瑩俊題識　一册　十行二十字無格　三〇八〇

西林全集二十卷目錄二卷　明安紹芳撰　明萬曆四十七年刻本　八册　八行十八字白口四周單邊　一二四二

吳非熊詩十一卷　明吳兆撰　清抄本　二册　九行十八字無格　三一〇八

春雪館詩十六卷　明錢良胤撰　清抄本　八册　八行十八字紅格白口四周單邊　三一〇六

管涔集六卷　明丁惟暄撰　明祝世祿等選　明刻本　十二册　九行十八字白口四周單邊　一二五九

眉公先生晚香堂小品二十四卷　明陳繼儒撰　明湯大節簡綠居刻本　十二册　九行二十字白口四周單邊　一二九三

白石樵眞稿十卷　明陳繼儒撰　明崇禎九年刻本　六册　九行二十一字白口左右雙邊　一二九九

絡緯吟十二卷　明徐媛撰　明萬曆四十一年范允臨刻本　四册　八行十八字白口四周單邊　一二二八

謝耳伯先生初集十六卷全集八卷　明謝兆申撰　明崇禎玉樹軒刻本　十册　九行十八字白口左右雙邊　有刻工　封面鐫玉樹軒藏板　一二八三

無夢園初集十四卷　明陳仁錫撰　明崇禎六年刻本　二十四册　九行十八字白口左右雙邊　一二九四

黄石齋先生大滌函書六卷　明黄道周撰　明崇禎十五年刻清初何瑞圖、呂叔倫增修本　八册　九行十九字白口四周單邊　Z〇〇九九

駢枝別集二十卷　明黄道周撰　明末大來堂刻本　一册　八行十六字白口四周單邊　下書口鐫大來堂　一三〇一

黄石齋先生文集十三卷補遺一卷　明黄道周撰　清洪思考正　清康熙五十三年刻本　六册　十行二十二字小字雙行字同黑口左右雙邊　封面鐫康熙甲午季冬鐫　本署藏板　六七七九

黄道周詩集八卷　明黄道周撰　清抄本　四册　十行十八字白口四周單邊　三〇四五

晃巘集二十二卷　明池顯方撰　明崇禎十四年刻本　十六册　八行十八字白口四周單邊　一三〇六

新刻天傭子全集十卷　明艾南英撰　清康熙三十八年艾爲珖刻本　十册　九行二十字白口四周單邊　封面鐫康熙三十八年新刊　六四一〇

天益山堂遺集十卷續刻一卷　明馮元仲撰　清乾隆八年馮定楷刻本　一册　十四行二十六字黑口四周單邊　六〇〇九

簡平子集十六卷補遺一卷　明王道通撰　明崇禎九年藺齋刻本　二册　九行十八字白口左右雙邊　下書口鐫藺齋選定間藺齋藏板　一三〇五

史忠正公集四卷首一卷末一卷　明史可法撰　清乾隆刻本　二册　十行二十一字白口左右雙邊　二四一九

史忠正公集四卷首一卷末一卷　明史可法撰　清史山清輯　清乾隆教忠堂活字印本　四册　十行二十一字白口左右　二四一九

雙邊　封面鐫教忠堂藏板　鈐周氏朩弢朱文方印

史忠正公集四卷首一卷末一卷　明史可法撰　清抄本　四册　十行二十一字無格　三五九一

瑤光閣詩集四卷文集五卷新集四卷　明黄端伯撰　明崇禎刻本　六册　九行十九字白口四周單邊　鈐淵雅堂藏書記朱文方印　四七〇六

映玉堂集二十卷　明蔣煜撰　明崇禎十二年蔣堞、蔣埰刻本　十二册　七行十九字白口四周單邊　一三〇〇

七録齋詩文合集十六卷　明張溥撰　明崇禎九年刻本　十册　九行十八字白口左右雙邊　一三〇七

存十五卷　七録齋文集近稿六卷　論略一卷　七録齋詩稿二卷　七録齋存稿五卷　館課一卷

七録齋近集十六卷　明張溥撰　明末刻本　佚名評點　十六册　九行十八字白口左右雙邊　一三〇八

劉文烈公全集十二卷　明劉理順撰　清順治刻康熙印本　六册　九行二十字白口四周單邊　四七〇四

求是堂文集十八卷　明文德翼撰　清康熙刻本　十八册　九行二十一字白口四周雙邊　六四〇九

瞻六堂集二卷　明羅萬傑撰　清乾隆三十年餘軒刻本　二册　九行十九字白口四周雙邊　六〇一八

臨川文選不分卷　明陳際泰撰　清康熙刻本　二册　十一行二十三字白口四周單邊　上書口鐫大乙山房集横秋閣選　六四一一

陳忠裕全集三十卷首一卷末一卷年譜三卷　明陳子龍撰　清王昶輯　清嘉慶八年簳山草堂刻本　十册　十行二十一字白口左右雙邊　封面鐫嘉慶八年簳山草堂鋟板　五一三〇

三易集二十卷　明唐時升撰　明天啓謝三賓刻清雍正十三年唐嘉會補刻本　八册　十行十八字細黑口左右雙邊　封面鐫綿慶堂家藏板　六七七四

天愚先生詩鈔八卷文鈔八卷附錄一卷　明謝泰宗撰　清康熙六年刻本　四册　十二行二十二字黑口左右雙邊　六〇一七

陶菴詩集八卷文集七卷吾師錄一卷　明黃淳耀撰　清康熙十五年張懿實刻本　四册　九行十九字白口左右雙邊　六〇一三

陶菴詩集八卷文集七卷吾師錄一卷　明黃淳耀撰　清康熙十五年張懿實刻本　六册　六〇一四

奇零草二卷續草一卷　明張煌言撰　清抄本　清秦更年跋　一册　十行二十五字無格　三一〇七

黃陶菴詩集八卷　明黃淳耀撰　清順治刻本　一册　十四行二十八字白口四周雙邊　七〇九六

黃陶菴先生全集二十三卷　明黃淳耀撰　清乾隆刻本　六册　十行二十二字白口左右雙邊　七〇九五
陶菴文集七卷　補遺一卷
陶菴語錄五卷

淨信堂初集八卷 陶菴詩集八卷 補遺一卷 附偉恭詩一卷 明黃淵耀撰 明釋智旭撰 明崇禎刻本 四册 九行二十字白口四周單邊 Z〇〇九〇

天啓宫詞百詠二卷 明陳悰撰 清康熙四十一年梅壑散人行書抄本 二册 八行字數不等黑口四周雙邊 三一〇五

杜門草二卷 明許啓洪撰 明末項宗堯刻本 二册 八行十八字白口四周單邊 一二九八

達觀樓集二十四卷 明鄒維璉撰 清乾隆三十一年鄒世祁等刻本 十册 十行二十一字白口左右雙邊 封面鐫乾隆三十一年重梓 龍岡藏板 六〇〇七

蕭魯菴集十卷 明蕭師魯撰 清初古處堂刻本 六册 九行二十字白口四周單邊 六〇一一

寄菴詩集不分卷 明韓洽撰 清抄本 一册 十二行二十四字無格 三五九六

以上明别集

牧齋初學集一百十卷目録二卷 清錢謙益撰 明崇禎十六年瞿式耜刻本 四十八册 十行十八字小字雙行字同白口四周單邊 一二八八

牧齋有學集五十卷 清錢謙益撰 清康熙刻本 二十四册 十行二十字小字雙行字同白口左右雙邊 七二八〇

牧齋初學集詩註二十卷有學集詩註十四卷 清錢謙益撰 清錢曾註 清朱梅校 四七七三

清玉詔堂刻本　十四册　十行十八字黑口四周單邊　封面鐫玉詔堂藏板

牧齋有學集補遺不分卷　清錢謙益撰　清抄本　白鳳批校　四册　十三行三十字無格　鈐白鳳藏書朱文方印　三一一七

牧齋詩稿不分卷　清錢謙益撰　清錢曾箋注　清嘉慶四年抄本　題清雨香詞客題識　二册　八行二十字小字雙行十九字無格　三七一三

投筆集二卷　清錢謙益撰　清抄本　高毓浵批校　一册　八行十八字無格　三一一八

尊水園集十二卷補遺二卷　清盧世㴶撰　清程先貞等輯　清順治刻十七年盧孝餘增修本　六册　九行十九字白口四周單邊　四八三三

尊水園集十二卷補遺二卷　清盧世㴶撰　清程先貞等輯　清順治刻十七年盧孝餘增修本　八册　五二〇一

石臼前集九卷後集七卷　清邢昉撰　清宋至、王孚校　清乾隆刻本　六册　十行十九字白口四周單邊　五〇五三

息齋集十卷疏草五卷　清金元俊撰　清順治康熙間刻本　十四册　八行二十字白口左右雙邊　四七三七

存　息齋集十卷　疏草一至四

王覺斯初集不分卷　清王鐸撰　明末黃居中抄本　佚名圈點　十册　九行十九字無格　十册　鈐千頃齋朱文長方印　黃居中印白文方印　研易樓藏書印朱文方印　沈氏粹芬閣所得善本書白文方印　王氏信芳閣藏書印朱文長方印　三一〇四

石園全集三十卷　清李元鼎撰　清康熙四十二年李振祺、李振裕香雪堂刻本　六册　十一行二十一字白口左右雙邊　封面鐫香雪堂藏板　六〇五三

大愚集二十七卷 清王鑨撰 清王鐸選 **諸同人尺牘一卷** 清康熙四年刻本 六册 九行十八字白口左右雙邊 封面鐫康熙四年王允明梓 四七一一

牧雲和尚嬾齋別集十四卷 清釋通門撰 明毛晉編 清釋智時校 清順治毛氏汲古閣刻本 十六册 十行二十字白口四周雙邊 書口中間鐫汲古閣 五二〇八

牧雲和尚嬾齋別集十四卷 清釋通門撰 明毛晉編 清釋智時校 清順治毛氏汲古閣刻本 十六册 五二〇九

青箱堂文集十二卷附遺稿續刻一卷年譜一卷 清王崇簡撰 清康熙王熙刻本 六册 十一行二十字黑口四周雙邊 六二一四

青箱堂詩集三十三卷文集十二卷遺稿續刻一卷年譜一卷 清王崇簡撰 清康熙刻本 六册 九行十八字白口左右雙邊 六二一五

存 詩集三十三卷

鈍吟全集二十二卷 清馮班撰 清初毛氏汲古閣、康熙陸貽典等遞刻本 二册 十四行二十一字黑口左右雙邊 馮氏小集書口鐫汲古閣 七二九三

馮氏小集三卷
鈍吟老人集外詩一卷

鈍吟集三卷
鈍吟樂府一卷
鈍吟別集一卷
鈍吟老人文稾一卷
鈍吟餘集一卷
鈍吟雜錄十卷
遊仙詩一卷

寒支初集十卷二集六卷 清李世熊撰 清道光七年陳塏活字印本 十六册 九行二十二字白口四周雙邊 二四二五

北墅緒言二卷 清陸次雲撰 清康熙二十三年宛羽齋刻本 二册 九行十九字白口左右雙邊 封面鐫宛羽齋梓行 六四三〇

白畬山人詩十卷文集二卷 清閻爾梅撰 清初豹韋堂刻本 十四册 八行二十三字白口四周單邊 鈐魯庵欣賞白文方印 汪其渭印朱文方印 半僧朱文方印 朱釗白文方印 Z〇一四

青溪遺稿二十八卷 清程正揆撰 清康熙天咫閣刻本 八册 九行十九字白口左右雙邊 四七一六

秀巖集三十一卷 清胡世安撰 清順治刻康熙三十四年胡蔚先印本 八册 九行二十一字白口左右雙邊 四七三一

讀史亭詩集十六卷文集二十二卷 清彭而述撰 清康熙四十七年彭始博刻本 六册 十一行二十一字黑口左右雙邊 六二四〇

存 詩集十六卷

傅徵君霜紅龕詩鈔八卷附錄一卷 清傅山撰 吳徵君蓮洋詩抄八卷 清吳雯撰 清乾隆三十二年止軒刻本 六冊 八行二十一字白口四周單邊 封面鐫乾隆丁亥鐫 止軒藏板 七八二四

傅徵君霜紅龕詩鈔八卷附錄一卷 清傅山撰 吳徵君蓮洋詩抄八卷 清吳雯撰 清乾隆三十二年止軒刻本 六冊 七五六二

傅徵君霜紅龕詩鈔八卷冰燈詩一卷附錄一卷 清傅山撰 清乾隆三十二年刻本 二冊 八行二十一字小字雙行字同白口左右雙邊 封面鐫乾隆丁亥秋鐫 六九六九

榆溪詩鈔二卷 清徐世溥撰 清康熙三十年宋犖刻本 一冊 十行十九字白口四周單邊 四八三四

湘帆堂集二十六卷 清傅占衡撰 清乾隆七年青峰齋刻本 四冊 九行二十一字白口左右雙邊 六七八九

東皐詩文集不分卷 清張右民撰 清抄本 吳城校並題識 六冊 九行十九字無格 鈐城朱文方印 敦復白文方印 九峰舊廬藏書印朱文方印 三六一〇

梅村集四十卷 清吳偉業撰 清順治十七年刻本 文集康熙八年刻本 十六冊 九行十九字細黑口左右雙邊 六二三一

吳詩集覽二十卷補注二十卷 清吳偉業撰 清靳榮藩注 談藪二卷 五一五四

談藪拾遺一卷 清靳榮藩輯　清乾隆四十年凌雲亭刻本　十八册　九行二十一字小字雙行字同下黑口四周雙邊　封面鐫乾隆四十年春鐫　凌雲亭藏版

雪堂先生集選十四卷 清熊文舉撰　清楊昌齡訂　清順治十二年刻本　五册　九行十九字小字雙行字同白口左右雙邊　鈐梧桐庭院藏本朱文方印　曾藏潘贊思處朱文方印　潘飛聲印白文方印　四七一三

存十一卷 一至十一

彭省廬先生文集七卷詩集十卷 清彭師度撰　清康熙六十一年隆略堂刻本　十册　十行二十一字黑口左右雙邊　四七二六

南雷文定十一卷後集四卷 清黃宗羲撰　清康熙二十七年靳治荆刻本　六册　十行二十字小字雙行字同黑口四周單邊　六八〇五

黃梨洲先生南雷文約四卷 清黃宗羲撰　清乾隆鄭性刻本　二册　十行二十字黑口四周單邊　六四二八

虎溪漁叟集十八卷 清劉命清撰　清康熙三十八年帶玉堂刻本　六册　十行二十三字小字雙行字同白口左右雙邊　封面鐫康熙三十八年鐫　鈐寶翰堂藏書印朱文長方印　四七三四

笠翁一家言全集十六卷 清李漁撰　清雍正八年芥子園刻本　十二册　九行二十字白口四周單邊　下書口鐫芥子園藏板　六〇五四

香嚴齋詩集三卷 清龔鼎孶撰　清康熙五年刻本　四册　十行二十一字白口左右雙邊　四七五五

定山堂詩集四十三卷詩餘四卷 清龔鼎孶撰　清康熙十五年吳興祚刻本　十二册　九行十九字細黑口四周雙邊　六二一二

存　定山堂詩集四十三卷

葉梧叟先生集十八卷首一卷末一卷　清葉應震撰　清乾隆二十八年梧岡精舍刻本　六册　十行二十二字白口左右雙邊　六〇一六

靜惕堂詩集四十四卷　清曹溶撰　清雍正三年李維鈞刻本　八册　十一行二十一字白口左右雙邊　四七七〇

倦圃曹先生尺牘二卷　清曹溶撰　清康熙雍正間胡氏含暉閣刻本　二册　十行二十三字黑口左右雙邊　封面鐫含暉閣藏板　六四八二

著娛齋詩集十四卷　清周再勳撰　清順治十年刻本　四册　七行十八字白口四周單邊　六二〇一

賴古堂集二十四卷附錄六卷　清周亮工撰　清康熙十四年周在浚刻本　十二册　十一行十九字黑口四周單邊　有刻工　四八五九

賴古堂集二十四卷附錄六卷　清周亮工撰　清康熙十四年周在浚刻本　十册　四七三五

賴古堂未刻詩不分卷　清周亮工撰　清順治十五年稿本　一册　四行七字八字不等無格　鈐周亮工印白文方印　叔孜朱文方印　崇祿堂印朱文方印　八四三八

蒿菴集三卷附錄一卷　清張爾岐撰　清乾隆三十八年胡德琳刻本　三册　十行二十一字白口左右雙邊　封面鐫乾隆三十八年栞　七五一七

餘園古今體詩精選四卷　清繆沅撰　清乾隆三十八年蘊眞堂刻本　四册　十行十九字白口左右雙邊　封面鐫乾隆癸巳仲春新鐫　蘊眞堂藏板　七九〇一

藏山閣存稿二十卷　清錢澄之撰　清抄本　十册　八行二十一字無格　三六〇五

郝蘭石全集二十卷　清郝璧撰　清韓詩等校　清順治集思堂刻本　九册　八行二十字白口四周單邊　封面鐫集思堂藏板　四七三〇

存十九卷　卷一至十七　十九至二十

西江秋鶴草二卷
江西試錄一卷附西掖奏稿
掖垣鶴餘草一卷
北平行田草一卷
燕市清明草一卷
新宛篇二卷
廣陵逸草一卷
江陽集一卷
見月篇一卷附蘿溝吟
羅疎齋集一卷
臨皐園集二卷
抱蜀草二卷
積石山房日錄一卷
謫仙樓集二卷

栖雲閣詩十六卷　清高珩撰　清趙執信選定　清乾隆三年刻本　四册　九行十九字白口四周單邊　七二九四

栖雲閣文集十五卷附錄一卷　清高珩撰　清乾隆四十四年高貽棨等刻本　八册　九行十九字白口四周單邊　六四一五

爲可堂初集十六卷　清朱一是撰　清順治十四年刻本　八册　九行十八字白口四周單邊　Z〇一一

黄山詩留十六卷　清法若眞撰　清康熙三十七年又敬堂刻本　四册　十行二十一字白口左右雙邊　四七六八

徧行堂續集十六卷　清釋澹歸撰　清康熙刻清補刻本　七册　十行二十字小字雙行字同白口四周雙邊　四七一七

俞漸川集四卷　清俞汝言撰　清師竹齋抄本　二册　十一行二十五字白口左右雙邊　下書口鐫師竹齋藏本　三〇二〇

丘邦士文集十八卷　清丘維屏撰　清康熙刻本　四册　九行二十字白口左右雙邊　封面鐫易堂藏版　六〇七二

五公山人集十六卷　清王餘佑撰　清康熙三十四年枕釣齋刻本　四册　十行二十一字黑口四周雙邊　封面鐫康熙乙亥鐫　枕釣齋藏板　六〇二七

壯悔堂文集十卷遺稿一卷四憶堂詩集六卷遺稿一卷　清侯方域撰　清刻本　六册　壯悔堂文集九行二十字白口左右雙邊四憶堂詩集九行十八字小字雙行字同白口左右雙邊　七〇八七

壯悔堂文集十卷遺稿一卷四憶堂詩集六卷遺稿一卷　清侯方域撰　清刻本　八册　七一三四

蕉林詩集十八卷　清梁清標撰　清康熙十七年梁允植秋碧堂刻本　八册　九行十九字白口左右雙邊　封面鐫秋碧堂藏板　四七六六

蕉林詩集十八卷　清梁清標撰　清康熙十七年梁允植秋碧堂刻本　五册　四八三五

石渠閣訂刻王謹山先生集十四卷　清王辰撰　清初刻本　八册　八行間九行十八間二十字不等白口四周單邊　四七〇九

説安堂集八卷　清盧震撰　清康熙刻本　四册　十行十九字白口左右雙邊　四七一二

碩園詩稿三十卷　清王昊撰　清王良穀編　清乾隆十二年王良穀刻本　四册　十一行二十一字細黑口左右雙邊　四七五七

祓園集文四卷詩四卷詞一卷　清梁清遠撰　清康熙梁允桓刻本　二册　十行十九字黑口四周雙邊　六七九六

存　詩四卷詞一卷

且亭詩六卷　清楊思聖撰　清康熙七年刻本　三册　九行二十字白口四周單邊　六二三六

望雲草一卷　清魏象樞撰　清順治刻本　一册　八行十八字小字雙行字同白口四周雙邊　四八四四

兼濟堂詩集八卷文集二十四卷　清魏裔介撰　清康熙三十九年魏勷兼濟堂刻本　二十四册　九行二十字白口左右雙邊　七七四九

存　文集二十四卷

兼濟堂文集選二十卷附年譜一卷　清魏裔介撰　清康熙五十年龍江書院刻本　十二册　九行十八字白口左右雙邊　下書口鐫龍江書院鐫　六〇四〇

安雅堂未刻稿八卷入蜀集二卷 清宋琬撰 清乾隆三十一年宋永年刻本 八册 十行二十一字黑口左右雙邊 七二五六

愛日堂文集八卷墓誌銘一卷 清孫宗彝撰 清乾隆刻本 四册 十一行二十字白口左右雙邊 六七八四

雪鴻堂文集十八卷 清李蕃撰 清李鐘壁校 清康熙五十八年福建書林閔氏刻本 四册 十一行二十一字黑口左右雙邊 鈐希鄭軒蔡虎臣藏書印朱文方印 四八五〇

施愚山先生全集九十六卷 清施閏章撰 年譜四卷 清施念曾編 隨村先生遺集六卷 清施瑮撰 清杭世駿訂 清康熙四十七年曹氏楝亭刻乾隆施企曾等續刻本 二十四册 十一行二十一字白口四周雙邊 文集詩集卷末鐫康熙戊子九月楝亭梓行 七〇〇九

松壺集二十卷 清程雲撰 清康熙刻本 四册 十行十九字黑口左右雙邊 六二一三

蓮龕集十六卷 清李来泰撰 清雍正十三年李轍等刻本 八册 九行十八字白口四周雙邊 六〇五六

范忠貞公文集五卷首一卷 清范承謨撰 清康熙四十七年刻本 四册 十行十九字小字雙行十六字黑口四周單邊 六八〇三

范忠貞公文集五卷首一卷 清范承謨撰 清康熙四十七年刻本 四册 五七九九

范忠貞公文集五卷首一卷 清范承謨撰 清康熙四十七年刻本 八册 六〇五九

湯子遺書十卷 清湯斌撰 年譜一卷附錄一卷輓詩一卷 清王廷燦輯 四八四八

清康熙四十二年王廷燦愛日堂刻本　十册　十行十九字黑口左右雙邊　有刻工

湯子遺書十卷　清湯斌撰　年譜一卷附錄一卷輓詩一卷　清王廷燦輯　四七二三
清康熙四十二年王廷燦愛日堂刻本　十册

湯子遺書十卷　清湯斌撰　年譜一卷附錄一卷輓詩一卷　清王廷燦輯　七四〇二
清康熙四十二年王廷燦愛日堂刻本　十册

潛菴先生遺稿五卷附志學會約一卷　清湯斌撰　清康熙刻乾隆九年補刻本　四册　九行二十字白口四周單邊　六七九九

洛學編五卷潛菴先生遺稿五卷志學會約一卷　清湯斌輯　清康熙刻乾隆湯定祥補刻本　五册　洛學編十行二十字白口左右雙邊　封面鐫懷潤堂藏版　潛菴先生遺稿九行二十字白口四周單邊　六〇五五

湯潛菴先生文集節要八卷　清湯斌撰　清彭定求輯　清康熙三十七年刻本　六册　十行十九字黑口左右雙邊　六八〇〇

林臥遙集二卷　清趙吉士撰　清康熙三十五年刻本　鄧之誠題識　二册　九行十九字白口四周雙邊　鈐文如居士白文方印　鄧之誠文如印白文方印　四八五四

養素堂集外稿不分卷　清王隲撰　清抄本　二册　十行二十五字無格　三一〇三

恥躬堂文集二十卷 清王命岳撰 清李先地輯 清王命祐等校 清初抄本 六册 九行二十字紅格白口四周雙邊 三〇二一

堯峯文鈔四十卷詩十卷 清汪琬撰 清康熙三十二年林佶刻本 八册 十三行二十五字黑口左右雙邊 有刻工 鈐周叔弢讀書記朱文方印 四八四六

堯峯文鈔四十卷詩十卷 清汪琬撰 清康熙三十二年林佶刻本 十二册 六〇五一

汪鈍翁文鈔十二卷 清汪琬撰 清刻本 十册 十二行二十三字黑口左右雙邊 七三五七

汪鈍翁文鈔十二卷 清汪琬撰 清刻本 八册 五〇八七

蒼峴山人集五卷附微雲集一卷 清秦松齡撰 清康熙五十七年刻尊賢堂印本

蒼峴山人文集六卷 清秦松齡撰 清嘉慶二年秦瀛刻本 十二册 九行十九字黑口左右雙邊 微雲集封面鐫尊賢堂藏板 文集十一行二十二字白口左右雙邊 文集封面鐫嘉慶丁巳鐫 世恩堂藏板 四七三二

託素齋文集六卷詩集四卷 清黎士弘撰 行述一卷 清劉元慧撰 清雍正二年黎致遠刻本 十册 九行二十一字上黑口左右雙邊 有刻工 六七九四

春早堂詩集十二卷 清俞灝撰 清康熙春早堂刻乾隆印本 二册 十一行二十二字小字雙行二十一字白口左右雙邊 七五〇七

但吟草四卷恭紀詩一卷 清蕭惟豫撰 清王士禛評 清康熙五十年刻本 二册 十行十九字小字雙行十八字黑口四周雙邊 六二三五

帶經堂集九十二卷　清王士禛撰　清程哲校編　清康熙四十九年至五十年程氏七略書堂刻本　二十册　十行十九字小字雙行字數不等白口左右雙邊　四八六六

帶經堂集九十二卷　清王士禛撰　清程哲校編　清康熙四十九年至五十年程氏七略書堂刻本　二十册　六〇二四

漁洋山人精華録十卷　清王士禛撰　清康熙三十九年林佶刻本　六册　十一行二十一字細黑口左右雙邊　七八九四

漁洋山人精華録十卷　清王士禛撰　清康熙三十九年林佶刻本　佚名録沈德潛等批校　二册　鈐半江朱文方印　陶宗白文方印　五一三九

漁洋山人精華録十卷　清王士禛撰　清康熙三十九年林佶刻本　四册　八〇六五

漁洋山人精華録訓纂十卷補十卷年譜二卷附録一卷　清惠棟撰　清惠氏紅豆齋刻本　十三册　十行二十一字小字雙行二十字白口左右雙邊　下書口鐫紅豆齋　五一四二

漁洋山人精華録箋注十二卷補一卷年譜一卷　清王士禛撰　清金榮箋注　清徐淮輯　清鳳翽堂刻本　六册　十一行二十字小字雙行三十字白口左右雙邊　封面及各卷首頁鐫鳳翽堂藏板　五一四三

漁洋山人精華録箋注十二卷補一卷年譜一卷　清王士禛撰　清金榮箋注　清徐淮輯　清鳳翽堂刻本　十二册　五一四四

詠史小樂府一卷　清王士禛撰　清初刻本　方爾謙題識　一册　九行二十字白口四周單邊　七八九三

游西山詩一卷　清王士禛撰　清康熙刻本　一册　十行十九字白口四周單邊　有刻工　四八六三

退尋草一卷　清王士禛撰　清鄒祗謨等閲　清康熙刻本　一册　九行十八字白口四周單邊　四八六四

會侯先生文鈔二十卷　清毛際可撰　清方婺如輯　清康熙刻本　四册　十行二十二字白口左右雙邊　四八〇四

經義齋集十八卷　清熊賜履撰　清康熙二十九年刻本　八册　九行二十字白口左右雙邊　六〇三二

午亭文編五十卷　清陳廷敬撰　清康熙四十七年林佶刻本　十六册　十一行二十一字黑口左右雙邊　六〇七一

改亭文集十六卷詩集六卷　清計東撰　清乾隆十三年計瑸刻本　四册　十行十九字黑口左右雙邊　封面鎸讀書樂園藏板　鈐王懿榮印白文方印　翰林供奉朱文方印　六四一七

存　文集十六卷

松桂堂全集三十七卷南淮集三卷延露詞三卷附松桂堂全集賦一卷　清彭孫遹撰　清乾隆八年彭景曾刻本　十六册　十行二十六字白口四周雙邊　七六〇八

日知堂文集六卷　清鄭端撰　清康熙五十八年刻本　四册　十行二十二字黑口左右雙邊　四八〇五

文貞公集十二卷　清張玉書撰　清乾隆五十七年張氏松蔭堂刻本　六册　十一行二十一字白口左右雙邊　下書口鎸松蔭堂　六四二三

葉忠節公遺稿十二卷　清葉映榴撰　清葉芳輯　清乾隆十年刻本　四冊　十一行二十一字黑口左右雙邊　七三七三

古愚心言八卷　清彭鵬撰　清康熙愚齋刻本　八冊　九行二十二字白口四周單邊　封面鐫愚齋藏板　四八五五

秋水集十六卷　清馮如京撰　清乾隆五年清暉堂刻本　八冊　九行二十字白口四周單邊　封面鐫乾隆庚申武林重梓　清暉堂藏板　六〇五〇

林蕙堂全集二十六卷　清吳綺撰　清吳壽潛等編　清康熙三十九年刻本　十六冊　九行二十一字白口左右雙邊　六〇四二

話山先生詩藁十二卷文藁十七卷別錄七卷　清陸治原撰　清康熙四十一年陸氏志遠堂刻本　八冊　十行二十字黑口左右雙邊　四七三六

玉磑集四卷　清安致遠撰　清康熙四十一年安箕刻本　二冊　九行十八字小字雙行十七字黑口四周單邊　六七九五

中巖文介先生文集六卷　清宋振麟撰　清乾隆十六年王文昭刻本　四冊　十行二十一字白口四周雙邊　六〇四九

腰雪堂詩集六卷　清釋德溥撰　清康熙六年刻本　二冊　十行十九字白口左右雙邊　鈐李大翀印白文方印　七一九二

晚邨先生家訓眞蹟五卷　清呂留良撰　清康熙四十二年呂無郮刻本　四冊　行格字數不等白口四周單邊　六五四六

妙山精舍集存一卷　清呂留良撰　清康熙抄本　清張謙宜題識　一冊　九行二十四字無格　鈐張稚松印白文方印　謙宜私印白文方印　紫芝百虹堂章白文方印　三一一九

石堂集七卷　清釋元玉撰　清康熙泰山普照寺刻本　四冊　九行二十四字白口四周雙邊　六〇四七

屈翁山詩集八卷詞一卷　清屈大均撰　清康熙間研籙齋刻本　四册　十行二十一

字白口四周單邊　　　　　　　　　　　　　　　　　　　　　　　　四八六〇

濼堂詩前集九卷後集六卷續集六卷文集五卷附詩餘

二卷　前集九卷　續集六卷　文集五卷　詩餘二卷　　清屈大均撰　清康熙間刻本

八册　十一行二十一字白口四周單邊　　　　　　　　　　　　　　　六〇二八

存　清孫枝蔚撰　清康熙間刻本　八册　十一行二十一字白口四周單邊　六四二四

語餘謾錄十九卷　附集一卷　清汪燧撰　清康熙新安書院刻本　六册

十行二十字黑口左右雙邊　　　　　　　　　　　　　　　　　　　　四七五八

含星集六卷　清王譽昌撰　清康熙薛熙刻本　一册　十一行二十字黑口四周雙邊

　　　　　　　　　　　　　　　　　　　　　　　　　　　　　　　三六五九

即子集不分卷　清呂楠撰　清抄本　四册　八行二十一字無格　　　　四八五六

西陂類稿五十卷　清宋犖撰　清康熙五十年毛扆等刻本　十六册　十行十九字白口四周

單邊　目錄後鐫常熟門人毛扆校梓　　　　　　　　　　　　　　　　六四二九

綿津山人詩集三十一卷楓香詞一卷漫堂說詩一卷筠

廊偶筆二卷怪石贊一卷雪堂墨品一卷　清宋犖撰　緯蕭

　十行十九字小字雙行字同白口四周單邊　　　　　　　　　　　　　六一二九

草堂詩三卷　清宋至撰　清康熙刻本　六册　　　　　　　　　　　　七六一三

宋氏綿津詩鈔八卷　清宋犖撰　清邵長蘅選　清康熙刻本　四册　十行二十一字黑口

四周單邊

秋錦山房詩集十卷　清李良年撰　清康熙三十五年李潮偕刻本　二册　十一行二十一字黑口四周單邊　有刻工　六二三三

虛直堂集二十四卷首一卷　清劉榛撰　清康熙刻本　六册　十行十九字黑口四周單邊　六〇六七

抱犢山房集六卷　清嵇永仁撰　清康熙四十三年嵇曾筠刻本　八册　八行十九字白口左右雙邊　四七一四

邵子湘全集三十卷　清邵長蘅撰　**邵氏家錄二卷**　清康熙青門草堂刻本　十二册　十行二十一字黑口左右雙邊　六〇二九

青門簏稿十六卷
青門旅稿六卷
青門賸稿八卷

邵子湘全集三十卷　清邵長蘅撰　**邵氏家錄二卷**　清康熙青門草堂刻本　八册　四八四三

渠亭山人半部稿五種五卷　清張貞撰　清康熙刻本　六册　渠亭文稿九行十九字黑口左右雙邊或語、娛老集九行十九字白口左右雙邊　娛老集下書口鐫續夢堂　四八〇三

存三種三卷

渠亭文稿一卷
或語一卷

娛老集一卷

香谷集六卷　清釋蔭在撰　清康熙三十九年刻本　四册　九行十九字小字雙行字同白口四周單邊　有刻工　Z〇二七

尋壑外言五卷　清李繩遠撰　清乾隆刻本　六册　十一行二十一字黑口左右雙邊　鈐曾藏八千卷樓白文方印　光緒癸巳錢唐嘉惠堂丁氏所得朱文方印　四七二四

香草居集七卷目錄二卷　清李符撰　清刻本　四册　十一行二十一字黑口左右雙邊　六二四七

尺五堂詩删初刻六卷近刻四卷　清嚴我斯撰　清康熙二十七年刻本　一册　十一行二十字黑口左右雙邊　六八一一

存初刻六卷

讀書堂綵衣全集四十六卷　清趙士麟撰　清康熙三十五年刻本　二十四册　十行十九字白口四周雙邊　五一六一

篤素堂文集十六卷詩集七卷　清張英撰　清康熙刻本　五册　十行十九字黑口左右雙邊　六四二三

存文集十六卷

茲園詩集二十四卷　清姚士塈撰　清康熙四十七年刻本　六册　十行二十一字白口左右雙邊　六二三九

百尺梧桐閣詩集十六卷文集十卷　清汪懋麟撰　清康熙十七年刻本　六册　十一行二十字黑口四周雙邊　六七九七

存詩集十六卷　文集三卷

直廬集不分卷歸田集不分卷應制集一卷使粤集一卷　七九〇二
使粤日記一卷　清喬萊撰　清康熙間刻本　四册　十行十九字黑口左右雙邊
存　直廬集不分卷

依歸草十卷　清張符驤撰　清康熙刻本　二册　九行二十字黑口四周單邊　七四三七

憺園集三十六卷　清徐乾學撰　清康熙冠山堂刻本　十八册　十行十九字白口左右雙邊　鈐黄子安印朱白文方印　番禺黄子安珍藏之印朱文方印　六〇四八

己畦集十四卷詩集十卷殘餘一卷　清葉燮撰　清乾隆二十八年葉昭九等補刻清康熙葉氏二弃草堂刻本　八册　十行十九字小字雙行二十七字白口四周雙邊　下書口鐫二弃草堂　封面鐫乾隆癸未孟冬重鐫　四七二八

有懷堂文稿二十二卷詩稿六卷　清韓菼撰　清康熙四十二年刻本　十册　十行二十一字白口四周單邊　七二〇二

有懷堂文稿二十二卷詩稿六卷　清韓菼撰　清康熙四十二年刻本　六册　七二〇〇

花聚菴詩集二卷　清李可汧撰　清康熙二十八年李氏花聚菴刻本　一册　九行十八字白口左右雙邊　下書口鐫花聚菴　七三九〇

橫雲山人集三十一卷　清王鴻緒撰　清康熙刻本　四册　十行十九字黑口左右雙邊　鈐味三書屋徐氏珍藏朱文長方印　四七一〇
存十六卷　一至十六

東村集十卷　清李呈祥撰　附刊一卷　清康熙儀一堂刻本　四册　十行二十一字白口左右雙邊　四七二五

鳳池園詩集八卷文集八卷　清顧汧撰　清康熙五十年刻本　六册　九行十九字白口左右雙邊　四七一八

修吉堂文稿八卷道貴堂類稿十一種二十一卷殘瀋二卷　清徐倬撰　清康熙刻本　十三册　十行十九字黑口左右雙邊　七六一六

存　修吉堂文稿四卷　一至四　道貴堂類稿十一種二十一卷

介和堂集不分卷補遺二卷附錄一卷　清任辰旦撰　清抄本　三册　十行二十二字白口四周雙邊　三一〇二

查吟集四卷　清朱維熊撰　清雍正四年朱芾刻本　四册　十行二十一字白口左右雙邊　上書口鐫醉愚堂集　六二一六

南畇文稿十二卷　清彭定求撰　清雍正四年刻本　四册　十二行二十三字細黑口四周單邊　六四二六

南畇文稿十二卷　清彭定求撰　清雍正四年刻本　四册　六四二七

賀蘭雪樵詩集四卷賀蘭雪樵河上草二卷蘭樵歸田稿一卷　清張榕端撰　清康熙三十六至四十三年刻本　四册　十行二十一字白口四周單邊　河上草、歸田稿十行十九字白口四周單邊　六二〇九

臥龍山人集十四卷　清葛芝撰　清康熙九年刻本　趙爽軒題識　四册　十行二十二字黑口左右雙邊　七九〇七

旭華堂文集十四卷補遺一卷附墓誌銘一卷 清王奐曾撰　清乾隆十六年趙熟典刻本　六册　十行十八字白口四周雙邊　六四三七

受祺堂詩三十五卷 清李因篤撰　清康熙三十八年田少華刻本　十册　十行十九字黑口四周雙邊　卷四原著未刊　六二三八

陳檢討集二十卷 清陳維崧撰　清程師恭註　清康熙有美堂刻本　清佚名批校　清吳農祥、吳濟時題識　四册　十行二十二字小字雙行字同黑口左右雙邊　五一六九

陳檢討集二十卷 清陳維崧撰　清程師恭註　清康熙有美堂刻本　清武億錄翁方綱批校並跋　十二册　十行二十二字小字雙行字同黑口左右雙邊　封面鐫有美堂藏板　五一六八

陳檢討集二十卷 清陳維崧撰　清程師恭註　清翻刻有美堂本　清嘉慶七年吳錫麒批校並題識　十二册　十行二十二字小字雙行字同黑口左右雙邊　封面鐫有美堂藏板　鈐吳錫麒印朱文方印　五一七〇

湖海樓全集五十一卷 清陳維崧撰　清乾隆六十年浩然堂刻本　二十四册　十行二十一字白口左右雙邊　封面鐫乾隆乙卯新鐫　浩然堂藏板　七四五二

觀海集一卷京華詩一卷 清汪楫撰　清康熙雍正間刻本　一册　觀海集八行十九字小字雙行字同細黑口左右雙邊京華集十一行二十一字黑口左右雙邊　四八四七

竹垞文類二十六卷 清朱彝尊撰　清康熙二十一年刻增修本　四册　十行二十字白口左右雙邊　六〇三五

曝書亭集八十卷附錄一卷 清朱彝尊撰 笛漁小藁十卷 清朱昆田撰 清康熙五十三年朱稻孫刻本 三十六册 十二行二十三字白口左右雙邊 鈐知不足齋鮑以文藏書朱文印 四八四五

曝書亭集八十卷附錄一卷 清朱彝尊撰 笛漁小藁十卷 清朱昆田撰 清康熙五十三年朱稻孫刻本 十四册 六〇三六

曝書亭集八十卷附錄一卷 清朱彝尊撰 笛漁小藁十卷 清朱昆田撰 清康熙五十三年朱稻孫刻本 二十册 七三五一

曝書亭詩錄十二卷 清朱彝尊撰 清乾隆惇裕堂刻本 六册 十一行二十一字小字雙行字同白口四周單邊 下書口鐫惇裕堂 封面鐫惇裕堂藏板 六二〇七

騰笑集八卷 清朱彝尊撰 清康熙二十五年曝書亭刻本 六册 十行十八字黑口四周單邊 六二一七

遂初堂詩集十六卷文集二十卷別集四卷 清潘耒撰 清康熙刻增修本 十册 十行二十一字白口四周單邊 四八五三

遂初堂詩集十六卷文集二十卷別集四卷 清潘耒撰 清康熙刻增修本 三十二册 四七二一

叢碧山房詩初集十四卷二集六卷三集十一卷四集十 六〇七七

卷五集五卷文集八卷雜著三卷　清龐塏撰　清康熙刻本　十册　十行十九字黑口四周單邊

飴山詩集二十卷文集十二卷附錄一卷　清趙執信撰　清乾隆十七年、三十九年因園刻本　八册　十行二十一字白口左右單邊文集左右雙邊　封面鐫乾隆壬申新鐫　乾隆甲午秋七月因園藏板　七一〇一

不遮山閣詩鈔前集六卷後集十卷詩餘二卷　清沈朝初撰　清康熙四十一年懷雲亭刻本　二册　十行十九字白口四周雙邊　封面鐫懷雲亭藏板　四七六七

芸暉堂詩集七卷　清閆中寛撰　清康熙刻乾隆補刻本　二册　八行十八字白口左右雙邊　六八一二

繡虎軒尺牘八卷二集八卷三集八卷　清曹煜撰　清康熙傳萬堂刻本　十二册　九行十八字小字雙行字同白口左右雙邊　封面鐫傳萬堂梓行　六四八四

澂景堂宦游小集五卷　清施鴻撰　清康熙刻本　二册　九行十八字小字雙行字同白口四周單邊　四七〇八

漪園詩二集一卷　清張遇撰　清康熙四十四年刻本　一册　八行二十字白口四周雙邊　四八四三

臨野堂文集十卷詩集十三卷詩餘二卷尺牘四卷　清鈕琇撰　清康熙刻本　八册　十行十九字白口左右雙邊　六〇七六

雪菴詩存二卷 清丁嗣徵撰 清雍正丁桂芳刻本 二册 九行十九字黑口左右雙邊 四七五九

逸德軒文集三卷文稿四卷閏一稿一卷 清田蘭芳撰 清康熙刻本 六册 十行十九字黑口四周單邊 四八五二

存 文集二卷 中 下 文稿四卷 閏一稿一卷

蓮洋集選十二卷 清吳雯撰 清乾隆十五年臨汾劉組曾刻本 六册 九行十九字白口左右雙邊 封面鐫乾隆庚午年鐫 夢鶴草堂藏板 七九〇四

蓮洋集選十二卷 清吳雯撰 清乾隆十五年臨汾劉組曾刻本 六册 六二三一

古歡堂集二十四卷 清田雯撰 清康熙間刻本 六册 十一行二十一字黑口左右雙邊 六一五五

苑西集十二卷歸田集十二卷 清高士奇撰 清康熙刻本 四册 十一行二十一字小字雙行二十八字黑口四周單邊 六二〇四

城北集八卷 清高士奇撰 清康熙刻本 四册 十一行二十字黑口四周單邊 鈐桐蔭館朱文方印 豐城任傳藻印白文方印 劍廬珍藏白文方印 四八三六

經進文稾六卷 清高士奇撰 清康熙刻本 四册 十行十九字黑口四周單邊 四八〇二

隨輦集十卷 清高士奇撰 清康熙刻本 六册 十行十九字白口四周單邊 四八三七

二十七松堂集二十二卷 清廖燕撰 清乾隆三年刻本 八册 九行二十字白口左右雙邊 六〇二一

康太乙詩稿一卷　清康乃心撰　稿本　清柯逢時跋　一册　五行十九字無格　三五六六

白漊集十二卷　清沈受宏撰　清康熙四十四年刻本　六册　十行十九字小字雙行字數不等白口左右雙邊　六二三二

遯園草一卷文集鈔一卷紀年稾一卷　清李贊元撰　清康熙師白堂刻本　四册　八行十八字小字雙行字同白口左右雙邊　封面鐫師白堂藏板　四七二三

也園草初集不分卷二集不分卷　清葉菁撰　清康熙五十四年天香草堂刻本　四册　八行十九字黑口左右雙邊　存初集不分卷　六二五〇

廢莪山房詩稿二十卷文稿四卷　清錢鎬撰　清末抄本　清振聲批校　一册　十五行二十二字無格　存文稿四卷　三一二二

息游堂詩集十卷　清胡兆龍撰　谷園詩集八卷續集二卷　清胡介祉撰　清康熙三十三年刻本　十册　八行二十字白口四周單邊　七九二四

眞志堂詩集五卷　清仝軌撰　清乾隆十一年尊經閣刻本　六册　九行二十一字下黑口四周單邊　六二四二

蓄齋集十六卷　清黃中堅撰　清康熙五十年黃氏棣華堂刻五十三年增修本　八册　九行二十字白口左右雙邊　六〇六二

奚囊寸錦不分卷　清張潮撰　清嘉慶二十五年刻本　四册　八行十八字白口四周雙邊　六九二七

御製詩集十卷二集十卷三集八卷　清聖祖玄燁撰　清康熙四十二年宋犖刻本　六册　六行十六字白口四周雙邊　六二一〇

善卷堂四六十卷　清陸繁弨撰　清乾隆刻本　四册　九行二十一字小字雙行字同白口左右雙邊　封面鐫乾隆庚寅年新鐫　亦園藏板　五一七五

善卷堂集四卷集外文一卷　清陸繁弨撰　清抄本　四册　十行二十字無格　三〇七七

馮舍人遺詩六卷　清馮廷櫆撰　清雍正十一年刻本　二册　十行十九字黑口四周單邊　六二三五

周廣菴詩集三卷　清周金然撰　清周廷蘭重輯　清周聲浩校　清康熙刻本　一册　九行十九字白口左右雙邊　封面鐫海上燕詒堂藏板　六二四八

東觀草一卷
使荆草一卷
折柳草一卷

居業齋詩鈔二十二卷文稿二十卷別集十卷　清金德嘉撰　清康熙五十八年蔣國祥刻本　十册　十行十九字白口四周單邊　六〇七五

存　詩鈔二十二卷　別集十卷

北墅山人詩十卷附錄一卷 清吳苑撰　清康熙刻本　六册　十行十九字白口四周單邊　四七六一

甓湖草堂文集六卷近詩二卷近集四卷 清吳世杰撰　清康熙刻嘉慶十七年吳洵重校本　四册　十一行二十字黑口左右雙邊　封面鐫嘉慶壬申年重校　殖學堂藏板　六〇四六
存 文集六卷近集四卷

雙雲堂文稿六卷詩稿六卷行述一卷 清范光陽撰　清鄭梁選　清康熙四十六年鄭風刻本　六册　九行二十字黑口左右雙邊　六〇六〇

懷清堂集二十卷文光果倡和詩一卷 清湯右曾撰　清乾隆十二年湯學基等刻本　四册　十行二十一字白口左右雙邊　七二八二

懷清堂集二十卷文光果倡和詩一卷 清湯右曾撰　清乾隆十二年湯學基等刻本　二册　七二八三

懷清堂集二十卷文光果倡和詩一卷 清湯右曾撰　清乾隆十二年湯學基等刻本　二册　七二八四

寒村詩文集三十七卷 清鄭梁撰　清康熙二老閣刻本　二十册　九行二十字小字雙行字同黑口左右雙邊　封面鐫二老閣藏板　七六〇九
見黃稿詩删五卷
安庸集一卷

五丁詩稿五卷
玉堂集一卷
歸省偶錄一卷
還朝詩存一卷
玉堂後集一卷
寶善堂集二卷
白雲軒集二卷
南行雜錄一卷
高州詩集二卷
見黄稿二卷
五丁集二卷
安庸集二卷
雜錄二卷補一卷
半生亭詩集一卷
半生亭文集一卷
息尚編四卷

紺寒亭詩集九卷文集四卷　清趙俞撰　清康熙刻本　六册　十一行二十一字白口左右雙邊　六〇六三

賜書堂嶢山集不分卷　清田從典撰　清康熙六十一年田氏賜書堂刻本　賜書樓嶢山集四卷補刻一卷詩集一卷　清田從典撰　清雍正九年田氏賜書樓刻本　二册　九行二十三字白口四周雙邊　封面鐫康熙六十一年賜書堂梓行　雍正辛亥年刻　六〇七九

道榮堂文集六卷首一卷滄州近詩十卷 清陳鵬年撰 清乾隆二十七年刻本 十四册 十行十九字白口左右雙邊 封面鐫乾隆壬午年鐫 六〇六八

在陸草堂文集六卷 清儲欣撰 清雍正元年儲掌文淑慎堂刻本 三册 九行二十二字黑口左右雙邊 封面鐫雍正元年孟夏新鐫 淑慎堂藏板 六四一九

存五卷 一至五

香魚山房詩一卷 清趙炯撰 稿本 一册 五行十一字無格 鈐半僧白文方印 趙炯之印白文方印 三九四一

夢月巖詩集二十卷詩餘一卷 清呂履恒撰 清雍正三年呂憲曾、呂宣曾刻本 四册 十行十九字白口左右雙邊 六二四一

味和堂詩集六卷 清高其倬撰 清乾隆五年高恪等刻本 一册 十行十九字白口左右雙邊 四八六二

受宜堂駐淮集十二卷 清納蘭常安撰 清乾隆刻本 四册 九行二十字白口四周單邊 四七四三

嚴太僕先生集十二卷附墓表一卷 清嚴虞惇撰 清乾隆元年嚴有禧繩武堂刻本 四册 十一行二十一字白口左右雙邊 六〇六五

嚴太僕先生集十二卷附墓表一卷 清嚴虞惇撰 清乾隆元年嚴有禧繩武堂刻本 六册 七一八四

苑青集十九卷 清陳至言撰 清康熙四十八年芝泉堂刻本 四册 九行二十字白口四周單邊 下書口鐫芝泉堂 六〇三一

雪川詩稿十卷 清陳莀撰 清康熙刻本 四册 十一行二十一字白口左右雙邊 四七七二

葦間詩集五卷 清姜宸英撰 清康熙五十二年唐執玉刻本 二册 十一行十九字黑口左右雙邊 六二四三

湛園未定稿六卷 清姜宸英撰 清康熙刻本 六册 十行二十字白口左右雙邊 七三九二

查浦詩鈔十二卷 清查嗣瑮撰 清刻本 八册 十一行二十一字白口左右雙邊 七四七九

雙清閣詩稿八卷 清勵廷儀撰 清乾隆三年勵宗萬刻本 四册 九行十八字白口左右雙邊 鈐希鄭軒蔡虎臣藏書印朱文方印 四八七〇

清溪文稿不分卷詩草十卷炎州草一卷即墨節婦考二卷 清楊玠撰 清何其睿錄 清抄本 十册 八行十九字白口四周雙邊 上書口鐫繼齋 三一二〇

文蔚堂詩集八卷 清鄂爾泰撰 清鄂弼輯 清竹虛齋抄本 八册 八行十九字白口四周雙邊 下書口鐫竹虛齋 鈐竹虛齋藏書印朱文長方印 竹閒居士朱文方印 鄂弼白文方印 葉志詵印朱文方印 三〇五六

漁山詩草二卷 清邊汝元撰 清乾隆四十年刻本 二册 九行十九字白口左右雙邊 封面鐫乾隆乙未年鐫 六八〇一

十峯集五卷 清徐基撰 清康熙四十三年刻本 二册 九行十九字白口左右雙邊 五一五二

據梧詩集十五卷 清管棆撰 清康熙刻本 七册 十行二十一字白口四周單邊 六二四四

吳船書屋詩一卷雲根清壑山房詩一卷　清朱緗撰　清康熙刻本　二册　十行十八字黑口左右雙邊　六七九〇

完玉堂詩集十卷　清釋元璟撰　清華亭張棠刻本　四册　十一行二十一字白口左右雙邊　四七六二

葛莊編年詩三十六卷補遺一卷　清劉廷璣撰　清康熙五十三年刻本　六册　九行十九字黑口左右雙邊　四八五七

葛莊分體詩鈔十二卷補遺一卷　清劉廷璣撰　清康熙五十三年刻本　四册　九行十九字黑口左右雙邊　四七七一

存　詩鈔十二卷補遺目錄

鹿山詩集六卷文集二卷　清陳養元撰　青原餘集五卷　清王爲壤撰　清康熙刻本　四册　八行十八字白口左右雙邊　六〇七三

寥廓集不分卷　清釋宏倫撰　清康熙間菰川莊刻本　一册　九行二十一字白口左右雙邊　下書口鐫菰川莊藏板　五五二三

玉紅草堂詩文十六卷附天津龍氏家譜存略一卷　清龍震撰　清康熙刻本　十六册　十二行二十一字白口四周雙邊　四八三九

古香樓吟藁三卷西山紀遊詩一卷詞藁一卷　清汪文柏撰　清康熙刻本　四册　九　四七六四

行十九字黑口左右雙邊

四七二〇 柯庭餘習十二卷　清汪文柏撰　清康熙四十四年古香樓刻本　柯庭文藪不分卷　清汪文柏撰　清康熙刻本　八册　十行二十一字黑口左右雙邊　目錄前鐫古香樓訂本　目錄後鐫康熙乙酉汪兆鯨、汪兆鰲校　文藪九行十九字白口左右雙邊　鈐管庭芬印白文方印　臣庭芬印白文方印　培蘭朱文方印　芬印白文方印　培蘭一字芷湘朱文方印

三〇四六 稽古集不分卷　清王斌如撰　稿本　二册　九行二十二字無格　鈐王斌如印朱文方印　郁玉樞印朱文方印

七九〇〇 香雪堂詩不分卷　清吳學濂撰　清雍正末至乾隆初年南陔草堂刻本　二册　九行二十字黑口左右雙邊　封面鐫南陔草堂藏板

六二二〇 涉江草四卷　清吳樹臣撰　清康熙刻本　二册　十行十九字小字雙行字同白口左右雙邊

六二〇六 樓邨詩集二十五卷　清王式丹撰　清雍正四年王懋訥刻本　十册　十一行二十一字白口左右雙邊

四八四一 樓邨詩集二十五卷　清王式丹撰　清雍正四年王懋訥刻本　四册

四七七五 敬業堂詩集四十八卷　清查慎行撰　清康熙五十八年刻本　十二册　十一行二十一字白口左右雙邊

七五二一 敬業堂詩集四十八卷　清查慎行撰　清康熙五十八年刻本　十二册

四七七四 敬業堂詩集五十卷　清查慎行撰　清康熙五十年刻雍正增刻本　十六册　十一行二十一字小字雙行字同白口左右雙邊

敬業堂詩續集六卷　清查慎行撰　清雍正查學刻本　鄧之誠題識　二冊　十一行二十一字白口左右雙邊　鈐鄧之誠文如印白文方印　平叔夏氏朱文方印　四七七七

古劍書屋詩文鈔十卷補遺一卷　清吳廷楨撰　清乾隆刻本　二冊　十行十九字白口四周雙邊　六〇四一

牂珂集一卷　清宋至撰　清康熙刻本　一冊　十行十九字白口四周單邊　六二四五

緯蕭草堂詩不分卷　清宋至撰　清康熙二十七年刻本　一冊　十行十九字白口四周單邊　六七三一

思綺堂文集十卷　清章藻功撰　清康熙六十一年刻本　十冊　十行二十二字小字雙行字同白口四周單邊　六四三五

東山草堂文集二十卷首一卷　清邱嘉穗撰　清康熙四十九年刻本　八冊　十行二十二字小字雙行字同黑口四周單邊　六四三三

師善堂詩集十卷　清嵇曾筠撰　清雍正十三年刻本　四冊　九行十九字白口左右雙邊　四七八〇

高陽山人文集十二卷詩集二十卷補遺一卷附錄一卷　清劉青藜撰　清康熙傳經堂刻本　四冊　九行十九字黑口左右雙邊　封面鐫傳經堂藏板　存文集十二卷　六四三一

集虛齋學古文十二卷附離騷經解略一卷　清方楘如撰　清乾隆二十年佩古堂刻本　四冊　十一行二十五字小字雙行字同白口左右雙邊　六四七六

楝亭詩鈔八卷文鈔一卷詩別集四卷詞鈔一卷詞鈔別集一卷　清曹寅撰　清康熙刻本　十四册　十行十九字白口左右雙邊　鈐八千卷樓朱文方印　嘉惠堂丁氏藏書之印朱文長方印　四七三三

蓼村集四卷　清王苹撰　清乾隆三十八年胡德琳刻本　二册　十行二十一字小字雙行字同白口左右雙邊　封面鐫乾隆癸巳鐫　聽泉齋藏板　六四二一

王石和文八卷　清王㻉撰　清雍正七年培風齋刻本　四册　九行二十二字白口四周單邊　封面鐫三立書院培風齋藏板　七九〇八

望溪文選不分卷　清方苞撰　清抄本　清毛典批校　一册　九行二十五字無格　三六一三

餘園詩鈔六卷　清繆沅撰　清乾隆葆素堂刻本　四册　十行十九字白口左右雙邊　封面鐫葆素堂藏板　六七九三

穆堂初藁五十卷　清李紱撰　清乾隆五年無恕軒刻本　十六册　十一行二十三字白口左右雙邊　七〇〇七

二希堂文集十一卷　清蔡世遠撰　清雍正十年刻本　四册　九行二十字白口四周雙邊　封面鐫雍正十年　本衙藏板　七二〇三

青要集十二卷　宋呂謙恆撰　清雍正十三年刻本　六册　十二行二十二字小字雙行字同白口四周雙邊　封面鐫雍正十三年鐫　六二五一

退谷文集十五卷詩集七卷行述一卷　清黃越撰　清雍正五年光裕堂刻本　十六册　八行二十一字白口左右雙邊　封面鐫雍正丁未秋鐫　光裕堂行　六〇七八

德蔭堂集十六卷　清阿克敦撰　清嘉慶二十一年刻本　四册　十行十九字白口四周雙邊　六八二一

居易堂稿一卷　清周人龍撰　清乾隆二十六年刻本　一册　九行二十五字白口四周單邊　封面鐫乾隆辛巳年鐫　本堂藏板　六九三〇

樂園文集一卷詩集四卷　清吳翊撰　清康熙刻本　二册　十行十九字白口左右雙邊　四七一五

今有堂詩集四卷後集六卷茗柯詞一卷　清程夢星撰　清乾隆間程氏刻本　三册　九行十九字白口四周單邊　六二七八

葆璞堂詩集四卷文集四卷　清胡煦撰　清乾隆三十七年刻本　四册　十行十九字白口左右雙邊　封面鐫乾隆壬辰年輯　有刻工　四七四〇

果堂集十二卷　清沈彤撰　清乾隆刻本　二册　十一行二十一字白口左右雙邊　七三二二

果堂集十二卷　清沈彤撰　清乾隆刻本　二册　七三二三

蔗塘未定稿八卷詞一卷外集八卷　清查爲仁撰　清乾隆八年刻本　四册　十行二十一字小字雙行字數不等白口四周單邊　四八六八

蔗塘未定稿八卷詞一卷外集八卷　清查爲仁撰　清乾隆八年刻本　四册　四八六九

間青堂詩集十卷附錄一卷　清朱倫瀚撰　清乾隆刻本　二册　十行二十二字白口左右雙邊　四七八一

甘莊恪公全集十六卷附一卷　清甘汝來撰　清乾隆五十六年甘氏賜福堂刻本　四册　九行二十一字白口左右雙邊　六一〇七

陳學士文集十八卷 清陳儀撰 清乾隆十八年蘭雪齋刻本 八册 九行二十二字白口左右雙邊 下書口鐫蘭雪齋藏本 五一七七

近道齋文集六卷詩集四卷附一卷 清陳萬策撰 清乾隆八年刻本 六册 九行二十字白口四周雙邊 六〇八〇

館閣絲綸五卷 清陳萬策撰 清乾隆梅石山房刻本 二册 九行二十字黑口四周雙邊 下書口鐫梅石山房 六四三八

白田草堂存藁二十四卷附錄一卷 清王懋竑撰 清乾隆十七年刻乾隆增刻本 六册 十二行二十二字小字雙行字同白口左右雙邊 七四三〇

白田草堂存藁二十四卷附錄一卷 清王懋竑撰 清乾隆十七年刻乾隆增刻本 十二册 六〇八五

白田草堂存藁二十四卷附錄一卷 清王懋竑撰 清乾隆十七年刻乾隆增刻本 六册 六〇八八

孟鄰堂文鈔十六卷 清楊椿撰 清嘉慶二十五年楊魯生刻本 六册 十行二十字白口左右雙邊 四八〇八

香屑集十八卷首一卷末一卷 清黃之雋撰 清雍正十二年陳邦直刻遂初園印本 四册 十行二十一字小字雙行字數不等黑口左右雙邊 封面鐫遂初園藏板 六三〇六

𢈪堂集五十卷續八卷補遺二卷冬錄一卷 清黃之雋撰 清乾隆刻本 十六册 十行二十一字小字雙行字同白口左右雙邊 七六一〇

秋塍文鈔十二卷　清魯曾煜撰　清乾隆九年鳴野山房刻本　三册　九行二十二字白口四周單邊　封面鐫乾隆甲子年鐫　鳴野山房藏板　六四四八

崇德堂稾八卷　清王植撰　清刻本　八册　九行二十字白口四周單邊　六四四二

存研樓文集十六卷存硯樓二集二十五卷　清儲大文撰　清乾隆九年刻、二集十九年刻本　二十二册　九行二十字白口左右雙邊　六〇九一

青立軒詩稾八卷　清宋華金撰　清乾隆十六年刻本　一册　十行二十二字白口四周單邊　六二八九

墨麟詩十二卷　清馬維翰撰　清刻本　四册　九行二十二字小字雙行字數不等黑口左右雙邊　六三一五

式馨堂詩前集十二卷後集八卷詩餘偶存一卷　清魯之裕撰　清雍正刻本　四册　九行十九字白口左右雙邊　六二八三

竹素園詩鈔八卷　清許廷鑅撰　清乾隆二十七年刻本　二册　十行十九字白口左右雙邊　六二五六

綠蘿山莊文集二十四卷　清胡浚撰　清乾隆二十一年刻本　十二册　十二行二十二字小字雙行字同白口四周雙邊　封面鐫乾隆丙子年鐫　七〇〇五

南堂詩鈔十二卷詞賦一卷　清施世綸撰　清雍正四年施廷翰刻本　七册　十行十九字白口左右雙邊　有刻工　四七五六

陸堂文集二十卷　清陸奎勳撰　清乾隆五年小瀛山閣刻本　六册　十一行二十四字白口左右雙邊　六四六二

槐江詩鈔四卷　清程瑞枋撰　清乾隆二年刻本　四册　九行二十字白口四周雙邊　六二一九

分干詩鈔四卷　清葉舒璐撰　清雍正刻本　四册　十行二十一字白口左右雙邊　五一七二

研堂詩十卷附贈言一卷續稿一卷晚稿二卷拾遺一卷　六三〇五

花外散吟一卷　清楊維坤撰　清乾隆間刻本　五册　九行二十一字小字雙行字數不等黑口左右雙邊

玉池生稿五卷　清岳端撰　雲笥詩一卷　清顧卓撰　織字軒詩一卷　清朱襄撰　清康熙三十五年刻本　三册　八行十八字白口左右雙邊　四八五八

後村詩集七卷吳越游草一卷　清王文治撰　清康熙間刻本　六册　九行二十字黑口左右雙邊　六〇六九

後村雜著三卷　清王文治撰　清康熙四十七年刻本　三册　九行二十一字黑口左右雙邊　七四四四

犀厓文集二十五卷後集二卷　清易學實撰　清康熙二十一年刻本　六册　九行十九字白口左右雙邊　六四三一

鯖餘集六卷續集六卷　清萬夔輔撰　清乾隆刻本　六册　十一行二十一字小字雙行三十一字白口左右雙邊續集四周單邊　六二四六

弱水集二十二卷　清屈復撰　清乾隆七年刻本　四册　十行二十一字白口左右雙邊　六三一四

隨緣集雜著三卷尺牘一卷源流一卷詩偈一卷　清釋靈耀撰　清康熙刻本　四八三八

四冊　十行二十字白口四周雙邊

世宗憲皇帝御製文集三十卷目錄四卷　清世宗胤禛撰　清乾隆三年武英殿刻本　十六冊　六行十六字白口四周雙邊　鈐珊瑚閣珍藏印朱文長方印　四七三八

菜根精舍詩草十二卷　清夏力恕撰　清乾隆十年刻本　二冊　十行二十二字小字雙行二十一字白口左右雙邊　六九五三

南陔堂詩集十二卷　清徐以升撰　清乾隆二十六年刻本　十冊　十行十九字黑口左右雙邊　六二八四

夢筆山房繭甕集八卷續編一卷閒雲詞一卷　清紀逵宜撰　清抄本　四冊　十行二十一字無格　三一二六

虛白齋詩集八卷　清欽璉撰　清乾隆刻本　四冊　十行二十一字白口左右雙邊　六三二五

蔗尾詩集十五卷　清鄭方坤撰　清乾隆元年刻十八年增修本　四冊　十行十九字小字雙行字同白口左右雙邊　六三二七

己山先生文集十卷別集四卷　清王步青撰　清乾隆十七年敦復堂刻本　八冊　九行二十字白口左右雙邊　封面鐫敦復堂藏板　六四四一

詩禮堂古文五卷　清王又樸撰　清方苞定　清乾隆詩禮堂刻本　四冊　八行二十字白口四周單邊　封面鐫詩禮堂藏板　五一八〇

詩禮堂古文五卷　清王又樸撰　清方苞定　清乾隆詩禮堂刻本　六冊　五一八一

六八五〇 松泉詩集二十六卷文集二十卷 清汪由敦撰 清乾隆汪承霈刻本 六册 十一行二十一字白口左右雙邊 鈐希鄭軒蔡虎臣藏書印朱文方印

存 文集二十卷

七八九二 王艮齋詩集十卷文集四卷 清王峻撰 清乾隆蔣棨刻本 一册 九行十九字黑口左右雙邊

存 文集四卷

四七七九 絳跗閣詩稿十一卷 清諸錦撰 清乾隆二十七年刻本 十册 十一行二十三字白口左右雙邊

六二〇八 繍閒集一卷 清孫淡英撰 清雍正元年刻本 一册 八行十八字黑口左右雙邊

七三〇一 篛村詩全集四十四卷 清邱上峯撰 清乾隆寸畊堂刻本 十二册 十行二十一字白口左右雙邊 版心下鐫曉山草堂

七〇八六 海珊詩鈔十一卷補遺二卷明史雜詠四卷 清嚴遂成撰 清乾隆世綸堂刻本 四册 十行二十一字小字雙行字同白口四周雙邊 封面鐫讓溪世綸堂藏板

六三二〇 江聲草堂詩集八卷 清金志章撰 清乾隆十九年刻本 二册 十一行二十二字白口左右雙邊

六一〇四 芝庭文稿八卷詩稿十六卷 清彭啓豐撰 清乾隆刻增修本 六册 十行十九字白口左右雙邊

小山詩鈔十一卷　清鄒一桂撰　清乾隆三十五年刻本　四册　九行二十一字黑口左右雙邊　封面鐫乾隆庚寅年訂　本齋藏板　六二八二

南華山房詩鈔六卷賦一卷南華山人詩鈔十六卷　清張鵬翀撰　清乾隆刻本　六册　十一行十八至二十一字不等白口左右雙邊　六二六四

鄰遠堂詩八卷襍著一卷　清周人驥撰　清乾隆十二年刻本　清邱學士題識　二册　十行十九字小字雙行字同細黑口四周雙邊　六八八二

崇本山堂文集十二卷　清徐時作撰　清乾隆四十九年嘯月亭刻本　五册　九行二十五字黑口左右雙邊　封面鐫乾隆四十九年鐫　嘯月亭藏板　六四四七

矢音集十卷　清梁詩正撰　清乾隆二十年刻本　蕉屏書屋詩文覆瓿集一卷　清梁學昌撰　清道光十六年刻本　四册　十行十九字白口四周雙邊　八〇九三

晚聞存稿二卷　清陶正靖撰　清乾隆刻本　二册　十一行二十一字黑口左右雙邊　四八〇九

芝厓詩集二卷　清釋超凡撰　清雍正刻本　一册　十行十九字白口左右雙邊　六二三四

花語山房詩文小鈔一卷三重賦一卷南匯縣志分目原稿一卷離騷經一卷讀騷列論一卷帝京賦一卷東浦草堂詩一卷楚詞九歌解一卷　清顧成天撰　清雍正刻本　四册　十行二十一字白口左右雙邊　六〇八二

質園詩集三十二卷　清商盤撰　清乾隆刻本　清劉佳題識　十二册　十行二十一字小字雙行字同白口四周單邊　六二五三

江州喬法周先生長龍集詩四卷文五卷博學鴻詞文案一卷補遺一卷首一卷　清喬文郁撰　清雍正佑啓堂刻乾隆增刻本　五册　九行二十二字小字雙行字同白口四周雙邊　下書口鐫佑啓堂　六八一五

夕陽書屋詩初編四卷　清程盛修撰　清乾隆三十八年刻本　二册　十行十九字白口左右雙邊　六二七九

半舫齋編年詩二十卷　清夏之蓉撰　清乾隆三十六年刻本　四册　十行二十一字白口左右雙邊　有刻工　五一九二

半舫齋古文八卷　清夏之蓉撰　清乾隆三十六年刻本　四册　十行二十一字上黑口左右雙邊　五一九一

弢甫集十四卷附旌門録一卷　清桑調元撰　清乾隆七年蘭陔草堂刻本　四册　十一行二十字白口四周單邊　下書口鐫蘭陔草堂　四八八三

弢甫五岳集二十卷　清桑調元撰　清乾隆二十一年修汲堂刻本　五册　十一行二十字白口左右雙邊　封面鐫修汲堂藏板　四七八六

嵩山集二卷

華山集三卷

泰山集三卷

衡山集五卷

恆山集七卷

舒嘯閣詩鈔二卷　清李兆齡撰　清乾隆十九年刻本　二册　九行十九字黑口左右雙邊　六八一八

隨五草十卷　清尹嘉銓撰　清乾隆四十年刻本　一册　九行二十字小字雙行十九字下黑口左右雙邊　鈐汪鏞印白文方印　尹嘉銓印白文方印　右亭朱文方印　六四四六

江湖閒吟八卷　清王道撰　清乾隆刻本　四册　十行二十一字小字雙行字數不等白口左右雙邊　六二五九

卜硯山房詩鈔一卷後集一卷　清周焯撰　清乾隆間刻本　二册　十行十九字白口四周單邊　七五三六

宛舫居文集十卷　清林源撰　清乾隆二十八年刻本　四册　九行二十字白口左右雙邊　封面鐫乾隆癸未年編　四七四八

焚餘集不分卷　清王澄思撰　清乾隆刻本　二册　十行二十一字白口四周單邊　四七五〇

小山詩後藁二卷　清王時翔撰　清乾隆刻本　一册　十一行二十一字小字雙行字數不等白口左右雙邊　六二五八

無悔齋集十五卷末一卷　清周京撰　清乾隆十七年刻本　四册　十一行二十二字白口左右雙邊　六三一三

在亭叢藁十二卷　清李果撰　清乾隆刻本　四册　十行二十一字白口左右雙邊　四八〇七

一瓢齋詩存六卷吾以吾鳴集鈔一卷　清薛雪撰　清雍正乾隆間埽葉村莊刻本　一册　十一行二十字白口左右雙邊　下書口鐫埽葉村莊　四七八五

小石林詩集七卷二集八卷古文二卷文外二卷　清葉之溶撰　清乾隆間刻本　六一一一

四册　十一行二十一字白口左右雙邊

固哉草亭文集二卷補遺一卷詩集四卷　清高斌撰　清乾隆二十四年高恆刻本　四册　九行二十字小字雙行字同白口左右雙邊　四七五三

陶人心語六卷附可姬小傳一卷　清唐英撰　清乾隆三十七年唐寅保刻本　四册　九行十八字白口左右雙邊　封面鐫乾隆三十七年武林重鐫　四七四一

百一草堂集唐初刻二卷二刻二卷三刻二卷　清柴才撰　附刻初編□卷　清柴杰撰　清乾隆二十五年百一草堂刻本　五册　十行十九字白口四周單邊　版心下鐫百一草堂

存　百一草堂集唐初刻二卷　二刻二卷　三刻二卷　附刻初編上卷　六二七〇

九畹古文十卷　清劉紹攽撰　清乾隆八年樹蕙居刻本　六册　九行二十字白口四周雙邊　封面鐫乾隆八年新鐫　樹蕙居藏板　六四六一

白雲詩集七卷附詠梅詩一卷　清盧存心撰　清乾隆間數間草堂刻本　四册　十行十九字黑口左右雙邊　下書口鐫數間草堂　七九二一

鑄雪齋集四卷冰壑詩選二卷詞選一卷　清張希傑撰　稿本　二册　十行二十二字黑口左右雙邊　鈐練塘白文方印　張希傑印白文方印　漢張朱文方印　三〇一九

眺秋樓詩八卷　清高岑撰　清乾隆二十二年十研居刻本　二册　九行十九字白口左右雙邊　七九〇六

雪聲軒詩集十二卷　清高綱撰　清雍正十一年刻本　四册　九行二十一字白口左右雙邊　四八六一

樂善堂全集定本三十卷　清高宗弘曆撰　清乾隆二十四年武英殿刻本　八册　九行十七字白口四周雙邊　五一六二

御製樂善堂集四卷　清高宗弘曆撰　清姚培謙注　清乾隆六年刻本　四册　七行十八字小字雙行二十七字白口左右雙邊　封面鐫乾隆辛酉孟夏鐫　五一六六

御製樂善堂集四卷　清高宗弘曆撰　清姚培廉注　清乾隆六年刻本　四册　五一六七

御製詩初集四十四卷目錄四卷　清高宗弘曆撰　清乾隆十四年武英殿刻本　二十四册　九行十七字白口四周雙邊　五二一〇

御製詩初集四十四卷目錄四卷　清高宗弘曆撰　清乾隆十四年武英殿刻本　十六册　五二一一

御製詩餘集二十卷目錄三卷文三集十六卷文餘集二卷　清高宗弘曆撰　清彭元瑞等編　清嘉慶五年武英殿刻本　二十二册　九行十七字小字雙行字同白口四周雙邊　五二一七

御製文初集三十卷目錄二卷　清高宗弘曆撰　清于敏中等編　清乾隆二十八年武英殿刻本　八册　九行十七字小字雙行字同白口四周雙邊　五二一二

御製文初集三十卷目錄二卷　清高宗弘曆撰　清于敏中等編　清乾隆二十八年武英殿刻本　十册　五二一三

御製文初集不分卷 清高宗弘曆撰 清抄本 清梅厂居士題識 二册 九行二十七字無格 鈐王懿榮印白文方印 明善堂珍藏書畫印記朱文方印 寒村校閲朱文方印 三一一三

御製文二集四十四卷目錄二卷 清高宗弘曆撰 清梁國治等編 清乾隆五十一年武英殿刻本 八册 九行十七字小字雙行字同白口四周雙邊 五二一四

御製文二集四十四卷目錄二卷 清高宗弘曆撰 清梁國治等編 清乾隆五十一年武英殿刻本 十二册 五二一五

御製避暑山莊詩二卷 清高宗弘曆撰 清鄂爾泰等注 清乾隆六年武英殿刻套印本 二册 六行十六字白口四周雙邊 一八九四

御製圓明園詩二卷 清高宗弘曆撰 清鄂爾泰等注 清孫祐等繪圖 清乾隆武英殿刻套印本 二册 有圖 六行十六字小字雙行字同白口四周雙邊 一七四五

御製全韻詩四卷 清高宗弘曆撰 清乾隆沈初刻本 四册 七行十四字小字雙行字同白口四周雙邊 七〇九九

御製擬白居易新樂府不分卷 清高宗弘曆撰 清乾隆間刻本 四册 五行十字白口四周龍文緑色邊欄 六二五四

東山草堂集六卷 清潘安禮撰 清廖理注 清乾隆四年刻本 二册 十行二十一字小字雙行十九字上黑口四周雙邊 六四五一

道古堂文集四十八卷詩集二十六卷 清杭世駿撰 清乾隆四十一年刻本 二十二册 十行二十一字白口左右雙邊 七二二三

道古堂文集四十八卷詩集二十六卷　清杭世駿撰　清乾隆四十一年刻本　十二册　七三一六

嶺南集八卷　清杭世駿撰　清乾隆刻本　四册　十行十九字小字雙行字數不等白口左右雙邊　四八七六

隱拙齋文鈔二卷詞科試卷一卷　清沈廷芳撰　清乾隆刻本　二册　十行十九字白口四周雙邊　六四五八

詩存四卷觀劇絶句一卷　清金德瑛撰　清乾隆刻本　附錄一卷　清梁同書等撰　清嘉慶刻本　二册　詩存九行十九字白口左右雙邊　觀劇絶句八行十八字白口四周雙邊　附錄八行二十字白口四周單邊　六九七三

板橋詩鈔二卷詞鈔一卷題畫一卷小唱一卷家書一卷　清鄭燮撰　清乾隆十四年清暉書屋刻本　八册　十行十九字白口左右雙邊　六一二五

緝齋詩稿八卷首一卷文集八卷首一卷附錄二卷　清蔡新撰　清乾隆刻本　九册　九行二十一字白口左右雙邊　六一四六

省耕詩圖一卷　清曹秀先撰　清乾隆三十一年刻本　一册　四八八〇

漱芳居文鈔八卷二集八卷　清趙青藜撰　清漱芳居刻本　八册　十一行二十一字白口左右雙邊　下書口鐫漱芳居　六四六〇

素餘堂集三十四卷　清于敏中撰　清嘉慶十一年刻本　八册　十行二十一字白口左右雙邊　六〇八四

澄碧齋詩鈔十二卷別集二卷　清錢琦撰　清乾隆刻本　四册　十一行二十一字小字雙行字數不等白口左右雙邊　六三三六

存　詩鈔十二卷

海山存稿二十卷　清周煌撰　清乾隆五十八年葆素家塾刻本　四册　十行二十一字白口四周雙邊　封面鐫乾隆癸丑鐫　葆素家塾　六三一六

最樂堂文集六卷　清喬光烈撰　清乾隆二十一年刻本　二册　九行十九字小字雙行十八字白口左右雙邊　七一六六

小倉山房文集二十四卷　清袁枚撰　清乾隆間刻本　六册　十一行二十一字白口左右雙邊　七七六二

小倉山房文集二十四卷　清袁枚撰　清乾隆間刻本　十二册　七三五二

小倉山房文集三十卷詩集三十一卷外集七卷　清袁枚撰　清乾隆刻清增刻本　二十册　十一行二十一字白口左右雙邊　六一四三

袁文箋正十六卷附錄小傳一卷　清袁枚撰　清石韞玉箋　清嘉慶十七年鶴壽山堂刻本　六册　十行二十字小字雙行三十字白口左右雙邊　封面鐫鶴壽山堂藏板　四八八七

薛帷文鈔十四卷　清吳龍見撰　清乾隆頤慶堂刻本　五册　十一行二十一字小字雙行二十字黑口左右雙邊　封面鐫頤慶堂藏板　六〇九八

谷齋集□□卷　清朱函夏撰　清抄本　高凌雯校　金钺跋　二册　九行二十一字無格　三一一三

存二卷 一至二

竹嘯軒詩鈔十八卷 清沈德潛撰 清乾隆刻本 六册 十行十九字白口左右雙邊 七四一三

恭和詩稿三卷御賜詩文一卷 清沈德潛撰 清乾隆刻本 三册 九行十八字小字雙行字同白口左右雙邊 六九六八

沈歸愚詩文全集一百卷 清沈德潛撰 清乾隆間教忠堂刻本 二十册 十行十九字小字雙行字同白口左右雙邊 封面鐫教忠堂藏板 七五一〇

歸愚詩鈔二十卷
歸愚詩鈔十四卷
歸愚文鈔二十卷
文續十二卷
歸田集三卷
失音集三卷
說時晬語二卷
浙江通省志圖說一卷
南巡詩一卷
黃山遊草一卷
台山遊草一卷
歸愚詩餘一卷
八秩壽序壽詩一卷
九秩壽序壽詩一卷
年譜一卷
竹嘯軒詩鈔十八卷

蘭藻堂集十二卷 清舒瞻撰 清乾隆十八年刻本 四册 九行十九字白口左右雙邊 六三二八

保積堂詩稿一卷雜著一卷 清周人麟撰 清抄本 金钺、邱學士題識 二册
九行二十一字間二十五字無格 三一一五

灌園餘事八卷悼往詩一卷 清崔謨撰 問花樓遺稿三卷 清許權撰
清乾隆二十三年夢緋亭刻本 四册 十行十八字小字雙行二十七字白口四周雙邊 下書口鐫夢緋亭 六二七一

正頤堂詩集十六卷 清江權撰 清乾隆四十二年刻本 四册 九行二十一字白口四周
單邊 鈐江西汪石琴家藏本朱文長方印 六二九〇

嘉樹山房文集六卷 清李中簡撰 清嘉慶六年嘉樹山房刻本 二册 十行二十二字白
口左右雙邊 封面鐫嘉慶辛酉秋鐫 嘉樹山房藏板 六四五二

燕川集六卷 清范泰恆撰 清乾隆二十一年刻本 四册 九行二十三字白口左右雙邊 六四五六

迂齋學古編四卷 清法坤宏撰 清乾隆三十九年海上廬刻本 四册 十行十九字白口左
右雙邊 下書口鐫海上廬 四八七四

梅崖居士文集三十卷外集八卷 清朱仕琇撰 清乾隆四十七年松谷刻本
清朱蔭培題識 四册 九行二十五字大黑
口左右雙邊 封面鐫乾隆四十七年鐫 松谷藏板 六〇九二

梅崖居士文集三十卷外集八卷 清朱仕琇撰 清乾隆四十七年松谷刻本
八册 六〇九三

梅崖居士文集三十卷外集八卷 清朱仕琇撰 清乾隆四十七年松谷刻本
八册 六〇九四

篺石齋詩集四十九卷　清錢載撰　清乾隆刻本　六册　十二行二十三字白口左右雙邊　七四四三

坳堂集不分卷　清戈濤撰　清抄本　佚名批校　四册　九行字數不等無格　三〇二四

半霞樓近詩四卷　清易宗涒撰　清康熙刻本　二册　八行十八字小字雙行十七字細黑口左右雙邊　上書口鐫半霞樓　六八二〇

頻羅庵遺集十六卷　清梁同書撰　清嘉慶二十二年刻本　六册　十行二十一字白口左右雙邊　七三一五

頻羅庵遺集十六卷　清梁同書撰　清嘉慶二十二年刻本　六册　七四九六

梁山舟集註詩篇册　清梁同書撰　稿本　一册　十五行字數不等無格　三四六六

蘇齋集錄不分卷　清翁方綱撰　清抄本　佚名校　四册　十一行二十一字小字雙行字同黑口左右雙邊　鈐簠齋朱文方印　陳介祺印朱白文方印　包世臣印白文方印　寶恕堂藏書印朱文長方印　三一三四

碧腴齋詩鈔□卷　清胡德琳撰　稿本　清胡佺孫題識　一册　十行二十一字紅格白口左右雙邊　存六卷　五至十　三一二四

南岡詩草十六卷　清于豹文撰　清于巨澍抄本　四册　十一行二十二字無格　三一一四

述菴詩鈔十二卷　清王昶撰　清乾隆刻本　四册　十二行二十三字小字雙行三十四字黑口左右雙邊　七五四一

春梟小稿十二卷　清符曾撰　清乾隆刻本　六册　十行二十一字白口左右雙邊　六三二四

青嶁遺稿二卷　清盛錦撰　清乾隆二十六年刻本　二册　十行十九字白口左右雙邊　七四七三

稻畬集詩鈔不分卷　清陳沆撰　清乾隆元年刻本　一册　八行十八字黑口左右雙邊　六三一一

清風草堂詩鈔六卷　清余崢撰　稿本　清查禮、錢萚恆題識　二册　八行二十四字無格　鈐余崢之印白文方印　元平朱文方印　禮白文方印　三七一八

百一山房詩集十二卷　清孫士毅撰　清嘉慶二十一年刻本　四册　十行二十一字小字雙行字同白口左右雙邊　六二六八

校禮堂文集三十六卷　清凌廷堪撰　清嘉慶十八年張其錦刻本　六册　十行二十一字小字雙行字同白口四周雙邊　六八六二

蘇門山人詩鈔三卷　清張符升撰　清乾隆五十六年刻本　二册　九行十九字黑口左右雙邊　六八三八

蘇門山人詩鈔三卷　清張符升撰　清乾隆五十六年刻本　二册　七九八六

補瓠存稿六卷　清韓騏撰　清乾隆二十三年南蔭書屋刻本　六册　八行十八字小字雙行字同白口左右雙邊　下書口鐫南蔭書屋　四七四七

小稱集一卷　清劉大櫆輯　清刻本　一册　十行十八字黑口四周單邊　四八八一

十笏齋詩八卷　清沈世楓撰　清乾隆刻本　二册　九行二十字白口左右雙邊　四八七五

悅亭詩稿初集二卷　清李豫撰　清乾隆刻本　二册　九行十八字白口左右雙邊　六二九八

津門雜事詩一卷　清汪沆撰　清乾隆四年刻本　一册　十行二十一字白口四周單邊　四七八三

讀史偶吟二卷　清孫玉甲撰　清乾隆五年世濟堂刻本　一册　十行十九字小字雙行十八字白口左右雙邊　六二六六

柘坡居士集十二卷　清萬光泰撰　清乾隆二十一年汪孟鋗刻本　清正揚等題識　四册　十二行二十三字白口四周單邊　六三〇七

仰山堂遺集三卷首一卷　清黄紹統撰　清嘉慶十九年黄培芳刻本　一册　六行十五字白口四周單邊　六八六九

夢樓詩集二十四卷　清王文治撰　清乾隆六十年食舊堂刻本　六册　十一行二十二字小字雙行字同白口四周單邊　封面鐫乾隆乙卯食舊堂藏板　六三三一

舊雨草堂詩八卷詩餘一卷　清董元度撰　清乾隆四十三年刻本　二册　九行二十一字白口四周雙邊　六八六五

西莊始存稿四十卷附一卷　清王鳴盛撰　清乾隆三十年三槐堂刻本　二十册　十行十九字小字雙行字同白口左右雙邊　封面鐫三槐堂藏　四七四九

館課存藁四卷　清紀昀撰　清乾隆刻本　二册　九行十八字白口四周雙邊　七一三二

我法集二卷　清紀昀撰　清乾隆六十年刻本　二册　九行二十字白口四周單邊　封面鐫乾隆乙卯鐫　河間紀氏閱微草堂藏板　六九七〇

南坪詩鈔十四卷覲光紀程詩一卷　清張學舉撰　清乾隆二十二年希賢堂刻本　五册　十行十九字白口左右雙邊　封面鐫乾隆丁丑新鐫　希賢堂藏板　六二六五

吹萬閣詩鈔五卷文鈔六卷詞鈔一卷 清顧詒祿撰 清乾隆刻本 一冊
十行二十一字白口左右雙邊 .... 六四五〇

存 文鈔六卷

右雙邊 封面鐫乾隆乙未年鐫

隨園詩草八卷附禪家公案頌一卷 清邊連寶撰 清乾隆四十年刻本 四
冊 九行十九字小字雙行字同白口左 .... 六二九七

隨園詩草八卷附禪家公案頌一卷 清邊連寶撰 清乾隆四十年刻本 八
冊 .... 六二九六

竹嚴詩草二卷 清邊中寶撰 清乾隆四十年刻本 二冊 九行十九字白口左右雙邊 封面 .... 七二二九

竹嚴詩草二卷 清邊中寶撰 清乾隆乙未年鐫
鐫乾隆乙未年鐫 .... 五一九

竹嚴詩草二卷 清邊中寶撰 清乾隆四十年刻本 四冊 .... 七二三一

竹嚴詩草二卷 清邊中寶撰 清乾隆四十年刻本 一冊 .... 七二三〇

培遠堂詩集四卷 清張藻撰 清乾隆刻本 二冊 十行十九字白口左右雙邊 .... 六七七八

謙谷集六卷 清汪筠撰 清乾隆八年汪璐刻本 三冊 十二行二十二字黑口左右雙邊 .... 四七六五

雪莊西湖漁唱七卷附雪莊西湖漁唱題詞一卷 清許承祖撰 清乾隆刻本
二冊 十行二十一字小字雙行十八字黑口左右雙邊 .... 六二五五

蘭玉堂詩集二十卷東湖弄珠樓志六卷　清張雲錦撰　清乾隆刻本　四册　十行二十一字白口左右雙邊　六二六一

蘭玉堂詩集十卷文集二十卷　清張雲錦撰　清乾隆刻本　四册　九行十九字黑口四周單邊　六二六二

靈巖山人詩集四十卷　清畢沅撰　**弇山畢公年譜一卷**　清史善長撰　清嘉慶四年經訓堂刻本　八册　十一行二十二字白口左右雙邊　封面鐫嘉慶己未秋鐫　經訓堂藏板　四八八八

石鼓齋全集六十三卷　清曹文埴撰　清嘉慶四年刻本　十四册　十二行二十一字白口左右雙邊　七四九八

石鼓硯齋詩鈔三十二卷
試帖二卷
直廬集八卷
文鈔二十卷
行狀一卷

嶺南詩集八卷　清李文藻撰　清刻本　四册　九行二十一字白口左右雙邊　六八五七

恩平集一卷
潮陽集三卷
桂林集四卷

香草齋詩註六卷　清黃任撰　清陳應魁注　清嘉慶十九年刻本　五册　十行二十二字小字雙行字同白口四周雙邊　封面鐫嘉慶甲戌鐫　永陽讀窩藏板　六八一九

測海集六卷　清彭紹升撰　清嘉慶二十四年刻本　四册　十一行二十三字白口左右雙邊　六三〇〇

二林居集二十四卷　清彭紹升撰　清嘉慶四年刻本　十册　十一行二十三字黑口左右雙邊　封面鐫嘉慶四年鐫　味初堂藏板　六八六〇

初桄草二卷　清謝啓昆撰　清嘉慶間刻本　二册　九行二十一字白口四周雙邊　五一七九

香亭文稿十二卷續編一卷　清吳玉綸撰　清乾隆六十年滋德堂刻本　四册　九行二十一字白口四周雙邊　封面鐫乾隆乙卯年刻　滋德堂藏板　七一八九

香亭文稿十二卷續編一卷　清吳玉綸撰　清乾隆六十年滋德堂刻本　六册

存文稿十二卷　六八四四

荷塘詩集十七卷　清張五典撰　清乾隆五十五年刻本　四册　九行十九字小字雙行字同黑口左右雙邊　六二六〇

小安樂窩詩鈔十五卷　清孔鈱撰　清乾隆二十三年刻本　六册　十行十九字白口左右雙邊　六三〇一

蘭韻堂文集五卷詩集十二卷續一卷經進文稿二卷御覽集六卷　清沈初撰　清乾隆五十九年至嘉慶二十五年刻本　十册　十行二十一字小字雙行字同白口左右雙邊　七六四七

傳經堂詩鈔十二卷　清韋謙恆撰　清乾隆五十五年刻本　四册　十行二十一字小字雙行字同黑口四周雙邊　六八五九

白華前稿六十卷　清吴省欽撰　清乾隆四十八年刻本　十册　十行二十一字白口左右雙邊　六一三八

松花菴全集三十一卷　清吴鎮撰　清乾隆間刻本　八册　行格字數不等白口四周雙邊　六八四六

存二十一卷

松花菴詩草二卷
逸草一卷
詩餘一卷
游草一卷
集唐一卷
集唐絕句一卷
律古一卷
集古絕句一卷
四書六韻詩一卷
沅州雜詠二卷
瀟湘八景六卷
韻史一卷
聲調一卷
八病說一卷

大雅堂初稾詩六卷文八卷補編一卷　清鄒方鍔撰　清乾隆二十七年刻本　二册　十行十九字小字雙行　四七四五

字同白口左右雙邊

海愚詩鈔十二卷　清朱孝純撰　清乾隆五十九年刻本　四册　十行二十一字白口左右雙邊　封面鐫乾隆甲寅年鐫　桐城劉濤學海氏校字　有刻工　六二七二

芳蓀書屋存稿四卷製藝一卷　清吳瑛撰　清乾隆十八年刻本　二册　八行二十字白口左右雙邊　四七四四

雨春軒詩草十卷經進詩一卷　清姚頤撰　清刻本　四册　八行十七字白口四周雙邊　六九六六

勉行堂詩集二十四卷文集六卷　清程晉芳撰　清嘉慶二十三年至二十五年刻本　六册　十二行二十四字黑口四周單邊　封面鐫嘉慶戊寅年鐫　七五五六

山木居士文集不分卷附外集四卷　清魯仕驥撰　稿本　四册　九行二十五字紅格白口四周雙邊　書口中鐫山木居士文集　三一一二

山木居士外集四卷　清魯仕驥撰　清乾隆四十七年刻本　四册　九行二十五字黑口四周單邊　四九九〇

山木居士外集四卷　清魯仕驥撰　清乾隆四十七年刻本　四册　七三四七

惜分軒詩鈔四卷　清顧葵撰　清乾隆五十八年刻本　二册　六行二十字白口四周單邊　封面鐫乾隆癸丑夏鐫　本衙藏板　六二九三

河干詩鈔四卷　清馬慧裕撰　清嘉慶九年貽穀堂刻本　二册　八行十七字白口四周雙邊　五〇六一

楳莽詩鈔五卷首一卷　清鐵保撰　清乾隆六十年刻本　二册　十行二十字黑口左右雙邊　六三八五

定軒詩鈔一卷　清曹錫齡撰　稿本　清吴錫麒等題識　一册　行格字數不等　三四四八

壽藤齋詩三十五卷　清鮑倚雲撰　清嘉慶十三年鮑桂星刻本　十六册　九行字數不等白口四周單邊　四七八二

道腴堂詩編二十九卷　清鮑鉁撰　清乾隆刻本　六册　十四行二十五字白口四周單邊　六二八一

銅鼓書堂遺稿三十二卷　清查禮撰　清乾隆五十七年查淳刻本　四册　十二行二十二字小字雙行字同白口左右雙邊　六八五三

銅鼓書堂遺稿三十二卷　清查禮撰　清乾隆五十七年查淳刻本　四册　六八五四

小桐廬詩草十卷　清袁景輅撰　清乾隆三十二年刻本　二册　十行十九字小字雙行字同白口左右雙邊　六八五五

小桐廬詩草十卷　清袁景輅撰　清乾隆三十二年刻本　四册　六八五六

瘦石稿十卷舊雨題贈一卷　清黄振撰　清乾隆三十二年寄生草堂刻本　四册　九行十九字白口四周雙邊　六三〇四

守坡居士詩集十二卷　清宫雲矜撰　清乾隆三十三年頤志堂刻本　四册　十行十九字小字雙行字同白口左右雙邊　下書口鐫頤志堂　四八六七

睫巢集六卷　清李鍇撰　清乾隆六年洪肇楙刻本　六册　十行二十一字白口左右雙邊　書尾鐫乾隆六年歲在重先作噩冬十月己亥鋟版　六二九九

清素堂詩集十卷　清石鈞撰　清乾隆六十年刻本　二册　十行十九字白口左右雙邊　封面鐫乾隆六十年孟冬鐫　白雪書屋藏板　六三四二

自菴書稿不分卷　清王瀅撰　稿本　六册　行格字數不等　三一六四

切問齋集十六卷　清陸燿撰　清乾隆五十七年暉吉堂刻本　八册　九行二十字白口左右雙邊　封面鐫乾隆壬子年開雕　暉吉堂藏板　六一一九

還浦集六卷丁卯集一卷　清余世廉撰　稿本　四册　九行二十三間二十六字無格　鈐余世廉印白文方印　李時馨白文方印　三五七八

賡齋詩集十二卷詩餘一卷附哀歌曲一卷　清洪交泰撰　清乾隆刻本　六册　九行二十一字白口左右雙邊　六七九八

澹香樓詩草二卷詞草一卷　清葛秀英撰　清乾隆五十七年春新草堂刻本　二册　七行十五字白口四周單邊　封面鐫乾隆壬子重訂　春新草堂藏板　六八六八

燕超堂詩稿二卷　清陸元溥撰　清乾隆五十八年山陰陳廣寧刻本　一册　十行十九字白口左右雙邊　七三八五

東隅詩鈔四卷　清徐繩武撰　清乾隆穆近文齋刻本　二册　九行十八字黑口左右雙邊　七九一三

吳興遊草一卷梅谷續稾三卷　清陸烜撰　清乾隆間刻本　二册　九行十九字白口左右雙邊　七九一九

浣青詩草八卷題詞一卷　清錢孟鈿撰　清乾隆刻本　二册　九行二十字白口四周單邊　六八八七

話墮集三卷　清釋篆玉撰　清乾隆刻本　二册　十行十九字白口四周單邊　六二八〇

春星草堂詩稿八卷　清吳熙撰　清乾隆三十九年刻本　四冊　十一行二十一字黑口左　六二七七

可石小草一卷　清段琦撰　清嘉慶元年刻本　一冊　六行二十一字白口四周單邊　右雙邊　六九一七

存素堂詩初集二十四卷　清法式善撰　清嘉慶十二年王墉刻本　六冊　十二行二十四字小字雙行字數不等黑口四周雙邊　封面鐫王墉校　刊於湖北德安官署時嘉慶丁卯孟夏　十四字小字雙行字同細黑口左右雙邊　封面鐫王墉校　六三六九

淵雅堂全集六十卷　清王芑孫撰　清嘉慶間刻本　二十四冊　十行二十一字白口左右雙邊　淵雅堂編年詩稿二十卷外集一卷　封面鐫嘉慶甲子夏日印行　編年詩續稿一卷　本家藏板　惕甫未定稿二十六卷文續稿一卷文外集四卷　讀賦卮言一卷　六一三三

北溪詩集二十卷文集二卷　清王元文撰　附集一卷　清嘉慶十七年隨善齋刻本　六冊　十　附波餘遺藥一卷附錄二卷　清王翼孫撰　寫韻軒小藥二卷　清曹貞秀撰　行二十一字白口左右雙邊　封面鐫嘉慶壬申新鐫　隨善齋藏板　六〇八九

拜經樓詩集續編四卷再續編一卷萬花漁唱一卷　清吳騫撰　清嘉慶十七年刻本　四冊　十行二十一字小字雙行字同細黑口左右雙邊　六三五二

述學内篇三卷外篇一卷補遺一卷別錄一卷 清汪中撰 清道光汪喜孫刻本 清丁晏題識 二册 十三行三十字白口左右雙邊 有刻工 四八七一

喬阪先生遺詩一卷 清鄭補撰 清道光鄭照抄本 清顧承等跋 一册 九行二十一字無格 鈐顧承之印白文方印 沈亮之印白文方印 三〇五四

兩當軒詩鈔十四卷 清黄景仁撰 清嘉慶四年安陽縣署刻本 清華長卿題識 二册 十一行二十三字白口左右雙邊 封面鐫嘉慶己未鋟 安陽縣署藏板 六八七二

瓣香山房詩集十五卷 清曾廷枚撰 清嘉慶刻本 二册 十一行二十一字小字雙行字同細黑口左右雙邊 六三八三

煨芋巖詩存六卷 清王善寶撰 稿本 一册 十一行二十四字紅格白口四周雙邊 三一二七

煨芋巖居文稿一卷 清王善寶撰 稿本 一册 行格字數不等紅格白口四周雙邊 三一三九

餐勝齋詩稿四卷 清錢大培撰 清嘉慶五年刻本 清張善詔題識 一册 十行二十一字小字雙行字同白口左右雙邊 封面鐫嘉慶庚申年鐫 鶖湖琴鶴莊藏板 六八八八

灌術莊稾四卷 清孫馮翼撰 清嘉慶刻本 二册 八行十九字白口左右雙邊 五七八二

金源紀事詩八卷 清湯運泰撰 清嘉慶十八年刻本 四册 十行二十一字小字雙行二十字下黑口左右雙邊 六九四五

三十六芙蓉吟館詩文存不分卷 清湯成彥撰 稿本 七册 十行二十二字紅格白口四周單邊 下書口鐫三十六芙蓉 三一四二

吟館

亦吾廬偶存不分卷　清左晨撰　稿本　清顧翃等題識　一册　七行十八字紅格白口四周雙邊　鈐左晨私印白文方印　顧翃私印白文方印　三七一七

繡餘近草一卷　清歸懋儀撰　稿本　清許兆桂等題識　一册　九行二十一字藍格白口左右雙邊　三一三六

御製全韻詩四卷　清仁宗顒琰撰　清嘉慶内府刻本　四册　七行十六字小字雙行二十四字白口四周雙邊　四八九一

味餘書室全集定本四十卷目錄四卷隨筆二卷　清仁宗顒琰撰　清嘉慶五年内府刻本　三十二册　九行十七字白口四周雙邊　七〇一二

御製文初集十卷　清仁宗顒琰撰　清慶桂等編　清嘉慶十年内府刻本　八册　七行十五字白口四周雙邊　五二一六

是程堂集十四卷二集四卷耶溪漁隱詞二卷　清屠倬撰　清嘉慶十九年刻本　四册　十一行二十一字小字雙行二十八字黑口左右雙邊　書尾鐫嘉慶甲戌秋開雕於眞州官舍牌記　四八八九

存　是程堂集十四卷

小癡遺稿一卷　清紀曾藻撰　清嘉慶九年刻本　二册　九行二十一字白口四周雙邊　七五一六

虛白亭詩鈔二卷　題清和碩撰　清嘉慶十年刻本　佚名批校　二册　七行十八字白口四周雙邊　六八八〇

和樂堂詩鈔五卷　清殷希文撰　清嘉慶二十一年刻本　一册　八行二十字小字雙行字數不等白口四周單邊　封面鐫嘉慶丙子刻　和樂堂藏板　六三五八

鴻雪草一卷　清唐詮撰　清嘉慶二十年刻本　一册　九行十九字白口四周雙邊　六八八九

對策六卷綴文六卷　清陳鱣撰　清嘉慶十二年陳氏士鄉堂刻本　二册　十行二十一字黑口四周單邊　六四七二

清娛閣吟稿六卷　清鮑之蕙撰　清嘉慶十六年刻本　二册　九行十九字小字雙行字數不等白口左右雙邊　封面鐫嘉慶辛未年鐫　寸草園藏板　六三五九

幼學堂詩稿十七卷文稿八卷　清沈欽韓撰　清嘉慶刻道光續刻本　十册　十行二十二字白口左右雙邊　七三九一

邗水雜詩一卷　清顧廣圻撰　清道光元年稿本　清顧麟士、胡玉縉、吳郁生、章鈺、傅增湘題識　一册　五行十字　卷末題道光辛巳歲元和顧千里作　鈐周暹白文小方印　顧白文方印　千里朱文小方印　傅增湘白文方印　八四三七

吳瀹齋詩稿　清吳其濬撰　稿本　一册　八行行書字數不等紅格白口四周雙邊　二九六六

柯家山館遺詩六卷詞三卷　清嚴元照撰　清嘉慶十八至二十二年徐球刻本　六册　十行二十一字白口左右雙邊　六三七三

秋舫詩鈔二卷　清陳沆撰　清白石山館抄本　吳嵩梁批　清葉名澧題識　一册　八行二十一字藍格白口四周雙邊　鈐吳嵩梁印白文方印　蘭雪生朱文方印　三一三〇

益齋詩稿七卷文稿一卷　清永瑆撰　清抄本　三册　九行二十三字白口左右雙邊　鈐伯寅所藏朱文方印　廉生秘笈朱文方印　三〇一八

偎屏書屋初集詩錄十六卷後錄二卷　清黃爵滋撰　清道光二十六年翟金生泥活字印本　六册　九行二　Z〇〇一三

十一字白口左右雙邊

見眞吾齋詩草十卷詩餘二卷　清徐大鏞撰　清抄本　高凌雯題識　七册　八行二十字小字雙行字數不等無格　三三三九

古籐書屋文甲集十二卷附錄一卷乙集六卷詩稿六卷　清湯成烈撰　稿本　清陸傳應等題識　八册　行格字數不等藍格白口四周雙邊　三一五六

守經堂詩集一卷　清沈筠撰　清道光間抄本　清許瀚等題識　一册　八行十九字無格　三一四一

劒花龕詩影二卷詩餘一卷　清陳祺齡撰　稿本　二册　八行十八字無格　三七二一

雪笠山人詩一卷　清釋智方撰　清道光抄本　錢萃恆跋　一册　八行二十二字無格　三六九〇

兩間草堂詩稿十一卷　清懷謙撰　稿本　二册　九行二十五字無格　三一三七

正香簃吟草不分卷　清康奉穀撰　稿本　二册　十行二十三字綠格白口左右雙邊　三七八六

悅雲山房初存文集一卷詩集八卷詞集四卷　清劉敦元撰　稿本　佚名校　八册　九行二十一字白口無格　三一四四

修業堂初集文鈔十卷　清翟廷珍撰　清道光涇縣翟氏泥活字印本　一册　九行二十一字白口四周單邊　鈐周氏叔弢印朱文方印　二五〇九

存五卷　六至十

江鄉偶話不分卷　清金淳撰　清抄本　二册　九行二十五字無格　三一三三

南有吟亭詩草存三卷　清于士祐撰　稿本　清楊光儀等題識　三册　行格字數不等無格　三二一二

東觀室詩遺稾一卷　清華光鼐撰　稿本　清于士祐等題識　一册　十行二十一字無格　鈐光鼐白文方印　東觀室印白文方印　三三四〇

守拙軒未定草二卷　清解道顯撰　清抄本　楊孚乾等題識　二册　十行二十一字無格　三六二一

木葉詩稿六卷附帖括五卷選定本六卷　清周寶善撰　清抄本　高凌雯題識　姚彤章題識　五册　十行二十二字無格　三四八一

薌巖詩稿不分卷　清劉懷祖撰　稿本　一册　十行二十字無格　三七四六

抱山樓詩集六卷詞集六卷　清鄭鏞撰　清抄本　四册　十二行二十三字藍格白口左右雙邊　三〇五三

曉翠山房吟草二卷　清于柳橋撰　稿本　二册　十行字不等無格　六一五五

天香別墅詩稿不分卷　清王振綱撰　稿本　二十册　十一行二十二字無格　三〇五一

判花軒唫稿一卷　清王祖源撰　稿本　一册　八行字數不等無格　三一二八

王文敏公經進稿不分卷 清王懿榮撰　稿本　一册　九行行書字數不等紅格白口四周雙邊　三一四八

思貽令名齋詩稿不分卷 清李士棻撰並書　稿本　陶古、姚彤章題識　一册　八行十四字　鈐士棻之印白文方印　芋仙小記白文方印　匋古珍藏白文長方印　姚彤章朱文方印　三六二五

願學齋小品不分卷 清李鏡撰　清抄本　李遇跋　二册　十行二十一字白口左右雙邊　三〇七六

希葛齋文稿不分卷 清褚龍祥撰　清希葛齋抄本　一册　九行二十一字白口四周雙邊　下書口鐫希葛齋　三六七七

蓮漪畫舫吟草不分卷 清路瑄撰　稿本　清何鼎等題識　五册　八行二十一字紅格白口四周雙邊　下書口鐫會元齋　三六四二

南海先生詩稿不分卷 康有爲撰　稿本　三册　行格字數不等　鈐逍遙齋主白文方印　徐良珍藏朱文方印　三一六三

以上清别集

總集類

漢魏六朝二十一名家集一百二十三卷 明汪士賢輯　明萬曆天啓間新安汪氏刻本　清姚瑩俊跋　〇六七九

二十四册　九行二十字白口左右雙邊

存一百二卷

陶靖節集十卷
陸士衡集十卷
陸士龍文集十卷
潘黄門集六卷
嵇中散集十卷
謝宣城集五卷
梁昭明太子文集五卷
任彦升集六卷
顔延之集一卷
謝惠連集一卷
陶貞白集二卷
鮑明遠集十卷
江文通文集十卷
庾開府集十二卷
謝康樂集四卷

漢魏六朝百三名家集一百十八卷

明張溥輯　明婁東張氏刻本　六十四册　九行十八字白口左右雙邊

存一百十四卷

漢褚先生集一卷　漢褚少孫撰
王諫議集一卷　漢王褒撰
漢劉中壘集一卷　漢劉向撰
揚侍郎集一卷　漢揚雄撰
漢劉子駿集一卷　漢劉歆撰
馮曲陽集一卷　漢馮衍撰
東漢崔亭伯集一卷　漢崔駰撰
班蘭臺集一卷　漢班固撰
張河間集二卷　漢張衡撰
漢蘭臺令李伯仁集一卷　漢李尤撰
東漢荀侍中集一卷　漢荀悦撰
東漢馬季長集一卷　漢馬融撰
蔡中郎集二卷　漢蔡邕撰
東漢王叔師集一卷　漢王逸撰
孔少府集一卷　漢孔融撰
諸葛丞相集一卷　蜀諸葛亮撰
魏武帝集一卷　漢曹操撰
魏文帝集二卷　魏文帝曹丕撰
陳思王集二卷　魏曹植撰
陳記室集一卷　漢陳琳撰
王侍中集一卷　漢王粲撰
魏阮元瑜集一卷　漢阮瑀撰
魏劉公幹集一卷　漢劉楨撰
魏應德璉集一卷　漢應瑒撰

魏應休璉集一卷　魏應璩撰
阮步兵集一卷　魏阮籍撰
嵇中散集一卷　魏嵇康撰
魏鍾司徒集一卷　魏鍾會撰
晉杜征南集一卷　晉杜預撰
魏荀公曾集一卷　晉荀勗撰
傅鶉觚集一卷　晉傅玄撰
晉張司空集一卷　晉張華撰
孫馮翊集一卷　晉孫楚撰
晉摯太常集一卷　晉摯虞撰
晉束廣微集一卷　晉束晳撰
夏侯常侍集一卷　晉夏侯湛撰
潘黃門集一卷　晉潘岳撰
傅中丞集一卷　晉傅咸撰
潘太常集一卷　晉潘尼撰
陸平原集二卷　晉陸機撰
陸清河集二卷　晉陸雲撰
晉成公子安集一卷　晉成公綏撰
晉張孟陽集一卷　晉張載撰
晉張景陽集一卷　晉張協撰
晉劉越石集一卷　晉劉琨撰
郭弘農集二卷　晉郭璞撰
晉王右軍集二卷　晉王羲之撰
晉王大令集一卷　晉王獻之撰

孫廷尉集一卷　晉孫綽撰
陶彭澤集一卷　晉陶潛撰
宋何衡陽集一卷　劉宋何承天撰
宋傅光祿集一卷　劉宋傅亮撰
謝康樂集二卷　劉宋謝靈運撰
顔光祿集一卷　劉宋顔延之撰
鮑參軍集二卷　劉宋鮑照撰
宋袁陽源集一卷　劉宋袁淑撰
謝法曹集一卷　劉宋謝惠連撰
謝光祿集一卷　劉宋謝莊撰
南齊竟陵王集二卷　南齊蕭子良撰
王文憲集一卷　南齊王儉撰
王寧朔集一卷　南齊王融撰
謝宣城集一卷　南齊謝朓撰
齊張長史集一卷　南齊張融撰
南齊孔詹事集一卷　南齊孔稚珪撰
梁武帝御製集一卷　梁武帝蕭衍撰
梁昭明太子集一卷　梁蕭統撰
梁簡文帝御製集二卷　梁簡文帝蕭綱撰
梁元帝集一卷　梁元帝蕭繹撰
江醴陵集二卷　梁江淹撰
沈隱侯集二卷　梁沈約撰
陶隱居集一卷　梁陶弘景撰
梁丘司空集一卷　梁丘遲撰

任中丞集一卷　梁任昉撰
王左丞集一卷　梁王僧孺撰
陸太常集一卷　梁陸倕撰
劉戶曹集一卷　梁劉峻撰
王詹事集一卷　梁王筠撰
劉秘書集一卷　梁劉孝綽撰
劉豫章集一卷　染劉潛撰
劉庶子集一卷　梁劉孝威撰
庾度支集一卷　梁庾肩吾撰
何記室集一卷　梁何遜撰
吳朝請集一卷　梁吳均撰
陳後主集一卷　陳後主陳叔寶撰
徐僕射集一卷　陳徐陵撰
沈侍中集一卷　陳沈炯撰
江令君集一卷　陳江總撰
陳張散騎集一卷　陳張正見撰
高令公集一卷　後魏高允撰
溫侍讀集一卷　後魏溫子昇撰
邢特進集一卷　北齊邢邵撰
魏特進集一卷　北齊魏收撰
庾開府集二卷　北周庾信撰
王司空集一卷　北周王褒撰
隋煬帝集一卷　隋煬帝楊廣撰
盧武陽集一卷　隋盧思道撰

李懷州集一卷　隋李德林撰
牛奇章集一卷　隋牛弘撰
薛司隸集一卷　隋薛道衡撰

漢魏名文乘一一三卷

明鍾惺評撰　明刻本　四十七册　十行二十七字白口四周單邊

存一百一卷

新書一卷　漢賈誼撰
史記一卷　漢司馬遷撰
京氏易傳一卷　漢京房撰
谷子雲集一卷　漢谷永撰
劉子駿集一卷　漢劉歆撰
法言一卷　漢揚雄撰
馮敬通集一卷　漢馮衍撰
班叔皮集一卷　漢班彪撰
論衡一卷　漢王充撰
漢書一卷　漢班固撰
曹大家集一卷　漢班昭撰
崔亭伯集一卷　漢崔駰撰
忠經一卷　漢馬融撰
昌言一卷　漢仲長統撰
張平子集一卷　漢張衡撰
潛夫論一卷　漢王符撰

褚先生集一卷　漢褚少孫撰
張京兆集一卷　漢張敞撰
大戴禮記一卷　漢戴德撰
王子淵集一卷　漢王褒撰
趙翁孫集一卷　漢趙充國撰
說苑一卷　漢劉向撰
匡雅圭集一卷　漢匡衡撰
人物志一卷　魏劉卲撰
阮嗣宗集一卷　魏阮籍撰
嵇中散集一卷　魏嵇康撰
荀公曾集一卷　魏荀勗撰
韓詩外傳十卷　漢韓嬰撰
風俗通義十卷　漢應卲撰
白虎通德論四卷　漢班固撰
王叔師集一卷　漢王逸撰
蔡中郎集一卷　漢蔡邕撰
申鑒一卷　漢荀悅撰
孔北海集一卷　漢孔融撰
中論一卷　漢徐幹撰
武侯心書一卷　漢諸葛亮撰
曹孟德集一卷　魏曹操撰
曹子桓集一卷　魏曹丕撰
曹子建集一卷　魏曹植撰
陳孔璋集一卷　魏陳琳撰

王仲宣集一卷　魏王粲撰
劉公幹集一卷　魏劉楨撰
阮元瑜集一卷　魏阮瑀撰
鍾士季集一卷　魏鍾會撰
天祿閣外史八卷　漢黃憲撰
鹽鐵論十二卷　漢桓寬撰
新序十卷　漢劉向撰
孔叢子四卷　漢孔鮒撰
新語二卷　漢陸賈撰

〇六八五

建安七子集二十八卷

明楊德周輯　明陳朝輔增訂　明崇禎十一年刻本　四册　九行二十字白口左右雙邊　封面鐫三餘堂藏板

曹子建集十卷　魏曹植撰
徐偉長集六卷　魏徐幹撰
陳孔璋集二卷　漢陳琳撰
王仲宣集四卷　漢王粲撰
阮元瑜集二卷　魏阮瑀撰
應德璉集二卷　魏應瑒撰
劉公幹集二卷　魏劉楨撰

〇七一九

古詩選三十三卷附均藻四卷

明楊慎輯　明焦竑批點　明萬曆四十七年徐孟雅曼山館刻本　四册　八行十八字小字雙行字同白口四周單邊　下書口鐫曼山館

五言律祖十卷
五言絶句一卷
六言絶句一卷
唐絶增奇五卷
絶句衍義四卷
絶句辯體八卷附録一卷
唐絶搜奇一卷
五言律細一卷
七言律細一卷

唐宋八大家文鈔一百四十四卷

明茅坤輯　明萬曆七年茅一桂刻本　七十册　九行十九字白口左右雙邊　有刻工

〇八二二

唐大家韓文公文抄十六卷　唐韓愈撰
唐大家柳柳州文抄十二卷　唐柳宗元撰
宋大家歐陽文忠公文抄三十二卷　宋歐陽修撰
宋大家蘇文公文抄十卷　宋蘇洵撰
宋大家蘇文忠公文抄二十八卷　宋蘇軾撰
宋大家蘇文定公文抄二十卷　宋蘇轍撰
宋大家王文公文抄十六卷　宋王安石撰
宋大家曾文定公文抄十卷　宋曾鞏撰

唐宋八大家文鈔一百六十六卷　存一百六十四卷

明茅坤輯　明崇禎四年茅著刻本　四十册　九行二十字白口四周單邊

〇八二一

唐大家韓文公文抄十六卷　唐韓愈撰
唐大家柳柳州文抄十二卷　唐柳宗元撰
宋大家曾文定公文抄十卷　宋曾鞏撰
宋大家歐陽文忠公文抄三十二卷附歐陽文忠公五代史抄二十卷　宋歐陽修撰
宋大家蘇文公文抄十卷　宋蘇洵撰
宋大家蘇文忠公文抄二十八卷　宋蘇軾撰
宋大家蘇文定公文抄二十卷　宋蘇轍撰
宋大家王文公文抄十六卷　宋王安石撰

唐宋八大家文鈔一百六十六卷

明茅坤輯　明末金閶簧玉堂刻本　三十二冊　九行二十字白口四周單邊　〇三五四

存一百四十四卷

唐大家韓文公文抄十六卷　唐韓愈撰
唐大家柳柳州文抄十二卷　唐柳宗元撰
宋大家歐陽文忠公文抄三十二卷　宋歐陽修撰
宋大家蘇文公文抄十卷　宋蘇洵撰
宋大家蘇文忠公文抄二十八卷　宋蘇軾撰
宋大家蘇文定公文抄二十卷　宋蘇轍撰
宋大家王文公文抄十六卷　宋王安石撰
宋大家曾文定公文抄十卷　宋曾鞏撰

詩詞雜俎二十五卷

明毛晉編　明天啓崇禎間毛氏汲古閣刻本　八冊　八行十九字間十八字不等白口左右雙邊間四周單邊　下書口鐫汲古閣、綠君亭　〇七一四

衆妙集一卷　宋趙師秀輯
翦綃集二卷　宋李龏撰

石湖詩集一卷　宋范成大撰
月泉吟社一卷　宋吳渭輯
谷音二卷　元杜本輯
河汾諸老詩集八卷　元房琪輯
三家宮詞三卷　明毛晉輯
王建宮詞一卷　唐王建撰
花蕊夫人宮詞一卷　後蜀花蕊夫人費氏輯
王珪宮詞一卷　宋王珪撰
二家宮詞二卷　明毛晉輯
宋徽宗宮詞一卷　宋徽宗撰
楊太后宮詞一卷　宋楊太后撰
元宮詞一卷　明蘭雪軒主人撰
漱玉詞一卷　宋李清照撰
斷腸詞一卷　宋朱淑珍撰
女紅餘志二卷　元龍輔撰

唐宋八家鈔八卷　清高嵣輯　清乾隆五十三年刻本　八冊　九行二十五字白口四周雙邊　五〇七八
行間小字字數不等　封面鐫乾隆五十三年訂　鈐廣郡永邑囤市街培元
堂藏板

唐宋八家詩五十二卷　清姚培謙輯　清雍正五年遂安堂刻本　十二冊　九行十九字　五七一九
黑口左右雙邊
昌黎詩鈔八卷　唐韓愈撰
河東詩鈔四卷　唐柳宗元撰

廬陵詩鈔八卷　宋歐陽修撰
老泉詩鈔一卷　宋蘇洵撰
東坡詩鈔十八卷　宋蘇軾撰
欒城詩鈔四卷　宋蘇轍撰
半山詩鈔六卷　宋王安石撰
南豐詩鈔三卷　宋曾鞏撰

〇八二五 **八代文鈔一百六卷**　明李賓編　明末刻本　六十四册　九行二十字白口左右雙邊

屈平文抄一卷　楚屈原撰
宋玉文抄一卷　楚宋玉撰
司馬長卿文抄一卷　漢司馬相如撰
東方曼倩文抄一卷　漢東方朔撰
班孟堅文抄一卷　漢班固撰
揚子雲文抄一卷　漢揚雄撰
諸葛孔明文抄一卷　蜀諸葛亮撰
董仲舒文抄一卷　漢董仲舒撰
蔡中郎文抄一卷　漢蔡邕撰
王仲宣文抄一卷　魏王粲撰
魏武帝文抄一卷　魏曹操撰
魏文帝文抄一卷　魏曹丕撰
曹子建文抄一卷　魏曹植撰
嵇叔夜文抄一卷　晉嵇康撰
阮嗣宗文抄一卷　晉阮籍撰
潘安仁文抄一卷　晉潘岳撰

陸士衡文抄一卷　晋陸機撰
陸士龍文抄一卷　晋陸雲撰
王右軍文抄一卷　晋王羲之撰
陶淵明文抄一卷　晋陶潛撰
鮑明遠文抄一卷　劉宋鮑照撰
謝靈運文抄一卷附謝玄暉一卷　劉宋謝靈運、南齊謝朓撰
陶通明文抄一卷　梁陶弘景撰
梁昭明文抄一卷　梁蕭統撰
梁簡文文抄一卷　梁蕭綱撰
江文通文抄一卷　梁江淹撰
任彦升文抄一卷　梁任昉撰
劉孝標文抄一卷　梁劉峻撰
沈休文文抄一卷　梁沈約撰
徐孝穆文抄一卷　陳徐陵撰
庾子山文抄一卷　北周庾信撰
陳伯玉文抄一卷　唐陳子昂撰
張道濟文抄一卷　唐張説撰
張子壽文抄一卷　唐張九齡撰
王無功文抄一卷　唐王勣撰
王子安文抄一卷　唐王勃撰
楊盈川文抄一卷　唐楊炯撰
盧昇之文抄一卷　唐盧照鄰撰
駱賓王文抄一卷　唐駱賓王撰
王摩詰文抄一卷　唐王維撰

李太白文抄一卷　唐李白撰
元次山文抄一卷　唐元結撰
歐陽行周文抄一卷　唐歐陽詹撰
韓退之文抄一卷　唐韓愈撰
柳子厚文抄一卷　唐柳宗元
劉夢得文抄一卷　唐劉禹錫撰
李文饒文抄一卷　唐李德裕撰
李習之文抄一卷　唐李翱撰
孫可之文抄一卷　唐孫樵撰
李遐叔文抄一卷　唐李華撰
皇甫持正文抄一卷　唐皇甫湜撰
元微之文抄一卷　唐元稹撰
白樂天文抄一卷　唐白居易撰
沈下賢文抄一卷　唐沈亞之撰
段柯古文抄一卷　唐段成式撰
杜牧之文抄一卷　唐杜牧撰
李義山文抄一卷　唐李商隱撰
皮襲美文抄一卷　唐皮日休撰
陸魯望文抄一卷　唐陸龜蒙撰
羅昭諫文抄一卷　唐羅隱撰
司空表聖文抄一卷　唐司空圖撰
劉蛻文抄一卷　唐劉蛻撰
劉軻文抄一卷　唐劉軻撰
歐陽永叔文抄一卷　宋歐陽修撰

王介甫文抄一卷　宋王安石撰
司馬君實文抄一卷　宋司馬光撰
范希文文抄一卷　宋范仲淹撰
蘇老泉文抄一卷　宋蘇洵撰
蘇子瞻文抄一卷　宋蘇軾撰
蘇子由文抄一卷　宋蘇轍撰
曾子固文抄一卷　宋曾鞏撰
秦少游文抄一卷　宋秦觀撰
黃魯直文抄一卷　宋黃庭堅撰
晁無咎文抄一卷　宋晁補之撰
張文潛文抄一卷　宋張耒撰
陳無己文抄一卷　宋陳師道撰
李方叔文抄一卷　宋李廌撰
陸務觀文抄一卷　宋陸游撰
蔡君謨文抄一卷　宋蔡襄撰
陳同甫文抄一卷　宋陳亮撰
葉正則文抄一卷　宋葉適撰
劉彥沖文抄一卷　宋劉子翬撰
唐子西文抄一卷　宋唐庚撰
虞伯生文抄一卷　元虞集撰
劉夢吉文抄一卷　元劉因撰
歐陽元功文抄一卷　元歐陽玄撰
元裕之文抄一卷　元元好問撰
宋景濂文抄一卷　明宋濂撰

劉伯溫文抄一卷 明劉基撰
王子充文抄一卷 明王禕撰
崔仲鳬文抄一卷 明崔銑撰
李獻吉文抄一卷 明李夢陽撰
何仲默文抄一卷 明何景明撰
徐昌穀文抄一卷 明徐禎卿撰
楊用修文抄一卷 明楊慎撰
王伯安文抄一卷 明王守仁撰
唐應德文抄一卷 明唐順之撰
歸熙父文抄一卷 明歸有光撰
王允寧文抄一卷 明王維楨撰
李于鱗文抄一卷 明李攀龍撰
王元美文抄一卷 明王世貞撰
汪伯玉文抄一卷 明汪道昆撰
徐文長文抄一卷 明徐渭撰
袁中郎文抄一卷 明袁宏道撰
湯若士文抄一卷 明湯顯祖撰
鍾伯敬文抄一卷 明鍾惺撰

唐宋十大家全集錄五十二卷 清儲欣輯 清康熙刻本 四十册 九行二十五字 黑口左右雙邊 七七三七

昌黎先生全集錄八卷 唐韓愈撰
河東先生全集錄六卷外集錄一卷 唐柳宗元撰
習之先生全集錄二卷 唐李翱撰
可之先生全集錄二卷 唐孫樵撰

六一居士全集錄五卷外集錄二卷　宋歐陽修撰
老泉先生全集錄五卷　宋蘇洵撰
東坡先生全集錄九卷　宋蘇軾撰
欒城先生全集錄六卷　宋蘇轍撰
南豐先生全集錄二卷　宋曾鞏撰
臨川先生全集錄四卷　宋王安石撰

唐宋十大家全集錄五十二卷

清儲欣輯　清康熙刻本　四十册　七七三八

唐宋十大家全集錄五十二卷

清儲欣輯　清康熙刻本　三十八册　七八一五

存三十九卷

昌黎先生全集錄八卷　唐韓愈撰
河東先生全集錄六卷　唐柳宗元撰
習之先生全集錄二卷　唐李翺撰
可之先生全集錄二卷　唐孫樵撰
六一居士全集錄五卷外集二卷　宋歐陽修撰
老泉先生全集錄五卷　宋蘇洵撰
東坡先生全集錄九卷　宋蘇軾撰

初唐四傑集三十七卷

清項家達編　清乾隆四十六年星渚項氏刻本　十二册　九行二十一字白口四周雙邊　封面鐫乾隆辛丑仲春星渚項氏校刊　五七〇六

王子安集十六卷　唐王勃撰
楊盈川集十卷　唐楊炯撰

三唐人文集三十四卷　明毛晉編　明末毛氏汲古閣刻本　八册　九行十九字白口左右雙邊　下書口鐫汲古閣　鈐楝亭曹氏藏書朱文方印　宜興任氏天春園所有圖書朱文長方印　〇七〇三
盧昇之集七卷　唐盧照隣撰
駱丞集四卷　唐駱賓王撰
李文公集十八卷　唐李翺撰
皇甫持正集六卷　唐皇甫湜撰
孫可之集十卷　唐孫樵撰

三唐人文集三十四卷　明毛晉編　明末毛氏汲古閣刻本　佚名校　三册　九行十九字白口四周單邊　下書口鐫汲古閣　〇九一二
存二十八卷
李文公集十八卷　唐李翺撰
孫可之集十卷　唐孫樵撰

盛唐四名家集二十四卷　明閔齊伋編　明凌濛初刻套印本　十二册　八行十九字白口左右雙邊　鈐萬卷樓朱文方印　一七九〇
王摩詰詩集七卷　唐王維撰　宋劉辰翁、明顧璘評
孟浩然詩集二卷　唐孟浩然撰　宋劉辰翁、明李夢陽評
李長吉歌詩四卷外詩集一卷　唐李賀撰　宋劉辰翁評
孟東野詩集十卷　唐孟郊撰　宋國材、劉辰翁評

唐四家詩八卷　清汪立名編　清康熙三十四年汪立名刻本　四册　十行十九字黑口左右雙邊　五七三六

七三六九 **唐四家詩八卷** 清汪立名編 清康熙三十四年汪立名刻本 六册

王右丞詩集二卷 唐王維撰
孟襄陽詩集二卷 唐孟浩然撰
韋蘇州詩集二卷 唐韋應物撰
柳河東詩集二卷 唐柳宗元撰

〇七六一 **五唐人詩集二十六卷** 明毛晉編 明崇禎毛氏汲古閣刻本 十册 九行十九字小字雙行字同白口左右雙邊 下書口鐫汲古閣

孟襄陽集三卷 唐孟浩然撰
孟東野集十卷附一卷 唐孟郊撰
追昔游集三卷 唐李紳撰
香奩集一卷 唐韓偓撰
金荃集七卷別集一卷 唐溫庭筠撰

〇七〇一 **唐人選唐詩二十三卷** **存十一卷** 明毛晉編 明崇禎元年毛氏汲古閣刻本 六册 八行十九字白口左右雙邊 下書口鐫汲古閣

河嶽英靈集三卷 唐殷璠輯
國秀集三卷 唐芮挺章輯
中興間氣集二卷 唐高仲武輯
極玄集二卷 唐姚合輯
搜玉小集一卷

〇八七九

六家詩選十二卷　明楊䰠輯　明楊綵校　明隆慶三年楊綵刻本　四册　九行十八字白口四周雙邊

國秀集三卷　唐芮廷章輯
河嶽英靈集三卷　唐殷璠輯
中興間氣集二卷　唐高仲武輯
唐詩極玄集二卷　唐姚合輯
搜玉小集一卷
篋中集一卷　唐元結輯

〇七六〇

唐六名家集四十二卷　明毛晉編　明崇禎毛氏汲古閣刻本　十六册　九行十九字白口左右雙邊　版心鐫汲古閣　鈐古本州鎦氏尚友山房珍藏朱文長方印　湘潭羅氏緣漪草堂珍藏朱文方印　渝水劉氏木齋珍藏書畫白文方印

常建詩集三卷附錄一卷　唐常建撰
韋蘇州集十卷拾遺一卷　唐韋應物撰
王建詩八卷　唐王建撰
鮑溶詩六卷集外詩一卷　唐鮑溶撰
姚少監詩十卷　唐姚合撰
韓内翰别集一卷補遺一卷　唐韓偓撰

〇九〇六

唐十二家詩二十四卷　明張遜業編　明嘉靖三十一年江都黄埻刻本　六册　九行十九字白口四周雙邊　上書口鐫東壁圖書府　下書口鐫江郡新繩

存六卷

楊炯集二卷　唐楊炯撰
杜審言集二卷　唐杜審言撰
岑嘉州集二卷　唐岑參撰

〇七六八

唐十二家詩四十九卷　明刻本　一册　十行十八字白口左右雙邊

存八卷

王勃集二卷　唐王勃撰
楊炯集二卷　唐楊炯撰
盧照隣集二卷　唐盧照隣撰
駱賓王集二卷　唐駱賓王撰

〇七六四

唐十二家詩四十九卷　明刻本　四册

存十九卷

岑嘉州集八卷　唐岑參撰
盧照隣集二卷　唐盧照鄰撰
駱賓王集二卷　唐駱賓王撰
楊炯集二卷　唐楊炯撰
王摩詰集十卷　唐王維撰　存六至十

〇七六三

唐十二家詩四十九卷　明刻本　一册

存九卷

盧照隣集二卷　唐盧照隣撰
宋之問集二卷　唐宋之問撰
駱賓王集二卷　唐駱賓王撰
沈雲卿集三卷　唐沈佺期撰

中晚堂詩紀六十二卷　清龔賢編　清康熙龔氏半畝園刻本　十二册　九行十九字或十二行二十一字白口左右雙邊　封面鐫半畝園藏板

存三十四卷

張籍詩一卷補遺一卷　唐張籍撰
李嘉祐詩一卷　唐李嘉祐撰
秦系詩一卷　唐秦系撰
韓翃詩一卷　唐韓翃撰
朱慶餘詩一卷　唐朱慶餘撰
朱放詩一卷　唐朱放撰
暢當詩一卷　唐暢當撰
熊孺登詩一卷　唐熊孺登撰
張繼詩一卷　唐張繼撰
鮑溶詩一卷補遺一卷　唐鮑溶撰
張祜詩一卷　唐張祜撰
于鵠詩一卷　唐于鵠撰
張南史詩一卷　唐張南史撰
朱長文詩一卷　唐朱長文撰

朱灣詩一卷　唐朱灣撰
李郢詩一卷　唐李郢撰
孟郊詩一卷　唐孟郊撰
賈島詩一卷　唐賈島撰
于濆詩一卷　唐于濆撰
李洞詩一卷　唐李洞撰
楊衡詩一卷　唐楊衡撰
王貞白詩一卷　唐王貞白撰
朱景玄詩一卷　唐朱景玄撰
方干詩一卷　唐方干撰
黃滔詩一卷　唐黃滔撰
陳陶詩一卷　唐陳陶撰
周朴詩一卷　唐周朴撰
翁承贊詩一卷　唐翁承贊撰
曹唐詩一卷　唐曹唐撰
徐寅詩一卷　唐徐寅撰
楊巨源詩一卷　唐楊巨源撰
李咸用詩一卷　唐李咸用撰

唐詩百名家全集三百二十六卷

清席啓寓編　清康熙四十一年席氏琴川書屋刻本　六十六册　十行十八字白口左右雙邊

存二百五十七卷

劉隨州詩集十卷補遺一卷　唐劉長卿撰　存六至十　補遺一卷
錢考功詩集十卷補遺一卷　唐錢起撰
皇甫補闕詩集二卷補遺一卷　唐皇甫冉撰
張祠部詩集一卷　唐張繼撰
韋蘇州集十卷拾遺一卷　唐韋應物撰
皇甫御史詩集一卷補遺一卷　唐皇甫曾撰
嚴正文詩集一卷　唐嚴維撰
郎刺史詩集一卷　唐郎士元撰
李君虞詩集二卷　唐李益撰
盧戶部詩集十卷　唐盧綸撰
臨淮詩集二卷　唐武元衡撰
楊凝詩集一卷　唐楊凝撰
羊士諤詩集一卷　唐羊士諤撰
戎昱詩集補遺一卷　唐戎昱撰
劉虞部詩集四卷　唐劉商撰
唐司空文明詩集三卷　唐司空曙撰
昌黎先生詩集十卷外集一卷遺詩一卷　唐韓愈撰
柳河東先生詩集三卷　唐柳宗元撰
張司業詩集八卷　唐張籍撰
孟東野詩集十卷　唐孟郊撰
王建詩集十卷　唐王建撰
權文公詩集十卷　唐權德輿撰
楊少尹詩集一卷　唐楊巨源撰
鮑溶詩集六卷補遺一卷　唐鮑溶撰

呂衡州詩集二卷補遺一卷　唐呂溫撰
張祐詩集二卷　唐張祐撰
追昔遊詩集三卷　唐李紳撰
朱慶餘詩集一卷　唐朱慶餘撰
姚少監詩集十卷　唐姚合撰
樊川集六卷補遺一卷　唐杜牧撰
李商隱詩集三卷　唐李商隱撰　存上卷
李遠詩集一卷　唐李遠撰
丁卯詩集二卷續集一卷續補一卷集外遺詩一卷　唐許渾撰
渭南詩集二卷　唐趙嘏撰
會昌進士詩集一卷補遺一卷　唐馬戴撰
喻鳧詩集一卷　唐喻鳧撰
唐姚鵠詩集一卷　唐姚鵠撰
黎岳集一卷　唐李頻撰
項斯詩集一卷　唐項斯撰
段成式詩一卷　唐段成式撰
顧非熊詩集一卷　唐顧非熊撰
唐鄭嵎詩集一卷　唐鄭嵎撰
唐隱居詩一卷　唐唐求撰
曹祠部詩集二卷補遺一卷　唐曹鄴撰
儲嗣宗詩集一卷　唐儲嗣宗撰
司馬札先輩詩集一卷　唐司馬札撰
鹿門詩集三卷拾遺一卷續補詩一卷　唐唐彥謙撰
賈浪仙長江集十卷　唐賈島撰

陳嵩伯詩集一卷　唐陳陶撰
羅鄴詩集一卷　唐羅鄴撰
元英先生詩集十卷　唐方干撰
甲乙集十卷補遺一卷　唐羅隱撰
李山甫詩集一卷　唐李山甫撰
許琳詩集一卷　唐許琳撰
邵謁詩集一卷　唐邵謁撰
周見素詩集一卷　唐周朴撰
秦韜玉詩集一卷　唐秦韜玉撰
雲臺編三卷　唐鄭谷撰
韓翰林詩集一卷　唐韓偓撰
韓内翰香奩集三卷　唐韓偓撰
唐英歌詩三卷　唐吴融撰
浣花集十卷補遺一卷　唐韋莊撰
徐昭夢詩集三卷　唐徐寅撰
張蠙詩集一卷　唐張蠙撰
翁拾遺詩集一卷　唐翁承贊撰
唐任藩詩小集一卷　唐任藩撰
孟一之詩集一卷　唐孟貫撰
溫庭筠詩集七卷集外詩一卷別集一卷　唐溫庭筠撰
李昌符詩集一卷　唐李昌符撰
林寬詩集一卷　唐林寬撰
張喬詩集四卷　唐張喬撰

李杜全集四十八卷 明許自昌編 明萬曆三十年許自昌刻本 十六册 九行二十字小字雙行字同白口左右雙邊 ○六九九

分類補注李太白詩二十五卷年譜一卷 唐李白撰 宋楊齊賢集注 元蕭士贇補註

集千家注杜工部詩集二十卷文二卷 唐杜甫撰 元高楚芳編

李杜全集四十八卷 明許自昌編 明萬曆三十年許自昌刻本 三十二册 ○六六八

合刻分體李杜全集一百二十卷 明劉世教編 明萬曆四十年刻本 十四册 九行十八字白口左右雙邊 ○七○○

李翰林全集四十二卷目錄四卷 唐李白撰 年譜一卷 明薛仲邕編

杜工部全集六十六卷目錄六卷 唐杜甫撰 年譜一卷 宋黃鶴撰

李杜詩選十一卷 明張含編 明楊慎等評 明刻套印本 六册 八行十八字白口四周單邊 一八二九

李詩選五卷 唐李白撰

杜詩選六卷 唐杜甫撰

李杜直解十二卷 清沈寅、朱崑編 清乾隆四十年鳳樓刻巾箱本 十册 八行十八字小字雙行十七字白口四周雙邊 封面鐫乾隆乙未年新鐫 鳳樓藏板 六六八一

李詩直解六卷

杜詩直解六卷

韓柳全集一百四卷 明蔣之翹編 明崇禎六年蔣氏三徑草堂刻本 二十二册 九行十七字小字雙行字同白口左右雙邊 下書口鐫三徑藏書 ○九五四

唐韓昌黎集四十卷外集十卷遺文一卷 唐韓愈撰 明蔣之翹輯注 附錄一卷

唐柳河東集四十五卷外集五卷遺文一卷 唐柳宗元撰 明蔣之翹輯注 附錄一卷

韓柳全集一百四卷 明蔣之翹編 明崇禎六年蔣氏三徑草堂刻本 二十册 ○九五三

一六九四　王荆石先生批評韓柳文二十二卷　明刻本　二十二册　九行十九字小字雙行字同白口四周單邊
王荆石先生批評韓文十卷　唐韓愈撰　明王錫爵評
王荆石先生批評柳文十二卷　唐柳宗元撰　明王錫爵評

〇六九二　元白長慶集一百四十一卷　明馬元調編　明萬曆三十二至三十四年馬元調魚樂軒刻本　三十六册　十行二十一字白口左右雙邊
元氏長慶集六十卷補遺六卷附録一卷　唐元稹撰
白氏長慶集七十一卷目録二卷附録一卷　唐白居易撰

〇六九四　元白長慶集一百四十一卷　明馬元調編　明萬曆三十二至三十四年馬元調魚樂軒刻本　十六册　十行二十一字白口左右雙邊　封面鐫寶儉堂藏板

〇六九五　元白長慶集一百四十一卷　明馬元調編　明萬曆三十二至三十四年馬元調魚樂軒刻本　十六册

四六五九　宋詩鈔初集九十五卷　清吕留良、吴之振、吴爾堯編　清康熙十年吴氏鑑古堂刻本　二十四册　十二行二十二字小字雙行字同黑口左右雙邊　封面鐫州錢吴氏鑑古堂藏
騎省集鈔一卷　宋徐鉉撰
小畜集鈔一卷　宋王禹偁撰
滄浪集鈔一卷　宋蘇舜欽撰
和靖詩鈔一卷　宋林逋撰
安陽集鈔一卷　宋韓琦撰
乖崖詩鈔一卷　宋張詠撰

清獻詩鈔一卷　宋趙抃撰
武溪詩鈔一卷　宋余靖撰
徂徠詩鈔一卷　宋石介撰
南陽集鈔一卷　宋韓維撰
西塘詩鈔一卷　宋鄭俠撰
道鄉詩鈔一卷　宋鄒浩撰
宛陵詩鈔一卷　宋梅堯臣撰
文仲清江集鈔一卷　宋孔文仲撰
武仲清江集鈔一卷　宋孔武仲撰
平仲清江集鈔一卷　宋孔平仲撰
歐陽文忠詩鈔一卷　宋歐陽修撰
臨川詩鈔一卷　宋王安石撰
東坡詩鈔一卷　宋蘇軾撰
後山詩鈔一卷　宋陳師道撰
廣陵詩鈔一卷　宋王令撰
丹淵集鈔一卷　宋文同撰
襄陽詩鈔一卷　宋米芾撰
節孝詩鈔一卷　宋徐積撰
山谷詩鈔一卷　宋黃庭堅撰
宛丘詩鈔一卷　宋張耒撰
雞肋集鈔一卷　宋晁補之撰
具茨集鈔一卷　宋晁沖之撰
淮海集鈔一卷　宋秦觀撰
陵陽詩鈔一卷　宋韓駒撰

江湖長翁詩鈔一卷　宋陳造撰
盱江集鈔一卷　宋李覯撰
西溪集鈔一卷　宋沈遘撰
雲巢詩鈔一卷　宋沈遼撰
龜谿集鈔一卷　宋沈與求撰
眉山詩鈔一卷　宋唐庚撰
建康集鈔一卷　宋葉夢得撰
盧溪集鈔一卷　宋王庭珪撰
鴻慶集鈔一卷　宋孫覿撰
蘆川歸來集鈔一卷　宋張元幹撰
浮溪集鈔一卷　宋汪藻撰
簡齋詩鈔一卷　宋陳與義撰
北山小集鈔一卷　宋程俱撰
益公省齋藁鈔一卷益公平園續稿鈔一卷　宋周必大撰
屏山集鈔一卷　宋劉子翬撰
韋齋詩鈔一卷　宋朱松撰
玉瀾集鈔一集　宋朱槔撰
文公集鈔一卷　宋朱熹撰
香溪集鈔一卷　宋范浚撰
竹洲詩鈔一卷　宋吳儆撰
止齋詩鈔一卷　宋陳傅良撰
石湖詩鈔一卷　宋范成大撰
劍南詩鈔一卷　宋陸游撰
誠齋江湖集鈔一卷荆溪集鈔一卷西歸集鈔一卷南海集鈔一卷朝天集鈔一卷江西道院集

鈔一卷朝天續集鈔一卷江東集鈔一卷退休集鈔一卷　宋楊萬里撰
橫浦詩鈔一卷　宋張九成撰
浪語集鈔一卷　宋薛季宣撰
攻媿集鈔一卷　宋樓鑰撰
水心詩鈔一卷　宋葉適撰
艾軒詩鈔一卷　宋林光朝撰
義豐集鈔一卷　宋王阮撰
雙溪詩鈔一卷　宋王炎撰
知稼翁集鈔一卷　宋黃公度撰
漫塘詩鈔一卷　宋劉宰撰
清苑齋詩鈔一卷　宋趙師秀撰
葦碧軒詩鈔一卷　宋翁卷撰
芳蘭軒詩鈔一卷　宋徐照撰
二薇亭詩鈔一卷　宋徐璣撰
後村詩鈔一卷　宋劉克莊撰
東皋詩鈔一卷　宋戴敏撰
石屏詩鈔一卷　宋戴復古撰
農歌集鈔一卷　宋戴昺撰
秋崖小稿鈔一卷　宋方岳撰
清雋集鈔一卷　宋鄭起撰
文山詩鈔一卷　宋文天祥撰
晞髮集鈔一卷晞髮近稿鈔一卷附天地間集一卷　宋謝翱撰並輯
先天集鈔一卷　宋許月卿撰
白石樵唱鈔一卷　宋林景熙撰

山民詩鈔一卷　宋眞山民撰
水雲詩鈔一卷　宋汪元量撰
隆吉詩鈔一卷　宋梁棟撰
潛齋詩鈔一卷　宋何夢桂撰
參寥詩鈔一卷　宋釋道潛撰
石門詩鈔一卷　宋釋惠洪撰
花蕊詩鈔一卷　後蜀費氏撰

宋詩鈔初集九十五卷

清呂留良、吴之振、吴爾堯編　清康熙十年吴氏鑑古堂刻本
三十四册　六六八四

存六十六卷

小畜集一卷　宋王禹偁撰
清獻詩鈔一卷　宋趙抃撰
宛陵詩鈔一卷　宋梅堯臣撰
和靖詩鈔一卷　宋林逋撰
徂徠詩鈔一卷　宋石介撰
武仲清江集鈔一卷　宋孔武仲撰
平仲清江集鈔一卷　宋孔平仲撰
南陽集鈔一卷　宋韓維撰
臨川詩鈔一卷　宋王安石撰
東坡詩鈔一卷　宋蘇軾撰
西塘詩鈔一卷　宋鄭俠撰
廣陵詩鈔一卷　宋王令撰

後山詩鈔一卷　宋陳師道撰
丹淵集鈔一卷　宋文同撰
襄陽詩鈔一卷　宋米芾撰
止齋詩鈔一卷　宋陳傅良撰
誠齋江湖集鈔一卷荆溪集鈔一卷西歸集鈔一卷南海集鈔一卷朝天集鈔一卷江西道院集鈔一卷朝天續集鈔一卷江東集鈔一卷退休集鈔一卷　宋楊萬里撰
浪語集鈔一卷　宋薛季宣撰
劍南詩鈔一卷　宋陸游撰
攻媿集鈔一卷　宋樓鑰撰
清苑齋詩鈔一卷　宋趙師秀撰
盧溪集鈔一卷　宋王庭珪撰
漫塘詩鈔一卷　宋劉宰撰
義豐集鈔一卷　宋王阮撰
隆吉詩鈔一卷　宋梁棟撰
潛齋詩鈔一卷　宋何夢桂撰
參寥詩鈔一卷　宋僧道潛撰
石門詩鈔一卷　宋惠洪撰
花蕊詩鈔一卷　後蜀費氏撰
益公平園續稿鈔一卷　宋周必大撰
文公集鈔一卷　宋朱熹撰
山谷詩鈔一卷　宋黄庭堅撰
武溪詩鈔一卷　宋余靖撰
歐陽文忠詩鈔一卷　宋歐陽修撰
宛丘詩鈔一卷　宋張耒撰

具茨集鈔一卷　宋晁冲撰
陵陽詩鈔一卷　宋韓駒撰
雞肋集鈔一卷　宋晁補之撰
道鄉詩鈔一卷　宋鄒浩撰
淮海集鈔一卷　宋秦觀撰
江湖長翁詩鈔一卷　宋陳造撰
雲巢詩鈔一卷　宋沈遼撰
西溪集鈔一卷　宋沈遘撰
龜谿集鈔一卷　宋沈與求撰
節孝詩鈔一卷　宋徐積撰
簡齋詩鈔一卷　宋陳與義撰
盱江集鈔一卷　宋李覯撰
雙溪詩鈔一卷　宋王炎撰
眉山詩鈔一卷　宋唐庚撰
鴻慶集鈔一卷　宋孫覿撰
蘆川歸來集鈔一卷　宋張元幹撰
建康集鈔一卷　宋葉夢得撰
横浦詩鈔一卷　宋張九成撰
浮溪集鈔一卷　宋汪藻撰
香溪集鈔一卷　宋范浚撰
屏山集鈔一卷　宋劉子翬撰
韋齋詩鈔一卷　宋朱松撰
石湖詩鈔一卷　宋范成大撰

宋十五家詩選十六卷 清陳訏編 清康熙三十二年刻本 二十四册 十一行二十二字黑口左右雙邊 五七四八

宛陵詩選一卷 宋梅堯臣撰
廬陵詩選一卷 宋歐陽修撰
南豐詩選一卷 宋曾鞏撰
臨川詩選一卷 宋王安石撰
東坡詩選一卷 宋蘇軾撰
欒城詩選一卷 宋蘇轍撰
山谷詩選一卷 宋黄廷堅撰
石湖詩選一卷 宋范成大撰
劍南詩選二卷 宋陸游撰
誠齋詩選一卷 宋楊萬里撰
梅溪詩選一卷 宋王十朋撰
朱子詩選一卷 宋朱熹撰
菊磵詩選一卷 宋高翥撰
秋崖詩選一卷 宋方岳撰
文山詩選一卷 宋文天祥撰

宋十五家詩選十六卷 清陳訏編 清康熙三十二年刻本 八册 五七四九

宋四名家詩鈔二十七卷 清周之鱗、柴升編 清康熙三十二年弘訓堂刻本 六册 十行二十一字黑口左右雙邊 五七五〇

東坡先生詩鈔七卷 宋蘇軾撰
山谷先生詩鈔七卷 宋黄庭堅撰

石湖先生詩鈔六卷　宋范成大撰
放翁先生詩鈔七卷　宋陸游撰

元人集十種五十四卷　明毛晉編　明崇禎十一年毛氏汲古閣刻本　佚名批校　二十四册　九行十九字小字雙行字同白口左右雙邊　〇七七六

遺山先生詩集二十卷　金元好問撰
薩天錫詩集三卷集外詩一卷　元薩都剌撰
金臺集二卷　元迺賢撰
翠寒集一卷　元宋无撰
啽囈集一卷　元宋无撰
倪雲林先生詩集六卷集外詩一卷附錄一卷　元倪瓚撰
南村詩集四卷　元陶宗儀撰
玉山草堂集二卷集外詩一卷　元顧瑛撰
句曲外史集三卷補遺三卷張伯雨集外詩一卷附一卷　元張雨撰
霞外詩集十卷　元馬臻撰

丘海二公文集合編十六卷　清焦映漢編　清康熙四十七年刻本　八册　十行二十二字白口四周雙邊　五八八〇

丘文莊公集十卷　明丘濬撰
海忠介公集六卷　明海瑞撰

皇明十六名家小品三十二卷　明陸雲龍編　明崇禎六年峥霄館刻本　六册　九行十九字白口四周單邊　封面鐫峥霄館藏版　〇八三三

存二十四卷

翠娛閣評選徐文長先生小品二卷　明徐渭撰
翠娛閣評選陳眉公先生小品二卷　明陳繼儒撰

翠娛閣評選李本寧先生小品二卷　明李維禎撰
翠娛閣評選鍾伯敬先生小品二卷　明鍾惺撰
翠娛閣評選湯若士先生小品二卷　明湯顯祖撰
翠娛閣評選陳明卿先生小品二卷　明陳仁錫撰
翠娛閣評選屠赤水先生小品二卷　明屠隆撰
翠娛閣評選曹能始先生小品二卷　明曹學佺撰
翠娛閣評選董思白先生小品二卷　明董其昌撰
翠娛閣評選張侗初先生小品二卷　明張鼐撰
翠娛閣評選黃貞父先生小品二卷　明黃汝亨撰
翠娛閣評選虞德園先生小品二卷　明虞淳熙撰

明十一家集一百四卷

清張汝瑚編　清康熙二十一年刻本　三十册　十行二十字白口四周單邊　五〇七四

宋文憲公集十一卷　明宋濂撰
劉文成集五卷　明劉基撰
方正學集十三卷　明方孝孺撰
李空同集六卷　明李夢陽撰
王遵巖集十卷　明王慎中撰
唐荆川集六卷　明唐順之撰
歸雲川集十卷　明歸有光撰
茅鹿門集八卷　明茅坤撰
李滄溟集六卷　明李攀龍撰
汪南溟集九卷　明汪道昆撰
王弇州集二十卷　明王世貞撰

八家詩選八卷　清吳之振編　清康熙十一年吳氏鑑古堂刻本　八册　十二行二十二字黑口左右雙邊　五七六七
荔裳詩選一卷　清宋琬撰
顧菴詩選一卷　清曹爾堪撰
愚山詩選一卷　清施閏章撰
繹堂詩選一卷　清沈荃撰
西樵詩選一卷　清王士祿撰
湟榛詩選一卷　清程可則撰
阮亭詩選一卷　清王士禛撰
說巖詩選一卷　清陳廷敬撰

二家詩鈔二十卷　清邵長蘅編　清康熙三十四年刻本　五册　十行二十一字黑口四周單邊　五七六六
王氏漁洋詩鈔十二卷　清王士禛撰
宋氏綿津詩鈔八卷　清宋犖撰

國朝六家詩鈔八卷　清劉執玉輯　清乾隆三十二年刻本　四册　十行二十一字小字雙行三十字下細黑口左右雙邊　五七七〇
荔裳詩鈔一卷　清宋琬撰
愚山詩鈔一卷　清施閏章撰
阮亭詩鈔二卷　清王士禛撰
秋谷詩鈔一卷　清趙執信撰
竹垞詩鈔一卷　清朱彝尊撰
初白詩鈔二卷　清查慎行撰

長留集二十卷　清孔尚任、劉廷璣撰　清康熙五十四年岱寶樓刻本　八册　九行十九字白口左右雙邊　封面鐫岱寶樓梓行　四七六〇

長留集九卷　清孔尚任撰
長留集十一卷　清劉廷璣撰

七子詩選十四卷　清沈德潛輯　清乾隆刻本　四册　十行十九字白口左右雙邊　七四〇五

耕養齋集二卷　清王鳴盛撰
履二齋集二卷　清王昶撰
娵雅堂集二卷　清趙文哲撰
宛委山房集二卷　清曹仁虎撰
硯山堂集二卷　清吳泰來撰
聽雨樓集二卷　清黃文蓮撰
辛楣吟藁二卷　清錢大昕撰

國朝三家文鈔三十二卷　清宋犖、許汝霖輯　清康熙三十三年刻本　十册　十二行二十三字黑口左右雙邊　五八二七

侯朝宗文鈔八卷　清侯方域撰
汪鈍翁文鈔十二卷　清汪琬撰
魏叔子文鈔十二卷　清魏禧撰

國朝三家文鈔三十二卷　清宋犖、許汝霖輯　清康熙三十三年刻本　十册　五八二八

以上叢編

文選六十卷　梁蕭統輯　唐李善注　明嘉靖元年金臺汪諒刻本　佚名批校　三十册　十行二十一字小字雙行字同白口左右雙邊　目錄後鐫嘉靖元年十二月望日金臺汪諒古　〇六五四

板校正新刊牌記　有刻工

五六九九　文選六十卷　梁蕭統輯　唐李善注　考異十卷　清胡克家撰　清嘉慶十四年鄱陽胡氏重刻宋淳熙本　清姚燮等題識　二十四冊　十行二十字至二十二字不等小字雙行字同白口左右雙邊　封面鐫宋淳熙本重雕　鄱陽胡氏藏板　有刻工

〇六六一　文選六十卷　梁蕭統輯　唐李善注　明嘉靖四年晉藩養德書院刻本　三十二冊　十行二十二字小字雙行字同黑口四周雙邊　各卷端題銜處鐫晉府勅賜養德書院校正重刊

〇六五六　文選六十卷　梁蕭統輯　唐李善注　明末毛氏汲古閣刻本　佚名批校　二十冊　十二行二十五字小字雙行三十七字白口左右雙邊　各卷首頁書口鐫毛氏

一八一九　文選六十卷　梁蕭統輯　唐李善注　清乾隆三十七年長洲葉樹藩海錄軒刻套印本　十二冊　十二行二十五字小字雙行三十七字白口左右雙邊　版心下鐫海錄軒

一八二二　文選六十卷　梁蕭統輯　唐李善注　清乾隆三十七年長洲葉樹藩海錄軒刻套印本　十二冊

〇六六三　六臣註文選六十卷　梁蕭統輯　唐李善等註　明萬曆二年崔孔昕刻六年徐成位重修本　三十二冊　九行十八字小字雙行字同白口四周雙邊　明汪道昆序後鐫冰玉堂重校　小傳後鐫萬曆戊寅徐成位識牌記

〇六六四　六臣註文選六十卷　梁蕭統輯　唐李善等註　諸儒議論一卷　元陳仁子輯　明嘉靖二十八年洪楩刻萬卷堂重修本　三十二冊　十行十八字小字雙行二十三字白口四周單邊　目錄首頁題銜處鐫明萬卷堂校刊　有刻工

〇六六五　六臣註文選六十卷　梁蕭統輯　唐李善等註　諸儒議論一卷　元陳仁子輯　明嘉靖二十

八年洪楩刻萬卷堂重修本　二十七册

存　六臣文選五十六卷　二　三　六至三十八　四十至六十

六臣註文選六十卷　梁蕭統輯　唐李善等註　**諸儒議論一卷**　元陳仁子輯　明刻本　二十九册　十行十八字小字雙行二十三字黑口四周單邊　有刻工

存　六臣註文選五十七卷　一至十八　二十二至六十　諸儒議論一卷

○六六二

文選纂註十二卷　梁蕭統輯　明張鳳翼纂註　明萬曆八年刻本　十二册　十一行二十二字小字雙行字同白口左右雙邊　鈐劉承幹印白文方印　南林劉氏求恕齋藏朱文方印

○六五七

梁昭明文選十二卷　梁蕭統輯　明張鳳翼纂註　明惲紹龍參訂　明萬曆刻本　佚名批校　二十册　十一行二十二字小字雙行字同白口四周單邊

存十卷　一至十

○六六八

文選尤十四卷　梁蕭統輯　明鄒思明删定　明天啓二年閔氏刻三色套印本　八册　八行十八字白口四周單邊　鈐餘姚謝氏永耀樓藏書朱文方印

一七四三

選詩補註八卷補遺二卷續編四卷　元劉履撰　明嘉靖三十一年顧存仁養吾堂刻本　四册　十行十九字小字雙行字同白口左右雙邊　下書口鐫養吾堂

○七一二

存　選詩補註八卷

選詩七卷詩人世次爵里一卷　梁蕭統選　明郭正域批點　明凌濛初輯評　明凌濛初刻套印本　八册　八行十八字小字雙行字同白口四周單邊　鈐武林錢氏白文方印　艮盧收藏朱文方印　一八三〇

選賦六卷名人世次爵里一卷　梁蕭統輯　明凌氏鳳笙閣刻套印本　十册　八行十八字白口四周單邊　鈐武林錢氏白文方印　艮盧收藏朱文方印　一八三二

選賦六卷名人世次爵里一卷　梁蕭統輯　明凌氏鳳笙閣刻套印本　六册　一八三一

文選音義八卷　清余蕭客撰　清乾隆二十三年靜勝堂刻本　二册　八行大字不等小字雙行十八字細黑口四周雙邊　封面鐫靜勝堂藏板　六六六五

文選音義八卷　清余蕭客撰　清乾隆二十三年靜勝堂刻本　二册　五六九六

重訂文選集評十五卷首一卷末一卷　清于光華輯　清乾隆四十三年金閶函三堂刻本　十六册　十行二十四字小字雙行三十六字白口左右雙邊　封面鐫乾隆戊戌夏鐫　心簡齋重訂　金閶函三堂藏板　五七〇〇

選學膠言二十卷補遺一卷　清張雲璈撰　清道光十一年張氏簡松草堂刻本　八册　十行二十字白口左右雙邊　有刻工　鈐若雨齋藏書印朱文方印　四六四五

文苑英華一千卷　宋李昉等輯　明隆慶元年胡維新、戚繼光刻本　一百三十二册　十一行二十二字白口四周單邊　有刻工　〇六七二

文苑英華一千卷　宋李昉等輯　明隆慶元年胡維新、戚繼光刻隆慶六年、萬曆六年、三十六年遞修本　一百四十册　十一行二十二字白口四周單邊　一六七六

文苑英華鈔十卷　明周詩雅輯　明崇禎二年刻本　八册　九行二十一字白口四周單邊　〇六七三
存八卷　一至八

文苑英華選六十卷　清宮夢仁輯　清康熙思敬堂刻本　十六册　九行二十四字白口左右雙邊　封面鐫思敬堂藏板　五七〇三

文苑英華律賦選四卷　清錢陸燦輯　清康熙二十五年吹藜閣銅活字印本　四册　十行十八字黑口四周單邊　封面鐫吹藜閣銅板　鈐寶在堂白文方印　Z〇〇四二

古文苑二十一卷　宋章樵注　明成化十八年刻本　八册　十行十八字小字雙行字同黑口四周雙邊間左右雙邊　鈐弢齋藏書記白文長方印　〇六七〇

文選補遺四十卷　元陳仁子輯　明嘉靖茶陵東山書院刻本　二十册　十行十八字小字雙行二十三字白口左右雙邊　目録後鐫茶陵東山書院刊行牌記　有刻工　鈐梁翠山房藏書朱文長方印　曾藏洞庭葛香士家白文長方印　〇六六六

廣文選六十卷　明劉節輯　明嘉靖十六年陳蕙刻本　二十册　十一行二十一字白口四周單邊　有刻工　〇六六九

衡門集十五卷　明鄭履淳輯　明鄭心材續輯　明隆慶三年至萬曆十三年刻本　十四册　十行二十字白口四周單邊　鈐内府藏書朱文大方印　巴陵方氏碧琳瑯館珍藏古刻善本之印白文長方印　方功惠印白文方印　柳橋朱文方印　〇六八〇

精刻古今女史十二卷詩集八卷姓氏字里詳節一卷　明趙世杰輯　明崇禎問奇閣刻本　八册　九行二十字白口四周單邊　封面鐫問奇閣藏板　〇六八三

玉臺新詠十卷　陳徐陵輯　續玉臺新詠四卷　明鄭玄撫編　明袁宏道評　明天啓二年沈逢春刻本　二册　九行十九字小字雙行字同白口四周單邊　鈐夢選樓胡宗懋藏朱文長方印　〇七〇九

玉臺新詠十卷　陳徐陵輯　明崇禎六年趙均刻本　佚名校　二册　十五行三十字細黑口左右雙邊　〇七〇六

存八卷　一至八

玉臺新詠十卷　陳徐陵輯　清吴兆宜注　清程琰補　清乾隆三十九年稻香樓刻本　四册　十行二十一字小字雙行字同白口四周雙邊　封面鐫乾隆甲午冬新鐫　稻香樓藏版　五七〇八

玉臺新詠十卷　陳徐陵輯　清吴兆宜注　清程際盛删補　清乾隆三十九年刻本　佚名録清紀昀批校　八册　十行二十一字小字雙行字同白口四周雙邊　四六六六

樂府詩集一百卷目録二卷　宋郭茂倩輯　元至正元年集慶路儒學刻明修本　四十六册　十一行二十字白口左右雙邊　〇七七一

樂府詩集一百卷目録二卷　宋郭茂倩輯　明末毛氏汲古閣刻本　十二册　十一行二十一字細黑口左右雙邊　書口間鐫毛氏正本　各卷末鐫東吴毛晉訂正　〇七一三

樂府詩集一百卷目錄二卷　宋郭茂倩輯　明末毛氏汲古閣刻本　十六册 ………一○三三

古樂府十卷　元左克明編　明刻本　二册　十二行二十一字小字雙行十九字白口四周雙邊間左右雙邊　鈐柯溪藏書白文方印　小李山房朱文方印　鑄學齋藏子孫永保朱文橢圓印 ………ZOO二四

古樂府十卷　元左克明編　明刻本　四册　九行十八字小字雙行十六字白口左右雙邊　有刻 ………○七二二

九代樂章二十三卷　明劉濂輯　明嘉靖二十九年刻本　四册　十行二十一字白口四周單邊 ………○七二○

古樂苑五十二卷前卷一卷衍錄四卷目錄二卷　明梅鼎祚編　明呂胤昌校明萬曆十九年呂胤昌刻本　十六册　十行二十一字小字雙行字同白口左右雙邊　有刻工 ………○七二四

采菽堂古詩選三十八卷補遺四卷　清陳祚明輯　清康熙刻本　十六册十行二十字小字雙行字同白口左右雙邊　邊　封面鐫虎林翁氏藏板 ………六六七○

阮亭選古詩三十二卷　清王士禎輯　清康熙天藜閣刻本　佚名錄董南江批校　十六册　十行二十字小字雙行二十字黑口左右雙邊　封面鐫天藜閣藏版 ………四六四七

古詩箋三十二卷　清王士禎輯　清聞人倓箋　清康熙天藜閣刻本　十六册 ………六六七○

古詩箋三十二卷　清王士禎輯　清聞人倓箋　清乾隆三十一年芷蘭堂刻本　十册行二十一字小字雙行字同白口左右雙邊　版心下鐫芷蘭堂藏板 ………五七一三

古詩箋三十二卷　清王士禎輯　清聞人倓箋　清乾隆三十一年芷蘭堂刻本　十六册 ………七四六七

古詩源十四卷　清沈德潛輯　清康熙刻竹嘯軒印本　佚名批校　四册　十行十九字小字雙行二十七字黑口左右雙邊　封面鐫竹嘯軒藏板　五七二〇

詩持二集十卷存八卷一至八　清魏憲編　清康熙魏氏枕江堂刻本　八册　九行十八字白口四周單邊　下書口鐫枕江堂　四六六三

回文類聚四卷宋桑世昌編　織錦回文圖一卷續編十卷　清朱象賢編　清刻本　六册　十行十九字白口左右雙邊　封面鐫鶴松堂藏板　七六三五

瀛奎律髓四十九卷　元方回輯　清康熙五十一年吳寶芝刻本　十册　十行十九字小字雙行字數不等細黑口左右雙邊　六九九三

絶句辨體八卷　明楊慎編　明萬曆二十五年張棟張氏山房刻本　一册　八行十八字小字雙行字同白口四周單邊　下書口鐫張氏山房　〇八九八

苑詩類選三十卷　明包節輯　明嘉靖二十五年何城刻本　十册　十行二十一字白口四周單邊　有刻工　〇七一六

詩紀一百五十六卷目錄三十六卷　明馮惟訥輯　明萬曆吳琯、謝陛、俞弼、俞策刻本　六十四册　九行十九字小字雙行字同白口四周雙邊　鈐尚友山房朱文長方印　渝水劉氏木齋珍藏書籍之印朱文橢圓印　〇七七七

八代詩乘四十五卷吳詩一卷總錄二卷補遺一卷　明梅鼎祚輯　明萬曆十一年劉文顯、徐家慶等刻三十四年寧國郡續刻本　十册　十行二十字小字雙行字同白口左右雙邊　有刻工　〇七二七

八代詩乘四十五卷吴詩一卷總録二卷補遺一卷　明梅鼎祚輯　明萬曆十一年劉文顯、徐家慶等刻三十四年寧國郡續刻本　十册　〇七二六

詩宿二十八卷詩人考世二卷　明劉一相輯　明劉鴻訓等校訂　明萬曆三十六年刻本　二十四册　九行十九字白口四周雙邊　〇七七八

存　詩宿二十八卷

詩家全體十二卷續補二卷　明李之用輯　明李之周等校　明萬曆二十六年邵武府學刻本　十册　九行二十字小字雙行字同白口四周雙邊　有刻工　鈐南邨草堂陶氏家藏善本朱文長方印　〇六七七

詩所五十六卷歷代名氏爵里一卷　明臧懋循撰　明萬曆三十一年刻本　十册　十行二十一字小字雙行字同白口四周單邊　〇七一七

詩歸五十一卷　明鍾惺、譚元春輯　明萬曆四十五年刻本　十六册　九行十八字小字雙行字同白口左右雙邊　有刻工　〇七三四

古詩歸十五卷
唐詩歸三十六卷

詩歸五十一卷　明鍾惺、譚元春輯　明萬曆四十五年刻本　十二册　〇七四五

古詩歸十五卷
唐詩歸三十六卷

詩歸五十一卷　明鍾惺、譚元春輯　明吳德輿等校　明閔振業、閔振聲刻三色套印本　二十六册　九行十八字白口四周單邊　一八一二

詩歸五十一卷　古詩歸十五卷　唐詩歸三十六卷　明鍾惺、譚元春輯　明劉敦重訂　明末刻本　二十四册　十行十九字小字雙行字同白口左右雙邊　〇七三三

詩歸五十一卷　存古詩歸十五卷　明鍾惺、譚元春輯　明林夢熊重訂　明末刻本　四册　九行二十字小字雙行字同白口四周單邊　有刻工　〇七三六

名媛詩歸三十六卷　題明鍾惺輯　明刻本　十册　九行十九字小字雙行字同白口左右雙邊　〇七二八

詩雋類函一百五十卷　明俞安期輯　明梅鼎祚增輯　明萬曆三十七年刻本　三十二册　十行二十字小字雙行字同細黑口四周單邊　有刻工　一四三五

詩雋類函一百五十卷　明俞安期輯　明梅鼎祚增輯　明萬曆三十七年刻本　二十九册　存一百四十五卷　二至九十　九十六至一百五十　一四三六

歷代詩家初集五十六卷二集八十六卷姓氏二卷　清戴明説等輯　清順治十三年毛氏汲古閣刻本　三十二册　九行二十一字小字雙行字同白口左右雙邊　四六五二

全五代詩一百卷五代帝王廟謚年諱譜一卷補遺一卷　清李調元輯　清乾隆四十五年刻本　二十四册　十行二十一字小字雙行二十七字白口左右雙邊　六六九五

宋金元詩永二十卷補遺二卷　清吳綺輯　清康熙十七年廣陵千古堂刻本　十册　九行十九字白口左右雙邊　四六六一

御選宋金元明四朝詩三百二卷首二卷姓氏爵里十三卷　清張豫章等輯　清康熙四十八年内府刻本　一百五十六册　十一行二十一字小字雙行三十一字白口左右雙邊　四六五四

宋詩七十八卷姓名爵里二卷
金詩二十四卷姓名爵里一卷首一卷
元詩八十卷姓名爵里二卷首一卷
明詩一百二十卷姓名爵里八卷

御選宋金元明四朝詩三百二卷首二卷姓氏爵里十三卷　清張豫章輯　清康熙四十八年内府刻本　一百七十册　四六五三

聽香樓悼亡詩四卷　清何錡輯　清康熙六十一年刻本　二册　十行十九字黑口四周單邊　六二六九

濂洛風雅九卷　清張伯行輯　清康熙張氏正誼堂刻本　三册　十一行二十一字小字雙行字同白口左右雙邊　封面鐫正誼堂藏板　六六八五

濂洛風雅九卷　清張伯行輯　清康熙張氏正誼堂刻本　三册　六六八六

近光集二十八卷 清汪士鋐輯　清徐修仁等注　清康熙五十八年保德堂刻本　八册　九行十九字小字雙行十八字下黑口左右雙邊　封面鐫保德堂刊行　七一四四

詩林韶濩二十卷 清顧嗣立輯　清康熙四十四年顧氏秀野草堂刻本　十册　十行二十一字小字雙行字同白口左右雙邊　下書口鐫秀野草堂　封面鐫秀野草堂藏板　鈐錢塘施氏藏書朱文方印　渠陽張氏家藏白文方印　五七一二

詩林韶濩二十卷 清顧嗣立輯　清康熙弘文書屋刻本　八册　十行二十四字小字雙行字同黑口左右雙邊　封面鐫弘文書屋藏板　六六八〇

詩林韶濩選二十卷 清顧嗣立輯　清周煌重輯　清乾隆二十九年刻本　八册　十行二十四字小字雙行字同白口左右雙邊　五七一一

詩林韶濩選評二十卷 清顧嗣立輯　清周煌重輯　清金甡評　清乾隆三十一年南昌府學刻本　六册　十行二十四字黑口左右雙邊　封面鐫乾隆丙戌新鐫　南昌府學藏板　七四一二

佩文齋詠物詩選四百八十六卷 清張玉書、汪霖等輯　清康熙四十六年内府刻本　六十四册　十一行二十一字細黑口左右雙邊　五七一六

佩文齋詠物詩選四百八十六卷 清張玉書、汪霖等輯　清康熙四十六年内府刻本　六十四册　五七一四

佩文齋詠物詩選四百八十六卷 清張玉書、汪霖等輯　清康熙四十六年内府刻本　六十四册　五七一五

咏物詩選八卷 清俞琰編　清雍正三年寧儉堂刻本　四册　十行二十一字黑口左右雙邊　封面鐫歷朝咏物詩選　寧儉堂藏板　八二三六

御定歷代題畫詩類一百二十卷　清陳邦彥輯　清康熙四十六年内府刻本　三十冊　十一行二十三字黑口左右雙邊　四〇二八

御定歷代題畫詩類一百二十卷　清陳邦彥輯　清康熙四十六年内府刻本　三十冊　四六八一

御定歷代題畫詩類一百二十卷　清陳邦彥輯　清康熙四十六年内府刻本　二十四冊　七七二二

御選唐宋詩醇四十七卷　清高宗弘曆輯　清乾隆十五年内府刻四色套印本　二十四冊　九行十九字白口四周單邊　一八二八

御選唐宋詩醇四十七卷　清高宗弘曆輯　清乾隆十五年内府刻四色套印本　十九冊　一八二七

歷朝詩選簡金集六卷　清章薇輯　清乾隆二十三年刻本　四冊　十行二十一字白口四周單邊　五七二二

試帖詩集二十六卷首一卷末一卷　清彭元瑞輯　清乾隆二十四年刻本　十冊　九行十九字小字雙行二十五字白口左右雙邊　七二六三

七律中聲五卷　清姚大源輯　稿本　二冊　十二行二十一字無格　鈐誦芬堂圖書記朱文方印　芝鄉姚大源白文方印　雨方姚大源朱文方印　二九五五

歷朝名媛詩詞十二卷　清陸昶輯　清乾隆三十八年紅樹樓刻本　六冊　有圖　九行十九字白口左右雙邊　上書口鐫紅樹樓選　五七一七

歷朝名媛詩詞十二卷　清陸昶輯　清乾隆三十八年紅樹樓刻本　四冊　七二七五

歷朝今體詩錄四卷　題安泉芝軒居士輯　清抄本　四冊　十一行二十字白口四周雙邊　上書口鐫青藜閣　下書口鐫安泉芝軒伴古居士敬錄　二九五一

桃源洞天志不分卷　清釋蘭巖輯　清乾隆十九年刻本　一册　九行二十一字白口四周雙邊　封面鐫乾隆甲戌年鐫　花園藏版　七五三八

古賦辨體十卷　元祝堯編　明嘉靖十六年刻本　四册　十行十八字小字雙行十四字白口四周單邊　〇八〇一

四六法海十二卷　明王志堅輯　明天啓七年刻本　十一册　九行二十字白口四周單邊
存十一卷　一　二　四至十二　〇八〇二

歷朝賦格三集十五卷　清陸棻輯並評　清康熙二十五年刻本　八册　九行十九字白口四周單邊　五七九五

歷代賦鈔三十二卷　清趙維烈輯　清康熙二十五年刻本　十册　九行二十二字白口左右雙邊　五七九四

御定歷代賦彙一百四十卷外集二十卷逸句二卷補遺二十二卷目錄二卷　清陳元龍輯　清康熙四十五年内府刻本　六十四册　十一行二十一字黑口左右雙邊　五七九八

御定歷代賦彙一百四十卷外集二十卷逸句二卷補遺二十二卷目錄二卷　清陳元龍輯　清康熙四十五年内府刻本　七十四册　五七九七

御定歷代賦彙一百四十卷外集二十卷逸句二卷補遺二十二卷目錄二卷　清陳元龍輯　清康熙四十五年内府刻本　六十六册　四〇一七

四六纂組九卷歷代官制一卷　清胡吉豫編　清康熙十八年刻本　六册　九行二十二字小字雙行字同白口左右雙邊　六九六二

賦鈔箋畧十五卷　清雷琳、張杏濱撰　清乾隆三十一年刻本　八册　九行十九字小字雙行二十九字白口左右雙邊　封面鐫丙戌秋鐫　五八〇〇

賦鈔箋畧十五卷　清雷琳、張杏濱撰　清乾隆三十一年刻本　八册　八四四八

東萊先生古文關鍵二卷　宋呂祖謙輯　明刻本　二册　八行二十字黑口四周雙邊　鈐會稽魯氏貴讀樓藏書印朱文長方印　〇八一二

迂齋先生標註崇古文訣三十五卷　宋樓昉輯　明嘉靖十二年王鴻漸刻本　八册　十行二十一字白口左右雙邊　有刻工　〇六七一

西山先生眞文忠公文章正宗二十四卷　宋眞德秀輯　明正德十五年馬卿刻明修補本　二十六册　十行二十一字小字雙行字同白口四周單邊　有刻工　〇六五二

西山先生眞文忠公文章正宗二十四卷續集二十卷　宋眞德秀輯　明嘉靖四十三年杜陵蔣氏家塾刻本　二十四册　十行二十一字小字雙行字同白口左右雙邊　有刻工　〇六五三

集古評釋西山眞先生文章正宗二十四卷　宋眞德秀輯　明唐順之批點　明俞思沖補訂　清順治十五年張能鱗重校明野計齋、容與堂刻本　十二册　十行二十字小字雙行字同白口四周單邊　下書口間鐫容與堂、野計齋　五七〇二

西山先生眞文忠公文章正宗讀本十卷續八卷歌詩二卷 宋眞德秀撰　清李翰熙編　清康熙三十五年殖學齋刻本　二十四册　九行二十五字小字雙行字同白口四周單邊　版心下鐫殖學齋　五〇八〇

諸儒箋解古文眞寶前集十卷後集十卷 元黄堅輯　明萬曆十一年司禮監刻本　八册　八行二十字小字雙行字同黑口四周雙邊　鈐廣運之寶朱文方印　〇六七八

文章辨體五十卷外集五卷總論一卷 明吴訥編　明嘉靖三十四年徐洛刻本　二十册　十三行二十四字白口四周雙邊　卷末鐫浙江湖州府知府前陝西道監察御史徐洛重刻　嘉靖三十四年六月望吉日　〇六七四

文翰類選大成一百六十三卷 明李伯璵、馮厚輯　明成化八年淮府刻弘治十四年嘉靖二十五年遞修本　六十四册　十二行二十三字黑口四周雙邊　〇六七六

古文集四卷 明何景明輯　明嘉靖十五年鄭鋼刻本　四册　十行二十字小字雙行字同白口四周單邊　〇八四七

古文集四卷 明何景明輯　明嘉靖十五年鄭鋼刻本　四册　〇八一六

文苑春秋四卷 明崔銑輯　明嘉靖十七年刻本　四册　十行二十字白口左右雙邊　〇八一八

文編六十四卷 明唐順之輯　明嘉靖胡帛刻本　二十册　十行二十字白口四周單邊　有刻工　〇八一一

唐會元精選批點唐宋名賢策論文粹八卷 題明唐順之輯 明嘉靖二十八年書林桐源胡氏刻本 八冊 十行二十字白口左右雙邊 凡例後鐫嘉靖己酉孟秋吉旦 卷末鐫三衢前坊胡氏梓于毘陵牌記 ○八一七

三史文類五卷 明趙文華輯 明嘉靖十六年刻本 五冊 九行十八字白口四周雙邊 ○八二〇

周秦兩漢文選十二卷 明尤瑛輯 明萬曆四十三年周子文刻本 六冊 九行十八字小字雙行字同白口四周單邊 ○八七二

秦漢魏晉文選十卷 明余震啓、鄭玄撫輯 明嘉靖二十四年新安洪廷論刻本 佚名校 二十冊 十行十八字白口左右雙邊 有刻工 鈐許氏星臺藏書朱文方印 許氏三十六甎吟館印朱文方印 ○八三八

正續名世文宗十六卷 題明王世貞輯 明錢允治續輯 明陳繼儒校註 明萬曆四十五年刻本 十六冊 九行二十字小字雙行字同白口左右雙邊 ○八一三

文體明辯六十一卷目錄六卷首一卷附錄十四卷附錄目錄二卷 明徐師曾輯 明萬曆十九年刻本 五十六冊 十行十九字小字雙行字同白口左右雙邊 鈐忠州李氏平等閣珍藏朱文方印 ○八六三

存 文體明辯六十一卷目錄六卷首一卷

文體明辯四十八卷 明徐師曾輯 明沈芬、沈騏箋 明崇禎十三年刻本 十二冊 九行二十五字白口四周單邊 ○八六四

書記洞詮一百一十六卷目錄十卷 明梅鼎祚撰 明萬曆二十五年至二十七年玄白堂刻本 二十八冊 十行二 ○八二三

十字小字雙行字同白口左右雙邊　目錄後鐫大明萬曆歲丁酉仲夏汝南郡鏤版己亥孟秋竣工

〇八二四　**書記洞詮一百一十六卷目錄十卷**　明梅鼎祚撰　明萬曆二十五年至二十七年玄白堂刻本　二十四册

二九七二　**六朝三唐文集不分卷**　清抄本　六册　十二行二十五字無格

〇八一九　**滑耀編四卷**　明賈三近輯　明末毛氏汲古閣刻本　四册　八行十九字白口左右雙邊

〇八〇〇　**八代四六全書十六卷**　明李天麟輯　明刻本　八册　十行二十字白口四周單邊

〇八六七　**新鐫重訂增補名文珠璣不分卷**　明焦竑輯　明刻本　二十四册　九行二十字小字雙行字同白口四周單邊

一六九〇　**古文備體奇鈔十二卷**　明鍾惺輯　明黄道周評　明崇禎發祥堂刻本　六册　九行二十字小字雙行字同白口四周單邊　封面鐫發祥堂藏板

〇五六七　**古逸書三十卷首一卷末一卷**　明潘基慶輯　明萬曆三十九年刻本　六册　八行二十字小字雙行字數不等白口四周單邊

〇三七九　**古逸書三十卷首一卷末一卷**　明潘基慶輯　明末刻本　二十册　八行二十字小字雙行字數不等白口四周單邊　鈐錢塘丁氏藏書白文方印

〇〇九七　**古逸書三十卷首一卷末一卷**　明潘基慶輯　明末刻本　十二册

〇八七〇　**先秦兩漢鴻文二十五卷**　明顧錫疇輯　明崇禎六年刻本　二十六册　九行二十字白口四周單邊

古文品外錄十二卷 先秦鴻文五卷 兩漢鴻文二十卷 明陳繼儒輯並評 明天啓五年朱蔚然刻本 清陳洪綬批點 十二冊 九行二十字小字雙行十九字白口四周單邊 鈐僧悔之印白文方印 蓮白衣白文方印 洪綬私印白文方印 ○八五○

古文品外錄二十四卷 明陳繼儒輯 明董其昌、蔡祖芬校 明刻本 二十四冊 九行二十一字小字雙行字同白口四周單邊 有刻工 ○八五一

古文品外錄二十四卷 明陳繼儒輯 明董其昌、蔡祖芬校 明刻本 二十四冊 ○八五二

秦漢文鈔十二卷 明馮有翼輯 明汪德元訂 明萬曆刻本 四冊 九行十七字小字雙行字同白口四周單邊 ○八一○

古文奇賞二十二卷續古文奇賞三十四卷奇賞齋廣文苑榮華二十六卷四續古文奇賞五十三卷明文奇賞四十卷 明陳仁錫輯 明萬曆四十六至天啓五年刻本 九十一冊 十行二十字小字雙行字同白口四周單邊 ○八二七

文字會寶不分卷 明朱文治輯 明萬曆三十六年刻本 十冊 行格字數不等白口四周單邊 ○八一五

秦漢文鈔六卷 明閔邁德等編 明楊融博批點 明萬曆刻套印本 十二冊 九行十九字白口四周單邊 一八三七

秦漢文鈔六卷 明閔邁德等編 明楊融博批點 明萬曆刻套印本 六冊 一八三八

陳明卿先生評選古今文統十六卷　明張以忠輯　明陳仁錫評　明崇禎二
雙行字同白口四周單邊　封面鐫吳門張叔籟梓行　年刻本　三十一冊　十行二十字小字　　　　　　〇八五三

廣文選刪十四卷　明劉節輯　明張溥刪　明末刻本　十冊　九行十九字白口左右雙邊　　　　　　　　〇八七七
　鈐篤素堂藏書朱文方印

文致不分卷　明劉士鏻輯　明閔無頗、閔昭明集評　明天啓元年閔元衢刻套印本　六冊　八　　　　　一八四七
行十八字白口四周單邊

刪補古今文致十卷　明劉士鏻輯　清王字增刪　明天啓三年刻本　六冊　九行二十字　　　　　　　　〇六八二
白口四周單邊　鈐嘉惠堂閱書朱文方印

古今議論參五十五卷　明林德謀輯　明崇禎七年刻本　二十四冊　九行二十字白口　　　　　　　　　〇一三〇
四周單邊

漢魏六朝正史文選二十四卷　明許清胤、顧在觀輯　明崇禎八年刻本　三十　　　　　　　　　　　　〇八二八
二冊　九行二十字小字雙行字同白口四周單邊

漢魏六朝正史文選二十四卷　明許清胤、顧在觀輯　明崇禎八年刻本　十四　　　　　　　　　　　　〇八二九
冊

學益編八卷　明俞寅陞輯　明抄本　五冊　十行二十六字無格　　　　　　　　　　　　　　　　　　二九六九
　鈐小李山房圖籍白文方印

漢魏六朝正史文選二十四卷　明許清胤、顧在觀輯　明崇禎八年刻本　十　　　　　　　　　　　　　
冊

晚邨先生八家古文精選八卷　清呂留良編　清呂葆中批點　清康熙四十三年　　　　　　　　　　　　六六五六
呂氏家塾刻本　四冊　十行二十五字白口左右
雙邊　下書口鐫呂氏家塾讀本
　封面鐫在茲堂行翻刻重治

晚邨先生八家古文精選八卷 清呂留良編 清呂葆中批點 清康熙四十三年呂氏家塾刻本 六册 六六九四

古文淵鑒六十四卷 清徐乾學輯並注 清康熙内府刻四色套印本 二十四册 九行二十字小字雙行字同黑口四周單邊 一八一三

古文淵鑒六十四卷 清徐乾學輯並注 清康熙内府刻四色套印本 四十八册 一八一四

古文淵鑒六十四卷 清徐乾學輯並注 清康熙内府刻四色套印本 四十八册 一八一六

文津二卷 清王晫輯 清康熙三年王氏霞舉堂刻本 六册 九行二十字白口四周單邊 下書口鐫霞舉堂 四六九〇

蘭雪齋韓歐文批評一卷國策選評一卷 清陳儀撰 清乾隆抄本 一册 九行二十四字無格 卷末朱筆書乾隆己卯榴月抄 鈐曲周縣儒學記朱文長方印 二九三九

古文約選不分卷 清允禮輯 清雍正十一年果親王府刻本 二十四册 九行十九字白口四周雙邊 四六九三

御選唐宋文醇五十八卷詩醇四十七卷 清高宗弘曆輯 清乾隆十五年武英殿刻四色套印本 四十册 九行二十二字白口四周單邊 四〇三八

古文約集正解三卷 清梅潭撰 清抄本 佚名錄清盧文弨題識 六册 八行二十一字小字雙行字同紅格白口四周雙邊 三三七五

古文約編十卷附錄一卷 清倪承茂輯 清程凌九等校 清雍正十年懷古堂刻本 清林西仲批校 十册 九行二十三字小字雙行字同白口 五八二三

四周單邊　版心下鐫懷古堂

山曉閣選古文全集三十二卷明文全集二十四卷重訂昭明文選十二卷　清孫琮輯　清康熙十六年至乾隆十一年刻本　三十六册　九行二十五字白口四周單邊　明文全集封面鐫康熙十六年新鐫　重訂昭明文選封面鐫乾隆十一年重鐫　五八二四

古文眉詮七十九卷　清浦起龍輯　清乾隆三吳書院刻本　十六册　九行二十一字小字雙行字同白口左右雙邊　七〇八〇

古文選二十九卷　清韓茂椿輯　稿本　三十册　八行二十字白口四周單邊　三七二八

經史序錄二卷　清吳承漸纂輯　清江詒孫、吳楷校　清康熙三十一年思訓堂刻本　二册　十二行二十二字黑口四周單邊　封面鐫康熙壬申年新鐫　思訓堂藏板　五二三九

六朝文絜四卷　清許槤輯並評　清道光五年錢塘許氏享金寶石齋刻套印本　清姚瑩俊題識　二册　九行十八字黑口左右雙邊　封面鐫道光五年乙酉七月訖功　一八四二

唐宋八大家文分體讀本一集八卷二集八卷三集八卷附錄一卷　清汪份編　清康熙五十八年遄喜齋刻本　二十册　八行二十四字小字雙行字同細黑口左右雙邊　下書口鐫遄喜齋　封面鐫康熙五十八年新鐫　七七四一

唐宋八家文讀本三十卷　清沈德潛評點　清乾隆刻本　十二册　十行二十字白口左右雙邊　七八一九

唐宋八大家類選十四卷　清儲欣輯　清徐永勳等校　清乾隆十年小鬱林刻本　八册　八行二十五字白口左右雙邊　封面鐫小鬱林藏板　五〇七五

尺牘清裁六十卷補遺一卷　明王世貞輯　明王世懋校　明隆慶五年刻本　十二册　九行十八字小字雙行字同白口左右雙邊　〇八六六

尺牘雋言十二卷　明陳臣忠輯　明閔邁德刻套印本　五册　九行二十字白口四周單邊　一八三三

車書樓選刻歷朝翰墨鼎彝十卷　明朱錦撰　明金陵黄復宇刻本　八册　九行十九字小字雙行十七字白口四周單邊　一七二三

古今濡削選章四十卷　明李國祥輯　清李冉等校　明萬曆二十九年刻本　十四册　十行二十字白口左右雙邊　鈐安樂堂藏書記朱文長方印　明善堂覽書畫印記白文長方印　巴陵方氏碧琳琅館藏書白文方印　〇八五五

翰海十二卷　明沈佳胤輯　明末刻本　十册　九行二十三字白口四周單邊　鈐古熟曹氏仪一堂藏書朱文方印　〇八七四

賴古堂名賢尺牘新鈔十二卷二選藏弆集十六卷三選結鄰集十六卷　清周亮工輯　清康熙周氏賴古堂刻本　十六册　九行二十字小字雙行字同細黑口四周單邊　下書口鐫賴古堂訂、賴古堂二刻、賴古堂　封面鐫情話軒藏板　七九九七

賞奇堂尺牘四卷　清陳遇麒輯　清康熙三十四年刻本　四册　九行十九字白口左右雙邊　封面鐫康熙乙亥秋鐫　四九〇四

憑山閣彙輯四六留青采珍前集十二卷　清陳枚輯　清陳德裕校　清康熙四十二年憑山閣刻本　十二册　九行二十字白口左右雙邊　凡例后鐫康熙歲次癸未中秋日古杭陳枚東皋氏漫識于憑山閣　七三七五

憑山閣增輯留青新集三十卷　清陳枚輯　清陳德裕增輯　清康熙四十七年大觀堂刻本　二十三册　十一行二十字小字雙行字同白口四周單邊　封面鎸大觀堂藏板　五二三四

以上通代

春秋詞命三卷　明王鏊輯　明王徹注　明刻本　二册　九行二十一字小字雙行字同白口左右雙邊　一六〇二

周文歸二十卷　明鍾惺選　明崇禎刻本　六册　九行十九字小字雙行字同白口四周單邊　〇八三九

兩漢文選四十卷　明張采輯　明崇禎刻五雲居印本　二十册　九行十九字小字雙行十八字白口左右雙邊　〇八三〇

西漢文二十卷
東漢文二十卷

西晉文二十卷　明張采輯　明崇禎十年刻本　十二册　九行十九字白口左右雙邊　一四一二

重校正唐文粹一百卷　宋姚鉉輯　明嘉靖三年徐焴刻本　三十册　十四行二十五字白口左右雙邊　有刻工　〇六八六

唐文粹一百卷　宋姚鉉輯　明嘉靖八年晉府養德書院刻本　清姚瑩俊題識　二十册　十三行二十一字白口四周單邊　有刻工　鈐鏡西珍賞朱文方印　〇六八八

唐文粹一百卷　宋姚鉉輯　明末刻本　十二册　九行二十字白口左右雙邊　〇六八九

唐文粹一百卷　宋姚鉉輯　明末刻本　十六册　一九二一

文粹一百卷　宋姚鉉輯　文粹補遺二十六卷　清郭麐撰　清光緒十六年杭州許增榆園刻本　高繙錄清江沅、顧廣圻批校　十六册　十四行二十五字小字雙行字同黑口左右雙邊　有刻工　封里鐫光緒庚寅秋九月杭州許氏榆園校刊牌記　四六九一

唐文粹删十卷　宋姚鉉輯　明張溥删　明末刻本　六册　九行十九字白口左右雙邊　〇〇五五

河嶽英靈集三卷　唐殷璠輯　明崇禎元年毛氏汲古閣刻唐人選唐詩本　一册　八行十九字白口左右雙邊　下書口鐫汲古閣　〇七〇二

高氏三宴詩集三卷附香山九老詩一卷　唐高正臣編　清丁氏當歸草堂抄本　清丁丙跋　一册　九行二十一字紅格白口左右雙邊　下書口鐫當歸草堂　鈐錢塘丁氏藏書白文方印　風木庵白文方印　二九七七

松陵集十卷　唐皮日休、陸龜蒙撰　明崇禎九年吳郡顧凝遠詩瘦閣刻本　四册　九行十九字白口左右雙邊　下書口鐫詩瘦閣　〇七六六

松陵集十卷　唐皮日休、陸龜蒙撰　明末毛氏汲古閣刻本　六册　八行十九字小字雙行字同白口左右雙邊　下書口鐫汲古閣　鈐劉氏惟喆珍藏朱文方印　義州李氏珍藏朱文長方印　李大翀印朱文方印　石孫讀過朱文方印　〇〇三七

松陵集十卷　唐皮日休、陸龜蒙撰　明末毛氏汲古閣刻本　六册　鈐素王孫傳鈺書畫珍藏朱文長方印　〇〇三九

才調集十卷　蜀韋縠輯　清康熙四十三年汪氏垂雲堂刻本　四册　八行十九字小字雙行二十二字白口左右雙邊　封面鐫宛委堂發兑　下書口鐫垂雲堂　七一四五

才調集十卷　蜀韋縠輯　清康熙四十三年汪氏垂雲堂刻本　十册　五七二五

王荆公唐百家詩選二十卷　宋王安石輯　清康熙四十三年宋犖丘迴刻雙清閣印本　四册　十行十八字白口左右雙邊　封面鐫雙清閣藏版　五七八六

王荆公唐百家詩選二十卷　宋王安石輯　清康熙四十三年宋犖丘迴刻雙清閣印本　四册　五七八五

萬首唐人絶句一百一卷　宋洪邁輯　明嘉靖十九年陳敬學德星堂刻本　題清東山氏校　二十册　十行二十字白口左右雙邊　下書口間鐫德星堂　有刻工　〇七四一

存七十五卷　一至七十五　〇七四二

萬首唐人絶句一百一卷　宋洪邁輯　明嘉靖十九年陳敬學德星堂刻本　二十四册　十行二十字白口左右雙邊　下書口間鐫德星堂　有刻工

箋註唐賢絶句三體詩法二十卷　宋周弼輯　元釋圓至注　明刻本　二册　九行十七字小字雙行字同黑口四周雙邊　Z〇〇七七

箋註唐賢三體詩法二十卷　宋周弼輯　元釋圓至注　明火錢刻本　四册　十一行十九字小字雙行字同白口左右雙邊　〇七四〇

註唐詩鼓吹十卷　金元好問輯　元郝天挺註　明刻本　四册　九行十六字小字雙行字數不等黑口四周雙邊　Z〇〇二六

東嵒草堂評訂唐詩鼓吹十卷　金元好問輯　元郝天挺註　明廖文炳解　清朱三錫評　清康熙刻本　嚴修錄清趙執信、紀昀批校並跋　十册　十一行二十一字小字雙行字同白口四周雙邊　鈐蟫香館藏書朱文長方印　大梁顧氏朱文橢圓印　潤心堂印朱文方印　四六六八

新刊三訂便蒙唐詩鼓吹大全十卷 金元好問輯 元郝天挺註 新增草堂辭調賦歌十卷 明嘉靖十七年廣勤書堂刻兩節本 一册 上節十八行四字下節十二行二十三字小字雙行字同黑口間白口四周雙邊 卷五末鐫嘉靖戊戌孟冬廣勤書堂重刊牌記 〇七五五

唐詩品彙九十卷拾遺十卷詩人爵里詳節一卷 明高棅輯 明屠隆刻本 二十二册 八行十六字白口四周單邊 有刻工 〇七四三

批點唐詩正聲二十二卷 明高棅輯 明桂天祥批點 明嘉靖萬世德刻本 四册 十行二十字小字雙行字同白口四周單邊 有刻工 〇八七五

唐雅八卷 明胡纘宗輯 明嘉靖二十八年文斗山堂刻清順治十三年周盛時補刻鳥鼠山人集本 六册 十行二十字白口四周單邊 下書口鐫文斗山堂 有刻工 〇七四六

唐詩類苑二百卷 明張之象輯 明萬曆二十九年曹仁孫刻本 六十四册 十行二十字白口四周雙邊 〇七四八

唐詩類苑二百卷 明張之象輯 明萬曆二十九年曹仁孫刻本 五十册 〇七四七

唐音類選二十四卷拾遺一卷 明潘光統輯 清康熙四十九年潘銘重刻本 八册 十行二十字黑口四周單邊 序後鐫康熙庚寅初春元孫銘重刊 七八〇三

唐詩紀一百七十卷目錄三十四卷 明黃德水、吳琯輯 明萬曆十三年吳琯刻本 四十八册 九行十九字小字 〇七四九

雙行字同白口四周雙邊　有刻工

唐雅同聲五十卷目録二卷　明毛懋宗輯　明萬曆十六年毛謙依仁山館刻崇禎六年朱謀垔重修本　四十册　十行二十字白口四周雙邊　下書口鐫依仁山館　有刻工　〇七六九

全唐風雅十二卷唐詩人姓字爵里一卷　明黄克纘、衛一鳳輯　明萬曆四十六年黄克纘刻本　十二册　十行二十字白口左右雙邊　〇七五〇

唐樂府十八卷　明吴勉學輯　明刻本　四册　九行十九字白口四周雙邊　鈐平陽季子收藏圖書朱文方印　休寧汪季青家藏書籍朱文方印　摛藻堂藏書印白文方印　〇七五四

唐詩近體集韻三十卷　明施重光輯　明刻本　八册　九行十八字白口四周雙邊　下書口鐫長洲劉廷憲寫並刻　〇七七〇

唐詩解五十卷詩人爵里一卷　明唐汝詢輯　清順治十六年趙孟龍萬笈堂刻本　佚名批校　十二册　九行十九字小字雙行字同白口四周單邊　下書口鐫萬笈堂　鈐息園朱文方印　陶在璇印白文方印　四六五五

删定唐詩解二十四卷　明唐汝詢輯　清吴昌祺評　清康熙四十一年誦懿堂刻本　十册　九行二十一字小字雙行字同白口左右雙邊　封面鐫誦懿堂刻本　五七三一

删定唐詩解二十四卷　明唐汝詢輯　清吴昌祺評　清康熙四十一年誦懿堂刻本　六册　鈐蟫香館藏書印朱文長方印　七五六〇

唐音戊籤二百一卷餘閏六十三卷餘諸國主詩一卷 明胡震亨輯 清康熙二十五年胡氏南益堂刻本 二十四册 十行十九字小字雙行字同白口左右雙邊 四六五六

重較唐詩類苑選三十四卷 清戴明說等輯 清康熙十八年刻本 三十六册 九行二十字白口四周單邊 五七二六

貫華堂選批唐才子詩甲集七言律八卷 清金人瑞撰 清金雍注 清初刻本 六册 九行二十一字小字雙行十九字白口左右雙邊 五七三四

唐詩韻匯不分卷 清施端教輯 清康熙嘯閣刻本 五十册 十一行二十一字白口左右雙邊 下書口鐫嘯閣 五七三五

全唐詩九百卷目錄十二卷 清曹寅等輯 清康熙四十四至四十六年揚州詩局刻本 一百二十册 十一行二十一字小字雙行字數不等細黑口左右雙邊 七一四八

全唐詩九百卷目錄十二卷 清曹寅等輯 清康熙四十四至四十六年揚州詩局刻本 一百二十册 四〇二七

全唐詩九百卷目錄十二卷 清曹寅等輯 清康熙四十四至四十六年揚州詩局刻本 一百二十册 八四一二

御選唐詩三十二卷目錄三卷 清聖祖玄燁選 清陳廷敬等輯 清康熙五十二年内府刻套印本 三十六册 七行十七字小字雙行二十四字白口四周雙邊 七五四六

御選唐詩三十二卷目錄三卷　清聖祖玄燁選　陳廷敬等輯　清康熙五十二年內府刻套印本　二十四册　一七八三

御選唐詩三十二卷目錄三卷　清聖祖玄燁選　陳廷敬等輯　清康熙五十二年內府刻套印本　十五册　一七八六

唐賢三昧集四卷　清王士禛輯　姚培謙閱　清乾隆二十年刻巾箱本　四册　五行十二字白口左右雙邊　五七二七

唐賢三昧集三卷　清王士禛輯　清吳煊、胡棠輯註　清乾隆五十二年聽雨齋刻本　三册　十行二十一字小字雙行二十字白口左右雙邊　下書口鐫聽雨齋　封面鐫乾隆丁未新鐫　聽雨齋藏板　五七三〇

唐賢三昧集三卷　清王士禛輯　清吳煊、胡棠輯註　清乾隆五十二年聽雨齋刻本　三册　五七三一

唐人萬首絶句選七卷　清王士禛輯　清雍正十年刻本　四册　十行十九字黑口左右雙邊　六六七二

御定全唐詩錄一百卷　清徐倬等輯　清康熙四十五年內府刻本　四十八册　十一行二十一字小字雙行三十一字黑口左右雙邊　鈐果親王府圖書記朱文長方印　四六七五

御定全唐詩錄一百卷　清徐倬等輯　清康熙四十五年內府刻本　四十册　四〇三五

御定全唐詩錄一百卷　清徐倬等輯　清康熙四十五年內府刻本　四十册　八四一〇

唐律消夏錄五卷　清顧安輯　清乾隆二十七年何文煥刻本　二册　九行十八字小字單行十六字黑口左右雙邊　五七四一

唐音審體二十卷 清錢良擇輯 清康熙四十三年昭質堂刻本 八册 十一行二十三字小字雙行三十四字白口左右雙邊 封面鐫昭質堂藏板 五七〇一

唐音審體二十卷 清錢良擇輯 清康熙四十三年昭質堂刻本 八册 四六八〇

唐詩貫珠六十卷 清胡以梅輯並箋釋 清康熙五十四年蘇州胡氏素心堂刻本 二十册 九行二十三字小字雙行二十二字細黑口左右雙邊 下書口鐫素心堂 五七三九

中晚唐詩叩彈集十二卷續集三卷 清杜詔、杜庭珠輯 清康熙四十三年采山亭刻本 六册 十一行二十字小字雙行三十一字白口左右雙邊 下書口鐫采山亭 封面鐫采山亭藏版 有刻工 五七三八

唐五言六韻分類排律選十二卷 清陶煊輯註 清康熙五十五年刻本 四册 九行二十字小字雙行字同黑口左右雙邊 七四三八

晚唐詩鈔二十六卷 清查克弘、凌紹乾輯 清康熙四十二年棲鳳閣刻本 十六册 十行十九字小字雙行字數不等白口左右雙邊 下書口鐫十干詩塢 封面鐫棲鳳閣藏板 鈐八千卷樓藏書印朱文方印 四六五七

晚唐詩鈔二十六卷 清查克弘、凌紹乾輯 清康熙四十二年棲鳳閣刻本 十二册 鈐雲輪閣朱文長方印 靜懷閣藏書記朱文方印 荃孫朱文長方印 四六五八

玉臺新詠十卷 清朱存孝輯 清康熙五十六年刻本 四册 十一行二十一字細黑口左右雙邊 鈐尚友山房朱文長方印 木齋珍藏朱文長方印 四六六五

唐詩成法八卷 清屈復撰 清乾隆八年弱水草堂刻本 三册 九行十九字小字雙行十八字白口左右雙邊 封面鐫弱水草堂 五七四二

唐詩別裁集十卷 清沈德潛、陳培脈輯 清康熙五十六年碧梧書屋刻本 十册 十行十九字小字雙行二十七字黑口左右雙邊 封面鐫碧梧書屋藏版 五七四五

唐詩别裁集十卷　清沈德潛、陳培脈輯　清康熙五十六年碧梧書屋刻本　六册　五七四六

重訂唐詩别裁集二十卷　清沈德潛輯　清乾隆二十八年教忠堂刻本　六册　十行十九字小字雙行二十七字白口左右雙邊　封面鐫教忠堂藏板　五七四四

唐詩觀瀾集二十四卷唐人小傳一卷　清李因培輯　清凌應曾注　清乾隆二十四年刻本　八册　九行二十一字小字雙行二十字白口左右雙邊　封面鐫乾隆己卯新鐫　七一〇二

全唐詩鈔八十卷補遺十六卷詩人爵里節畧一卷　清吳成儀輯　清乾隆二十四年璜川書屋刻本　二十册　十一行二十一字細黑口左右雙邊　七一四三

全唐詩鈔八十卷補遺十六卷詩人爵里節畧一卷　清吳成儀輯　清乾隆二十四年璜川書屋刻本　二十册　五七三七

網師園唐詩箋十八卷　清宋宗元輯　清乾隆三十二年尚絅堂刻本　六册　十行二十二字小字雙行二十九字白口左右雙邊　封面鐫尚絅堂藏版　五七四〇

大歷詩略六卷　清喬億輯　清乾隆三十七年居安樂玩之堂刻本　佚名簽校　二册　十行二十一字白口左右雙邊　封面鐫居安樂玩之堂藏板　六六八二

侯鯖集十卷　清李友棠輯　清乾隆靜香閣刻本　十册　十行二十一字黑口四周單邊　封面鐫靜香閣刊行　七二八九

應試唐詩説詳八卷　清蘇寧亭輯注　清乾隆二十六年東武自新齋刻本　四册　九行十七字小字雙行字同白口左右雙邊　封面鐫乾隆貳拾陸年新鐫　東武自新齋藏板　六六七六

唐詩箋註十卷　清黄叔燦箋註　清乾隆三十年松筠書屋刻本　四册　十行二十一字小字雙行二十字白口左右雙邊　封面鐫松筠書屋藏板　六六七七

欽定全唐文一千卷目録三卷　清董誥等輯　清嘉慶内府刻本　一千零四册　九行二十二字白口四周雙邊　四六九六

欽定全唐文一千卷目録三卷　清董誥等輯　清嘉慶内府刻本　二百五十二册　四〇二二

欽定全唐文一千卷目録三卷　清董誥等輯　清嘉慶内府刻本　五百零四册　七六一七

西崑詶唱集二卷　宋楊億等撰　清康熙四十七年辨義堂刻聽香樓印本　一册　八行十八字白口左右雙邊　封面鐫聽香樓藏板　鈐八千卷樓藏書之記朱文方印　五七四七

月泉吟社一卷　宋吴渭輯　清康熙五十五年吴寶芝刻本　一册　十行十九字白口左右雙邊　四六六九

月泉吟社一卷　宋吴渭輯　清初抄本　清青墩校並跋　二册　八行十九字無格　三九四八

宋詩一百七卷　明曹學佺輯　明崇禎四年刻石倉十二代詩選本　八册　九行十八字白口左右雙邊　有刻工　〇七五六
存四十九卷　一至四十九

宋百家詩存二十卷　清曹庭棟編　清乾隆六年曹氏二六書堂刻本　三十二册　十一行二十一字白口左右雙邊　六六八三

宋百家詩存二十卷 清曹庭棟編 清乾隆六年曹氏二六書堂刻本 十册 四六七六

宋詩略十八卷 清汪景龍、姚壎輯 清乾隆三十五年竹雨山房刻本 六册 十行十九字黑口左右雙邊 封面鐫竹雨山房藏板 六六八七

大宋文鑑一百五十卷目錄三卷 宋呂祖謙撰 明正德十三年慎獨齋刻本 六十册 十二行二十五字細黑口四周雙邊 〇八四三

大宋文鑑一百五十卷目錄三卷 宋呂祖謙撰 明正德十三年慎獨齋刻本 四十册 〇八四四

宋文鑑一百五十卷目錄三卷 宋呂祖謙撰 明刻本 二十册 十三行二十一字黑口左右雙邊 〇八四二

校正重刊官板宋朝文鑑一百五十卷目錄三卷 宋呂祖謙撰 明文林閣刻本 二十九册 十行二十字白口四周單邊 封面鐫文林閣梓行 一六五四

存一百四十五卷 一至五十二 五十八至一百五十

刻兩蘇王曾宋四大家文選四種八卷 明陶珽輯 明宋鈘較 明崇禎刻本 八册 九行十九字白口四周單邊 〇七九〇

宋大家蘇文公文選必讀二卷 宋蘇洵撰

宋大家蘇文定公文選必讀二卷 宋蘇轍撰

宋大家王文公文選必讀二卷 宋王安石撰

宋大家曾文定公文選必讀二卷 宋曾鞏撰

宋四六選二十四卷　清彭元瑞、曹振鏞輯　清乾隆四十二年曹振鏞刻本　十二册　九行二十五字白口四周雙邊　五八〇一

宋四六選二十四卷　清彭元瑞、曹振鏞輯　清乾隆四十一年曹振鏞刻本　十二册　五八〇二

中州集十卷首一卷樂府一卷　金元好問輯　明毛氏汲古閣刻本　十六册　八行十九字白口左右雙邊　下書口鐫汲古閣　〇七七四

中州集十卷首一卷樂府一卷　金元好問輯　明毛氏汲古閣刻本　十册　〇七七二

中州集十卷首一卷樂府一卷　金元好問輯　明毛氏汲古閣刻本　十册　〇七七三

御訂全金詩增補中州集七十二卷首二卷　金元好問撰　清郭元釪補輯　清康熙五十年內府刻本　二十四册　八行十九字細黑口四周單邊　四〇〇八

御訂全金詩增補中州集七十二卷首二卷　金元好問撰　清郭元釪補輯　清康熙五十年內府刻本　二十四册　四六六〇

金詩選四卷　清顧奎光輯　清乾隆十六年刻本　八册　十行十九字白口左右雙邊　六六八八

元詩選初集一百種一百四十卷首一卷　清顧嗣立輯　清康熙三十三年秀野草堂刻本　十四册　十三行二十三字白口左右雙邊　版心鐫秀野草堂　五七五四

元詩選初集一百四十卷首一卷　清顧嗣立輯　清康熙三十三年秀野草堂刻本　二十四册　五七五五

元詩選初集一百種一百十四卷首一卷二集一百種一百三卷三集一百種一百三卷　清顧嗣立輯　清康熙三十三至五十九年顧氏秀野草堂刻本　三十二册　十三行二十三字白口左右雙邊　版心鐫秀野草堂　五七五三

元詩選六卷補遺一卷　清顧奎光輯　清陶瀚、陶玉禾評　清乾隆十六年刻本　八册　十行十九字白口左右雙邊　五七五六

元詩選六卷補遺一卷　清顧奎光輯　清陶瀚、陶玉禾評　清乾隆十六年刻本　二册　五七五七

國朝文類七十卷　元蘇天爵輯　元刻本　十六册　十三行二十四字黑口四周雙邊　Z〇〇六二

元文類七十卷目錄三卷　元蘇天爵輯　明嘉靖十六年晉藩刻遞修本　十五册　十行十九字小字雙行字同白口四周單邊　上書口間鐫晉府重刊　有刻工　存五十一卷　二十至七十卷　〇八四五

皇明風雅四十卷詩人名氏一卷　明徐泰輯　明嘉靖十二年張沂刻本　八册　十行二十字白口左右雙邊　〇七五一

明詩選十二卷首一卷　明李攀龍輯　明陳子龍刪　明崇禎四年豹變齋刻本　四册　九行二十字小字雙行十九字白口四周單邊　卷首題下鐫豹變　〇七五二

齋梓

皇明詩選七卷　明慎蒙輯　明萬曆姑蘇言萬堂刻本　八冊　十行二十字白口左右雙邊　序首頁下書口鐫姑蘇言萬堂刊　有刻工　○七五八

批點明詩七言律十二卷　明穆文熙輯並批　明萬曆九年劉懷恕刻本　十二冊　九行二十字小字雙行字數不等白口四周單邊　有刻工　鈐竹垞朱文大方印　○七五三

皇明詩統四十二卷　明李騰鵬輯　明王度等校　明萬曆刻本　佚名校　四十二冊　九行二十字小字雙行字數不等白口四周單邊　有刻工　鈐孫氏萬卷樓印朱文方印　○七五七

金蘭集三卷　明徐達左輯　金蘭續集一卷　清徐堅輯　畊漁軒遺書一卷　明徐達左撰　清乾隆二十四、二十五年澥溪草堂刻本　四冊　十行二十字白口左右雙邊　下書口鐫澥溪草堂　卷末鐫乾隆庚辰年刻於邗江孝經堂牌記　四六七〇

金蘭集三卷　明徐達左輯　金蘭續集一卷　清徐堅輯　畊漁軒遺書一卷　明徐達左撰　清乾隆二十四、二十五年澥溪草堂刻本　四冊　五七〇五

皇明經世文編五百四卷補遺四卷姓氏爵里一卷　明陳子龍等輯　明方禹修、陳繼儒評定　明崇禎平露堂刻本　一百四冊　九行二十字白口四周單邊　封面鐫雲間平露堂梓行　鈐錢氏守山閣朱文長方印　○八六五

蓮香集五卷　明彭日貞輯　清乾隆三十年西城艸堂刻本　二册　八行十八字白口四周單邊　封面鐫西成艸堂藏版　六二〇三

列朝詩集乾集二卷甲集前編十一卷甲集二十二卷乙集八卷丙集十六卷丁集十六卷閏集六卷　清錢謙益輯　清順治九年汲古閣刻本　二十四册　十五行二十八字白口四周雙邊　封面鐫絳雲樓選　五二〇五

列朝詩集乾集二卷甲集前編十一卷甲集二十二卷乙集八卷丙集十六卷丁集十六卷閏集六卷　清錢謙益輯　清順治九年汲古閣刻本　二十四册　五二〇六

明詩綜一百卷　清朱彝尊輯　清康熙刻本　三十二册　五七六〇

明詩綜一百卷　清朱彝尊輯　清康熙刻清西泠清來堂吳氏印本　三十二册　十一行二十一字小字雙行二十七字白口左右雙邊　封面鐫西泠清來堂吳氏藏版　五七五九

明詩綜詩話不分卷　清朱彝尊輯　清乾隆四年江湑抄本　清姚世琦、黎雨稼、鮑倚雲跋　二十册　十行二十三字小字雙行字數不等無格　鈐𢎞齋藏書記朱文長方印　二九六〇

名家詩永十六卷　清王爾綱輯　清康熙二十七年砌玉軒刻本　十六册　十一行二十三字小字雙行二十二字白口四周單邊　封面鐫砌玉軒藏板　四六七四

明詩別裁集十二卷 清沈德潛、周準輯 清乾隆四年刻本 四册 十行十九字小字雙行二十九字白口左右雙邊 五七六二

明詩別裁集十二卷 清沈德潛、周準輯 清乾隆四年刻本 四册 六九四七

明人詩鈔十四卷續集十四卷 清朱琰輯 清乾隆二十五年樊桐山房刻本 十册 十行十九字小字雙行二十五字白口左右雙邊 六一〇九

明人詩鈔十四卷續集十四卷 清朱琰輯 清乾隆二十五年樊桐山房刻本 清張千里題識 八册 封面鐫乾隆庚辰鐫 樊桐山房藏板 五七六一

皇明文選二十卷 明汪宗元輯 明嘉靖三十三年刻本 十册 十行二十字白口左右雙邊 〇八三六

皇明百家文範八卷 明王乾章輯 明萬曆三年刻本 十册 九行二十字白口四周雙邊 〇八四六

皇明翰閣文宗十二卷 明黄洪憲、何大通輯 明萬曆五年金陵書坊周竹潭刻本 十二册 十二行二十二字細黑口四周雙邊 封面鐫金陵書坊周竹潭梓 鈐石倉書記朱文方印 自怡說齋珍藏白文方印 〇〇八四

鼎鐫諸方家彙編皇明名公文雋八卷 明袁宏道輯 明丘兆鱗參補 明末師儉堂刻本 四册 九行二十字小字雙行字同白口四周單邊 卷末鐫師儉堂蕭少衢依京板刻牌記 〇八四九

陳太史昭代經濟言十四卷　明陳子壯輯　明天啓刻本　四册　八行二十字白口四周單邊　○三二四

皇明經濟文輯二十三卷　明陳其愫輯　明天啓七年刻本　十册　八行十八字白口四周單邊　○三二五

明文霱二十卷　明劉士鏻輯並評　明崇禎刻本　二十四册　九行二十字白口四周單邊　○八三二

媚幽閣文娯不分卷　明鄭元勳輯　明崇禎三年鄭元化刻本　六册　九行二十字白口四周單邊　○八三七

新刻旁註四六類函十二卷　明朱錦輯　明閔師孔註　明萬曆三十六年王世茂刻本　六册　七行二十四字白口四周單邊　○八六八

恕銘朱先生彙選當代名公四六新函十二卷品級人物一卷　明朱錦輯　明徐榛等註　明萬曆四十二年金陵王氏車書樓刻本　十册　七行二十字白口四周單邊　○八六九

車書樓彙輯各名公四六爭奇八卷　明許以忠輯　明王世茂校　明萬曆四十八年刻本　八册　九行十八字小字雙行十七字白口四周單邊間左右雙邊　一五二四

車書樓選註當代名公四六天花八卷　明許以忠輯　明王世茂註　明書林龔舜緒刻本　四册　八行二十字小字雙行十九字白口四周雙邊　一四六七
存四卷　一至四

簡便類選一卷　明孫應瑞輯　明詹一貫校　明天啓六年刻本　一册　八行十八字白口四周單邊　有刻工　〇八七三

增定國朝館課經世宏辭十五卷　明王錫爵、沈一貫輯　明萬曆十八年周日校萬卷樓刻本　十五册　十二行二十四字白口四周單邊　每卷末鐫周氏萬卷樓藏板　序後鐫萬曆庚寅孟夏金陵後學對峰周日校勒於萬卷樓牌記　〇八五四

歷科後場鳴悦不分卷　明徐如珩輯　明天啓東觀閣刻本　十二册　九行二十四字白口四周單邊　下書口鐫東觀閣　〇八七一

皇明館課標奇二十一卷　明劉孔當等撰　明張位輯　明富春堂刻本　八册　十行十九字白口四周雙邊　下書口鐫富春堂　〇七三五

明文英華十卷　清顧有孝輯　清康熙二十六年刻本　七册　九行二十二字下黑口左右雙邊　四六八八

明文鈔初編不分卷二編不分卷三編不分卷四編不分卷五編不分卷論文集鈔二卷　清高塘輯　清乾隆五十一年刻本　十六册　九行二十五字白口四周雙邊　封面鐫乾隆五十二年訂　六四八八

明人尺牘選四卷　清王元勳、程化騄輯　清常熟漱芳齋刻本　四册　十行二十一字白口四周雙邊　封面鐫常熟漱芳齋刊行　六九二四

竹苞集不分卷　清蕭仲升輯　清康熙刻本　四册　九行十八字細黑口四周雙邊　六四九〇

南邦黎獻集十六卷　清鄂爾泰輯　清雍正三年慎時哉軒刻本　八册　十行二十二字白口左右雙邊　四六九九

百名家詩選八十九卷　清魏憲輯　清康熙十年魏氏枕江堂刻聚錦堂印本　二十四册　九行十八字白口左右雙邊　下書口鐫枕江堂　封面鐫聚錦堂藏板　四六六二

詩觀初集十二卷二集十四卷閨秀別卷一卷三集十三卷閨秀別卷一卷　清鄧漢儀輯　清康熙慎墨堂刻本　二十二册　十一行二十三字小字雙行二十二字白口四周單邊　下書口鐫慎墨堂篋中藏槁　封面鐫金昌王九明梓行　四六八二

存二十二卷　詩觀初集十二卷　二集一至九卷　閨秀別卷一卷

驪珠集十二卷　清顧有孝輯　清康熙九年刻本　清蔗庵老人陳白筆批校　四册　十一行二十一字小字雙行字同黑口左右雙邊　鈐乾坤一草亭白文方印　四六七一

篋衍集十二卷　清陳維崧輯　清蔣國祥校訂　清康熙三十六年蔣國祥刻本　十册　十行十九字小字雙行字數不等黑口左右雙邊　五七七三

篋衍集十二卷　清陳維崧輯　清蔣國祥校訂　清康熙三十六年蔣國祥刻本　四册　五七七四

感舊集十六卷　清王士禛輯　清盧見曾補傳　清乾隆十七年盧見曾刻本　八册　十一行二十一字小字雙行二十七字白口左右雙邊　五一四九

皇清詩選三十卷首一卷　清孫鋐輯　清康熙二十七年鳳嘯軒刻本　十六册　九行十九字小字雙行十八字白口四周雙邊　下書口鐫盛集初編　四六七七

盛朝詩選初集十二卷二集十二卷 清顧施禎輯 清康熙二十八年顧氏心耕堂刻本 六册 九行二十字白口左右雙邊 下書口鐫心耕堂 鈐禮府藏書白文方印 汲脩居士朱文方印 四六六四

存 初集十二卷

國朝詩別裁集三十六卷 清沈德潛輯並評 清乾隆二十四年刻本 十八册 十行十九字小字雙行二十七字白口左右雙邊 五七六八

欽定國朝詩別裁集三十二卷 清沈德潛輯並評 清乾隆二十六年刻本 八册 十行十九字小字雙行二十七字白口左右雙邊 五七六九

欽定國朝詩別裁集三十二卷 清沈德潛輯並評 清乾隆二十六年刻本 十二册 七一九三

本朝廿二家詩不分卷 清桂馥輯 清抄本 一册 十行二十一字白口四周雙邊 二九五四

沽上題襟集八卷 清查爲仁、查學禮輯 清乾隆六年刻本 六册 十行二十二字細黑口左右雙邊 五一三六

千叟宴詩四卷 清聖祖玄燁等撰 清康熙六十一年内府刻本 七册 六行十六字白口左右雙邊 四〇四三

同聲集四卷 清徐基輯 清康熙四十四年刻本 二册 九行十九字白口左右雙邊 七七二九

以介編二卷 清張宗芝、王溈輯 清初瞿有仲、顧湄刻本 二册 十行十九字黑口左右雙邊 六四八九

千叟宴詩三十四卷首二卷 清高宗弘曆等撰 清乾隆五十年内府刻本 三十六册 九行十九字小字雙行字同白口四周雙邊 七七三二

千叟宴詩三十四卷首二卷　清高宗弘曆等撰　清嘉慶元年武英殿活字印本　三十六册　十一行二十五字小字雙行字同白口四周雙邊　四〇〇三

千叟宴詩三十四卷首二卷　清高宗弘曆等撰　清嘉慶元年武英殿活字印本　十二册　四〇四四

清詩大雅不分卷二集不分卷　清汪觀輯　清雍正十一至十二年靜遠堂刻本　六册　八行十九字白口左右雙邊　下書口鎸靜遠堂　五七七五

存二集不分卷

本朝館閣詩二十卷附錄一卷　清阮學浩、阮學濬輯　續附錄一卷　清阮芝生等輯　清乾隆二十三年刻本　六册　十行二十一字黑口左右雙邊　七七三六

詩媛名家紅蕉集二卷　清鄒漪輯　清初刻本　一册　八行十八字白口四周單邊　五二七六

存一卷　下卷

本朝名媛詩鈔六卷　清胡孝思、朱光評輯　清乾隆三十一年凌雲閣刻本　一册　九行二十字白口左右雙邊　八二二二

禁林集八卷　清杭世駿輯　清乾隆二十三年刻本　四册　十行二十字白口四周單邊　六七六六

本朝應制和聲集六卷首三卷二集三卷首一卷二集補編一卷 清沈德潛、王居正輯並評 清乾隆刻本 八册 十行十九字白口左右雙邊 五七一〇

存 本朝應制和聲集六卷首三卷

今文大篇二十卷 清諸匡鼎輯 清康熙四十七年諸氏説詩堂刻本 八册 十一行二十三字白口四周單邊 封面鐫説詩堂藏板 四六九七

皇清文潁一百卷首二十四卷目錄六卷 清張廷玉等輯 清乾隆十二年武英殿刻本 五十四册 八行二十字白口四周雙邊 四〇三九

切問齋文鈔三十卷 清陸燿輯 清乾隆四十年刻本 十册 十二行二十五字白口左右雙邊 封面鐫乾隆乙未鐫板 五八三一

切問齋文鈔三十卷 清陸燿輯 清乾隆四十年刻清重修本 十册 總目後鐫吳門劉萬傳局鐫 六七〇〇

切問齋文鈔三十卷 清陸燿輯 清乾隆四十年刻清重修本 八册 七二二三

南宋襍事詩七卷 清沈嘉轍等撰 清武林芹香齋刻本 二册 十一行二十一字小字雙行二十八字白口左右雙邊 卷末鐫嘉善劉子端手錄武林芹香齋摹鐫牌記 五八六六

鴛央湖櫂歌四卷續一卷 清陸以諴輯 清朱芳衡校 清乾隆四十年刻本 二册 九行二十字黑口四周單邊 七八二三

鴛央湖櫂歌四卷續一卷 清陸以諴輯 清朱芳衡校 清乾隆四十年刻本 二册 七六〇五

斯文精萃不分卷　清尹繼善輯　清乾隆七年刻本　二十册　九行二十五字白口四周單邊　七六四二

本朝文約選六卷　清程墨輯　清乾隆四十八年嶧陽書院刻本　一册　九行二十四字白口左右雙邊　封面鐫乾隆癸卯年鐫　嶧陽書院藏板　七五三二

湘管聯吟一卷續集二卷附錄一卷附藁一卷　清陳焯輯　清乾隆四十三年刻本　一册　十行十九字白口四周雙邊　七三三六

百十二家墨錄題詞五卷　清邱東河輯　清乾隆五十二年刻本　一册　九行十九字白口四周雙邊　七五九七

曹李尺牘合選二卷　清曹溶、李良年撰　清茅復輯　清刻本　二册　十行二十三字黑口左右雙邊　七四一六

友聲五卷後集五卷新集五卷　清張潮輯　尺牘偶存十一卷　清張潮撰　清乾隆四十五年心齋刻本　十六册　八行二十字小字雙行十九字白口四周單邊　下書口鐫心齋　封面鐫乾隆庚子秋鐫　六九二六

國朝文鈔初編不分卷二編不分卷三編不分卷四編不分卷五編不分卷論文二卷　清高塘輯　清乾隆五十一年刻本　二十九册　九行二十五字白口四周雙邊　各編封面鐫乾隆五十一年鐫　六四八七

本朝館閣賦前集十二卷　清葉抱崧、程洵等編　清乾隆二十九年刻本　六册　十行二十一字上黑口左右雙邊　八一〇一

本朝館閣賦前集十二卷 清葉抱崧、程洵等輯 清乾隆二十九年刻本 後集七卷補遺一卷附錄一卷 清周日漣、程琰等輯 稻香樓試帖二卷 清程琰撰 清乾隆三十三年刻本 十二册 本朝館閣賦十行二十一字上黑口左右雙邊 稻香樓試帖 十行十九字白口左右雙邊 前集封面鐫乾隆甲申冬新鐫 困學齋藏板 後集封面鐫乾隆戊子冬新鐫 困學齋藏板 試帖封面鐫乾隆戊子新鐫 栩栩室藏板 七七三四

味蘭軒百篇賦鈔四卷 清張世燾、彭克惠輯並註 清乾隆三十八年刻本 四册 十行二十五字小字雙行二十三字白口四周單邊 封面鐫乾隆癸巳年新鐫 六九八五

味蘭軒百篇賦鈔四卷 清張世燾、彭克惠輯並註 清乾隆三十八年刻本 四册 五三五八

以上斷代

津門詩鈔三十卷 清梅成棟撰 清道光四年思誠書屋刻本 高凌雯校並跋 十册 十二行二十一字小字雙行字同白口左右雙邊 封面鐫思誠書屋藏版 鈐謙益堂朱文方印 賈廷琳印白文方印 四六九二

沽上梅花詩社存稿二十卷 清王崇綬輯 稿本 三册 八行二十一字藍格白口 三三七六

吳風二卷 清宋犖輯 清康熙三十三年刻本 三册 十行十九字黑口四周單邊 鈐臣維新印白文方印 甘白老人朱文方印 四六九八

青浦詩傳三十四卷 清王昶輯 清乾隆五十九年經訓堂刻本 六册 十二行二十三字小字雙行二十八字黑口四周單邊 封面鐫乾隆甲寅秋鐫 經訓堂藏板 五八四二

甫里逸詩二卷 清周秉鑑輯 清乾隆五十八年周氏易安書屋活字印本 二册 十行十九字白口四周單邊 下書口鐫易安書屋 二三三五

存一卷上

七十二峰足徵集八十八卷文集十六卷 清吴定璋輯 清乾隆十年吴氏依緑園刻本 二十四册 九行十九字白口左右雙邊 封面鐫依緑園藏板 五八五二

存 足徵集八十八卷

吴都文粹十卷 宋鄭虎臣輯 清活字印本 十册 九行二十一字白口左右雙邊 鈐周氏赤玫朱文方印 二三四二

江左十五子詩選十五卷 清宋犖輯 清康熙四十二年商丘宋氏宛委堂刻本 四册 十行十九字黑口左右雙邊 五八六三

王式丹詩選一卷 清王式丹撰
吴廷楨詩選一卷 清吴廷楨撰
宫鴻曆詩選一卷 清宫鴻曆撰
徐昂發詩選一卷 清徐昂發撰
錢名世詩選一卷 清錢名世撰
張大受詩選一卷 清張大受撰

管掄詩選一卷　清管掄撰
吳士玉詩選一卷　清吳士玉撰
顧嗣立詩選一卷　清顧嗣立撰
李必恆詩選一卷　清李必恆撰
蔣廷錫詩選一卷　清蔣廷錫撰
繆沅詩選一卷　清繆沅撰
王圖炳詩選一卷　清王圖炳撰
徐永宣詩選一卷　清徐永宣撰
郭元釪詩選一卷　清郭元釪撰

吳中女士詩鈔　清任兆麟輯　清乾隆五十五年刻本　八册　九行十九字小字雙行字同白口左右雙邊　五八五〇

多愛兰詩鈔一卷　清王瓊撰
清溪詩稿（一名潮生閣詩稿）一卷　清張滋蘭撰
兩面樓詩稿一卷　清張芬撰
賞奇樓蠹餘稿一卷　清陸瑛撰
琴好樓小製一卷　清李媺撰
采香樓詩集一卷　清席蕙文撰
修竹廬吟稿一卷　清朱宗淑撰
青藜閣集詩一卷詞一卷　清江珠撰
翡翠樓集詩一卷詞一卷　清沈纕撰
曉春閣詩稿一卷　清尤澹仙撰
停雲閣詩稿一卷　清沈持玉撰
附　翡翠林閨秀雅集一卷　清任兆麟輯

簫譜一卷 清任兆麟撰

香雪巢三家詩三卷 清朱琳輯 清乾隆十二年刻本 二册 九行十九字白口左右雙邊 五八五一

草草亭遺詩鈔一卷 清黄傑撰

澗西集錄遺一卷 清顧嘉譽撰

香雪巢浪吟一卷 清朱琳撰

海虞詩苑十八卷 清王應奎輯 清乾隆二十四年刻本 四册 十行十九字黑口左右雙邊 六七〇三

海虞詩苑十八卷 清王應奎輯 清乾隆二十四年刻本 六册 六七〇四

國朝松陵詩徵二十卷 清袁景輅輯 清乾隆三十二年愛吟齋刻本 四册 十行二十一字小字雙行二十八字白口左右雙邊 下書口鐫愛吟齋 五八五五

國朝松陵詩徵二十卷 清袁景輅輯 清乾隆三十二年愛吟齋刻本 四册 五八五六

國朝松陵詩徵二十卷 清袁景輅輯 清乾隆三十二年愛吟齋刻本 六册 六七〇五

松風餘韻五十卷末一卷 清姚弘緒輯 清乾隆九年寶善堂刻本 十二册 十一行二十一字小字雙行十九字白口左右雙邊 五八四六

婁東詩派二十八卷 清汪學金輯 清嘉慶九年詩志齋刻本 十二册 十行二十一字小字雙行字同黑口左右雙邊 封面鐫嘉慶甲子鐫 詩志齋藏 鈐文選樓朱文長方印 揚州阮氏琅環仙館藏書朱文大方印 七六二九

明練音續集十卷首一卷末一卷　清汪輔銘輯　清雍正爾雅堂刻本　八册　十一行二十一字小字雙行二十七字白口左右雙邊　五八四三

國朝練音初集十卷首一卷末一卷　清汪輔銘輯　清乾隆八年飛霞閣刻本　八册　十一行二十一字白口左右雙邊　封面鎸飛霞閣藏版　五八四四

毗陵六逸詩鈔七種二十四卷　清孫讜編　清康熙五十六年壽南堂刻本　四册　十一行二十一字黑口左右雙邊　封面鎸壽南堂藏板　五八五七

南田詩鈔五卷　清惲格撰
白雲樓詩鈔一卷　清楊宗發撰
香草堂詩鈔五卷　清胡香昊撰
西林詩鈔五卷　清陳鍊撰
苣野詩鈔四卷　清唐惲宸撰
梅坪詩鈔三卷　清董大倫撰
六逸詩話一卷　清莊杜芬、徐梅輯

甓湖聯吟集七卷　清李光國輯　清乾隆十九年刻本　四册　十行十九字黑口左右雙邊　五八六一

新安二布衣詩八卷　清王士禛等輯　清康熙四十三年汪洪度等刻本　二册　十行十九字白口四周單邊　五八六五

新安二布衣詩八卷　清王士禛等輯　清康熙四十三年汪洪度等刻本　一册　四八三二

吳非熊集四卷　明吳兆撰

程孟陽集四卷　明程嘉遂撰

存　吳非熊集四卷

蒲溪吟社三家詩鈔四卷　清顧貽祿編　清平嵐書屋抄本　四册　八行十九字白口左右雙邊　下書口鐫平嵐書屋　二九七六

雪嚴詩鈔一卷　清苗令琮撰

雙溪詩鈔一卷續鈔一卷　清張文華撰

西軒詩鈔一卷　清張承綸撰

國朝山左詩鈔六十卷　清盧見曾輯　清乾隆二十三年盧氏雅雨堂刻本　二十册　十行二十一字白口四周單邊　下書口鐫雅雨堂　封面鐫乾隆戊寅鐫　五八三六

山左明詩鈔三十五卷　清宋弼輯　清乾隆三十六年刻本　十六册　十一行二十一字小字雙行十八字黑口左右雙邊　封面鐫乾隆辛卯開雕　恩平縣衙藏板　五八三四

中州名賢文表三十卷　明劉昌輯　清康熙四十五年汪立名刻本　八册　十二行二十二字小字雙行三十三字黑口左右雙邊　五八三九

雍音四卷　明胡纘宗輯　明嘉靖二十七年清渭草堂刻本　五册　十行二十字小字雙行字同白口四周單邊　下書口鐫清渭草堂　〇八五七

隴西二家詩鈔二卷 清李俊輯 壆缶集一卷 清徐荀撰 清乾隆二十三年刻本 二冊 八行十九字白口左右雙邊 五八四〇

鏡齋集一卷 清李榮芳撰

白雲集一卷 清李榮英撰

二南遺音四卷 清劉紹攽輯 清乾隆劉氏傳經堂刻本 四冊 九行二十字小字雙行字同白口四周雙邊 封面鐫劉傳經堂藏板 六七〇一

關雅六卷 清石林鳳輯 稿本 二冊 八行二十二字紅格白口四周雙邊 封面題光緒丁亥廉夫子訂 二九七五

頻陽集四卷 明劉兌輯 明萬曆十二年刻本 四冊 九行二十字白口四周單邊 〇八五八

西湖款乃集一卷 清陳之遴等撰 清抄本 一冊 十二行二十四字藍格白口四周單邊 鈐八千卷樓藏書之記朱文方印 嘉惠堂藏閱書朱文長方印 二九八六

沈南疑先生檇李詩繫四十二卷 清沈季友輯 清康熙四十九年金南鍈敦素堂刻本 四十冊 十一行二十一字上黑口左右雙邊 五八六九

魏塘詩陳八卷 清錢佳、丁廷烺輯 清初刻本 二冊 十行二十三字白口左右雙邊 五八七二

甬東詩括十三卷 明楊德周等輯 明崇禎刻本 六冊 十行二十一字白口四周雙邊 鈐復居珍藏印白文方印 赤堇山人朱文方印 慈谿畊餘樓藏朱文方印 馮氏辨齋藏書朱文方印 Z〇〇八七

甬上耆舊詩三十卷 清胡文學、李鄴嗣輯 清康熙十五年胡氏敬義堂刻本 十册 十一行二十二字白口四周單邊 下書口鐫敬義堂 五八七〇

續甬上耆舊詩四十卷 清全祖望輯 清雙韭山房抄本 十册 十二行二十二字白口四周單邊 下書口鐫雙韭山房 二九八五

四明四友詩六卷 清鄭梁輯 清康熙四十八年刻本 一册 十一行十九字小字雙行字同白口四周單邊 四七〇〇

東門閑閑閣草一卷寄軒草一卷 清李暾撰
南谿僅眞集一卷 清鄭性撰
北溟見山集一卷 清謝緒章撰
西郭冰雪集一卷苦吟一卷 清萬承勳撰

山陰道上集（一名越中耆舊詩）不分卷 清沈复燦輯 清沈氏鳴野山房稿本 三十四册 十一行二十一字無格 二九八八

方城遺獻八卷續刻一卷 清李成經輯 清乾隆五十二年刻本 三册 十行十九字小字雙行字同白口四周單邊 封面鐫乾隆丁未年鐫 德馨堂藏板 五八七一

金華詩錄六十卷外集六卷別集四卷書後一卷 清朱琰輯 清乾隆三十八年金華府學刻本 二十册 十行二十一字小字雙行三十一字白口左右雙邊 封面鐫乾隆癸巳年鐫金華府學藏板 七七三九

金華文徵二十卷 明楊德周、戴應鰲輯 明阮元聲、高倬選評 明崇禎三年刻本 十册 十行二十字白口四周單邊 有刻工 〇八四〇

石洞貽芳集五卷 清郭鍾儒輯 清康熙十六年行素齋刻本 二冊 九行二十字白口四周單邊 封面鐫行素齋藏板 八〇八九

東陽歷朝詩九卷 清董肇勳輯 清乾隆五十三年學耨堂刻本 二冊 十一行二十一字小字雙行字同白口四周雙邊 封面鐫學耨堂藏板 六九六一

麟溪集十二卷 明鄭太和輯 明刻本 丁立中跋 四冊 十二行二十二字黑口四周雙邊 鈐八千卷樓收藏書籍朱文方印 〇八五九

選刻釣臺集五卷 清錢廣居、潘煥寅輯 清順治六年錢廣居刻本 二冊 九行二十字白口四周單邊 六七〇六

南昌文考二十卷 清徐午輯 清乾隆六十年刻本 十冊 十行二十至二十二字不等黑口四周雙邊 五八七六

鄱陽五先生詩十六卷 清史簡輯 清康熙八年清風堂刻本 十六冊 八行十九字小字雙行字同白口四周單邊 封面鐫清風堂藏板 五八七七

黎芳洲先生詩集三卷 宋黎廷瑞撰
徐松巢先生詩集三卷 宋徐瑞撰
樂庵詩集二卷 元吳存撰
寓庵詩集二卷續一卷 元葉蘭撰 附葉德新先生僅存詩一卷 元葉懋撰
春雨軒集四卷 明劉昺撰

輯刻琵琶亭詩一卷 清唐英輯 清乾隆十一年唐氏古柏堂刻本 四冊 九行二十一字白口四周雙邊 下書口鐫古柏堂 五八七五

黃岡二家詩鈔三十四卷 清陳師晉編 清乾隆四年玉照亭刻本 八冊 十一行二十一字小字雙行三十一字黑口左右雙邊 封面鐫玉照亭藏板 五八七八

尊道堂詩鈔八卷別集六卷　清王材任撰
王照亭詩鈔二十卷　清陳大章撰

岳陽紀勝彙編四卷　明梅淳輯　明萬曆十三年張振先刻本　四册　九行二十一字白口四周雙邊　鈐嘉惠堂藏閱書朱文長方印　〇八六〇

郊居詩抄八卷　明昌應時輯　明萬曆六年刻本　三册　九行十九字白口四周雙邊　鈐莆田劉澮齋藏書記朱文長方印　閩林元之白文方印　〇八六一

莆風清籟集六十卷　清鄭王臣輯　清乾隆三十七年刻本　十册　九行二十一字白口左右雙邊　五八七九

嶺南三大家詩選二十四卷　清王隼輯　清康熙刻本　六册　十行十九字黑口左右雙邊　七四〇一
六瑩堂詩八卷　清梁佩蘭撰
道援堂詩八卷　清屈大均撰
獨漉堂詩八卷　清陳恭尹撰

江皐小築集二卷附稿一卷　明李元弼輯　明洪信等校　明萬曆四十年刻本　六册　八行十七字白口四周雙邊　〇八六二

以上地方藝文

三孔先生清江文集三十卷　宋孔文仲、孔武仲、孔平仲撰　清抄本　六册　八行二十字無格　鈐小李山房朱文方印　二九九〇

述本堂詩集十八種二十三卷　清方觀承輯　清乾隆二十年桐城方氏刻本　八册　十行十九字白口左右雙邊　五一五七
依園詩畧一卷　清方登峄撰
星硯齋存稿一卷　清方登峄撰

垢硯吟一卷　清方登嶧撰
葆素齋集三卷　清方登嶧撰
如是齋集一卷　清方登嶧撰
陸塘初稿一卷　清方式濟撰
出關詩一卷　清方式濟撰
龍沙紀略一卷　清方式濟撰
東閭剩稿一卷　清方觀承撰
入塞詩一卷　清方觀承撰
懷南草一卷　清方觀承撰
豎步吟一卷　清方觀承撰
叩舷吟一卷　清方觀承撰
宜田彙稿一卷　清方觀承撰
看蠶詞一卷　清方觀承撰
松漠草一卷　清方觀承撰
薇香集一卷　清方觀承撰
燕香集二卷二集二卷　清方觀承撰

述本堂詩集十八種二十三卷　清方觀承輯　清乾隆二十年桐城方氏刻本　十冊　五一五六

二方詩鈔六卷　清方觀承輯　清刻本　四冊　十行十九字白口左右雙邊蘭叢詩話十行二十字白口左右雙邊　五八六四

南堂詩鈔一卷　清方世泰撰
春及堂詩鈔四卷　清方世舉撰
蘭叢詩話一卷　清方世舉撰

吴江沈氏詩集十二卷　清沈祖禹輯　清乾隆五年刻本　六册　十一行二十一字小字雙行字同白口四周雙邊　五八五四

王氏錄存詩彙草六卷　清王實堅輯　清乾隆二十七年刻本　一册　十行十九字細黑口左右雙邊　六七〇七
荷香館詩草一卷　明王世德撰
冰玉齋詩草一卷　明范景姒撰
無念齋詩草一卷　清王孫錫撰
復初齋詩草一卷　清王作肅撰
修修園詩草一卷　清王履吉撰
冰雪齋詩草一卷　清王實堅撰

王氏錄存詩彙草不分卷　清王實堅輯　清乾隆嘉慶間刻本　一册　十行十九字細黑口左右雙邊　七七二八

汪氏傳家集一百二十三卷　清汪琬輯　清康熙刻本　十六册　十行十九字小字雙行字同黑口左右雙邊　五八五三
鈍翁前後類藁六十二卷續藁五十六卷　清汪琬撰
寸碧堂詩集二卷外集一卷　清汪膺撰
汪伯子箐菴遺稾一卷　清汪筠撰
附姑蘇楊柳枝詞一卷　清周枝楙輯

秀水汪氏二先生集二十一卷　清汪孟鋗輯　清乾隆刻本　八册　十二行二十三字小字雙行字數不等白口四周單邊　五八六七
厚石齋詩集十二卷　清汪孟鋗撰
桐石草堂集九卷　清汪仲鈖撰

桐鶴兩先生詩鈔二十九卷　清單鉊輯　清抄本　四册　十二行二十五字小字雙行字同無格　二九七八

石桐先生詩鈔十六卷　清李懷民撰
少鶴先生詩鈔十三卷　清李憲喬撰

范文正公忠宣公全集七十三卷　宋范仲淹、范純仁撰　清康熙四十六年范氏歲寒堂刻本　十六册　十一行二十一字白口左右雙邊　下書口鐫歲寒堂　七二三四
范文正公集四十八卷　宋范仲淹撰
范忠宣公集二十五卷　宋范純仁撰

范文正公忠宣公全集七十三卷　宋范仲淹、范純仁撰　清康熙四十六年范氏歲寒堂刻乾隆四十八年補刻本　十六册　十一行二十一字白口左右雙邊　下書口鐫歲寒堂　五八四八
范文正公集四十八卷　宋范仲淹撰
范忠宣公集二十五卷　宋范純仁撰

遂閒堂張氏詩草二卷附録詩星閣筆記八則一卷　清張虎士輯　清抄本　四册　八行二十字無格　三一一六

李卓吾批點曹氏一門二卷　魏曹操等撰　明李贄批選　明刻本　二册　九行十八字白口左右雙邊　〇六八四

石倉世纂三十三卷　清曹錫黼輯　清乾隆十五年上海曹氏五畝園刻本　清錢大成題識　七册　十行二十字白口左右雙邊　六八〇九

存四種二十一卷

放言居詩集六卷　清曹炳曾撰
四言齋文集八卷詩集六卷　清曹一士撰
梯仙閣餘課一卷　清陸鳳池撰

吳興閔氏兩尚書詩集十五卷　明閔一范編　明萬曆十年閔一范刻本　四册　九行十八字白口四周雙邊　Z〇〇九七
閔莊懿公詩集八卷　明閔珪撰
閔午塘先生詩集七卷　明閔如霖撰

江陰黃氏家集十一種十六卷　清丁寶義輯　清抄本　三册　九行二十一字無格　二九九二
吉甫詩草一卷補遺一卷附錄一卷　明黃道撰
勉菴詩鈔一卷　明黃遵撰
心所詩稿一卷　明黃繼立撰
志善詩稿一卷　明黃繼元撰
大愚老人集二卷附錄一卷　明黃毓祺撰
錫余詩稿一卷　明黃毓礽撰
子心詩稿一卷附錄一卷　明黃晞撰
子聲詩稿一卷　明黃大洪撰
子瞻詩稿一卷　明黃覺撰
其仁詩草一卷　明黃元春撰
月波詩草一卷　明黃安雅撰

午夢堂集九卷　明葉紹袁輯　明崇禎刻清乾隆葉桓椿補刻本　四册　九行二十字白口四周單邊　一五五九

鸝吹二卷附梅花詩一卷　明沈宜修撰
伊人思一卷　明沈宜修撰
愁言一卷　明葉紈紈撰
鴛鴦夢一卷　明葉小紈撰
返生香一卷　明葉小鸞撰
窈聞一卷續一卷　明葉紹袁撰

午夢堂集八卷　明葉紹袁輯　明崇禎刻清謝齋補刻本　八冊　九行二十字白口四周單邊　○七九九

鈐李煒私印白文方印　彤白朱文方印　隴西李氏藏書白文方印　監川鑒賞朱文長方印

鸝吹二卷附梅花詩一卷　明沈宜修撰
伊人思一卷　明沈宜修撰
愁言一卷　明葉紈紈撰
鴛鴦夢一卷　明葉小紈撰
返生香一卷　明葉小鸞撰
窈聞一卷續一卷　明葉紹袁撰

新喻三劉文集六卷首一卷　清暨用其輯　清乾隆十五年水西劉氏刻本　佚名題識　六冊　十行二十一字白口左右雙邊　封面鐫乾隆十五年鐫水西藏板　下書口鐫水西劉氏藏板　七八六九

公是集四卷　宋劉敞撰
公非集一卷　宋劉攽撰
自省集一卷　宋劉奉世撰

竇氏聯珠集一卷　唐竇常等撰　清抄本　清齊召南校並跋　四册　六行十九字白口四周雙邊　鈐齊召南印白文方印　二九七四

三蘇先生文粹七十卷　宋蘇洵、蘇軾、蘇轍撰　明刻本　卷三十六至四十三配清抄本　二十册　十四行二十六字白口左右雙邊　有刻工　〇八四一

静觀室三蘇文選十六卷　明錢穀輯　明錢心造校　明萬曆三十九年重刻本　四册　十行二十字白口四周單邊　有刻工　〇八三五

錢氏四先生集十五卷　清錢二白等撰　清刻本　六册　十行二十一字黑口左右雙邊　五八五八

半溪詩草十二卷　清錢二白撰
揖秋集詩草一卷　清錢大經撰
曉風集詩餘一卷　清錢大猷撰
長唫集雜著一卷　清錢大鏞撰

南遊壎篪集二卷　清邊中寶、邊連寶撰　清乾隆三十七年刻本　二册　九行十八字小字雙行字同白口左右雙邊　鈐陳步瀛白文方印　五八三三

勾江詩緒七種十三卷　清□□輯　清乾隆刻本　二册　十行二十字白口四周單邊　六七〇八

澹園集一卷　清施兆麟撰
栖竹軒集一卷　清施國鑑撰
一醉樓集一卷　清施鍠撰
飲香亭集一卷　清施淞濤撰
蓬廬集四卷　清施江濤撰
石雲樓詩集三卷　清施滄濤撰
石雲樓書空詞草二卷　清施滄濤撰

三九三〇

鮑氏觀古閣未刊十種稿不分卷

清鮑康等撰　清抄本　八册　十六行二十八字無格

觀古閣詩鈔　清鮑康撰
桐華舸詩　清鮑桐舟撰
誰園詩存　清鮑宗軾撰
鮑太史詩集　清鮑存曉撰
端虚室賸稿
龍山吟稿　清鮑鴻撰
濬卿存稿選　清鮑心詮撰
樗癭存稿選　清鮑上宗撰
煦齋存稿選　清鮑思暄撰
問梅花菴集　清鮑逸撰

以上家集

詩文評類

七八〇二

歷代詩話二十七種五十七卷考索一卷

清何文焕輯　清乾隆三十五年刻本　十六册　九行十八字黑口左右雙邊　鈐何文奐朱文圓印　何少眉之印白文方印　通隱家風白文方印　蓀宜館藏書印朱文方印

詩品三卷　梁鍾嶸撰
二十四詩品一卷　唐司空圖撰
六一詩話一卷　宋歐陽修撰
中山詩話一卷　宋劉攽撰
臨漢隱居詩話一卷　宋魏泰撰
紫微詩話一卷　宋呂本中撰
石林詩話三卷　宋葉夢得撰
珊瑚鉤詩話三卷　宋張表臣撰
二老堂詩話一卷　宋周必大撰
滄浪詩話一卷　宋嚴羽撰
詩法家數一卷　元楊載撰
詩學禁臠一卷　元范梈撰
秋圃擷餘一卷　明王世懋撰
夷白齋詩話一卷　明顧元慶撰
詩式一卷　唐釋皎然撰
全唐詩話六卷　宋尤袤撰
溫公續詩話一卷　宋司馬光撰
後山詩話一卷　宋陳師道撰
竹坡詩話一卷　宋周紫芝撰
彥周詩話一卷　宋許顗撰
唐子西文錄一卷　宋強幼安撰
韻語陽秋二十卷　宋葛立方撰
白石道人詩說一卷　宋姜夔撰
山房隨筆一卷　元蔣正子撰

木天禁語一卷　元范梈撰
談藝錄一卷　明徐禎卿撰
存餘堂詩話一卷　明朱承爵撰
歷代詩話考索一卷　清何文焕撰

七七一八
歷代詩話二十七種五十七卷考索一卷　清何文焕輯　清乾隆三十五年刻本　十六冊

○六三九
楊升菴先生批點文心雕龍十卷　梁劉勰撰　明楊慎批點　明梅慶生註　明萬曆三十七年梅慶生刻天啓二年重修本　四冊　九行十八字小字雙行十七字白口左右雙邊　下書口鐫天啓二年梅子庚第六次校定藏板　有刻工　鈐董氏萬卷樓所藏書朱文長方印　潘氏淵古樓藏書記朱文長方印　潘叔潤圖書記朱文方印　子如朱文長方印

○六四○
楊升菴先生批點文心雕龍十卷　梁劉勰撰　明楊慎批點　明梅慶生註　明萬曆三十七年梅慶生刻天啓二年重修本　四冊

五六八三
文心雕龍十卷　梁劉勰撰　清黃叔琳輯注　清乾隆六年黃氏養素堂刻本　二冊　九行十九字小字雙行二十七字白口左右雙邊　下書口鐫養素堂

一九○六
劉子文心雕龍二卷　梁劉勰撰　明楊慎、曹學佺批點　**劉子文心雕龍註二卷**　明梅慶生撰　明閔繩初刻五色套印本　六冊　九行十九字小字雙行字同白口四周單邊　鈐曹學佺印白文方印　閔繩初印朱文方印

○六四六
增修詩話總龜四十八卷百家詩話總龜後集五十卷　宋阮閱編　明程珖校　明嘉靖二十四年宗室月窻道人刻本　十四冊　十一行二十二字白口四周單邊　有刻工　鈐譚觀成印白文方印　海朝朱文方印　藏暉書屋朱文方印

風月堂詩話三卷　宋朱弁撰　清抄本　一册　八行十六字白口左右雙邊　鈐小李山房朱文方印　維則讀過朱文方印　毛晉朱文長方印　汲古主人朱文方印　汲古閣朱文長方印　席氏玉照朱文方印　三五六〇

四六談塵一卷　宋謝伋撰　清醉經樓抄本　一册　九行二十字白口左右雙邊　下書口鐫醉經樓抄本　鈐八千卷樓朱文長方印　三五六五

砦溪詩話十卷　宋黄徹撰　清抄本　一册　十行二十字無格　鈐雲輪閣朱文長方印　荃孫朱文長方印　于氏東始山房印記朱文長方印　二九四八

漁隱叢話前集六十卷後集四十卷　宋胡仔輯　清乾隆五至六年楊佑啓耘經樓刻本　十八册　十三行二十一至二十三字不等黑口左右雙邊　封面鐫耘經樓藏板　五六八五

漁隱叢話前集六十卷後集四十卷　宋胡仔輯　清乾隆五至六年楊佑啓耘經樓刻本　八册　鈐瑞人氏藏書記白文方印　五三三〇

詩人玉屑二十卷　宋魏慶之輯　清刻本　十二册　十一行二十一字黑口四周雙邊　卷末鐫瑞昌府章涯右山龍沙識　鈐獨山莫氏藏書朱文長方印　莫氏秘笈朱文方印　葉樹廉印白文方印　四六三六

詩人玉屑二十卷　宋魏慶之編　清處順堂刻本　六册　十一行二十一字黑口四周雙邊　封面鐫處順堂藏板　卷末鐫瑞昌府章涯▢龍沙識　鈐虎丘太子馬頭萃古齋書坊發兌印朱文方印　七六〇三

劉攽貢父詩話一卷　宋劉攽撰　明弘治刻百川學海本　一冊　十二行二十字白口左右雙邊　鈐查人朱文長方印　○六四七

東萊呂紫微詩話一卷　宋呂本中撰　明弘治刻百川學海本　一冊　十二行二十字白口左右雙邊　鈐叔弢朱文方印　寒在堂白文方印　一三五一

詩法五卷　明楊成輯　**詩法源流三卷**　明王用章輯　明嘉靖二年刻本　四冊　九行十九字白口四周單邊　有刻工　○六四五

詩家直説二卷　明謝榛撰　清抄本　一冊　十行字數不等無格　三五五九

冰川詩式十卷　明梁橋撰　明萬曆三十七年刻本　四冊　十行二十字白口左右雙邊　有刻工　○六四二

冰川詩式十卷　明梁橋撰　明萬曆三十七年刻本　六冊　○八一四

詩話類編三十二卷　明王昌會撰　明萬曆四十四年刻本　六十四冊　九行二十字白口四周單邊　有刻工　○六五一

圍爐詩話六卷　清吳喬撰　清抄本　六冊　十行二十五字無格　三九四三

圍爐詩話不分卷　清吳喬撰　清抄本　一冊　十一行二十五字無格　鈐丁氏八千卷樓藏書記白文方印　二九四六

而菴説唐詩二十二卷首一卷　清徐增撰　清康熙九誥堂刻本　六冊　九行十九字白口左右雙邊　下書口鐫九誥堂　七八一〇

五代詩話十二卷漁洋詩話三卷　清王士禛撰　清乾隆十三年養素堂刻本　四冊　九行十九字白口左右雙邊　封面鐫乾隆戊辰年鐫　養素堂藏板　五六八七

帶經堂詩話三十卷首一卷　清王士禛撰　清張宗柟輯　清乾隆二十七年刻本　四册　十二行二十三字小字雙行三十三字細黑口左右雙邊　鈐馬玉堂印白文方印　六六五九

帶經堂詩話三十卷首一卷　清王士禛撰　清乾隆五十四年刻帶經堂全集本　六册　十二行二十三字小字雙行三十三字白口左右雙邊　八一一〇

漁洋詩話三卷　清王士禛撰　清乾隆二十三年竹西書屋刻本　三册　九行十九字黑口四周單邊　封面鐫乾隆戊寅重刊　竹西書屋藏板　七七一七

漁洋山人詩問二卷　清王士禛撰　清乾隆王祖肅刻本　一册　八行十八字白口左右雙邊　五一四六

始可與言八卷　清周齊曾撰　清恬養齋抄本　一册　十行二十字白口四周雙邊　鈐錢唐丁氏正修堂藏書朱文方印　二九四五

讀書作文譜十二卷父師善誘法二卷　清唐彪撰　清康熙四十七年文盛堂敦化堂刻本　四册　十一行二十五字小字雙行字同白口四周單邊　封面鐫康熙四十七年夏鐫　文盛敦化堂藏板　五四六六

讀書作文譜十二卷父師善誘法二卷　清唐彪撰　清康熙四十七年文盛堂敦化堂刻本　六册　八二四〇

文章練要□□卷　清王源撰　清刻本　六册　九行二十二字小字雙行字同白口左右雙邊　封面鐫居業堂藏板　七九五七

本事詩十二卷　清徐釚輯　清雍正承芳堂刻重修本　六册　十一行二十一字小字雙行二十九字白口左右雙邊　封面鐫承芳堂藏板　六九七四

本事詩十二卷　清徐釚編　清乾隆二十二年汪肯堂半松書屋刻本　六册　十一行二十一字小字雙行二十九字白口左右雙邊　封面鐫乾隆貳拾貳年重鐫　半松書屋藏板　鈐爾塘之印白文方印　嘉善周氏珍藏朱文方印　七七三〇

初白菴詩評三卷附詞綜偶評一卷　清查慎行撰　清張載華輯　清乾隆四十二年涉園觀樂堂刻本　三册　十二行二十三字小字雙行三十三字黑口左右雙邊　封面鐫涉園觀樂堂藏板　五六八九

初白菴詩評三卷附詞綜偶評一卷　清查慎行撰　清張載華輯　清乾隆四十二年涉園觀樂堂刻本　三册　五六九〇

宋詩紀事一百卷　清厲鶚、馬曰琯輯　清乾隆十一年厲鶚樊榭山房刻本　二十册　十一行二十二字小字雙行二十八字細黑口左右雙邊　四六三七

宋詩紀事一百卷　清厲鶚、馬曰琯輯　清乾隆十一年厲鶚樊榭山房刻本　二十四册　四六三八

四六枝談不分卷　清沈維材撰　清乾隆四年刻本　五册　八行十七字白口左右雙邊　六六六二

隨園詩話不分卷　清袁枚撰　稿本　二册　行格字數不等　二八九八

藝苑名言八卷首一卷　清蔣瀾輯　清乾隆四十年蔣氏懷谷軒刻巾箱本　八册　八行十六字白口左右雙邊　封面鐫乾隆乙未嘉平新鐫　懷谷軒藏版　六六九〇

朱飲山千金譜二十九卷三韻易知十卷　清朱燮撰　清乾隆五十五年治恕齋刻本　十二册　九行　七七九二

二十一字白口左右雙邊　封面鐫治怨齋藏板

彙纂詩法度鍼三十三卷　清徐文弼編　清徐景麟等校　清乾隆聚錦堂刻本　八冊　十行二十二字小字雙行四十字白口左右雙邊　封面鐫聚錦堂梓　七〇九二

竹間詩話八卷　清盛大士撰　稿本　四冊　十六行二十七至三十二字不等無格　鈐臣印大士朱白文方印　闌簃外史朱文方印　楚衡鑑定朱文方印　毓芷軒藏書印朱文方印　淮安何寶善字楚衡亦字守拙白文方印　二九四三

吟齋筆存四卷　清梅成棟撰　清抄本　清華長卿、張壽題識　一冊　十行二十二字無格　鈐金钺浚宣白文方印　屏廬朱文方印　二九四七

金石三例十五卷　清盧見曾輯　清乾隆二十年盧見曾刻本　四冊　十行二十二字小字雙行三十一字白口左右雙邊　五六二九

金石例四種十七卷　清李瑤編　清道光十二年李瑤泥活字印本　十冊　九行二十字黑口左右雙邊　封面鐫仿宋膠泥版印法七寶轉輪藏定本　鈐叔弢朱文方印　金石刻畫臣所能爲白文方印　乙〇〇八九

金石例十卷　元潘昂霄撰
墓銘舉例四卷　明王行撰
金石要例一卷　清黃宗羲撰
金石例補二卷　清郭麐撰

蒼崖先生金石例十卷　元潘昂霄撰　清抄本　清姚尹題識　四冊　九行二十字至二十二字小字雙行二十一字無格　鈐鏡西珍賞朱文方印　二九二六

小説類

拍案驚奇三十六卷圖一卷 明凌濛初撰 明消閒居刻本 十六册 十一行二十四字白口四周單邊 一三五四

今古奇觀四十卷 題明抱甕老人編 清乾隆四十九年重刻本 十六册 有圖 十行二十四字白口四周單邊 封面鐫乾隆甲辰重鐫 四九一二

醉醒石十四回 題明東魯古狂生撰 清初刻乾隆五十四年重修本 四册 有圖 九行十九字白口四周單邊 封面鐫乾隆五十四年新鐫 四九二八

新鐫批評繡像列女演義六卷 明馮夢龍撰 清初長春閣刻古吳三多齋印本 五册 八行二十字白口四周單邊 下書口鐫長春閣藏板 封面鐫古吳三多齋梓 四九二三

獪園十六卷 明錢希言撰 清乾隆三十九年鮑氏知不足齋刻巾箱本 十六册 九行二十一字黑口左右雙邊 卷末鐫乾隆甲午孟春歙邑長塘鮑氏知不足齋校刊牌記 七九九一

覺世名言十二卷三十八回 清李漁撰 清杜濬評 清順治刻巾箱本 六册 九行二十字白口四周單邊 七六六八

覺世名言十二卷三十八回 清李漁撰 清杜濬評 清乾隆五十五年文寶堂重刻本 六册 十行二十六字白口四周單邊 封面鐫乾 四九一六

西湖佳話古今遺蹟十六卷 題清墨浪子編 清初金陵王衙刻本 八册 九行二十字白口四周單邊 封面鐫金陵王衙藏板 四九一七

隆五十五年文寶堂梓行

聊齋志異十六卷 清蒲松齡撰 清王士禛評 清乾隆三十一年趙起杲青柯亭刻本 三十二册 九行二十一字黑口左右雙邊 封面鐫青柯亭開雕 Z〇〇八

豆棚閒話十二卷 題清艾衲居士編 清紫髯狂客評 清初刻本 六册 有圖 九行二十二字白口四周單邊 四九一五

柳崖外編十六卷 清徐昆撰 清乾隆五十七年貯書樓刻本 十六册 九行二十字白口左右雙邊 封面鐫乾隆壬子冬鐫 七九九五

新評龍圖神斷公案十卷一百則 清乾隆四十年書業堂刻本 四册 有圖 九行二十字白口四周單邊 四九三〇

存七卷 一至三 六至九 四九二五

新刻全像海剛峰先生居官公案四卷七十一回 明李春芳撰 明萬曆三十四年萬卷堂刻清煥文堂重修本 四册 有圖 十二行二十三字白口四周雙邊 封面鐫煥文堂重校梓

以上短篇

新刻按鑑編纂開闢衍繹通俗志傳六卷八十回圖一卷 明周游撰 明王黌釋 明崇禎八年刻清古吳麟瑞堂重修本 六册 九行十八字白口四周單邊 封面鐫古吳麟瑞堂藏板 一三六六

精訂綱鑑廿一史通俗衍義二十六卷四十四回 清呂撫撰 清雍正至乾隆間 二六七一

正氣堂活字泥版印本 二十四册 有圖 十行二十二字白口四周單邊 封面鐫正氣堂藏板

新刻京本列國志傳八卷 明余邵魚撰 清刻本 八册 有圖 十五行二十二字白口四周單邊 四九二四

新列國志一百八回 明馮夢龍撰 明末刻本 二十册 有圖 十行二十二字白口左右雙邊 Z〇〇一七

新編批評繡像後七國樂田演義十八回 清徐震撰 清刻本 八册 八行二十字白口四周單邊 四九三八

新鐫孫龐演義六卷二十回 明佚名撰 清古吳樹本堂刻本 八册 九行二十二字白口四周單邊 四九五七

三國志通俗演義二十四卷 明羅本撰 明嘉靖元年刻本 四册 九行十七字黑口四周雙邊 鈐七品官印白文方印 十年磨一劍朱文方印 一三六四

存二卷 五至六

官板大字全像三國志二十四卷一百二十回 明羅本撰 清金聖嘆、毛宗崗批 清李漁評 明末有有堂 有文堂亥本 十二册 有圖 十一行二十二字白口四周單邊 封面鐫郁郁堂、郁文堂梓 七六九三

四大奇書第一種十九卷一百二十回首一卷 明羅本撰 清毛宗崗評 清順治刻本 二十二册 有圖 十二行二十六字小字雙行字同白口四周單邊 五八一七

四大奇書第一種六十卷一百二十回 明羅本撰 清毛宗崗評 清康熙貫華堂刻本 三十册 有圖 十 五二八四

行二十三字白口四周單邊　版心鐫貫華堂　封面鐫文林堂藏板

四大奇書第一種六十卷一百二十回　明羅本撰　清毛宗崗評　清乾隆十七年姑蘇書業堂刻本　二十册　有圖　十一行二十三字白口四周單邊　封面鐫乾隆壬申新鐫　姑蘇書業堂懷穎堂梓　五三六二

新鐫全像東西兩晉演義志傳十二卷五十回　明楊爾曾編　清重刻明余氏三台館本　張瓚題識　十册　上圖下文　十四行二十四字白口四周單邊　四九二九

北史演義六十四卷　清杜綱撰　清許寶善評　清譚載華校訂　清乾隆五十八年刻本　十二册　有圖　九行二十字白口四周單邊　封面鐫乾隆癸丑年鐫　四九四二

新鍥重訂出像註釋西晉志傳通俗演義題評四卷東晉志傳題評八卷紀元傳一卷　題陳氏尺蠖齋評釋　明周氏大業堂刻世德堂補刻本　六册　有圖　十二行二十四字白口四周單邊　鈐周紹良經眼白文方印　蠹齋朱文方印

存　西晉志傳四卷　東晉志傳二卷　一至二　紀元一卷　一三六三

四雪草堂重訂通俗隋唐演義二十卷一百回圖一卷　清褚人穫撰　清康熙四雪草堂刻本　二十册　十行二十三字白口四周單邊　下書口鐫四雪草堂　封面鐫同德堂藏板　四八八五

新鐫全像通俗演義隋煬帝艷史八卷四十回爵里姓氏一卷圖一卷 題齊東野人撰 不經先生批評 明崇禎四年人瑞堂刻本 八册 九行二十字白口四周單邊 封面鐫人瑞堂梓 一三六一

異説征西演義全傳六卷四十回 題恂莊主人編次 清乾隆十九年鴻寶堂刻本 六册 有圖 十行二十字白口四周單邊 封面鐫鴻寶堂梓行 四九五〇

重刻繡像説唐演義全傳六十八回後傳五十五回 清乾隆崇德書院刻本 二十册 有圖 十一行二十五字白口四周單邊 封面鐫崇德書院梓 四九三二

鐫李卓吾批點殘唐五代史演義傳八卷六十回 明羅本撰 明李贄評 清初刻本 八册 有圖 九行二十字白口四周單邊 五〇五八

新鐫玉茗堂批點按鑑參補北宋志傳十卷五十回 題明研石山樵訂正 明末刻本 六册 有圖 十一行二十字白口四周單邊無格 一三六〇

新鐫玉茗堂批點按鑑參補楊家將傳十卷五十回 題明研石山樵訂 明末啓元堂刻本 六册 有圖 十二行二十四字白口左右雙邊 卷端題衙處鐫啓元堂梓行 一五二五

飛龍傳六十回　清吳璿刪定　清乾隆崇德書院刻本　十六册　有圖　十行二十字白口四周　　四九三四

飛龍傳六十回　清吳璿刪定　清乾隆崇德書院刻本　二十册　有圖　　四九三五

單邊　封面鐫崇德書院藏板

飛龍傳六十回　清吳璿刪定　清乾隆崇德書院刻本　十二册　有圖　　七五一九

忠義水滸全書一百二十回圖一卷　元施耐庵撰　明羅本纂修　明末郁郁堂刻本　佚名批校　三十二册　十行　　二〇〇二〇
堂刻本

二十二字白口四周單邊　下書口間鐫郁郁堂四傳

忠義水滸全書一百二十回附宣和遺事一卷圖一卷　元施耐庵撰　清金人瑞評　明崇禎貫　　一三五六
元施耐庵

撰　明羅本纂修　明末郁郁堂刻本　佚名批校　四十八册　鈐王利器印白文方印

第五才子書施耐庵水滸傳七十五卷七十回　元施耐庵撰　清金人瑞評　明崇禎貫　　一三五七
華堂刻本　清李尚暲題識　二十册　八行十九字小字雙行字同白口左右雙邊　下書口鐫貫華堂

水滸後傳八卷四十回論略一卷　明陳忱撰　明紹裕堂刻本　十六册　九行　　一三五九
二十字白口四周單邊

水滸後傳十卷四十回首一卷　明陳忱撰　清蔡奡評　清乾隆刻本　十册　九　　四九一四
行二十五字白口四周單邊

續英烈傳五卷三十四回　題空谷老人編次　清集古齋刻本　五册　九行二十一字　　四九四九
白口四周單邊　封面鐫集古齋梓

新刻全像三寶太監西洋記通俗演義二十卷一百回　明羅懋登撰　明萬曆三山道人刻本　十册　有圖　十二行二十五字白口四周雙邊　一三六二

存十卷四十七回　一至十卷　一至四十七回

新刻逸田叟女仙外史大奇書一百回　清呂熊撰　清康熙釣璜軒刻本　二十册　十行二十二字白口四周單邊　封面鐫釣璜軒貯板　五八三八

新刻逸田叟女仙外史大奇書一百回　清呂熊撰　清康熙釣璜軒刻本　二十册　四九四三

于少保萃忠全傳十卷四十傳　明孫高亮撰　明末刻本　六册　九行二十四字白口四周單邊　一七二四

臺灣外記三十卷　清江日昇撰　清康熙求無不獲齋活字印本　十册　十行二十三字白口四周雙邊　封面鐫癸巳仲夏求無不獲齋刊　二六七二

新刻繡像批評金瓶梅二十卷一百回　題明蘭陵笑笑生撰　明刻本　三十六册　有圖　十行二十二字白口四周單邊　Z〇〇九

天花藏批評玉嬌梨五卷二十回天花藏批評平山冷燕五卷二十回　題荑荻散人編　清乾隆三十六年刻兩節本　十册　上節十四行十五字下節十一行十八字白口四周單邊　封面鐫乾隆辛卯春新刊　四九三三

四九五九 新編繡像簇新小説麟兒報十六回 清嘯花軒刻本 四册 十行二十五字白口四周單邊 封面鐫嘯花軒藏板

四九六〇 情夢柝四卷二十回 題安陽酒民撰 灌菊散人評 清刻本 四册 十一行二十八字白口四周單邊

四九六三 新鐫才美巧相逢宛如約四卷十六回 清刻本 四册 十一行二十六字白口四周單邊

四九六一 春柳鶯四卷十回 題清鶡冠史者撰 清刻本 四册 十行二十五字白口四周單邊

四九四八 醒世姻緣傳一百回 題清西周生撰 清然藜子校定 清刻本 三十二册 十二行二十五字白口四周單邊

四九六九 雪月梅傳十卷五十回 清陳朗撰 清董孟汾評釋 清乾隆四十年德華堂刻本 十册 十行二十二字細黑口左右雙邊 封面鐫德華堂藏板

四九五四 鳳凰池四卷十六回 題煙霞散人編 清華文堂刻本 四册 十行二十八字白口四周單邊 封面鐫華文堂□□

四九五三 快心編初集五卷十回二集五卷十回三集六卷十二回 題清天花才子編 清四橋居士評點 清課花書屋刻本 十二册 十行二十二字白口四周單邊 二集封面鐫課花書屋藏板

四九三六 儒林外史五十六回 清吳敬梓撰 清嘉慶八年臥閑草堂刻本 十六册 九行十八字白口四周單邊 封面鐫嘉慶八年新鐫 臥閑草堂藏板

五九九七 儒林外史五十六回 清吳敬梓撰 清嘉慶二十一年藝古堂刻本 十二册 九行十八字白口四周單邊 封面鐫嘉慶丙子年新鐫 藝古堂藏板

二六六八 儒林外史五十六回 清吳敬梓撰 清同治八年群玉齋活字印本 十四册 九行二十字白口四周單邊 封面鐫同治己巳秋擺印

紅樓夢一百二十回　清曹霑撰　清高鶚補　清乾隆五十七年程氏萃文書屋活字印本　四十八册　有圖　十行二十四字白口上下雙邊　書尾鐫萃文書屋藏板　Z〇〇七

燕山外史八卷　清陳球撰　清嘉慶三陋居刻本　清吳貞甫題識　二册　八行二十字白口左右雙邊　封面鐫三陋居藏板　六三五一

英雲夢傳八卷　題九容樓主人松雲氏撰　清寶華順刻本　八册　十一行二十二字白口四周單邊　封面鐫寶華順梓　鈐周紹良讀書記朱文方印　蠹齋朱文方印　潭溪白文方印　四九四七

英雲夢傳八卷　題九容樓主人松雲氏撰　清刻本　八册　十一行二十二字白口四周單邊　四九四六

新刻小説躋雲樓十四回　題自得主人編　清刻本　四册　十一行二十八字白口四周單邊　封面題煙霞主人編述　四九六六

西遊證道大奇書二十卷一百回　明吳承恩撰　清黃太鴻、汪聚旭評　清九如堂刻本　卷一、五、十七、十九配抄本　二十册　九行二十字白口左右雙邊　下書口鐫九如堂　四九二二

新編東遊記二十卷一百回　明方汝浩撰　題明九九老人述　清康熙雲林刻本　二十册　十行二十二字白口四周單邊　四九一九

新説西遊記一百回　清張書紳撰　清刻本　九十七回至一百回配抄本　二十四册　十行二十四字白口四周單邊　五〇五五

西遊眞詮一百回　清陳士斌詮解　清乾隆敬業堂刻本　二十册　有圖　十一行二十四字白口四周單邊　封面鐫敬業堂刊行　四九一三

新刻封神演義八卷一百回　明許仲琳撰　清乾隆四十三年經綸堂刻本　八册　有圖　十五行三十二字白口四周單邊　封面鐫乾隆戊戌重鐫　經綸堂藏板　四九二一

新刻封神演義八卷一百回　明許仲琳撰　清乾隆四十三年經綸堂刻本　八册　六九八九

新刻鍾伯敬先生批評封神演義二十卷一百回　明許仲琳撰　清乾隆四十七年刻巾箱本　二十册　有圖　十行二十四字白口四周單邊　封面鐫乾隆壬寅新鐫　七六六九

新鐫批評出相韓湘子三十回圖一卷　明楊爾曾撰　明天啓三年刻金陵九如堂印本　八册　十行二十二字白口左右雙邊　封面鐫金陵九如堂藏板　一三七五

新鐫濟顛大師醉菩提全傳二十回　題清天花藏主人編　清乾隆五十三年金閶古講堂刻本　四册　九行二十字白口左右雙邊　封面鐫乾隆五十三年　金閶古講堂梓　鈐周紹良印白文方印　盦齋朱文方印　七七二六

新刻黄掌綸先生評訂神仙鑑二十二卷　清徐道撰　清刻本　二十四册　十行二十二字白口左右雙邊　封面鐫致和堂藏板　六一五七

新刻黄掌綸先生評訂神仙鑑二十二卷　清徐道撰　清刻本　二十四册　有圖　十行二十二字小　五五六四

字雙行字同白口左右雙邊

以上長篇

詞類

詞苑英華四十五卷

明毛晉編　明毛氏汲古閣刻本　二十六册　九行二十字白口左右雙邊　各卷首頁書口鐫汲古閣　一三一四

花間集十卷　後蜀趙崇祚輯
草堂詩餘四卷　題武陵逸史輯
花菴絶妙詞選十卷　宋黃昇輯
中興以來絶妙詞選十卷　宋黃昇輯
尊前集二卷　宋□□集
詞林萬選四卷　明楊慎輯
詩餘圖譜三卷　明張綖輯
少游詩餘一卷　宋秦觀撰
南湖詩餘一卷　明張綖撰

唐宋名賢百家詞一百三十二卷

明吳訥編　明抄本　清梁啓超題識　四十册　十二行二十字紅格白口四周單邊　Z〇〇九五

花間集二卷　後蜀趙崇祚輯
尊前集一卷
酒邊集一卷　宋向子諲撰
稼軒詞甲集一卷乙集一卷丙集一卷丁集一卷　宋辛棄疾撰
小山詞一卷　宋晏幾道撰
東堂詞一卷　宋毛滂撰
張子野詞一卷　宋張先撰
放翁詞一卷　宋陸游撰
相山居士詞一卷　宋王之道撰
友古居士詞一卷　宋蔡伸撰
笑笑詞一卷　宋郭應祥撰
竹坡老人詞三卷　宋周紫芝撰
于湖詞二卷　宋張孝祥撰
竹齋詞一卷　宋沈瀛撰
樵隱詩餘一卷　宋毛幵撰
簡齋詞一卷　宋陳與義撰
樂齋詞一卷　宋向滈撰
信齋詞一卷　宋葛郯撰
書舟詞一卷　宋程垓撰
初寮詞一卷　宋王安中撰
竹洲詞一卷　宋吳儆撰
竹齋詩餘一卷　宋黃機撰
金谷遺音一卷　宋石孝友撰
珠玉詞一卷　宋晏殊撰

苕溪詞一卷　宋劉一止撰

丹陽詞一卷　宋葛勝仲撰

克齋詞一卷　宋沈端節撰

養拙堂詞一卷　宋管鑑撰

後村詩餘二卷　宋劉克莊撰

晦菴詞一卷　宋李處全撰

松坡居士詞一卷　宋京鏜撰

呂聖求詞一卷　宋呂濱老撰

知稼翁詞集一卷　宋黃公度撰

西樵語業一卷　宋楊炎正撰

省齋詩餘一卷　宋廖行之撰

石林詞一卷　宋葉夢得撰

蘆川詞一卷　宋張元幹撰

烘堂詞一卷　宋盧炳撰

東浦詞一卷　宋韓玉撰

溪堂詞一卷　宋謝逸撰

杜壽域詞一卷　宋杜安世撰

龍川詞一卷　宋陳亮撰

文溪詞一卷　宋李昴英撰

歸愚詞一卷　宋葛立方撰

王周士詞一卷　宋王以寧撰

樵歌二卷　宋朱敦儒撰

六一詞四卷附錄樂語一卷　宋歐陽修撰

東坡詞二卷拾遺一卷　宋蘇軾撰

審齋詞一卷　宋王千秋撰
盧溪詞一卷　宋王庭珪撰
淮海詞三卷　宋秦觀撰
山谷詞三卷　宋黄庭堅撰
介菴趙寶文雅詞四卷　宋趙彦端撰
逃禪詞一卷　宋楊无咎撰
南唐二主詞一卷　南唐中主李璟、後主李煜撰
陽春集一卷　南唐馮延巳撰
龍洲詞二卷　宋劉過撰
柳屯田樂章集三卷　宋柳永撰
竹屋詞一卷　宋高觀國撰
梅溪詞一卷　宋史達祖撰
玉林詞一卷　宋黄昇撰
空同詞一卷　宋洪瑹撰
蒲江居士詞一卷　宋盧祖皐撰
履齋先生詩餘一卷續集一卷　宋吴潛撰
石屏詞一卷　宋戴復古撰
後山居士詞一卷　宋陳師道撰
片玉集十卷抄補一卷　宋周邦彦撰
白雪詞一卷　宋陳德武撰
龜峰詞一卷　宋陳經國撰
水雲詞集一卷　宋汪元量撰　附宋舊宫人贈水雲詞一卷　宋劉辰翁批點
遯菴居士詞一卷　金段克己撰
菊軒居士詞一卷　金段成己撰

靜修詞一卷　元劉因撰
遺山樂府一卷　金元好問撰
蛻巖詞二卷　元張翥撰
貞居詞一卷　元張雨撰
樂府補題一卷　宋陳恕可輯
古山樂府二卷　元張埜撰
玉田詞二卷　宋張炎撰
松雪詞一卷　元趙孟頫撰
鳴鶴餘音一卷附遺藁樂府一卷　元虞集撰
蓬萊鼓吹一卷　宋夏元鼎撰
草窗詞集二卷　宋周密撰　附錄一卷
靜春詞一卷　元袁易撰
玉笥山人詞集一卷　宋王沂孫撰
耐軒詞一卷　明王達撰
竹山詞二卷　宋蔣捷撰
雲林樂府一卷　元倪瓚撰

六六六〇

詞學叢書六種二十三卷　清秦恩復輯　清嘉慶道光間江都秦氏享帚精舍刻本　十冊　十行二十字間十一行二十字白口左右雙邊　封面鐫「享帚精舍藏板」

樂府雅詞三卷拾遺二卷　宋曾慥輯
陽春白雪八卷外集一卷　宋趙聞禮輯
詞源二卷　宋張炎撰
日湖漁唱一卷補遺一卷續補遺一卷　宋陳允平撰

精選名儒草堂詩餘三卷
詞林音釋一卷

唐宋八家詞八種十卷　清華綱輯　清知足知不足館抄本　四册　十行二十字白口四周雙邊　下書口鐫知足知不足館鈔本　二九六二
金奩集一卷補一卷　唐溫飛卿撰
逍遙詞一卷　宋潘閬撰
石湖詞一卷補遺一卷　宋范成大撰
和石湖詞一卷　宋陳三聘撰
龜峰詞一卷　宋陳經國撰
樂齋詞一卷　宋向鎬撰
相山居士詞一卷　宋王之道撰
綺川詞一卷　宋倪偁撰

舊鈔宋人詞二卷　清抄本　清馮登府校並跋　一册　九行字數不等無格　Z〇〇一二

呂聖求詞一卷　宋呂濱志撰
竹山詞一卷　宋蔣捷撰

五家詞五卷　清十萬卷樓抄本　一册　十一行二十一字藍格白口左右雙邊　下書口鐫十萬卷樓鈔本　鈐錢塘丁氏正修堂藏書朱文方印　八千卷樓珍藏善本朱文長方印　二九七〇

碎錦詞一卷　宋李好古撰
拙菴詞一卷　宋趙磻老撰
燕喜詞一卷　宋曹冠撰
袁宣卿詞一卷　宋袁去華撰
龜峯詞一卷　宋陳經國撰

宋名家詞六十一種九十卷

明毛晉輯　明毛氏汲古閣刻本　二十六册　八行十八字白口左右雙邊　下書口鎸汲古閣

珠玉詞一卷　宋晏殊撰
六一詞一卷　宋歐陽修撰
樂章集一卷　宋柳永撰
東坡詞一卷　宋蘇軾撰
山谷詞一卷　宋黄庭堅撰
淮海詞一卷　宋秦觀撰
小山詞一卷　宋晏幾道撰
東堂詞一卷　宋毛滂撰
放翁詞一卷　宋陸游撰
稼軒詞四卷　宋辛棄疾撰
片玉詞二卷補遺一卷　宋周邦彦撰
梅溪詞一卷　宋史達祖撰
白石詞一卷　宋姜夔撰
石林詞一卷　宋葉夢得撰
酒邊詞二卷　宋向子諲撰
溪堂詞一卷　宋謝逸撰
樵隱詞一卷　宋毛幵撰
竹山詞一卷　宋蔣捷撰
書舟詞一卷　宋程垓撰
坦菴詞一卷　宋趙師俠撰
惜香樂府十卷　宋趙長卿撰
西樵語業一卷　宋楊炎撰

竹屋癡語一卷　宋高觀國撰
夢窗甲稿一卷乙稿一卷丙稿一卷丁稿一卷絕筆補遺一卷　宋吳文英撰
近體樂府一卷　宋周必大撰
竹齋詩餘一卷　宋黄機撰
金谷遺音一卷　宋石孝友撰
散花菴詞一卷　宋黄昇撰
和清眞詞一卷　宋方千里撰
後村別調一卷　宋劉克莊撰
蘆川詞一卷　宋張元幹撰
于湖詞三卷　宋張孝祥撰
洺水詞一卷　宋程珌撰
歸愚詞一卷　宋葛立方撰
龍洲詞一卷　宋劉過撰
初寮詞一卷　宋王安中撰
龍川詞一卷補一卷　宋陳亮撰
姑溪詞一卷　宋李之儀撰
友古詞一卷　宋蔡伸撰
石屏詞一卷　宋戴復古撰
海野詞一卷　宋曾覿撰
逃禪詞一卷　宋楊無咎撰
空同詞一卷　宋洪瑹撰
介菴詞一卷　宋趙彥端撰
平齋詞一卷　宋洪咨夔撰
文溪詞一卷　宋李昴英撰

丹陽詞一卷　宋葛勝仲撰
孏窟詞一卷　宋侯寘撰
克齋詞一卷　宋沈端節撰
芸窗詞一卷　宋張榘撰
竹坡詞三卷　宋周紫芝撰
聖求詞一卷　宋呂濱老撰
壽域詞一卷　宋杜安世撰
審齋詞一卷　宋王千秋撰
東浦詞一卷　宋韓玉撰
知稼翁詞一卷　宋黃公度撰
無住詞一卷　宋陳與義撰
後山詞一卷　宋陳師道撰
蒲江詞一卷　宋盧祖皐撰
琴趣外篇六卷　宋晁補之撰
烘堂詞一卷　宋盧炳撰

名家詞鈔初集六十種六十卷甲集四十種四十卷　清聶先、曾王孫輯

五八一八

清康熙金閶綠蔭堂刻本　九册　九行二十字黑口四周單邊

初集存四十九種四十九卷

梅村詞一卷　清吳偉業撰
香嚴齋詞一卷　清龔鼎孳撰

寓言集一卷　清曹溶撰
文江酬唱一卷　清李元鼎撰
休園詩餘一卷　清鄭俠如撰
二鄉亭詞一卷　清宋琬撰
秋閒詞一卷　清王庭撰
南溪詞一卷　清曹爾堪撰
衍波詞一卷　清王士禛撰
百末詞一卷　清尤侗撰
金粟詞一卷　清彭孫遹撰
江湖載酒集一卷　清朱彝尊撰
玉鳧詞一卷　清董俞撰
蔭綠詞一卷　清徐喈鳳撰
秋水詞一卷　清嚴繩孫撰
彈指詞一卷　清顧貞觀撰
玉山詞一卷　清陸次雲撰
菊莊詞一卷　清徐釚撰
青城詞一卷　清魏學渠撰
螺舟綺語一卷　清王頊齡撰
松溪詩餘一卷　清王九齡撰
映竹軒詞一卷　清毛際可撰
錦瑟詞一卷　清汪懋麟撰
迦陵詞一卷　清陳維崧撰
萬青閣詩餘一卷　清趙吉士撰
飲水詞一卷　清納蘭性德撰

柯亭詞一卷　清姜垚撰
紅藕莊詞一卷　清龔翔麟撰
柯齋詩餘一卷　清周綸撰
志壑堂詞一卷　清唐夢賚撰
吳山鷇音一卷　清林雲銘撰
蔗閣詩餘一卷　清汪鶴孫撰
柳塘詞一卷　清沈雄撰
嘯閣餘聲一卷　清張錫懌撰
玉壺詞一卷　清葉尋源撰
月團詞一卷　清沈爾燝撰
蘭舫詞一卷　清趙維烈撰
守齋詞一卷　清吕師濂撰
葯菴詞一卷　清吕洪烈撰
探酉詞一卷　清邵錫榮撰
澄暉堂詞一卷　清江尚質撰
響泉詞一卷　清徐允哲撰
畫餘譜一卷　清華胥撰
蘂棲詞一卷　清鄭熙績撰
碧巢詞一卷　清汪森撰
粤游詞一卷　清吳之登撰
藕花詞一卷　清陳見鑨撰
夢花窻詞一卷　清江士式撰
容居堂詞一卷　清周稚廉撰

甲集存十八種十八卷

棠村詞一卷 清梁清標撰
南磵詞一卷 清何采撰
橫江詞一卷 清徐惺撰
香膽詞一卷 清萬樹撰
蔬香詞一卷 清高士奇撰
楓香詞一卷 清宋犖撰
留村詞一卷 清吳興祚撰
當樓詞一卷 清毛奇齡撰
白茅堂詞一卷 清顧景星撰
紫雲詞一卷 清丁煒撰
微雲詞一卷 清秦松齡撰
句雲堂詞一卷 清郭士璟撰
罨畫溪詞一卷 清蔣景祁撰
雙溪泛月詞一卷 清徐瑤撰
湖山詞一卷 清徐璣撰
攝閒詞一卷 清吳秉仁撰
梅沜詞一卷 清孫致彌撰
噀霞閣詞一卷 清沈永令撰

四六八六

國朝名家詩餘四十卷附二卷

清孫默輯 清康熙休寧孫氏留松閣刻本 八册
九行二十一字小字雙行二十字白口左右雙邊
下書口鐫留松閣

存十卷

梅村詞二卷　清吳偉業撰

香嚴詞二卷　清龔鼎孳撰

麗農詞二卷　清鄒祗謨撰

南溪詞二卷　清曹爾堪撰

春蕪詞二卷　清越闓撰

以上叢編

東山寓聲樂府二卷　宋賀鑄撰　清朱和羲校　清抄本　清潘鐘瑞校　一册　十二行二十三字無格　三〇六三

石湖詞一卷補遺一卷　宋范成大撰　**和石湖詞一卷**　宋陳三聘撰　清味菜廬活字印本　一册　九行十七字黑口四周雙邊　封里鐫味菜廬集印本牌記　鈐周氏叔弢朱文方印　二三六六

竹齋詩餘一卷　宋黃機撰　清抄本　一册　十三行二十字白口藍格四周雙邊　鈐八千卷樓珍藏善本朱文長方印　三〇六一

山中白雲詞八卷樂府指迷一卷附錄一卷　宋張炎撰　清康熙六十一年曹炳曾城書室刻本　二册　九行十九字白口左右雙邊　下書口鐫城書室　封面鐫城書室藏板　鈐錢唐丁氏正修堂藏書朱文方印　六三九〇

山中白雲詞八卷樂府指迷一卷附錄一卷　宋張炎撰　清康熙六十一年曹炳曾城書室刻本　四八二八

四冊

遺山先生新樂府五卷　金元好問撰　清抄本　四冊　八行二十一字白口左右雙邊　三〇六二

二餘詞一卷附録一卷　明陳如綸撰　明刻本　一冊　十行十八字白口左右雙邊　〇一五

阮亭詩餘略一卷　清王士禛撰　清刻本　一冊　九行二十一字白口四周單邊　四八六五

珂雪詞二卷補遺一卷詞話一卷　清曹貞吉撰　清康熙刻本　二冊　十行二十一字小字雙行字同白口左右雙邊　七〇八四

珂雪詞二卷補遺一卷　清曹貞吉撰　清抄本　一冊　八行二十一字紅格白口四周雙邊　三〇六〇

琢春詞二卷　清江炳炎撰　清乾隆二年刻本　二冊　十行二十一字白口四周單邊　七九一五

響山詞四卷　清張四科撰　清乾隆間刻琴畫樓詞抄本　一冊　十行二十字白口左右雙邊　五二四一

紅雪詞甲集二卷乙集二卷　清馮雲鵬撰　清嘉慶刻本　四冊　六行十七字白口四周雙邊　有刻工　六九九一

紅蘭春雨詞三卷　清馮登府撰　稿本　一冊　十行二十二字無格　鈐柳東子塡詞白文方印　錢泳私印白文方印　三〇五八

瘦紅館詞二卷題詞一卷　清謝玉樹撰　稿本　清顧成順題識　三冊　九行二十字藍格白口四周雙邊　三〇五七

炙硯詞一卷　清宋梅撰　清抄本　清沈道腴跋　一冊　七行二十字無格　三〇五九

瘦竹幽花館詩餘三卷　清石同福撰　稿本　一册　十一行十九字藍格白口左右雙邊　三七一六

梅隱詞四卷　清萬立鋑撰　稿本　四册　六行二十字無格　鈐立鋑白文方印　萬叔陶白文方印　三〇七五

黱香館詞鈔一卷　清華長卿撰　稿本　汪兆鏞等題識　一册　十行二十字無格　三一三二

詞斟七卷　清姚燮撰　清同治間抄本　清幻蜨主人題識　二册　八行間九行不等二十間二十二字不等白口四周雙邊　版心上鐫鴻遠書屋下鐫孫榮泰號　三〇七四

碧桃仙館詞一卷　清趙我佩撰　清抄本　一册　八行二十字紅格白口四周單邊　三六〇二

聞妙香室詞鈔三卷　清錢錫寀撰　清抄本　一册　十行二十字紅格白口四周單邊　三八〇二

以上别集

花間集四卷　後蜀趙崇祚輯　明湯顯祖評　明萬曆刻套印本　謝善詒題款　四册　八行十八字白口四周單邊　鈐見廬收藏朱文長方印　武林錢氏白文方印　桐亭廬白文方印　乙〇〇三三

類編草堂詩餘四卷　明顧從敬編次　明嘉靖二十九年顧從敬刻本　四册　八行十六字小字雙行字同白口四周單邊　有刻工　〇八〇六

草堂詩餘五卷　明楊慎批點　明閔映璧刻套印本　五册　八行十八字白口四周單邊　鈐津門王鳳岡鳳篁館收藏印朱文方印　一八九七

草堂詩餘五卷　明楊慎批點　明閔映璧刻套印本　五册　一八九八

草堂詩餘五卷　明楊慎批點　明閔映璧刻套印本　四册　一九三五

新刻分類評釋續艸堂詩餘二卷 明陳仁錫箋釋　明末李良臣東壁軒刻本　二册　九行十八字小字雙行字同白口四周單邊　〇八〇三

鐫古香岑批點草堂詩餘四集十七卷 明沈際飛編　明末刻翁少麓印本　十六册　九行十九字小字雙行十八字白口四周單邊　封面鐫南城翁少麓梓行　鈐吳重熹印白文方印　仲澤誦習朱文方印　〇八〇四
草堂詩餘正集六卷　明顧從敬輯　明沈際飛評
草堂詩餘續集二卷　題明長湖外史輯　明沈際飛評
草堂詩餘別集四卷　明沈際飛輯並評
國朝詩餘新集五卷　明沈際飛輯並評

精選古今分類草堂詩餘合集 清康熙麗正堂印本　二十册　八行十八字白口四周單邊　封面鐫麗正堂藏板　古今詩餘醉下書口鐫十竹叁　〇一三五
精選古今詩餘醉十五卷　明潘游龍輯　明陳斑等訂　明胡正言十竹齋刻本
精選國朝詩餘一卷　清陳淏輯　清康熙麗正堂刻本

詞綜三十卷 清朱彝尊輯、汪森增輯　清康熙十七年休陽汪氏裘抒樓刻本　八册　十行二十一字小字雙行字同黑口左右雙邊　封面鐫裘抒樓藏板　五八〇五

詞綜三十卷 清朱彝尊輯、汪森增輯　清康熙十七年休陽汪氏裘抒樓刻本　八册　五八〇六

詞綜三十六卷 清朱彝尊輯　清汪森增輯　清康熙十七年汪氏裘抒樓刻三十年增刻本　清馮登府校　八册　十行二十一字小字雙行字同黑口左右雙邊　鈐登府手校　Z〇〇三八

白文方印　楳里馮氏勺園收藏印朱文長方印　曼堂朱文方印　雲伯審定朱文方印　曾在周叔弢處朱文方印

五八一〇　御選歷代詩餘一百二十卷　清沈辰垣等輯　清康熙四十六年内府刻本　三十册　十一行二十一字小字雙行二十九字白口左右雙邊

七八二八　御選歷代詩餘一百二十卷　清沈辰垣等輯　清康熙四十六年内府刻本　四十册

五八一一　御選歷代詩餘一百二十卷　清沈辰垣等輯　清康熙四十六年内府刻本　三十二册

六六九七　古今别腸詞選四卷　清趙式輯　清康熙四十八年遺經堂刻本　四册　十行二十二字白口左右雙邊　下書口鐫聆琖書屋　封面鐫遺經堂梓行

五八〇八　古今詞選十二卷歷代詞名家目一卷　清沈時棟選　清康熙五十五年沈氏瘦吟樓刻本　八册　九行二十字白口左右雙邊　下書口鐫瘦吟樓　封面鐫康熙丙申新鐫　至山堂藏板

五八〇九　古今詞選十二卷歷代詞名家目一卷　清沈時棟選　清康熙五十五年沈氏瘦吟樓刻本　四册

六六九六　倚聲初集二十卷前編四卷　清鄒祗謨、王士禛輯　清順治十七年大冶堂刻本　十二册　十行二十四字小字雙行二十三字白口四周單邊

四六八七　今詞初集二卷　清顧貞觀、納蘭性德輯　清康熙刻本　二册　九行二十字細黑口左右雙邊　鈐夢景詞人白文方印　建德周氏珍藏朱文方印

五八一三　絶妙好詞七卷　宋周密輯　清康熙三十七年高士奇清吟堂刻本　二册　九行二十字小字雙行字同黑口左右雙邊　封面鐫清吟堂藏板　鈐建德周氏藏書白文方印

絶妙好詞箋七卷　宋周密輯　清查爲仁、厲鶚箋　清乾隆十五年查氏澹宜書屋刻本　四册　九行二十一字小字雙行十九字白口四周單邊　卷終鐫宛平查氏澹宜書屋藏板牌記　五八一四

古今詩餘選三卷　清潘鐘麟輯　**詞韻一卷**　清抄本　清翁同龢題識　一册　十二行十六至三十二字無格　二九四四

瑤華集二十二卷附録二卷詞人姓氏爵里表一卷　清蔣景祁輯　清康熙二十五年天藜閣刻本　二十册　十行二十一字黑口左右雙邊　四六八九

昭代詞選三十八卷　清蔣重光輯　清乾隆三十二年經鉏堂刻本　二十册　十行二十字小字雙行字同黑口左右雙邊　封面鐫乾隆丁亥年新鐫　經鉏堂藏板　五八二〇

迦陵先生塡詞圖題詞不分卷　清陳楙本輯　清乾隆五十九年刻本　一册　八行十七字白口四周雙邊　鈐味眞山人珍藏白文方印　五八二三

收燕調館宋元詞會十一種十八卷　清張履恆輯　清末抄本　十册　十行二十一字小字雙行字數不等白口四周單邊　二九六三

逍遙詞一卷　宋潘閬撰

張子野詞二卷補遺二卷　宋張先撰

南湖集一卷　宋張鎡撰

石湖詞一卷補遺一卷　宋范成大撰

和石湖詞一卷　宋陳三聘撰
白石道人歌曲三卷　宋姜夔撰
陽春集一卷　宋米友仁撰
花外集一卷　宋王沂孫撰
貞居詞一卷　元張雨撰
蛻巖詞二卷　元張翥撰
趙待制遺稿一卷　元趙雍撰

清五家詞

清抄本　一册　鈐書史足自怡白文方印　漱竹軒秘鈔寶笈之章朱文方印　三五七五

紅豆樹館詞集一卷　清陶樑撰
絃秋詞一卷　清詹應甲撰
清江詞一卷附南北雜曲一卷　不著撰人
謹墨厽詞鈔一卷　清葉紹棆撰
疊雲閣詞鈔一卷　清曹楙堅撰

以上總集

詞林紀事二十二卷附録三卷

清張宗橚輯　清乾隆四十四年樂是廬刻嘉慶三年陳敬銘印本　十二册　十一行二十一字小字雙行二十三字黑口左右雙邊　五八一二

以上詞話

詞律二十卷發凡一卷　清萬樹撰　清康熙二十六年萬樹堆絮園刻尺木堂印本　十册　七行二十一字小字雙行二十字白口左右雙邊　下書口鐫堆絮園　封面鐫尺木堂藏板　五六九三

詞律二十卷發凡一卷　清萬樹撰　清康熙二十六年萬樹堆絮園刻尺木堂印本　十册　五六九四

三百詞譜六卷　清鄭元慶輯　清康熙二十八年刻本　四册　九行二十字小字雙行字同白口四周單邊　鈐元慶圖書白文方印　子餘朱文方印　四六四〇

詞譜四十卷　清王奕清等編　清康熙五十四年内府刻套印本　二十册　八行二十字小字雙行字同白口四周雙邊　一九一〇

詞譜四十卷　清王奕清等編　清康熙五十四年内府刻套印本　四十册　一九一一

碎金詞抄不分卷　清謝元淮輯　清抄本　一册　八行三十字至三十四字不等無格　三八一三

以上詞譜

榕園詞韻一卷發凡一卷　清吴寧撰　清乾隆四十九年冬青山館刻本　一册　八行十八字小字雙行字同黑口左右雙邊　封面鐫乾隆甲辰秋鐫　冬青山館藏板　七八一二

以上詞韻

曲類

一三一九 **元曲選十集一百種一百卷** 明臧懋循輯　**論曲一卷** 明陶宗儀等撰　明萬曆四十四年

刻本　九十六册　有圖　九行二十字小字單行十九字白口左右雙邊

破幽夢孤鴈漢宮秋雜劇一卷　元馬致遠撰
李太白匹配金錢記雜劇一卷　元喬吉撰
包待制陳州糶米雜劇一卷
玉清菴錯送鴛鴦被雜劇一卷
隨何賺風魔蒯通雜劇一卷
溫太眞玉鏡臺雜劇一卷　元關漢卿撰
楊氏女殺狗勸夫雜劇一卷
相國寺公孫合汗衫雜劇一卷　元張國賓撰
錢大尹智寵謝天香雜劇一卷　元關漢卿撰
爭報恩三虎下山雜劇一卷
張天師斷風花雪月雜劇一卷　元吳昌齡撰
趙盼兒風月救風塵雜劇一卷　元關漢卿撰
東堂老勸破家子弟雜劇一卷　元秦簡夫撰
同樂院燕青博魚雜劇一卷　元李文蔚撰
臨江驛瀟湘秋夜雨雜劇一卷　元楊顯之撰
李亞仙花酒曲江池雜劇一卷　元石君寶撰

楚昭公疎者下船雜劇一卷　元鄭廷玉撰
龐居士誤放來生債雜劇一卷
薛仁貴榮歸故里雜劇一卷　元張國賓撰
裴少俊牆頭馬上雜劇一卷　元白樸撰
唐明皇秋夜梧桐雨雜劇一卷　元白樸撰
散家財天賜老生兒雜劇一卷　元武漢臣撰
硃砂擔滴水浮漚記雜劇一卷
便宜行事虎頭牌雜劇一卷　元李直夫撰
包龍圖智賺合同文字雜劇一卷
凍蘇秦衣錦還鄉雜劇一卷
翠紅鄉兒女兩團圓雜劇一卷　元楊文奎撰
李素蘭風月玉壺春雜劇一卷　元武漢臣撰
呂洞賓度鐵拐李雜劇一卷　元岳伯川撰
小尉遲將鬭將認父歸朝雜劇一卷
陶學士醉寫風光好雜劇一卷　元戴善夫撰
魯大夫秋胡戲妻雜劇一卷　元石君寶撰
神奴兒大鬧開封府雜劇一卷
半夜雷轟薦福碑雜劇一卷　元馬致遠撰
謝金吾詐拆清風府雜劇一卷
呂洞賓三醉岳陽樓雜劇一卷　元馬致遠撰
包待制三勘蝴蝶夢雜劇一卷　元關漢卿撰
說鱄諸伍員吹簫雜劇一卷　元李壽卿撰
河南府張鼎勘頭巾雜劇一卷　元孫仲章撰
黑旋風雙獻功雜劇一卷　元高文秀撰

迷青瑣倩女離魂雜劇一卷　元鄭德輝撰
西華山陳摶高臥雜劇一卷　元馬致遠撰
龐涓夜走馬陵道雜劇一卷
救孝子賢母不認尸一卷　元王仲文撰
邯鄲道省悟黃粱夢雜劇一卷　元馬致遠撰
杜牧之詩酒揚州夢雜劇一卷　元喬吉撰
醉思鄉王粲登樓雜劇一卷　元鄭德輝撰
昊天塔孟良盜骨雜劇一卷
包待制智斬魯齋郎雜劇一卷　元關漢卿撰
朱太守風雪漁樵記雜劇一卷
江州司馬青衫泪雜劇一卷　元馬致遠撰
四丞相高會麗春堂一卷　元王德信撰
孟德耀舉案齊眉雜劇一卷
包龍圖智勘後庭花雜劇一卷　元鄭廷玉撰
死生交范張雞黍雜劇一卷　元宮大挺撰
玉簫女兩世姻緣雜劇一卷　元喬吉撰
宜秋山趙禮讓肥雜劇一卷　元秦簡夫撰
鄭孔目風雪酷寒亭雜劇一卷　元楊顯之撰
桃花女破法嫁周公雜劇一卷
陳季卿悞上竹葉舟雜劇一卷　元范子安撰
布袋和尚忍字記雜劇一卷　元鄭廷玉撰
謝金蓮詩酒紅梨花雜劇一卷　元張壽卿撰
鐵拐李度金童玉女雜劇一卷　明賈仲名撰
包待制智賺灰闌記雜劇一卷　元李行道撰

崔府君斷冤家債主雜劇一卷
㑳梅香騙翰林風月雜劇一卷　元鄭德輝撰
尉遲恭單鞭奪槊雜劇一卷　元尚仲賢撰
呂洞賓三度城南柳雜劇一卷　明谷子敬撰
須賈大夫誶范叔雜劇一卷
李雲英風送梧桐葉雜劇一卷
花間四友東坡夢雜劇一卷　元吳昌齡撰
杜蘂娘智賞金線池雜劇一卷　元關漢卿撰
王月英元夜留鞋記雜劇一卷　元曾瑞卿撰
漢高皇濯足氣英布雜劇一卷
兩軍師隔江鬬智雜劇一卷
馬丹陽度脫劉行首一卷　元楊景賢撰
月明和尚度柳翠雜劇一卷
劉晨阮肇悞入桃源雜劇一卷　明王子一撰
張孔目智勘魔合羅雜劇一卷　元孟漢卿撰
玎玎璫璫盆兒鬼雜劇一卷
荆楚臣重對玉梳記雜劇一卷　明賈仲明撰
逞風流王煥百花亭雜劇一卷
秦脩然竹塢聽琴雜劇一卷　元石子章撰
金水橋陳琳抱粧盒一卷
趙氏孤兒大報讐雜劇一卷　元紀君祥撰
感天動地竇娥冤雜劇一卷　元關漢卿撰
梁山泊李逵負荆雜劇一卷　元康進之撰
蕭淑蘭情寄菩薩蠻雜劇一卷　明賈仲名撰

錦雲堂暗定連環計雜劇一卷　元張國寶撰
羅李郎大鬧相國寺雜劇一卷
看錢奴買冤家債主雜劇一卷　元李致遠撰
都孔目風雨還牢末雜劇一卷
洞庭湖柳毅傳書雜劇一卷　元尚仲賢撰
風雨像生貨郎旦雜劇一卷
望江亭中秋切鱠雜劇一卷　元關漢卿撰
馬丹陽三度任風子雜劇一卷　元馬致遠撰
薩真人夜斷碧桃花雜劇一卷
沙門島張生煮海雜劇一卷　元李好古撰
包待制智賺生金閣雜劇一卷　元武漢臣撰
馮玉蘭夜月泣江舟雜劇一卷

雅趣藏書一卷　清錢書撰　清康熙刻套印本　二册　有圖　九行二十五字白口四周單邊　一七四七

雅趣藏書一卷　清錢書撰　清康熙刻套印本　四册　一八九二

通天臺一卷臨春閣一卷　清吳偉業撰　清初振古齋刻本　二册　九行十九字白口四周單邊　封面鐫振古堂藏版　四八九九

桂岩嘯客雜劇二種六卷　清邊汝元撰　清抄本　一册　十行二十二字藍格白口四周雙邊　上書口鐫書圃鈔本　鈐汝元之印白文方印　三六六五
鞭督郵雜劇二卷
傲妻兒雜劇四卷

再來緣樂府一卷　題悟因主人撰　清抄本　佚名朱筆評　一册　行格字數不等無格　三四三三

以上雜劇

七五四

六十種曲十二集一百二十卷

明毛晉輯　明毛氏汲古閣刻本　六十四册　九行十九字白口間下黑口左右雙邊

荆釵記二卷　明朱權撰
浣紗記二卷　明梁辰魚撰
千金記二卷　明沈采撰
八義記二卷　明徐元撰
鳴鳳記二卷　明王世貞撰
西廂記二卷　明李日華撰
明珠記二卷　明陸采撰
紅拂記二卷　明張鳳翼撰
紫釵記二卷　明湯顯祖撰
南柯記二卷　明湯顯祖撰
春蕪記二卷　明汪錂撰
玉鏡臺記二卷　明朱鼎撰
綵毫記二卷　明屠隆撰
鸞鎞記二卷　明葉憲祖撰
金蓮記二卷　明陳汝元撰
繡襦記二卷　明徐霖撰
紅梨記二卷　明徐復祚撰
霞箋記二卷
投梭記二卷　明徐復祚撰
金雀記二卷

錦箋記二卷　明周履靖撰
紫簫記二卷　明湯顯祖撰
玉玦記二卷　明鄭若庸撰
種玉記二卷　明汪廷訥撰
獅吼記二卷　明汪廷訥撰
香囊記二卷　明邵璨撰
尋親記二卷
琵琶記二卷　元高明撰
精忠記二卷　明姚茂良撰
三元記二卷　明沈受先撰
幽閨記二卷　元施惠撰
玉簪記二卷　明高濂撰
還魂記二卷　明湯顯祖撰　明碩園删定
邯鄲記二卷　明湯顯祖撰
西廂記二卷　元王德信撰
琴心記二卷　明孫柚撰
懷香記二卷　明陸采撰
運甓記二卷　明吾丘端撰
玉合記二卷　明梅鼎祚撰
四喜記二卷　明謝讜撰
青衫記二卷　明顧大典撰
焚香記二卷　明王玉峯撰
西樓記二卷　清袁于令撰
玉環記二卷　明楊柔勝撰

贈書記二卷
蕉帕記二卷 明單本撰
水滸記二卷 明許自昌撰
灌園記二卷 明張鳳翼撰
雙烈記二卷 明張四維撰
義俠記二卷 明沈璟撰
白兔記二卷
曇花記二卷 明屠隆撰
飛丸記二卷
節俠記二卷
四賢記二卷
殺狗記二卷 明徐晒撰 明馮夢龍重訂
龍膏記二卷 明楊珽撰
東郭記二卷 明孫仁孺撰
雙珠記二卷 明沈鯨撰
還魂記二卷 明湯顯祖撰

六十種曲十二集一百二十卷 明毛晉輯 明毛氏汲古閣刻本 八十一册 一三一八

存七十四卷

千金記二卷 明沈釆撰
八義記二卷 明徐元撰
鳴鳳記二卷 明王世貞撰
西廂記二卷 明李日華撰

紫釵記二卷　明湯顯祖撰
南柯記二卷　明湯顯祖撰
春蕪記二卷　明汪錂撰
玉鏡臺記二卷　明朱鼎撰
綵毫記二卷　明屠隆撰
金蓮記二卷　明陳汝元撰
繡襦記二卷　明徐霖撰
紅梨記二卷　明徐復祚撰
投梭記二卷　明徐復祚撰
錦箋記二卷　明周履靖撰
紫簫記二卷　明湯顯祖撰
玉玦記二卷　明鄭若庸撰
香囊記二卷　明邵璨撰
三元記二卷　明沈受先撰
幽閨記二卷　元施惠撰
還魂記二卷　明湯顯祖撰　明碩園删定
邯鄲記二卷　明湯顯祖撰
西廂記二卷　元王德信撰
琴心記二卷　明孫柚撰
懷香記二卷　明陸采撰
玉合記二卷　明梅鼎祚撰
青衫記二卷　明顧大典撰
西樓記二卷　清袁于令撰
玉環記二卷　明楊柔勝撰

贈書記二卷
蕉帕記二卷　明單本撰
水滸記二卷　明許自昌撰
白兔記二卷
飛丸記二卷
節俠記二卷
四賢記二卷
龍膏記二卷　明楊珽撰
還魂記二卷　明湯顯祖撰

新編目連救母勸善戲文三卷　明鄭之珍編　清葉宗泰校　明萬曆十年鄭氏高石山房刻本　三册　有圖　十行二十四字白口四周單邊　封面鐫萬曆壬午年孟秋吉旦繡梓　有刻工　一三三一

綠牡丹二卷　明吳炳撰　明末刻粲花齋新樂府四種本　一册　九行二十字白口四周單邊　一三三二

玉茗堂四種傳奇八卷　明湯顯祖撰　明刻清乾隆二十六年吳郡書業堂重修本　八册　有圖　九行十九字白口左右雙邊　六四九四

還魂記二卷
邯鄲記二卷
紫釵記二卷
南柯記二卷

牡丹亭還魂記二卷　明湯顯祖撰　明朱元鎮校　明末刻本　四册　有圖　十行二十二字小字雙行字同白口四周單邊　鈐閻氏藏書朱文方印　閻敏學朱文方　一三三三

印　群藝朱文方印

玉茗堂還魂記二卷　明湯顯祖撰　清乾隆五十年冰絲館刻本　六册　九行二十字小字單行字同白口四周單邊　下書口鐫冰絲館　封面鐫乾隆乙巳年冰絲館增圖重梓　五一八二

玉茗堂還魂記二卷　明湯顯祖撰　清乾隆五十年冰絲館刻本　二册　七五五九

湯義仍先生南柯夢記二卷　明湯顯祖撰　明末刻本　四册　十行二十一字白口四周單邊　一三三四

詠懷堂新編十錯認春燈謎記二卷　明阮大鋮撰　明末刻石巢傳奇四種本　二册　九行二十字小字雙行字同白口四周單邊　一三二八

雪韻堂批點燕子箋記二卷　明阮大鋮撰　明末刻本　四册　有圖　九行二十字白口四周單邊　〇二一八

羣僊慶壽蟠桃會一卷新編瑤池會八仙慶壽一卷　題明錦窠老人撰　明刻本　一册　十一行二十字小字單行十八字黑口四周雙邊　鈐錢唐丁氏正修堂藏書朱文方印　一三三九

笠翁傳奇十種二十卷　清李漁撰　清初翼聖堂刻本　二十册　九行二十字白口四周單邊　封面鐫書聯屋藏板　五二二二

憐香伴傳奇二卷

風箏誤傳奇二卷

意中緣傳奇二卷
蜃中樓傳奇二卷
凰求鳳傳奇二卷
奈何天傳奇二卷
比目魚傳奇二卷
玉搔頭傳奇二卷
巧團圓傳奇二卷
慎鸞交傳奇二卷

秣陵春傳奇二卷 清吳偉業撰　清初振古齋刻本　四册　九行十九字白口左右雙邊　封面鐫振古齋藏版　四八九九

魚籃記二卷 清范希哲撰　清初刻本　四册　八行二十字白口四周單邊　鈐豐府藏書白文方印　五一九三

秦樓月二卷名媛題詠一卷 清朱素臣編　清李笠翁評閱　**二分明月集一卷** 清陳素素撰　清康熙文喜堂刻本　一册　九行二十字白口左右雙邊　封面鐫文喜堂梓行　Z〇〇三四

揚州夢二卷三十二齣 清嵇永仁撰　清刻本　四册　九行十九字黑口左右雙邊　四九〇〇

桃花扇傳奇四卷 清孔尚任撰　清乾隆西園刻本　四册　九行二十字白口左右雙邊　封面鐫西園梓行　八〇八八

惺齋新曲六種十二卷 清夏綸撰　清徐夢元評　清乾隆十八年夏氏世光堂刻本　六册　十行二十字白口四周單邊　下書口鐫世光堂　封面鐫乾隆癸酉世光堂合刻　六四九五

惺齋新曲六種十二卷　清夏綸撰　清徐夢元評　清乾隆十八年夏氏世光堂刻本　十二册　六四九六

無瑕璧傳奇二卷　杏花村傳奇二卷　瑞筠圖傳奇二卷　廣寒梯傳奇二卷　南陽樂傳奇二卷　花萼吟傳奇二卷

玉燕堂四種曲八卷　清張堅撰　清乾隆刻本　十册　十行二十字白口四周單邊　七九九八

夢中緣二卷　梅花簪二卷　懷沙記二卷　玉獅墜二卷

勸善金科二十卷首一卷　清張照等撰　清乾隆武英殿刻五色套印本　二十册　八行二十二字白口四周雙邊　一九〇一

勸善金科二十卷首一卷　清張照等撰　清乾隆武英殿刻五色套印本　十册　一九〇二

勸善金科二十卷首一卷　清張照等撰　清乾隆武英殿刻五色套印本　二十册　一九〇三

芥子園繪像第七才子書六卷　元高明撰　清雍正十三年芥子園刻巾箱本　十册　八行十六字白口四周雙邊　封面鐫芥子園較刊　卷一末鐫雍正乙卯春日七旬灌叟程自莘氏較刊于吳門之課花書屋　蘇州閶門外上津橋下塘西廟前藏板　七六九〇

漁邨記二卷　清韓錫胙撰　清乾隆三十三年妙有山房刻本　四册　九行二十字白口左右雙邊　下書口鐫妙有山房　六四九七

長生殿傳奇二卷　清洪昇撰　清康熙稗畦草堂刻本　二册　十行二十字黑口四周單邊　四八九五

旗亭記二卷　清金兆燕撰　清盧見曾改訂　清乾隆二十四年刻本　四册　十行二十一字白口四周單邊　四九〇二

介山記二卷　清宋廷魁撰　清乾隆十五年刻本　四册　十行二十四字白口左右雙邊　四八九四

石榴記傳奇四卷　清黄振撰　清乾隆三十七年柴灣村舍刻本　四册　九行十九字白口四周雙邊　下書口鐫柴灣村舍　六四九八

紅雪樓九種曲十三卷　清蔣士銓撰　清乾隆蔣氏紅雪樓刻本　十册　九行二十二字白口四周單邊　六四九三

冬青樹二卷
雪中人一卷
四絃秋一卷
一片石一卷
第二碑一卷
香祖樓二卷
空谷香傳奇二卷
桂林霜二卷
臨川夢二卷

芝龕記六卷　清董榕撰　清乾隆十六年刻本　八册　十行十九字小字雙行十八字黑口四周單邊　封面鐫乾隆辛未季鐫　五二三九

芝龕記六卷　清董榕撰　清乾隆十六年刻本　四冊　五二四〇

看山閣樂府雷峰塔二卷　清黃圖珌撰　清乾隆黃氏看山閣刻本　二冊　十行十九字黑口左右雙邊　封面鐫看山閣藏板　六一〇八

晉春秋傳奇二卷　清蔡廷弼撰　清嘉慶五年太虛齋刻本　四冊　十行二十二字白口左右雙邊　封面鐫嘉慶庚申鐫　太虛齋藏板　七四八九

魚水緣傳奇二卷　清周書撰　清淩存淳評點　清乾隆二十六年博文堂刻本　四冊　有圖　八行二十字白口左右雙邊　四九〇一

琵琶俠二卷　題清定園居士塡詞　清紅豆村樵評點　清嘉慶十七年半野艸堂刻本　四冊　九行二十五字白口左右雙邊　封面鐫嘉慶壬申年鐫　半野草堂藏版　六四九九

南唐雜劇一卷　清管廷芬撰　清抄本　一冊　十行字數不等無格　三一六六

紅樓夢傳奇二十四齣　清褚龍祥撰　清道光希葛齋抄本　三冊　九行二十一字小字雙行字數不等白口四周雙邊　下書口鐫希葛齋　鈐褚龍祥印白文方印　三一五九

桂花姻傳奇二十齣首一齣考據一卷襄陽獄一齣　清褚龍祥撰　清道光希葛齋抄本　一冊　九行二十一字小字雙行字數不等白口四周雙邊　下書口鐫希葛齋　鈐褚龍祥印白文方印　三一六〇

新編好逑傳鼓詞四卷二十回小曲新編一卷　清褚龍祥撰　清咸豐元年希葛齋清稿本　四冊　九行二十字白口四周雙邊　下書口鐫希葛齋　二八四七

榴花夢二百八十八卷　清李桂玉撰　清抄本　二百六十册　八行二十四字無格　三六八二

雙壁記三十三齣　清抄本　二册　九行十九字小字雙行字同白口四周單邊　鈐讀畫軒朱文方印　任氏振釆朱文方印　三七六〇

龍鳳奇緣不分卷　清抄本　周紹良題識　七十二册　八行二十一或二十四字不等無格　封面鐫永順齋　永順齋賃書鋪　鈐至德周氏藏書白文方印　蠹齋朱文方印　三六八一

以上傳奇

坐隱先生精訂馮海浮山堂詞稿二卷　明馮惟敏撰　明汪氏環翠堂刻四詞宗合刻本　四册　十行二十字白口四周單邊　下書口鐫環翠堂　Z〇〇八五

新鐫古今大雅北宮詞紀六卷南宮詞紀六卷　明陳所聞、陳邦泰輯　明萬曆三十二年陳氏繼志齋刻本　十八册　十行二十字白口四周單邊　一三一二

新鐫古今大雅北宮詞紀六卷　明陳所聞、陳邦泰輯　明萬曆三十二年陳氏繼志齋刻本　八册　十行二十字白口四周單邊　一三一三

白雪齋選訂樂府吳騷合編四卷衡曲麈譚一卷　明張楚叔、張旭初輯　一七二六

曲律一卷　明魏良輔撰　明崇禎十年張師齡刻本　四册　有圖　九行二十字白口四周單邊

秋水菴花影集五卷　明施紹莘撰　明末刻本　八册　八行二十字白口四周單邊　有刻工　鈐香簡草堂朱文方印　金粟山房朱文方印　乙巳游泮丙午賢書丁　一〇〇一

未進士朱文方印

存三卷 一至三

香髓閣小令不分卷 清崇恩撰 稿本 一册 九行字數不等藍格白口四周單邊 三一四〇

以上散曲

歷代史略鼓兒詞不分卷 清賈鳧錫撰 清抄本 一册 八行九字或十字不等無格 三六八七

以上俗曲

楊升菴史略詞話二卷 明楊慎撰 清李清、宫偉鏐正誤 清李蘭等校 清初刻清補刻本 二册 九行二十字白口四周單邊 四九七三

明紀彈詞一卷

廿一史彈詞註十卷 明楊慎撰 清張三異增定 清張仲璜注 清張三異撰 清張仲璜注 清雍正五年張坦麟刻本 八册 十一行二十一字白口四周單邊 六六〇七

廿一史彈詞注十一卷 明楊慎撰 清張三異增定 清乾隆五十一年張任佐視履堂重刻本 八册 十一行二十一字小字雙行二十字白口四周單邊 六九四三

封面鐫視履堂藏板

廿一史彈詞注十一卷 明楊慎撰 清張三異增定 清乾隆五十一年張任佐視履堂重刻本 十二册 八四〇二

重刊增定廿一史詞話不分卷　明楊慎撰　清初抄本　一册　十二行十字或十六字不等無格　三六七九

果報錄十二卷一百回　清海芝濤撰　清活字印巾箱本　十二册　十二行二十一字白口四周單邊　二六六一

眞本玉釧緣三十二卷　清抄本　三十二册　十行二十三字無格　三一八〇

新編虎𧎸鏡全傳三十二回賜笏樓全傳三十二回　題味閒主人撰　稿本　十六册　八行二十一字紅格白口四周單邊　上書口鐫脈望齋　鈐味閒齋朱文方印　三三〇四

藏舟子弟書草稿五回　稿本　一册　八行二十三字無格　三七二三

以上彈詞

苦功悟道卷一卷　明羅清編　明萬曆十一年黨三經鋪刻本　一册　四行十五字上下雙邊　卷末鐫大明萬曆十年秋季吉日東廠衕衕黨三經鋪便是牌記　T〇〇二

苦功悟道卷一卷　明羅清編　明萬曆十四年刻本　一册　四行十四字上下雙邊　卷末鐫大明萬曆十四年正月吉日刻書牌記　T〇〇六

苦功悟道卷一卷　明羅清編　清康熙間徐涵輝刻本　一册　四行十三字上下雙邊　鈐徐涵輝造朱文方印　T〇〇四

苦功悟道卷句解□□卷　明王尚儒注　清康熙刻本　一册　十一行二十六字白口四周雙邊　存一卷　卷下　T〇一七七

嘆世無爲卷一卷 明羅清編 明萬曆十二年積善堂刻本 一册 四行十五字上下雙邊 卷末鐫大明萬曆十二年正月吉日積善堂重刊印行牌記 T〇〇一〇

嘆世無爲卷一卷 明羅清編 明萬曆十二年積善堂刻本 一册 T〇〇一二

嘆世無爲卷一卷 明羅清編 明萬曆二十三年黃字牌經鋪刻本 一册 四行十三字上下雙邊 卷末鐫萬曆乙未歲秋月吉旦黃字牌經鋪梓行牌記 T〇〇〇八

嘆世無爲卷一卷 明羅清編 明刻本 一册 四行十七字上下雙邊 T〇〇〇七

嘆世無爲卷句解□□卷 明王尚儒註 清康熙四十五年刻本 一册 十一行二十六字白口四周雙邊 序后鐫大清康熙肆拾伍年歲次丙戌季夏上吉日重刊 T〇一七八

破邪顯證鑰匙卷二卷 明羅清編 明萬曆十二年黨三經鋪刻本 一册 四行十五字上下雙邊 卷末鐫大明萬曆十一年孟秋吉日東廠衕衕黨三經鋪便是牌記 T〇〇一五

存一卷 卷上

破邪顯證鑰匙卷二卷 明羅清編 明萬曆二十五年黃字牌經鋪刻本 二册 四行十三字上下雙邊 卷末鐫萬曆丁酉歲秋月吉日黃字牌經鋪梓行牌記 T〇〇一六

存一卷 卷上

破邪顯證鑰匙卷一卷　明羅清編　明刻本　二册　四行十三或十四字不等上下雙邊　T○○二四

破邪顯證鑰匙卷二卷　明羅清編　清康熙三十三年徐滙輝刻本　一册　四行十三字上下雙邊　卷末鐫萬曆四十二年春北京黨尚書家原版今康熙三十三年冬月姑蘇徐滙輝北寺南經坊校正重刊印行牌記
存一卷　卷上　T○○一四

破邪顯證鑰匙卷句解□□卷　明王尚儒註　清康熙重刻本　一册　十一行二十五字白口四周雙邊
存一卷　卷下句解上　T○一八二

正信除疑無修證自在寶卷一卷　明羅清編　明萬曆十一年黨三經鋪刻本　一册　四行十五字上下雙邊　卷末鐫大明萬曆十一年秋吉日東廠衚衕黨三經鋪便是牌記　T○○二○

正信除疑無修證自在寶卷句解□□卷　明王尚儒註　清康熙重刻本　一册　十一行二十六字白口四周雙邊
存一卷　卷中　T○一七九

巍巍不動太山深根結果寶卷一卷　明羅清編　明萬曆二十六年南京三山街胡敬山刻本　一册　四行十五字上　T○○二六

下雙邊 卷末鐫萬曆戊戌中秋望日嫡孫文舉校証、南京三山街胡敬山印行牌記

巍巍不動太山深根結果寶卷一卷 明羅清編 明刻本 一册 四行十三字上下雙邊 T〇〇二五

古佛天眞考証龍華寶經四卷 題李某編 清初刻本 二册 四行十五字上下雙邊 T〇〇七四

存二卷 一至二

銷釋木人開山寶卷四卷 題李某編 清初刻本 二册 四行十五字上下雙邊 T〇〇七三

存二卷 佛日

大乘圓頓正宗除邪歸家授記寶卷二卷 清初刻本 二册 四行十五字上下雙邊 T〇〇七六

皇極金丹九蓮正信皈眞還鄉寶卷 清初刻本 二册 五行十七字上下雙邊 T〇〇七〇

武當山玄天上帝經□□卷 清初刻本 一册 五行十七字上下雙邊 T〇〇六九

存一卷 卷上

混元弘陽佛如來無極飄高祖臨凡經二卷 明刻本 二册 四行十四字上下雙邊 T〇〇三〇

弘陽苦功悟道經二卷 明刻本 二册 四行十四字上下雙邊 T〇〇三一

弘陽秘妙顯性結果經二卷 明刻本 二册 四行十四或十五字不等 T〇〇三五

弘陽悟道明心經二卷 明刻本 二册 四行十四字上下雙邊 T〇〇四一

弘陽嘆世經二卷 明萬曆三十六年刻本 二册 四行十五字上下雙邊 卷上末鐫萬曆三十六年日吉 T〇〇三八

弘陽嘆世經二卷 明刻本 二册 四行十五字上下雙邊 T〇〇三九

銷釋大乘寶卷一卷 明釋歸圓編 明刻本 一册 四行十五字上下雙邊 T〇〇五九

銷釋圓覺寶卷二卷 明釋歸圓編 明刻本 二册 四行十五字上下雙邊 T〇〇六〇

銷釋顯性寶卷一卷 明釋歸圓編 明刻本 一册 四行十四字上下雙邊 T〇〇六二

銷釋圓通寶卷一卷 明釋歸圓編 明萬曆刻本 一册 四行十五字上下雙邊 T〇一五七

銷釋圓通寶卷一卷 明釋歸圓編 明刻本 一册 四行十五字上下雙邊 T〇〇五五

銷釋歸依弘陽覺願中華妙道玄愌眞經一卷 明萬曆四十年刻本 一册 四行十字上下雙邊 T〇一一二

普明如來無爲了義寶卷二卷 明刻本 一册 四行十五字上下雙邊 T〇一五九

存一卷 下

普度新聲救苦寶卷二卷 明刻本 二册 四行十四字上下雙邊 T〇〇六四

佛説大藏地獄救度離苦生天寶卷二卷 明刻本 四行十五字上下雙邊 T〇一五八

存一卷 下

大藏般若通明寶卷二卷 明刻本 一册 四行十五字上下雙邊 T〇一〇二

存一卷 上

混元弘陽明心寶懺三卷 明刻本 二册 四行十四字上下雙邊 T〇一一四

存二卷 上下

佛説弘陽慈悲明心救苦寶懺三卷 明刻本 一册 四行十四字上下雙邊 T〇一一五

銷釋印空實際寶卷二卷 明刻本 一册 四行十四字上下雙邊 T〇〇八〇

存一卷 下

下生嘆世寶卷 明刻本 一册 四行十五字上下雙邊 T〇一〇〇

銷釋混元弘陽大法祖明經一卷　明刻本　一册　四行十五字上下雙邊　T〇一五五

銷釋混元無上普化慈悲眞經二卷　明刻本　一册　四行十五字上下雙邊　T〇一一七

銷釋混元無上普化慈悲眞經二卷　明刻本　一册　四行十五字上下雙邊　T〇一一八

銷釋混元無上大道玄妙眞經一卷　明刻本　一册　四行十五字上下雙邊　T〇一一九

靈應泰山娘娘寶卷二卷　明刻本　二册　四行十五字上下雙邊　T〇一五六

天仙聖母源流泰山寶卷五卷　明崇禎二年刻本　一册　四行十五字上下雙邊　卷末鐫大明崇禎元年歲次戊辰季夏吉旦時流通此卷　T〇〇八七

存一卷　五

救苦忠孝藥王寶卷二卷　清初刻本　二册　四行十五字上下雙邊　T〇〇九三

佛說西祖單傳明眞顯性寶卷二卷　清初刻本　二册　四行十五字上下雙邊　T〇〇九五

佛說梁皇寶卷一卷　清初刻本　一册　五行十五字上下雙邊　T〇〇七七

存十二品　一至十二

佛說皇極收圓寶卷二卷　清初刻本　二册　五行十七字上下雙邊　丁〇〇八一

佛說如如老祖寶卷二卷　清初刻本　一册　四行十五字上下雙邊　丁〇〇八二
存十一品　十四至二十四

佛說如如老祖寶卷二卷　清初刻本　一册　四行十五字上下雙邊　丁〇〇八三
存一卷　下

泰山東嶽十王寶卷二卷　清初刻本　二册　四行十五字上下雙邊　丁〇〇四八

銷釋般若心經寶卷二卷　清初刻本　二册　四行十三字上下雙邊　丁〇〇七一

地藏王菩薩摯掌幽冥寶卷二卷　清康熙十八年刻本　二册　四行十五字上下雙邊　卷末鐫大清康熙己未年丁卯月吉日刻　丁〇〇九六

銷釋金剛科儀一卷　清初刻本　一册　四行十五字上下雙邊　丁〇〇九〇

銷釋金剛科儀一卷　清康熙三十三年姑蘇徐遖輝刻本　一册　四行十五字上下雙邊　卷末鐫康熙三十三年冬月姑蘇徐遖輝北寺南經坊校正重刊印行牌記　丁〇〇八九

姚秦三藏西天取清解論一卷　清康熙間徐洒輝刻本　一册　四行十五字上下雙邊　卷末鐫姑蘇北寺南首經坊徐洒輝家造牌記　T〇〇九九

銷釋混元無上拔罪救苦眞經三卷　清抄本　一册　四行十五字上下雙邊　T〇一一六

銷釋開宗寶卷二卷　清抄本　二册　四行十五字上下雙邊　T〇〇九七

銷釋開宗寶賛卷二卷　清抄本　二册　四行十五字上下雙邊　T〇〇九八

佛說達摩直指正宗行覺寶卷二卷　抄本　二册　四行十五字上下雙邊　T〇〇九四

以上寶卷

吳歈萃雅四卷　題明梯月主人輯　明萬曆四十四年刻本　八册　有圖　九行二十一字白口四周單邊　有刻工　鈐積學齋徐乃昌藏書朱文長方印　延古堂李氏珍藏白文長方印　一三一六

以上曲選

新定宗北歸音六卷　清王正祥撰　清康熙二十五年停雲室刻本　四册　八行二十字黑口四周單邊　下書口鐫停雲室　四九〇三

嘯餘譜十卷　明程明善撰　明萬曆四十七年刻本　八册　九行十字白口四周單邊　鈐八千卷樓藏書之記朱文方印　嘉惠堂丁氏藏書之記白文方印　一三二七

曲譜十二卷首一卷末一卷　清王奕清等編　清康熙内府刻套印本　十四册　八行二十一字小字雙行字同白口四周雙邊　一九一四

納書楹曲譜正集四卷續集四卷外集二卷補遺四卷納書楹四夢全譜八卷　清葉堂撰　清乾隆五十七、五十九年納書楹刻本　二十册　六行十八字旁注工尺白口四周雙邊　正集補遺封面分别鐫乾隆壬子春、甲寅春鐫　納書楹藏板　七〇七二

納書楹曲譜正集四卷續集四卷外集二卷補遺四卷納書楹四夢全譜八卷　清葉堂撰　清乾隆五十七、五十九年納書楹刻本　十四册　存納書楹曲譜正集四卷續集四卷外集二卷補遺四卷　七〇七一

吟香堂曲譜長生殿二卷牡丹亭二卷　清馮起鳳撰　清乾隆吟香堂刻本　四册　行格字數不等白口左右雙邊　鈐桐雨軒居士書畫小印白文方印　七四九一

復道人度曲不分卷　清姚燮撰　清抄本　十册　八行字數不等無格　三一五七

一笠菴北詞廣正譜十八卷　清李玄玉輯　清青蓮書屋刻本　四册　六行二十五字白口左右雙邊　下書口鐫青蓮書屋　存四卷　一至二　十七至十八　附南戲北詞正謬　六四九一

南九宮十三調曲譜目錄一卷附錄一卷　清褚龍祥輯　清希葛齋抄本　一册　九行二十一字小字雙行字同　下書口鐫希葛齋　三六六一

度曲須知二卷附絃索辨訛三卷　明沈寵綏撰　題桂森齋註釋　明崇禎十二年刻清順治六年沈標增刻本　四册　八行二十二字小字雙行字同白口四周單邊　一三八〇

以上曲譜

新編南詞定律十三卷首一卷　清呂士雄等編輯　清康熙五十九年刻本　八册　八行十八字小字雙行十七字白口四周雙邊　六九二一

存　度曲須知二卷

新定九宮大成南北詞宮譜八十一卷閏一卷總目三卷　清允祿等編　清乾隆十一年刻套印本　五十册　七行十六字小字雙行字同白口四周雙邊　一九一三

新定九宮大成總目不分卷　清末五色寫本　十二册　八行字數不等白口四周單邊　三一七二

以上曲律

中原音韻二卷　元周德清撰　明王文璧註　明葉以震校　明末三槐堂刻本　四册　九行十八字小字雙行字同白口四周單邊　封面鐫三槐堂藏板　〇六三四

中原音韻二卷　元周德清撰　明王文璧註　明葉以震校　明末三槐堂刻本　二册　〇六三三

以上曲韻

續識資諧二卷　明薛朝選輯　明末書林王守渠珍萃堂刻本　二册　十行二十一字白口四周單邊　卷端鐫書林珍萃堂王守渠梓行　一三八一

塡辭曲牌兒名凑趣　清褚龍祥編　清希葛齋抄本　一册　九行二十一字白口四周雙邊下書口鐫希葛齋　三五六三

以上曲評、曲話

彙編叢書

百川學海一百種一百七十九卷 〇五七

宋左圭編 明弘治十四年無錫華氏刻本

一册 十二行二十字白口左右雙邊

存十八種二十八卷

壬集

端溪硯譜一卷

硯譜一卷

歙州硯譜一卷歙硯說一卷辨歙石說一卷

硯史一卷 宋米芾撰

古今刀劍錄一卷 梁陶弘景撰

香譜二卷 宋洪芻撰

茶經三卷 唐陸羽撰

煎茶水記一卷 唐張又新撰

茶録一卷　宋蔡襄撰
東溪試茶録一卷　宋宋子安撰
酒譜一卷　宋竇苹撰
本心齋疏食譜一卷　宋陳達叟撰
筍譜一卷　宋釋贊寧撰
菌譜一卷　宋陳仁玉撰
蟹譜二卷　宋傅肱撰

癸集

荔枝譜一卷　宋蔡襄撰
橘録三卷　宋韓彦直撰
南方草木狀三卷　晋嵇含撰

百川學海一一八種一四六卷

宋左圭編　明□□重輯　明刻本　二十四册
九行二十字小字雙行字同白口左右雙邊

甲集

聖門事業圖一卷　宋李元綱撰
漁樵對問一卷　宋邵雍撰
大學石經一卷　明王文禄、姚應仁校
論語筆解一卷　唐韓愈撰
李氏刊誤一卷　唐李涪撰
九經韻補一卷　宋楊伯嵒撰

宜齋野乘一卷　宋吳枋撰
芥隱筆記一卷　宋龔頤正撰

乙集

隨遺錄一卷　唐顏師古撰
翰林志一卷　唐李肇撰
春明退朝錄三卷　宋宋敏求撰
淳熙玉堂雜記三卷　宋周必大撰
揮麈錄二卷　宋楊萬里撰
丁晉公談錄一卷　宋丁謂撰
王文正筆錄一卷　宋王曾撰
開天傳信記一卷　唐鄭綮撰

丙集

尚書故實一卷　唐李綽撰
次柳氏舊聞一卷　唐李德裕撰
錢氏私誌一卷　宋錢世昭撰
家世舊聞一卷　宋陸游撰
南唐近事一卷　宋鄭文寶撰
幽閒鼓吹一卷　唐張固撰
默記一卷　宋王銍撰
卓異記一卷　唐李翺撰
艮嶽記一卷　宋張淏撰
桂苑叢談一卷　唐馮翊撰

丁集

畫簾緒論一卷　宋胡太初撰
官箴一卷　宋呂居仁撰
袪疑說一卷　宋儲泳撰
因論一卷　唐劉禹錫撰
宋景文公筆記一卷　宋宋祁撰
善誘文一卷　宋陳錄撰
西疇老人常言一卷　宋何坦撰
欒城先生遺言一卷　宋蘇籀撰
東谷所見一卷　宋朱之彦撰
雞肋一卷　宋趙崇絢撰

戊集

畫墁錄一卷　宋張舜民撰
碧雲騢一卷　宋梅堯臣撰
霏雪錄一卷　□孟熙撰
談藪一卷　宋龐元英撰
話腴一卷　宋陳郁撰
可談一卷　宋朱彧撰
前定錄一卷　唐鍾輅撰
拊掌錄一卷　宋邢居實撰
山房隨筆一卷　元蔣子正撰

己集

文錄一卷　宋唐庚撰
二十四詩品一卷　唐司空圖撰
石林詩話三卷　宋葉夢得撰
六一居士詩話一卷　宋歐陽修撰
珊瑚鉤詩話三卷　宋張表臣撰
劉攽貢父詩話一卷　宋劉攽撰
後山居士詩話一卷　宋陳師道撰
許彦周詩話一卷　宋許顗撰
司馬溫公詩話一卷　宋司馬光撰
竹坡老人詩話一卷　宋司馬光撰
滄浪詩話一卷　宋嚴羽撰

庚集

書法一卷　唐歐陽詢撰
書評一卷　梁袁昂撰
書史二卷　宋米芾撰
書斷四卷　宋張懷瓘撰
書譜一卷　唐孫過庭撰
續書譜一卷　宋姜夔撰
海岳名言一卷　宋米芾撰
寶章待訪錄一卷　宋米芾撰

翰墨志一卷　宋高宗趙構撰
法帖刊誤二卷　宋黄伯思撰
法帖譜系二卷　宋曹士冕撰
歐公試筆一卷　宋歐陽修撰
古畫品録一卷　南齊謝赫撰
後畫品録一卷　陳姚最撰
畫品一卷　宋李廌撰
貞觀公私畫史一卷　唐裴孝源撰

辛集

硯譜一卷　宋李之彦撰
硯史一卷　宋米芾撰
端溪硯譜一卷　宋□□撰　宋葉樾訂
歙州硯譜一卷　宋唐積撰
墨經一卷　宋晁貫之撰
歙硯説一卷　辨歙石説一卷　元曹紹撰
古今刀劍録一卷　梁陶弘景撰
羯鼓録一卷　唐南卓撰
嘯旨一卷　唐孫廣撰
棋經一卷　宋張擬撰
丸經二卷　元□□撰
香譜一卷　宋洪芻撰
茶經三卷　唐陸羽撰
煎茶水記一卷　唐張又新撰

茶錄二卷　宋蔡襄撰
東溪試茶錄一卷　宋宋子安撰
酒經一卷　宋蘇軾撰
酒譜一卷　宋竇苹撰

壬集

梅譜一卷　宋范成大撰
梅品一卷　宋張功甫撰
洛陽牡丹記一卷　宋歐陽修撰
天彭牡丹譜一卷　宋陸游撰
牡丹榮辱志一卷　宋丘璿撰
揚州芍藥譜一卷　宋王觀撰
海棠譜一卷　海棠譜詩二卷　宋陳思撰
菊譜一卷　宋劉蒙撰
菊譜一卷　宋范成大撰
菊譜一卷　宋史正志撰

癸集

荔枝譜一卷　宋蔡襄撰
橘錄三卷　宋韓彥直撰
南方草木狀三卷　晉嵇含撰
竹譜一卷　晉戴凱之撰
筍譜二卷　宋釋贊寧撰
菌譜一卷　宋陳仁玉撰

蔬食譜一卷　宋陳達叟撰
蟹譜二卷　宋傅肱撰
禽經一卷　周師曠撰
肉攫部一卷　唐段成式撰
相鶴經一卷　□浮丘公撰
相牛經一卷　齊甯戚撰
耒耜經一卷　唐陸龜蒙撰
洛陽名園記一卷　宋李廌撰
岳陽風土記一卷　宋范致明撰
眞臘風土記一卷　元周達觀撰
桂海虞衡志一卷　宋范成大撰
洞天福地記一卷　前蜀杜光庭撰

說郛一百二十卷

明陶宗儀編　明陶珽重校　清順治三年李際期宛委山堂刻本　一百二十册　九行二十字白口左右雙邊　鈐菊陰書屋朱文方印　八〇二三

弓一

大學石經
大學古本　明陶宗儀輯
中庸古本　明陶宗儀輯
詩小序
詩傳
詩說　題漢申培撰

弓二

乾鑿度
元包　北周衛元嵩撰
潛虛　宋司馬光撰
京氏易略　漢京房撰
關氏易傳　題後魏關朗撰
周易略例　魏王弼撰
周易古占　宋程迥撰

弓三

周易舉正　題唐郭京撰
讀易私言　元許衡撰
元包數義　宋張行成撰
櫝書記　元劉因撰
論語筆解　唐韓愈撰
論語拾遺　宋蘇轍撰
疑孟　宋司馬光撰
詰墨　題漢孔鮒撰
翼莊　晉郭象撰

弓四

毛詩草木鳥獸蟲魚疏　吳陸璣撰
詩說　宋張耒撰

三禮敍錄　元吴徵撰
夏小正
月令問答　漢蔡邕撰
九經補韻　宋楊伯嵒撰
小爾雅　漢孔鮒撰

弓五

三墳書　明陶宗儀訂
易飛候　漢京房撰
易洞林　晉郭璞撰
易稽覽圖
易巛靈圖
易通卦驗
尚書旋璣鈐
尚書帝命期
尚書考靈耀
尚書中候
詩含神霧
詩紀曆樞
春秋元命苞
春秋運斗樞
春秋文曜鉤
春秋合誠圖

春秋孔演圖
春秋説題辭
春秋感精符
春秋潛潭巴
春秋佐助期
春秋緯
春秋後語　晉孔衍撰
春秋繁露　漢董仲舒撰
禮稽命徵
禮含文嘉
禮斗威儀
大戴禮逸
樂稽耀嘉
孝經援神契
孝經鉤命決
孝經左契
孝經右契
孝經内事
五經折疑　題魏邯鄲綽撰
五經通義
龍魚河圖
河圖括地象
河圖稽命徵
河圖稽燿鉤

河圖始開圖
洛書甄耀度
遁甲開山圖
淮南畢萬術

弓六

聖門事業圖　宋李元綱撰
兼明書　五代丘光庭撰
希通錄　宋蕭参撰
實賓錄

弓七

譚子化書　五代譚峭撰
素書
枕中書　晉葛洪撰
參同契　漢魏伯陽撰
陰符經

弓八

三教論衡　唐白居易撰
令旨解二諦義　梁蕭統撰
漁樵對問　宋邵雍撰
西疇老人常言　宋何坦撰

弓九

藝圃折中　宋鄭厚撰
發明義理　宋呂希哲撰
鹿門隱書　唐皮日休撰
山書　唐劉蛻撰
兩同書　唐羅隱撰
迂書　宋司馬光撰
新書　題蜀諸葛亮撰
權書　宋蘇洵撰

弓十

正朔考　宋魏了翁撰
史剡　宋司馬光撰
綱目疑誤　宋周密撰
揚子新注　唐柳宗元撰
新唐書糾謬　宋吳縝撰
遂初堂書目　宋尤袤撰

弓十一

輶軒絶代語　漢揚雄撰
獨斷　漢蔡邕撰
臆乘　宋楊伯嵒撰
芥隱筆記　宋龔頤正撰

宜齋埜乘　宋吳枋撰

弓十二

中華古今注　後唐馬縞撰
古今考　宋魏了翁撰
刑書釋名　宋王鍵撰
釋常談
續釋常談　宋龔頤正撰
事原　唐劉孝孫撰
袖中記　梁沈約撰

弓十三

演繁露　宋程大昌撰
學齋佔嗶　宋史繩祖撰
李氏刊誤　唐李涪撰
孔氏雜說　宋孔平仲撰

弓十四

鼠璞　宋戴埴撰
資暇錄　唐李匡乂撰
賓退錄　宋趙與旹撰
紀談錄　宋晁邁撰

過庭錄　宋范公稱撰

弓十五

螢雪叢說　宋俞成撰
孫公談圃　宋孫升述　宋劉延世撰
墨客揮犀　宋彭乘撰
師友談記　宋李廌撰

弓十六

宋景文公筆記　宋宋祁撰
王文正筆錄　宋王曾撰
丁晉公談錄
楊文公談苑　宋楊億撰
欒城先生遺言　宋蘇籀撰

弓十七

愛日齋藂抄　宋葉□撰
能改齋漫錄　宋吳曾撰
識遺　宋羅璧撰
退齋雅聞錄　宋侯延慶撰
南墅閒居錄
雪浪齋日記

盧陵官下記　唐段成式撰
玉溪編事
渚宮故事　唐余知古撰
麟臺故事　宋程俱撰
五國故事
郡閣雅言　宋潘若同撰

弓十八

侯鯖錄　宋趙令畤撰
畫墁錄　宋張舜民撰
摭青雜説　宋王明清撰
樂郊私語　元姚桐壽撰
隱窟雜志　宋溫革撰
梁溪漫志　宋費衮撰

弓十九

寓簡　宋沈作喆撰
碧雞漫志　宋王灼撰
晁氏客語　宋晁説之撰
涪翁雜説　宋黄庭堅撰
雲麓漫抄　宋趙彥衛撰
黄氏筆記　元黄溍撰
兩鈔摘腴　宋史浩撰
碧湖雜記　宋謝枋得撰

搜神秘覽　宋章炳文撰
牧豎閒談　宋景渙撰
紫薇雜記　宋呂本中撰

弓二十

巖下放言　宋葉夢得撰
玉澗褉書　宋葉夢得撰
石林燕語　宋葉夢得撰
避暑錄話　宋葉夢得撰
深雪偶談　宋方嶽撰
葦航紀談　宋蔣津撰
豹隱紀談　宋周遵道撰
悅生隨抄　宋賈似道撰
齊東埜語　宋周密撰
邇言志見　宋劉炎撰
晰獄龜鑑　宋鄭克撰

弓二十一

青箱雜記　宋吳處厚撰
冷齋夜話　宋釋惠洪撰
癸辛雜識　宋周密撰
墨莊漫錄　宋張邦基撰

龍川別志　宋蘇轍撰
羅湖野錄　宋釋曉瑩撰
鶴林玉露　宋羅大經撰
雲谿友議　唐范攄撰

弓二十二

後山談叢　宋陳師道撰
林下偶譚　宋吳子良撰
湘素雜記　宋黄朝英撰
捫虱新話　宋陳善撰
研北雜志　元陸友撰
清波雜志　宋周煇撰
壺中贅錄
物類相感志　題宋蘇軾撰

弓二十三

因話錄　唐趙璘撰
同話錄　宋曾三異撰
五色線
五總志　宋吳炯撰
金樓子　梁元帝蕭繹撰
乾䐁子　唐溫庭筠撰
投荒雜錄　唐房千里撰
炙轂子錄　唐王叡撰

弓二十四

抒情錄　宋盧懷撰
啓顏錄　唐侯白撰
絕倒錄　宋朱暉撰
睡玉集　宋俞文豹撰
辨疑志　唐陸長源撰
開城錄　唐李石撰
原化記　唐皇甫□撰
蠡海錄　明王逵撰
王氏談錄　宋王欽臣撰
先公談錄　宋李宗諤撰
槁簡贅筆　宋章淵撰
傳講雜記　宋呂希哲撰
繼古藂編　宋施青臣撰
南窗紀談
後耳目志　宋鞏豐撰
群居解頤　唐高懌撰
雁門野說　宋邵思撰
三柳軒雜識　元程棨撰
負暄雜錄
中吳紀聞　宋龔明之撰

弓二十五

遯齋閒覽　宋范正敏撰
稗史　元仇遠撰
志林　宋蘇軾撰
因論　唐劉禹錫撰
晉問　唐柳宗元撰
窮愁志　唐李德裕撰
席上腐談　宋俞琰撰
田間書　宋林昉撰
判決錄　唐張鷟撰

弓二十六

東園友聞
劉馮事始　唐劉存、五代馮鑑撰
西墅記譚　五代潘遠撰
遺史紀聞　宋詹玠撰
姑蘇筆記　宋羅志仁撰
南部新書　宋錢易撰
龍城錄　題唐柳宗元撰
桂苑叢談　唐馮翊撰
義山雜記　唐李商隱撰
文藪雜著　唐皮日休撰
法苑珠林
蒼梧雜志　宋胡珵撰

青瑣高議　宋劉斧撰
秘閣閑話
耕餘博覽

弓二十七

雞肋編　宋莊季裕撰
泊宅編　宋方勺撰
吹劍錄　宋俞文豹撰
投轄錄　宋王明清撰
鑑戒錄　後蜀何光遠撰
暇日記　宋劉跂撰
佩楚軒客談　元戚輔之撰
志雅堂雜抄　宋周密撰
浩然齋視聽抄　宋周密撰
瑞桂堂暇錄
陵陽室中語　宋范季隨撰
猗覺寮雜記　宋朱翌撰
昭德新編　宋晁迥撰
山陵雜記　元楊奐撰

弓二十八

雞肋　宋趙崇絢撰
桯史　宋岳珂撰

雲谷雜記　宋張淏撰
船窗夜話　宋顧文薦撰
野人閒話　宋景渙撰
植杖閒談　宋錢康功撰
東齋記事　宋許觀撰
澹山雜識　宋錢功撰
坦齋通編　宋邢凱撰
韋居聽輿　宋陳直撰
仇池筆記　題宋蘇軾撰

弓二十九

暘谷謾錄　宋洪巽撰
友會談叢　宋上官融撰
野老記聞　宋王楙撰
灌畦暇語
澗泉日記　宋韓淲撰
步里客談　宋陳長方撰
雲齋廣錄　宋李獻民撰
續骫骳說　宋朱昂撰
西齋話記　宋祖士衡撰
雪舟脞語　元王仲暉撰
西軒客談
蒙齋筆談　宋鄭景璧撰

盧陵雜說　宋歐陽修撰
昌黎雜說　唐韓愈撰
漁樵閒話　宋蘇軾撰

弓三十

游宦紀聞　宋張世南撰
行都紀事　宋陳晦撰
隣幾雜誌　宋江休復撰
楓窗小牘　宋袁褧撰
湖湘故事　宋陶岳撰

弓三十一

誠齋雜記　元周達觀撰
溫公瑣語　宋司馬光撰
蔣氏日錄　宋蔣穎叔撰
剡溪野語　宋程正敏撰
釣磯立談　宋費樞撰
盛事美談
衣冠盛事　唐蘇特撰
硯崗筆志　宋唐稷撰
窗間記聞　宋陳子兼撰
翰墨叢記　宋滕康撰

備忘小抄　五代文谷撰
緰艎日疏　元凌準撰
輶軒雜録　宋王襄撰
獨醒雜志　宋吳宏撰
姚氏殘語　宋姚寬撰
有宋佳話
採蘭雜志
嘉蓮燕語
戊辰雜抄
眞率筆記
芸窗私志　元陳芬撰
致虛雜俎
内觀日疏
漂粟手牘
奚囊橘柚
玄池説林
賈氏説林
然藜餘筆
荻樓雜抄
客退紀談
下帷短牒
下黄私記

弓三十二

嫏嬛記　元伊世珍撰
傳載略　宋釋贊寧撰
瀟湘錄　唐李隱撰
野雪鍛排雜說　宋許景迂撰
耳目記　唐張鷟撰
樹萱錄　唐劉燾撰
善謔集　題宋天和子撰
紹陶錄　宋王質撰
雞跖集　宋王子韶撰
葆化錄　唐陳京撰
聞見錄　宋羅點撰
墨娥漫錄
三水小牘　宋皇甫枚撰
洽聞記　唐鄭常撰
延漏錄　宋章望之撰
三餘帖
北山錄
玉匣記　宋皇甫牧撰
澘居錄

弓三十三

西溪蘩語　宋姚寬撰
倦游雜錄　宋張師正撰

虚谷閒抄　元方回撰
玉照新志　宋王明清撰
醉翁寱語　宋樓璹撰
錦里新聞

弓三十四

清尊錄　宋廉宣撰
昨夢錄　宋康譽之撰
就日錄　題宋灌園耐得翁撰
漫笑錄　宋徐慥撰
軒渠錄　宋呂本中撰
拊掌錄　元元懷撰
諧噱錄　唐劉訥言撰
咸定錄
天定錄
調謔編　宋蘇軾撰
謔名錄　宋吳淑撰
艾子雜說　宋蘇軾撰

弓三十五

摭言　五代王定保撰
諧史　宋沈俶撰
可談　宋朱彧撰
話腴　宋陳郁撰

談藪　宋龐元英撰
談淵　宋王陶撰
談撰　元虞裕撰

弓三十六

尚書故實　唐李綽撰
次柳氏舊聞　唐李德裕撰
隋唐嘉話　唐劉餗撰
劉賓客嘉話錄　唐韋絢撰
賓朋宴語　宋丘昶撰
法藏碎金錄　宋晁迥撰

弓三十七

春渚紀聞　宋何薳撰
曲洧舊聞　宋朱弁撰
茅亭客話　宋黃休復撰
閒燕常談　宋董棻撰
儒林公議　宋田況撰
賈氏談錄　宋張洎撰
燈下閒談　宋江洵撰
鞠堂野史　宋林子中撰
退齋筆錄　宋侯延慶撰
皇朝類苑　宋江少虞撰

珩璜新論　宋孔平仲撰

弓三十八

白獺髓　宋張仲文撰
清夜錄　宋俞文豹撰
貴耳錄　宋張端義撰
碧雲騢　宋梅堯臣撰
異聞記　宋何先撰
芝田錄　唐丁用晦撰
啽囈集　元宋无撰
㽔關錄　唐韓昱撰

弓三十九

揮塵錄　宋王明清撰
揮塵餘話　宋王明清撰
避暑漫抄　宋陸游撰
南唐近事　宋鄭文寶撰
洞微志　宋錢易撰
該聞錄　宋李畋撰
從駕記　宋陳世崇撰
東巡記　宋趙彥衛撰
江表志　宋鄭文寶撰

弓四十

歸田錄　宋歐陽修撰

嬾眞子錄　宋馬永卿撰

陶朱新錄　宋馬純撰

東皐雜錄　宋孫宗鑑撰

東軒筆錄　宋魏泰撰

山房隨筆　元蔣子正撰

弓四十一

春明退朝錄　宋宋敏求撰

澠水燕談錄　宋王闢之撰

幙府燕閒錄　宋畢仲詢撰

老學菴筆記　宋陸游撰

蓼花洲閒錄　宋高文虎撰

秀水閒居錄　宋朱勝非撰

弓四十二

大唐創業起居注　唐溫大雅撰

乾淳起居注　宋周密撰

御塞行程　宋趙彥衛撰

熙豐日曆　宋王明清撰

唐年補錄　唐馬總撰

弓四十三

東觀奏記　唐裴庭裕撰
國老談苑　宋王君玉撰
明道雜志　宋張耒撰

弓四十四

燕翼貽謀錄　宋王栐撰
玉堂逢辰錄　宋錢惟演撰
宜春傳信錄　宋羅誘撰
小說舊聞記　唐柳公權撰
廣陵妖亂志　唐鄭廷誨撰

弓四十五

玉堂雜記　宋周必大撰
玉壺清話　宋釋文瑩撰
道山清話　宋王暐撰
家世舊聞　宋陸游撰
錢氏私誌　宋錢愐撰
家王故事　宋錢惟演撰
桐陰舊話　宋韓元吉撰

弓四十六

北夢瑣言　宋孫光憲撰
杜陽雜編　唐蘇鶚撰
金華子雜編　南唐劉崇遠撰
玉泉子眞錄
松窗雜記　唐杜荀鶴撰
南楚新聞　唐尉遲樞撰
中朝故事　南唐尉遲偓撰
戎幕閒談　唐韋絢撰
商芸小説　梁殷芸撰
封氏聞見記　唐封演撰
景龍文館記　唐武平一撰

弓四十七

行營雜錄　宋趙葵撰
江行雜錄　宋廖瑩中撰
聞見雜錄　宋蘇舜欽撰
養痾漫筆　宋趙溍撰
遂昌雜錄　元鄭元祐撰
宣政雜錄　宋江萬里撰
古杭雜記　元李有撰
錢塘遺事　元劉一清撰

弓四十八

朝野僉載　題唐張鷟撰
唐國史補　唐李肇撰
唐闕史　唐高彥休撰
唐語林　宋王讜撰
大唐新語　唐劉肅撰
大唐奇事　唐馬總撰
三聖記　唐李德裕撰
先友記　唐柳宗元撰
皮子世錄　唐皮日休撰
盧氏雜說　唐盧言撰
零陵總記　唐陸龜蒙撰
玉堂閑話

弓四十九

四朝聞見錄　宋葉紹翁撰
三朝聖政錄　宋石承進撰
會昌解頤錄　唐包湑撰
洛中紀異錄　宋秦再思撰
鐵圍山叢談　宋蔡絛撰
相學齋雜鈔　元鮮于樞撰
金鑾密記　唐韓偓撰
常侍言旨　唐柳珵撰

大中遺事　唐令狐澄撰
西朝寶訓
涑水記聞　宋司馬光撰

弓五十

甲申雜記　宋王鞏撰
隨手雜錄　宋王鞏撰
聞見近錄　宋王鞏撰
續聞見近錄　宋王鞏撰
南游記舊　宋曾紆撰
山居新語　元楊瑀撰
家世舊事　宋程頤撰

弓五十一

卓異記　唐李翺撰
翰林志　唐李肇撰
續翰林志　宋蘇易簡撰
翰林壁記　唐丁居晦撰
御史臺記
上庠錄　宋呂榮義撰
唐科名記　宋高似孫撰
五代登科記　宋韓思撰

趨朝事類
紹熙行禮記　宋周密撰
上壽拜舞記　宋陳世崇撰
封禪儀記　漢馬第伯撰
明禋儀注　宋王儀撰
朝會儀記　漢蔡質撰
稽古定制

弓五十二

明皇十七事　唐李德裕撰
開元天寶遺事　五代王仁裕撰
傳信記　唐鄭棨撰
幽閑鼓吹　唐張固撰
摭異記　唐李濬撰

弓五十三

南渡宮禁典儀　宋周密撰
乾淳御教記　宋周密撰
燕射記　宋周密撰
唱名記　宋周密撰
天基聖節排當樂次　宋周密撰
乾淳教坊樂部　宋周密撰

雜劇段數　宋周密撰

高宗幸張府節次略　宋周密撰

藝流供奉志　宋周密撰

弓五十四

蜀檮杌　宋張唐英撰

幸蜀記　唐宋居白撰

愧郯錄　宋岳珂撰

新城錄　唐沈亞之撰

江南野錄　宋龍衮撰

默記　宋王銍撰

弓五十五

大事記　宋呂祖謙撰

三朝野史　元吳萊撰

五代新說　宋徐炫撰

三楚新錄　宋周羽翀撰

雞林類事　宋孫穆撰

青溪寇軌　宋方勺撰

弓五十六

北轅錄　宋周煇撰

西使記　元劉郁撰

使高麗錄　宋徐兢撰
天南行記　元徐明善撰
高昌行紀　宋王延德撰

弓五十七

群輔錄　題晋陶潛撰
眞靈位業圖　梁陶弘景撰
東林蓮社十八高賢傳

弓五十八

長沙耆舊傳　晋劉彧撰
零陵先賢傳　晋司馬彪撰
廣州先賢傳　□鄒閎甫撰
閩川名士傳　唐黄璞撰
西州後賢志　晋常璩撰
文士傳　晋張隱撰
列女傳　晋皇甫謐撰
梓潼士女志　晋常璩撰
漢中士女志　晋常璩撰
孝子傳　晋徐廣撰
幼童傳　梁劉劭撰
高道傳　宋賈善翊撰

方外志

列仙傳　題漢劉向撰

神仙傳　晉葛洪撰

續神仙傳　南唐沈汾撰

集仙傳　宋曾慥撰

江淮異人錄　宋吳淑撰

弓五十九

漢官儀　漢應劭撰

獻帝春秋

玄晏春秋　晉皇甫謐撰

九州春秋　晉司馬彪撰

帝王世記　晉皇甫謐撰

魏晉世語　晉郭頒撰

東宮舊事　晉張敞撰

元嘉起居注

大業拾遺錄　唐杜寶撰

建康宮殿簿　唐張著撰

山公啓事　晉山濤撰

八王故事　晉盧綝撰

陸機要覽　晉陸機撰

桓譚新論　漢桓譚撰

譙周法訓　蜀譙周撰

裴啓語林　晉裴啓撰

虞喜志林　晉虞喜撰
魏臺訪議　魏王肅撰
魏春秋　晉孫盛撰
齊春秋　梁吳均撰
晉陽秋　晉庾翼撰
續晉陽秋　劉宋檀道鸞撰
晉中興書　劉宋何法盛撰
宋拾遺錄　梁謝綽撰
會稽典錄　晉虞預撰
三國典略　晉魚豢撰
建康實錄
三輔決錄　漢趙岐撰
鄴中記　晉陸翽撰
吳錄　晉張勃撰

弓六十

靈憲注　漢張衡撰
玉曆通政經
徐整長曆　吳徐整撰
孫氏瑞應圖　□孫柔之撰
玉符瑞圖　梁顧野王撰
地鏡圖
五行記
玄中記

發蒙記　晉束晳撰
決疑要注　晉摯虞撰
在窮記　□孔元舒撰
河東記
鷄林志
湘山錄
九國志　□劉昺撰
九域志　宋李昕撰
十道志　唐李吉甫撰
十三州記　晉黃義仲撰
寰宇記　宋樂史撰
風土記　晉周處撰
神境記　劉宋王韶之撰
西征記　晉戴祚撰
三輔黃圖
三輔舊事　唐袁郊撰
西都雜記　唐韋述撰
太康地記
燉煌新錄　後魏劉昞撰
扶南土俗　吳康泰撰
南宋市肆紀　宋周密撰

弓六十一

三秦記
長安志　宋宋敏求撰
關中記　晉潘岳撰
洛陽記　晉陸機撰
梁州記　南齊劉澄之撰
梁京寺記
宜都記　晉袁山松撰
益州記　晉任豫撰
荆州記　劉宋盛弘之撰
湘中記　晉羅含撰
武陵記　□鮑堅撰
漢南記　□張瑩撰
南雍州記　劉宋王韶之撰
安城記　□王孚撰
南康記　晉鄧德明撰
潯陽記　晉張僧鑒撰
鄱陽記　南齊劉澄之撰
九江志　晉何晏撰
丹陽記　劉宋山謙之撰
會稽記　晉孔曄撰
永嘉郡記　劉宋鄭緝之撰
三齊略記　晉伏琛撰
南越志　晉沈懷遠撰
廣州記　晉顧微撰

廣志　晉郭義恭撰
番禺雜記　唐鄭熊撰
始興記　劉宋王韶之撰
林邑記
涼州記　北涼段龜龍撰
交州記　晉劉欣期撰
沙州記　劉宋段國撰

弓六十二

雲南志略　元李京撰
遼東志略　元戚輔之撰
桂海虞衡志　宋范成大撰
岳陽風土記　宋范致明撰
眞臘風土記　元周達觀撰
陳留風俗傳　晉江微撰
成都古今記　宋趙朴撰
臨海水土記
臨海異物志　吳沈瑩撰

弓六十三

吳地記　唐陸廣微撰
遊城南注　宋張禮撰

北戶錄　唐段公路撰
湖山勝槩　宋周密撰
約齋燕遊志　宋張鎡撰

弓六十四

入越記　宋呂祖謙撰
吳郡諸山錄　宋周必大撰
廬山錄　宋周必大撰
廬山後錄　宋周必大撰
九華山錄　宋周必大撰
金華游錄　宋方鳳撰
大嶽志　明方升撰

弓六十五

來南錄　唐李翺撰
入蜀記　宋陸游撰
攬轡錄　宋范成大撰
驂鸞錄　宋范成大撰
吳船錄　宋范成大撰
汎舟錄　宋周必大撰
乾道庚寅奏事錄　宋周必大撰
河源志　元潘昂霄撰

于役志　宋歐陽修撰
峽程記　唐韋莊撰
述異記　題梁任昉撰

弓六十六

佛國記　晉釋法顯撰
神異經　漢東方朔撰
拾遺名山記　前秦王嘉撰
海内十州記　題漢東方朔撰
洞天福地記　前蜀杜光庭撰
別國洞冥記　題漢郭憲撰
西京雜記　題晉葛洪撰
南部烟花記　唐馮贄撰

弓六十七

豫章古今記　劉宋雷次宗撰
睦州古蹟記　宋謝翺撰
南海古蹟記　元吳萊撰
游甬東山水古蹟記　元吳萊撰
洛陽伽藍記　北魏楊衒之撰
寺塔記　唐段成式撰
益部方物略記　宋宋祁撰
嶺表錄異記　唐劉恂撰

溪蠻叢笑　宋朱輔撰
函潼關要志　宋程大昌撰
南宋故都宮殿　宋周密撰

弓六十八

東京夢華錄　宋孟元老撰
古杭夢遊錄　題宋灌園耐得翁撰
錢塘瑣記　宋于肇撰
六朝事迹　宋張敦頤撰
汴故宮記　元楊奐撰
汴都平康記　宋張邦基撰
艮嶽記　宋張淏撰
洛陽名園記　宋李格非撰
吳興園林記　宋周密撰
廬山草堂記草堂三謠　唐白居易撰
終南十志　唐盧鴻撰
平泉山居雜記　唐李德裕撰
平泉山居草木記　唐李德裕撰

弓六十九

歲華紀麗譜　元費著撰
荆楚歲時記　梁宗懍撰

輦下歲時記　唐李淖撰
秦中歲時記　唐李淖撰
玉燭寶典　隋杜臺卿撰
四民月令　漢崔寔撰
千金月令　唐孫思邈撰
四時寶鏡
歲時雜記　宋呂原明撰
歲華紀麗　題唐韓鄂撰
影燈記

弓七十

晝簾緒論　宋胡太初撰
官箴　宋呂本中撰
政經　宋眞德秀撰
忠經　題漢馬融撰
女孝經　唐鄭□撰
女論語　唐宋若昭撰
女誡　漢班昭撰

弓七十一

涑水家儀　宋司馬光撰
顏氏家訓　北齊顏之推撰

石林家訓　宋葉夢得撰
緒訓　宋陸游撰
蘇氏族譜　宋蘇洵撰
訓學齋規　宋朱熹撰
厚德錄　宋李元綱撰
省心錄　宋林逋撰
義莊規矩　宋范仲淹撰
袁氏世範　宋袁采撰

弓七十二

前定錄　唐鍾輅撰
續前定錄　唐鍾輅撰
還冤記　北齊顏之推撰
報應記　唐唐臨撰

弓七十三

祛疑說　宋儲泳撰
辨惑論　元謝應芳撰
善誘文　宋陳錄撰
樂善錄　宋李昌齡撰
東谷所見　宋李之彥撰

弓七十四

山家清供　宋林洪撰
山家清事　宋林洪撰
忘懷錄　宋沈括撰
登涉符籙　晉葛洪撰
臥游錄　宋呂祖謙撰
對雨編　宋洪邁撰
農家諺　漢崔寔撰

弓七十五

經鉏堂襍誌　宋倪思撰
吳下田家志　元陸泳撰
天隱子養生書　唐司馬承禎撰
保生要錄　宋蒲處貫撰
保生月錄　唐韋行規撰
養生月錄　宋姜蛻撰
攝生要錄　明沈仕撰
齊民要術　北魏賈思勰撰
林下清錄　明沈仕撰
蘭亭集　晉王羲之等撰
輞川集　唐王維、裴迪撰
洛中耆英會　宋司馬光等撰
洛中九老會　唐白居易等撰

弓七十六

錦帶書　梁蕭統撰
耕祿藁　宋胡錡撰
水族加恩簿　宋毛勝撰
禪本草　宋釋慧日撰
義山雜纂　唐李商隱撰
雜纂續　宋王銍撰
雜纂二續　宋蘇軾撰

弓七十七

小名錄　唐陸龜蒙撰
侍兒小名錄　宋王銍撰
侍兒小名錄　宋溫豫撰
侍兒小名錄　宋洪遂撰
侍兒小名錄　宋張邦幾撰
釵小志　唐朱揆撰
粧樓記　南唐張泌撰
粧臺記　唐宇文士及撰
髻鬟品　唐段成式撰

弓七十八

織錦璇璣圖　前秦蘇蕙撰
北里志　唐孫棨撰
教坊記　唐崔令欽撰
青樓集　元夏庭芝撰
麗情集　宋張君房撰

弓七十九

文則　宋陳騤撰
文錄　題宋唐庚撰
詩品　梁鍾嶸撰
詩式　唐釋皎然撰
詩譜　元陳繹曾撰
二十四詩品　唐司空圖撰
詩談
詩論　宋釋普聞撰
詩病五事　宋蘇轍撰
杜詩箋　宋黃庭堅撰
呂氏鄉約　宋呂大忠撰
鄭氏家範　元鄭太和撰

弓八十

風騷旨格　唐釋齊己撰
韻語陽秋　宋葛立方撰

藝苑雌黃　宋嚴有翼撰
譚苑醍醐　明楊慎撰
竹林詩評
謝氏詩源
潛溪詩眼　宋范溫撰
本事詩　唐孟棨撰
續本事詩　口聶奉先撰

弓八十一

碧溪詩話　宋黃徹撰
環溪詩話　宋吳沆撰
東坡詩話　宋蘇軾撰
西清詩話　宋蔡絛撰
艇齋詩話　宋曾季貍撰
梅澗詩話　宋韋居安撰
後村詩話　宋劉克莊撰
漫叟詩話
桐江詩話
蘭莊詩話　明閔文振撰
迃齋詩話
金玉詩話　宋蔡絛撰
漢皐詩話
陳輔之詩話　宋陳輔撰

弓八十二

敖器之詩話　宋敖陶孫撰
潘子眞詩話　宋潘子眞撰
青瑣詩話　宋劉斧撰
玄散詩話
六一居士詩話　宋歐陽修撰
司馬溫公詩話　宋司馬光撰
劉攽貢父詩話　宋劉攽撰
後山居士詩話　題宋陳師道撰
許彥周詩話　宋許顗撰

弓八十三

滄浪詩話　宋嚴羽撰
珊瑚鉤詩話　宋張表臣撰
石林詩話　宋葉夢得撰
烏臺詩案　宋朋九萬撰

弓八十四

庚溪詩話　宋陳巖肖撰
紫微詩話　宋呂本中撰
竹坡老人詩話　宋周紫芝撰
臨漢隱居詩話　宋魏泰撰

苕溪漁隱叢話　宋胡仔撰
歲寒堂詩話　宋張戒撰
娱書堂詩話　宋趙與虤撰
二老堂詩話　宋周必大撰
林下詩談
詩話雋永　元喻正己撰
詩詞餘話　元俞焯撰
詞品　明朱權撰
詞旨　元陸行直撰
四六餘話　宋相國道撰
月泉吟社　宋吳渭輯

弓八十五

佩觽　宋郭忠恕撰
干禄字書　唐顔元孫撰
金壺字考　宋釋適之撰
俗書證誤　隋顔愍楚撰
字書誤讀　宋王雱撰
字格　唐竇息撰
字林　晉呂忱撰

弓八十六

六義圖解　明王應電撰
筆勢論略　晉王羲之撰
筆陣圖　晉魏鑠撰
筆髓論　唐虞世南撰
書法　唐韋續撰
五十六種書法　唐韋續撰
九品書　唐韋續撰
書品優劣　唐韋續撰
續書品　唐韋續撰
書評　唐韋續撰
書評　梁袁昂撰
論篆　唐李陽冰撰
冰陽筆訣　唐李陽冰撰
張長史十二意筆法　唐顏眞卿撰
四體書勢　晉衛恆撰
衍極　元鄭杓撰

弓八十七

書譜　唐孫過庭撰
續書譜　宋姜夔撰
書斷　唐張懷瓘撰
書箋　□屠隆撰
書品　梁庾肩吾撰
書評　梁武帝蕭衍撰

後書品　唐李嗣眞撰
能書錄　齊王僧虔撰

弓八十八

書史　宋米芾撰
海岳名言　宋米芾撰
翰墨志　宋高宗趙構撰
思陵書畫記　宋周密撰
歐公試筆　宋歐陽修撰

弓八十九

寶章待訪錄　宋米芾撰
譜系雜說　宋曹士冕撰
法帖刊誤　宋黄伯思撰
法帖刊誤　宋陳與義撰
集古錄　宋歐陽修撰

弓九十

古畫品錄　南齊謝赫撰
後畫品錄　陳姚最撰
續畫品錄　唐李嗣眞撰
益州名畫錄　宋黄休復撰

弓九十一

林泉高致　宋郭熙撰
畫論　宋郭若虛撰
畫梅譜　宋釋仲仁撰
畫竹譜　元李衎撰
畫學秘訣　唐王維撰

弓九十二

畫史　宋米芾撰
畫品　宋李廌撰
畫鑒　元湯垕撰
畫論　元湯垕撰

弓九十三

茶經　唐陸羽撰
茶錄　宋蔡襄撰
試茶錄　宋宋子安撰
大觀茶論　宋徽宗趙佶撰
宣和北苑貢茶錄　宋熊蕃撰
北苑別錄　宋趙汝礪撰
品茶要錄　宋黄儒撰
本朝茶法　宋沈括撰

煎茶水記　唐張又新撰
十六湯品　唐蘇廙撰
述煮茶小品　宋葉清臣撰
採茶錄　唐溫庭筠撰
鬭茶記　宋唐庚撰

弓九十四

酒譜　宋竇苹撰
續北山酒經　宋李保撰
酒經　宋蘇軾撰
酒經　宋朱肱撰
小酒令　宋田藝蘅撰
安雅堂觥律　元曹紹撰
觴政述　宋趙與旹撰
醉鄉日月　唐皇甫松撰
罰爵典故　宋李廌撰
熙寧酒課　宋趙珣撰
新豐酒法　宋林洪撰
酒乘　元韋孟撰
觥記注　宋鄭獬撰
麴本草　宋田錫撰
酒爾雅　宋何剡撰
酒小史　宋宋伯仁撰

酒名記　宋張能臣撰

弓九十五

食譜　唐韋巨源撰
食經　□謝諷撰
食珍錄　劉宋虞悰撰
膳夫錄　唐鄭望之撰
玉食批　宋司膳内人撰
士大夫食時五觀　宋黄庭堅撰
糖霜譜　宋洪邁撰
中饋錄
刀劍錄　梁陶弘景撰
洞天清錄　宋趙希鵠撰

弓九十六

硯譜　宋李之彦撰
硯譜　宋蘇易簡撰
端溪硯譜
歙州硯譜　宋洪适撰
歙硯説　元曹紹撰
辨歙石説　元曹紹撰
雲林石譜　宋杜綰撰
宣和石譜　宋常懋撰

太湖石志　宋范成大撰

弓九十七

吳氏印譜　宋吳孟思撰　宋王厚之攷

學古編　元吾丘衍撰

傳國璽譜　宋鄭文寶撰

玉璽譜　唐徐令信撰

相貝經　漢朱仲撰

相手板經

帶格　宋陳世崇撰

三器圖義　宋程迥撰

寶記

三代鼎器錄　唐吳協撰

鼎錄　題陳虞荔撰

錢譜　宋董逌撰

弓九十八

香譜　宋洪芻撰

名香譜　宋葉廷珪撰

墨經　宋晁貫之撰

墨記　宋何薳撰

筆經　晉王羲之撰

蜀牋譜　元費著撰

蜀錦譜　元費著撰
衛公故物記　唐韋端符撰

弓九十九

古玉圖攷　元朱德潤撰
文房圖贊　宋林洪撰
文房圖贊續　元羅先登撰
燕几圖　宋黃伯思撰

弓一百

琴曲譜録　宋釋居月撰
雅琴名録　劉宋謝莊撰
琴聲經緯　宋陳暘撰
琴箋圖式　明陶宗儀撰
雜書琴事　宋蘇軾撰
古琴疏　宋虞汝明撰
樂府解題　唐吳兢撰
驃國樂頌
唐樂曲譜　宋高似孫撰
籟紀　陳陳叔齊撰
嘯旨　唐孫廣撰
玄眞子漁歌記　唐張志和撰
觱篥格　唐段成式撰
柘枝譜　宋樂史撰

管絃記　□凌秀撰
鼓吹格
樂府雜錄　唐段安節撰

弓一百一

尤射　魏繆襲撰
射經　唐王琚撰
九射格　宋歐陽修撰
投壺儀節　宋司馬光撰
投壺新格　宋司馬光撰
丸經
譜雙　宋洪遵撰

弓一百二

除紅譜　元楊維楨撰
醉綠圖　□張光撰
骰子選格　唐房千星撰
樗蒲經略　宋程大昌撰
藝經　魏邯鄲淳撰
五木經　唐李翺撰
彈碁經　晉徐廣撰
儒棋格　魏□肇撰

碁訣　宋劉仲甫撰
棋經　宋張擬撰
棋手勢　□徐泓撰
棋品　梁沈約撰
圍棋義例　宋徐鉉撰
古局象棋圖　宋司馬光撰
琵琶錄　唐段安節撰
羯鼓錄　唐南卓撰

弓一百三

金漳蘭譜　宋趙時庚撰
王氏蘭譜　宋王貴學撰
菊譜　宋范成大撰
菊譜　宋劉蒙撰
菊譜　宋史正志撰
海棠譜　宋陳思撰
海棠譜詩　宋陳思輯

弓一百四

洛陽牡丹記　宋歐陽修撰
洛陽牡丹記　宋周師厚撰
陳州牡丹記　宋張邦基撰
天彭牡丹譜　宋陸游撰

牡丹榮辱志　宋丘璩撰
揚州芍藥譜　宋王觀撰
梅譜　宋范成大撰
梅品　宋張鎡撰
花經　宋張翊撰
花九錫　唐羅虬撰
洛陽花木記　宋周師厚撰
桂海花木志　宋范成大撰
魏王花木志
楚辭芳草譜　宋謝翺撰
南方草木狀　晉嵇含撰
園林草木疏　唐王方慶撰

弓一百五

桐譜　宋陳翥撰
竹譜　晉戴凱之撰
續竹譜　元劉美之撰
筍譜　宋釋贊寧撰
荔枝譜　宋蔡襄撰
橘錄　宋韓彥直撰
打棗譜　元柳貫撰

弓一百六

菌譜　宋陳仁玉撰
蔬食譜　宋陳達叟撰
茹草紀事　宋林洪撰
藥譜　唐侯寧極撰
藥録　晉李當之撰
何首烏録　唐李翺撰
彰明附子記　宋楊天惠撰
種樹書　元俞宗本撰

弓一百七

禽經　晉張華注
肉攫部　唐段成式撰
麟書　宋汪若海撰
蠶書　宋秦觀撰
蠶經　宋黄省曾撰
養魚經
漁具詠　唐陸龜蒙撰
相鶴經　題□浮丘公撰
相牛經
蟹譜　宋傅肱撰
蟫史
禽獸决録　南齊卞彬撰
解鳥語經　題□和菟撰

弓一百八

風后握奇經　漢公孫弘解　握奇經續圖

八陣總述　晉馬隆撰

筭經　宋謝察微撰

望氣經　唐邵諤撰

星經　題漢石申撰

相雨書　唐黄子發撰

水衡記

峽船誌　南唐王周撰

水經　漢桑欽撰

弓一百九

太乙經

起世經

宅經

木經　宋李誡撰

耒耜經　唐陸龜蒙撰

褚氏遺書　南齊褚澄撰

脈經　晉王叔和撰

子午經

玄女房中經　唐孫思邈撰

相地骨經

相兒經　晉嚴助撰

龜經

卜記　宋王宏撰

箕龜論　宋陳師道撰

百怪斷經　宋俞誨撰

土牛經　宋向孟撰

漏刻經

感應經　元陳櫟撰

感應類從志　題宋釋贊寧撰

夢書

數術記遺　題漢徐岳撰　北周甄鸞注

弓一百十

漢雜事秘辛

大業雜記　唐杜寶撰

大業拾遺記　唐顔師古撰

元氏掖庭記　明陶宗儀撰

焚椒錄　遼王鼎撰

開河記

迷樓記

海山記

弓一百十一

東方朔傳　題漢郭憲撰
漢武帝內傳　漢班固撰
趙飛燕外傳　題漢伶玄撰
趙后遺事　宋秦醇撰
楊太眞外傳　題宋樂史撰
梅妃傳　題唐曹鄴撰
長恨歌傳　唐陳鴻撰
高力士傳　唐郭湜撰

弓一百十二

綠珠傳　宋樂史撰
非煙傳　唐皇甫枚撰
謝小娥傳　唐李公佐撰
霍小玉傳　唐蔣防撰
劉無雙傳　唐薛調撰
虬髯客傳　題唐張說撰
韓仙傳　唐韓若雲撰
神僧傳　晉釋法顯撰
劍俠傳

弓一百十三

穆天子傳
鄴侯外傳　唐李蘩撰

同昌公主傳　唐蘇鶚撰
梁四公記　唐張説撰
林靈素傳　宋趙與峕撰
希夷先生傳　宋龐覺撰
西王母傳　漢桓驎撰
魏夫人傳　唐蔡偉撰
杜蘭香撰　晉曹毗撰
麻姑傳　晉葛洪撰
白猿傳
柳毅傳　唐李朝威撰
李林甫外傳
汧國夫人傳　唐白行簡撰

弓一百十四

太清樓侍宴記　宋蔡京撰
延福宮曲宴記　宋李邦彥撰
保和殿曲宴記　宋蔡京撰
周秦行紀　題唐牛僧孺撰
東城老父傳　唐陳鴻撰
登西臺慟哭記　宋謝翶撰
冥通記　梁陶弘景撰
冥音錄　唐朱慶餘撰
三夢記　唐白行簡撰
古鏡記　隋王度撰

錦裾記　唐陸龜蒙撰

弓一百十五

甘澤謠　唐袁郊撰

夢遊錄　唐任蕃撰

集異記　唐薛用弱撰

續齊諧記　梁吳均撰

春夢錄　元鄭禧撰

會眞記　唐元稹撰

弓一百十六

靈鬼志　晉荀□撰

金剛經鳩異　唐段成式撰

博異志　唐鄭還古撰

才鬼記　宋張君房撰

括異志　宋魯應龍撰

弓一百十七

異聞實錄　唐李玫撰

靈異小錄　宋曾忭撰

異苑　劉宋劉敬叔撰

幽明錄　劉宋劉義慶撰

續幽明錄　唐劉孝孫撰
搜神記　題晉干寶撰
搜神後記　題晉陶潛撰
稽神錄　宋徐鉉撰
幽怪錄　唐牛僧孺撰
幽怪錄　唐王惲撰
續幽怪錄　唐李復言撰
窮怪錄
玄怪記　唐徐炫撰
續玄怪錄
志怪錄　唐陸勳撰
志怪錄　晉祖台之撰
吉凶影響錄　宋岑象求撰
靈應錄　唐傅亮撰
聞奇錄　五代于逖撰

弓一百十八

錄異記　前蜀杜光庭撰
纂異記　唐李玫撰
采異記　宋陳達叟撰
乘異記　宋張君房撰
廣異記　唐戴孚撰
獨異志　唐李冗撰

甄異記　劉宋戴祚撰
徂異記　宋聶田撰
祥異記
近異錄　劉宋劉質撰
旌異記　宋侯君素撰
冥祥記　晉王琰撰
集靈記
太清記　劉宋王韶之撰
妖化錄　宋宣靖撰
宣驗記　劉宋劉義慶撰
睽車志　宋郭彖撰
睽車志　元歐陽玄撰
鬼國記　宋洪邁撰
鬼國續記　宋洪邁撰
壠上記　唐蘇頲撰
物異考　宋方鳳撰

弓一百十九

雲仙雜記　題唐馮贄撰

弓一百二十

清異錄　宋陶穀撰

八〇二三

說郛續四十六弓四百九十七種

明陶珽編　清順治三年李際期宛委山堂刻本　四十册　九行二十字白口左右雙邊

存弓一

正學編　明陳琛撰
聖學範圍圖說　明岳元聲撰
元圖大衍　明馬一龍撰
周易稽疑　明朱睦㮮撰
周易會占　明程鴻烈撰
戊申立春考　明路士登撰
讀史訂疑　明王世懋撰
書傳正誤　明郭孔太撰
莊子闕誤　明楊慎撰
廣莊　明袁宏道撰

弓二

草木子　明葉子奇撰
豢龍子　明董穀撰
觀微子　明朱袞撰
海樵子　明王崇慶撰
沆瀣子　明蔣鐄撰
郁離子微　明劉基撰

潛溪邃言　明宋濂撰
蘿山雜言　明宋濂撰
何子雜言　明何景明撰
華川巵辭　明王褘撰
青巖叢錄　明王褘撰
廣成子解　宋蘇軾撰
空同子　明李夢陽撰
續志林　明王褘撰

弓三

冥影契　明董穀撰
宵練匣　明朱得之撰
玄機通　明仇俊卿撰
求志編　明王文祿撰
從政錄　明薛瑄撰
遒徇編　明葉秉敬撰
海涵萬象錄　明黃潤玉撰
補衍　明王文祿撰
機警　明王文祿撰
筆疇　明陳世寶撰
古言　明鄭曉撰
燕書　明宋濂撰
庸書　明崔銑撰
松窗寤言　明崔銑撰

後渠漫記　明崔銑撰
仰子遺語　明胡憲仲撰
蒙泉雜言
槎菴燕語　明來斯行撰
容臺隨筆　明董其昌撰

弓四

未齋雜言　明黎久撰
南山素言　明潘府撰
類博雜言　明岳正撰
思玄庸言　明桑悅撰
東田臯言　明馬中錫撰
侯城雜誡　明方孝孺撰
西原約言　明薛蕙撰
凝齋筆語　明王鴻儒撰
方山紀述　明薛應旂撰
經世要談　明鄭善夫撰
儼山纂錄　明陸深撰
奇子雜言　明楊春芳撰
拘虛晤言　明陳沂撰
文昌旅語　明王文祿撰
雞鳴偶記　明蘇濬撰
讀書筆記　明祝允明撰

汲古叢語　明陸樹聲撰
病榻寤言　明陸樹聲撰
清暑筆談　明陸樹聲撰

弓五

遵聞錄　明梁億撰
賢識錄　明陸釴撰
在田錄　明張定撰
逐鹿記　明王褘撰
龔起雜事　明楊儀撰
龍興慈記　明王文祿撰
聖君初政記　明沈文撰
一統肇基錄　明夏原吉撰
東朝紀　明王泌撰
椒宮舊事　明王達撰
復辟錄　明楊瑄撰
保孤記
祕錄　明李夢陽撰

弓六

明良錄略　明沈士謙撰
明良記　明楊儀撰

明臣十節　明崔銑撰
造邦賢勳錄略　明王禕撰
明輔起家考　明徐儀世撰
掾曹名臣錄　明王鴻儒撰
致身錄　明史仲彬撰

弓七

翊運錄　明劉基撰
遜國記
革除遺事　明黃佐撰
擁絮迂談　明朱鷺撰
天順日錄　明李賢撰
九朝野記　明祝允明撰
玉池談屑
溶溪雜記
郊外農談
冶城客論　明陸采撰
西皐雜記
澤山雜記
沂陽日記
滄江野史
海上紀聞
孤樹裒談　明李默撰

西墅雜記　明楊穆撰

弓八

藩獻記　明朱謀㙔撰
琬琰錄　明楊廉撰
瑣綴錄　明尹直撰
代醉編　明張鼎思撰
明興雜記　明陳敬則撰
水東記略　明葉盛撰
玉壺遐覽　明胡應麟撰
良常仙系記　明鄒迪光撰
賜游西苑記　明李賢撰
延休堂漫錄
濯纓亭筆記　明戴冠撰

弓九

錦衣志　明王世貞撰
殉身錄　明裘玉撰
備遺錄　明張芹撰
制府雜錄　明楊一清撰
醫閭漫記　明賀欽撰

弓十

備倭事略　明歸有光撰
北虜紀略　明汪道昆撰
雲中事記　明蘇祐撰
南巡日錄　明陸深撰
征藩功次　明王守仁撰
保民訓要　明劉宗周撰
農田餘話　明長谷眞逸撰
雨航雜錄　明馮時可撰
霏雪録　明孟熙撰

弓十一

平夏錄　明黃標撰
平夷錄　明趙輔撰
平定交南錄　明丘濬撰
滇南慟哭記　明王紳撰
滇載記　明楊慎撰
渤泥入貢記　明宋濂撰
琉球使略　明陳侃撰
日本寄語　明薛俊撰
朝鮮紀事　明倪謙撰
雲中事記　明蘇祐撰

弓十二

否泰錄　明劉定之撰
遇恩錄　明劉仲璟撰
彭公筆記　明彭時撰
翦勝野聞　明徐禎卿撰
今言　明鄭曉撰
觚不觚錄　明王世貞撰
金臺紀聞　明陸深撰
玉堂漫筆　明陸深撰

弓十三

皇明盛事　明王世貞撰
雙槐歲抄　明黃瑜撰
後渠雜識　明崔銑撰
古穰雜錄　明李賢撰
震澤紀聞　明王鏊撰
菽園雜記　明陸容撰
莘野纂聞　明伍餘福撰
駒陰冗記　明闌莊撰
客座新聞　明沈周撰
枝山前聞　明祝允明撰
尊俎餘功
漱石閒談　明王元楨撰

平江記事　元高德基撰

弓十四

南翁夢錄　安南黎澄撰
公餘日錄　明湯沐撰
船窗夜讀　宋顧文薦撰
中洲野錄　明程文憲撰
三餘贅筆　明都卬撰
懸笥瑣探　明劉昌撰
蘇談　明楊循吉撰
吳中故語　明楊循吉撰
庚巳編　明陸粲撰
續巳編　明郎瑛撰
長安客話　明蔣一葵撰
快雪堂漫錄　明馮夢禎撰
雲夢藥溪談　明文翔鳳撰

弓十五

胡氏雜說　明胡儼撰
劉氏雜志　明劉定之撰
丹鉛雜錄　明楊慎撰
書肆說鈴　明葉秉敬撰

田居乙記　明方大鎮撰
碧里雜存　明董穀撰
聽雨紀談　明都穆撰
宦遊紀聞　明張誼撰
意見　明陳于陛撰
識小編　明周賓所撰
語言談　明張獻翼撰
子元案垢　明何孟春撰

弓十六

西樵野記　明侯甸撰
甲乙剩言　明胡應麟撰
寒檠膚見　明毛元仁撰
語窺今古　明洪文科撰
新知錄　明劉仕義撰
涉異志　明閔文振撰
前定錄補　明朱佐撰
維園鉛擿　明謝廷讚撰
攬茝微言　明顧其志撰
墨池浪語　明胡維霖撰
雪濤談叢　明江盈科撰
春雨雜述　明解縉撰
世說舊注　梁劉孝標撰　明楊慎輯

弓十七

弓十八

窺天外乘　明王世懋撰
百可漫志　明陳鼒撰
近峯聞略　明皇甫庸撰
近峯記略　明皇甫庸撰
寓圃雜記　明王錡撰
青溪暇筆　明姚福撰
方洲雜錄　明張寧撰
遼邸記聞　明錢希言撰
宛委餘編　明王世貞撰
谿山餘話　明陸深撰
委巷叢談　明田汝成撰
無用閒談　明孫緒撰

弓十九

追旃瑣言　明蘇祐撰
井觀瑣言　明鄭瑗撰
林泉隨筆　明張綸撰
推蓬寤語　明李豫亨撰
讕言長語　明曹安撰
震澤長語　明王鏊撰
桑榆漫志　明陶輔撰
延州筆記　明唐覲撰
戒菴漫筆　明李詡撰
暖姝由筆　明徐充撰

菊坡叢語　明單宇撰
玄亭涉筆　明王志遠撰
野航史話　明茅元儀撰
西峯淡話　明茅元儀撰
大賓辱語　明姜南撰
抱璞簡記　明姜南撰

弓二十

寶櫝記　明滑惟善撰
脚氣集　宋車若水撰
望崖錄　明王世懋撰
燕閒錄　明陸深撰
閒中今古錄　明黃溥撰
綠雪亭雜言　明敖英撰
春風堂隨筆　明陸深撰
雲蕉館紀談　明孔邇撰
蒹葭堂雜抄　明陸楫撰
鳳凰臺記事　明馬生龍撰
愿豐堂漫書　明陸深撰
天爵堂筆餘　明薛岡撰
壁疏　明淩登名撰
譚輅　明張鳳翼撰
戲瑕　明錢希言撰
麈餘　明謝肇淛撰

談剩　明胡江撰

弓二十一

雲林遺事　明顧元慶撰
比事摘錄
墐戶錄　明楊慎撰
病榻手欥　明楊慎撰
枕譚　明陳繼儒撰
羣碎錄　明陳繼儒撰
記事珠　唐馮贄撰
俗呼小錄　明李翊撰
名公像記　明顧起元撰
傷逝記　明顧起元撰

弓二十二

景仰撮書　明王達撰
仰山脞錄　明閔文振撰
吳風錄　明黄省曾撰
見聞紀訓　明陳良謨撰
先進遺風　明耿定向撰
畜德錄　明陳沂撰
新倩籍　明徐禎卿撰
吳中往哲記　明楊循吉撰

國寶新編　明顧璘撰
金石契　明祝肇撰
西州合譜　明張鴻磐撰

弓二十三

兒世說　明趙瑜撰
香案牘　明陳繼儒撰
女俠傳　明鄒之麟撰
貧士傳　明黃姬水撰

弓二十四

客越志　明王穉登撰
雨航紀　明王穉登撰
明月篇　明王穉登撰
荆溪疏　明王穉登撰
閩部疏　明王世懋撰
入蜀紀見　明郝郊撰
黃山行六頌　明吳士權撰

弓二十五

瀛涯勝覽　明馬歡撰
海槎餘錄　明顧岎撰

蜀都雜抄　明陸深撰
吳中勝記　明華鑰撰
泉南雜志　明陳懋仁撰
南陸志　明崔銑撰
貴陽山泉志　明慎蒙撰
豫中漫抄　明陸深撰
雲南山川志　明楊慎撰
金陵冬遊記略　明羅洪先撰

弓二十六

廬陽客記　明楊循吉撰
居山雜志　明楊循吉撰
武夷游記　明吳拭撰
太湖泉志　明潘之恆撰
蓬櫳夜話　明李日華撰
半塘小志　明潘之恆撰
諸寺奇物記　明顧起元撰
西干十寺記　明謝廷讚撰
西浮籍　明錢希言撰
楚小志　明錢希言撰
朔雪北征記　明屠隆撰
烏蠻瀧夜談記　明董傳策撰
邊堠紀行　元張德輝撰
滇行紀略　明馮時可撰

銀山鐵壁謾談　明李元陽撰
游台宕路程　明陶望齡撰
榕城隨筆　明淩登名撰
西吳枝乘　明謝肇淛撰
禮白嶽紀　明李日華撰

弓二十七

居家制用　元陸梳山撰
清齋位置　明文震亨撰
鼂采清課　明費元祿撰
嚴棲幽事　明陳繼儒撰
林水錄　明彭年撰
山棲志　明慎蒙撰
玉壺冰　明都穆撰

弓二十八

帝城景物略　明劉侗撰
熙朝樂事　明田汝成撰
賞心樂事　宋張鎡撰
吳社編　明王穉登撰
武陵競渡略　明楊嗣昌撰
清閑供　明程羽文撰

林下盟　明沈仕撰
田家曆　明程羽文撰
古今諺　明楊慎撰
畫舫約　明汪汝謙撰
南陔六舟記　明潘之恒撰
宛陵二水評　明潘之恒撰

弓二十九

明經會約　明林希恩撰
讀書社約　明丁奇遇撰
林間社約　明馮時可撰
勝蓮社約　明虞淳熙撰
生日會約　明高兆麟撰
月會約　明嚴武順撰
紅雲社約　明徐𤊹撰
紅雲續約　明謝肇淛撰
浣俗約　明李日華撰
運泉約　明李日華撰
霞外雜俎　明杜巽才撰
韋弦佩　明屠本畯撰
禪門本草補　明袁中道撰
蘇氏家語　明蘇士潛撰
韻史　明陳梁撰

弓三十

陰符經解　明湯顯祖撰

胎息經疏　明王文祿撰

析骨分經　明甯一玉撰

醫先　明王文祿撰

葬度　明王文祿撰

農說　明馬一龍撰

友論　意大利利瑪竇撰

田家五行　明婁元禮撰

居家宜忌　明瞿佑撰

放生辯惑　明陶望齡撰

弓三十一

長者言　明陳繼儒撰

清言　明屠隆撰

續清言　明屠隆撰

歸有園麈談　明徐學謨撰

木几冗談　明彭汝讓撰

偶譚　明李鼎撰

玉笑零音　明田藝蘅撰

寓林清言　明黃汝亨撰

狂言紀略　明黃汝亨撰

弓三十二

切韻射標　明李世澤撰
發音錄　明張位撰
讀書十六觀　明陳繼儒撰
文章九命　明王世貞撰
歌學譜　明林希恩撰
三百篇聲譜　明張蔚然撰
陽關三疊圖譜　明田藝蘅撰

弓三十三

談藝錄　明徐禎卿撰
秇圃擷餘　明王世懋撰
詩文浪談　明林希恩撰
歸田詩話　明瞿佑撰
南濠詩話　明都穆撰
蓉塘詩話　明姜南撰
虛谷詩話　元方回撰
敬君詩話　明葉秉敬撰
蜀中詩話　明曹學佺撰
麓堂詩話　明李東陽撰

弓三十四

夷白齋詩話　明顧元慶撰
存餘堂詩話　明朱承爵撰
娛書堂詩話　宋趙與虤撰
升菴辭品　明楊慎撰
千里面譚　明楊慎撰
詩家直說　明謝榛撰
詩談　明徐泰撰
香宇詩談　明田藝蘅撰
西園詩麈　明張蔚然撰
雪濤詩評　明江盈科撰
閨秀詩評　明江盈科撰
閒書杜律　明楊慎撰
樂府指迷　宋張炎撰
墨池璅錄　明楊慎撰

弓三十五

書畫史　明陳繼儒撰
書畫金湯　明陳繼儒撰
論畫瑣言　明董其昌撰
丹青志　明王穉登撰
繪妙　明茅一相撰
畫麈　明沈顥撰
畫說　明莫是龍撰
畫禪　明釋蓮儒撰

竹派　明釋蓮儒撰

弓三十六

射經　明李呈芬撰
鄉射直節　明何景明撰
名劍記　明李承勛撰
玉名詁　明楊慎撰
古奇器錄　明陸深撰
紙箋譜　元鮮于樞撰
牋譜銘　明屠隆撰
十友圖贊　明顧元慶撰
古今印史　明徐官撰
硯譜　明沈仕撰

弓三十七

水品　明徐獻忠撰
煮泉小品　明田藝蘅撰
茶譜　明顧元慶撰
茶錄　明馮時可撰
茶疏　明許次紓撰
茶箋　明聞龍撰
茶解　明羅廩撰
羅岕茶記　明熊明遇撰

岕茶牋　明馮可賓撰
茶寮記　明陸樹聲撰
焚香七要　明朱權撰

弓三十八

觴政　明袁宏道撰
醉鄉律令　明田藝蘅撰
小酒令　明田藝蘅撰
弈問　明王世貞撰
弈律　明王思任撰
弈旦評　明馮元仲撰
詩牌譜　明王良樞輯
宣和牌譜　明瞿佑撰
壺矢銘　明袁九齡撰
朝京打馬格　明文翔鳳撰
彩選百官鐸

弓三十九

潁譜　明鄗樵叟撰
六博譜　明潘之恒撰
兼三圖　明屠豳叟撰
數錢葉譜　明汪道昆撰

楚騷品　明汪道昆撰
嘉賓心令　明巢玉庵撰
葉子譜　明潘之恒撰
續葉子譜　明潘之恒撰
運掌經　明黎遂球撰
牌經　馬吊腳例　明馮夢龍撰
朋陣譜　明袁福徵撰

弓四十

瓶史　明袁宏道撰
缾花譜　明張丑撰
缾史月表　明屠本畯撰
花曆　明程羽文撰
花小名　明程羽文撰
學圃雜疏　明王世懋撰
花疏
果疏
瓜蔬疏
藥圃同春　明夏旦撰
草花譜　明高濂撰
亳州牡丹表　明薛鳳翔撰
牡丹八書　明薛鳳翔撰

弓四十一

荔枝譜　明徐𤊹撰

荔枝譜　明宋珏撰

荔枝譜　明曹蕃撰

荔枝譜　明鄧慶寀撰

記荔枝　明吴載鰲撰

廣菌譜　明潘之恒撰

種芋法　明黄省曾撰

野菜箋　明屠本畯撰

野蔌品　明高濂撰

弓四十二

蠶經　明黄省曾撰

獸經　明黄省曾撰

虎苑　明王穉登撰

名馬記　明李翰撰

促織志　明劉侗撰

海味索隱　明屠本畯撰

魚品　明顧起元撰

弓四十三

冥寥子游　明屠隆撰
廣寒殿記　明宣宗朱瞻基撰
洞簫記　明陸粲撰
周顛僊人傳　明太祖朱元璋撰
一瓢道士傳　明袁中道撰
醉叟傳　明袁宏道撰
拙效傳　明袁宏道撰
李公子傳　明陳繼儒撰
楊幽妍別傳　明陳繼儒撰
阿寄傳　明田汝成撰
義虎傳　明祝允明撰
倉庚傳　明楊慎撰
煮茶夢記　元楊維楨撰
西玄青鳥記　明茅元儀撰

弓四十四

女紅餘志　元龍輔撰
燕都妓品　明曹大章撰
廣陵女士殿最　明曹大章撰
秦淮士女表　明曹大章撰
曲中志　明潘之恒撰
金陵妓品　明潘之恒撰
秦淮劇品　明潘之恒撰
曲艷品　明潘之恒撰

後艶品　明潘之恒撰
續艶品　明潘之恒撰
劇評　明潘之恒撰

弓四十五

艾子後語　明陸灼撰
雪濤小說　明江盈科撰
應諧錄　明劉元卿撰
笑禪錄　明潘游龍撰
談言　明江盈科撰
權子　明耿定向撰
雜纂三續　明黃允交撰

弓四十六

猥談　明祝允明撰
異林　明徐禎卿撰
語怪　明祝允明撰
幽怪錄　明田汝成撰

小十三經十六卷

明顧玄緯、顧起經編　明嘉靖四十一年幽石清漣山院刻本　一册　十行十八字小字雙行字同白口左右雙邊　九經集敘末鐫嘉靖壬戌日南至重梨於幽石清漣山院　上書口鐫衹洹館　〇三二〇

存四種五卷

風后握奇經一卷　漢公孫弘解

耒耜經一卷　唐陸龜蒙撰

九經二卷　元□□撰

五木經一卷　唐李翱撰　唐元革注

陽山顧氏文房小説四十種五十八卷　明顧元慶編　明正德嘉靖間顧氏夷白齋刻本　二册　十行十八字

白口左右雙邊　上書耳鐫陽山顧氏文房　各卷尾間鐫夷白齋舊本重雕　鈐天禄琳琅朱文方印　延陵後裔白文方印　乾隆御覽之寶朱文方印　天竟先生獨志堂物朱文方印　檣廬珍祕白文方印

一五六〇

存四種四卷

文錄一卷　題宋唐庚撰

深雪偶談一卷　宋方嶽撰

嘯旨一卷　唐孫廣撰

劉賓客嘉話錄一卷　唐韋絢撰

國朝典故六十二種一百十六卷　明朱當㴐編　明抄本　佚名朱墨批校　八册　十二行二十二字白口四周單邊藍格

鈐汪氏振綺堂印白文方印　厚村朱文方印　心遠堂印白文方印

三三一八

存十三種二十二卷

清溪暇筆二卷　明姚福撰

國初禮賢錄二卷　明劉基撰

菽園雜記五卷　明陸文亮撰
縣笥瑣探一卷　明劉昌撰
瑯琊漫鈔一卷　明文林撰
君子堂日詢手鏡二卷　明王濟撰
寓圃雜記二卷　明王錡撰
太狩龍飛錄一卷　明世宗撰
損齋備忘志二卷　明梅純撰
彭文憲公筆記一卷　明彭時撰
病逸漫記一卷　明陸釴撰
翦勝野聞一卷　明徐禎卿撰
前聞記一卷　明祝允明撰

古今説海一百三十五種一百四十二卷　明陸楫等編　明嘉靖二十三年陸楫儼山書院雲山書院刻　一五四〇

本　四十冊　八行十六字白口左右雙邊　下書口鐫儼山書院、雲山書院、青藜館

説選部

小録家

北征錄一卷　明金幼孜撰
北征後錄一卷　明金幼孜撰
北征記一卷　明楊榮撰

偏記家

平夏録一卷　明黄標撰
江南别録一卷　宋陳彭年撰
三楚新録三卷　宋周羽翀撰
溪蠻叢笑一卷　宋朱輔撰
遼志一卷　宋葉隆禮撰
金志一卷　題宋宇文懋昭撰
蒙韃備録一卷　題宋孟珙撰
北邊備對一卷　宋程大昌撰
桂海虞衡志一卷　宋范成大撰
眞臘風土記一卷　元周達觀撰
北戶録一卷　唐段公路撰
西使記一卷　元劉郁撰
北轅録一卷　宋周煇撰
滇載記一卷　明楊愼撰
星槎勝覽四卷　明費信撰

説淵部

別傳家

靈應傳一卷
洛神傳一卷　唐薛瑩撰

夢遊錄一卷　唐任蕃撰
吳保安傳一卷
崑崙奴傳一卷
鄭德璘傳一卷　唐薛瑩撰
李章武傳一卷　唐李景亮撰
韋自東傳一卷
趙合傳一卷
杜子春傳一卷　唐鄭還古撰
裴伷先別傳一卷
震澤龍女傳一卷　唐薛瑩撰
袁氏傳一卷　五代顧敻撰
少室仙姝傳一卷
李林甫外傳一卷
遼陽海神傳一卷
蚍蜉傳一卷
甘棠靈會錄一卷
顏濬傳一卷
張無頗傳一卷
板橋記一卷
鄴侯外傳一卷　唐李蘩撰
洛京獵記一卷
玉壺記一卷
姚生傳一卷
唐晅手記一卷　唐唐晅撰

獨孤穆傳一卷
王恭伯傳一卷
中山狼傳一卷　宋謝良撰
崔煒傳一卷
陸顒傳一卷
潤玉傳一卷
李衛公別傳一卷
齊推女傳一卷
魚服記一卷
聶隱娘傳一卷
袁天綱外傳一卷
曾季衡傳一卷
蔣子文傳一卷　唐羅鄴撰
張遵言傳一卷
同昌公主外傳一卷　唐蘇鶚撰
侯元傳一卷
睦仁蒨傳一卷　唐陳鴻撰
韋鮑二生傳一卷
張令傳一卷
李清傳一卷
薛昭傳一卷
王賈傳一卷
烏將軍記一卷
竇玉傳一卷

柳參軍傳一卷
人虎傳一卷
馬自然傳一卷
寶應錄一卷
白蛇記一卷
巴西侯傳一卷
柳歸舜傳一卷
求心錄一卷
知命錄一卷
山莊夜恠錄一卷
五眞記一卷
小金傳一卷
林靈素傳一卷　宋趙與峕撰
海陵三仙傳一卷

説略部

雜記家

默記一卷　宋王銍撰
宣政雜錄一卷　宋江萬里撰
靖康朝野僉言一卷
朝野遺紀一卷
墨客揮犀一卷　宋彭乘撰
續墨客揮犀一卷　宋彭乘撰

聞見雜録一卷　宋蘇舜欽撰
山房隨筆一卷　元蔣子正撰
諧史一卷　宋沈俶撰
昨夢録一卷　宋康譽之撰
三朝野史一卷
鐵圍山叢談一卷　宋蔡絛撰
孔氏雜説一卷　宋孔平仲撰
瀟湘録一卷　題唐李隱撰
三水小牘一卷　唐皇甫枚撰
談藪一卷　宋龐元英撰
清尊録一卷　宋廉布撰
睽車志一卷　宋郭彖撰
話腴一卷　宋陳郁撰
朝野僉載一卷　唐張鷟撰
古杭雜記一卷　宋李有撰
蒙齋筆談一卷　題宋鄭景璧撰
文昌雜録一卷　宋龐元英撰
就日録一卷
碧湖雜記一卷
錢氏私誌一卷　宋錢愐撰
遂昌山樵雜録一卷　元鄭元祐撰
高齋漫録一卷　宋曾慥撰
桐陰舊話一卷　宋韓元吉撰
霏雪録一卷　明劉績撰

東園友聞一卷
捫掌錄一卷　元元懷撰

説纂部

逸事家

漢武故事一卷　題漢班固撰
艮嶽記一卷　宋張淏撰
青溪寇軌一卷　宋方勺撰
煬帝海山記一卷
煬帝迷樓記一卷
煬帝開河記一卷

散録家

江行雜錄一卷　宋廖瑩中撰
行營雜錄一卷　宋趙葵撰
避暑漫抄一卷　宋陸游撰
養痾漫筆一卷　宋趙溍撰
虛谷閒抄一卷　宋方回撰
蓼花洲閒錄一卷　宋高文虎撰

雜纂家

樂府雜錄一卷　唐段安節撰
教坊記一卷　唐崔令欽撰

孫内翰北里誌一卷　唐孫棨撰
青樓集一卷　元夏庭芝撰
雜纂三卷　唐李商隱撰　宋王君玉、蘇軾續
損齋備忘錄一卷　明梅純撰
復辟錄一卷　明楊暄撰
靖難功臣錄一卷
備遺錄一卷　明張芹撰　明姜南續增

金聲玉振集四十六種五十六卷　明袁褧編　明嘉靖吳郡袁氏嘉趣堂刻本　七册　十行十八字白口左右雙邊　六詔紀聞後卷書尾鐫嘉靖庚戌菊月望日重刊于嘉趣堂　有刻工

存九種十卷

平漢錄一卷　明童承叙撰
皇明平吳錄一卷　明吳寬撰
洪武聖政記一卷　明宋濂撰
震澤紀聞一卷　明王鏊撰
西番事蹟一卷　明王瓊撰
六詔紀聞二卷　明彭汝實撰
讀書筆記一卷　明祝允明撰
薛公讀書錄一卷　明薛瑄撰
國寶新編一卷　明顧璘撰

紀録彙編一百二十三種二百二十四卷

明沈節甫編　明萬曆四十五年陳于廷刻本　四十九册

十行二十字白口四周單邊　有刻工

御製皇陵碑一卷　明太祖朱元璋撰
御製西征記一卷　明太祖朱元璋撰
御製平西蜀文一卷　明太祖朱元璋撰
御製孝慈錄一卷　明太祖朱元璋撰
御製紀夢一卷　明太祖朱元璋撰
御製周顛僊人傳一卷　明太祖朱元璋撰
御製廣寒殿記一卷　明宣宗朱瞻基撰
宣宗皇帝御製詩一卷　明宣宗朱瞻基撰
敕議或問一卷　明世宗朱厚熜撰
諭對錄一卷　明張孚敬撰
皇朝本記一卷
天潢玉牒一卷
龍興慈記一卷　明王文祿撰
國初禮賢錄一卷
遇恩錄一卷　明劉仲璟撰
否泰錄一　明劉定之撰
北使錄一卷　明李實撰
北征事蹟一卷　明袁彬撰
正統臨戎錄一卷
正統北狩事蹟一卷

復辟録一卷
天順日録一卷　明李賢撰
古穰雜録摘抄一卷　明李賢撰
聖駕南巡日録一卷　明陸深撰
大駕北還録一卷　明陸深撰
平胡録一卷　明陸深撰
北平録一卷
平漢録一卷　明童承敍撰
平吳録一卷　明吳寬撰
平蜀記一卷
平夏録一卷　明黄標撰
前北征録一卷　明金幼孜撰
後北征録一卷　明金幼孜撰
北征記一卷
西征石城記一卷　明馬文升撰
撫安東夷記一卷　明馬文升撰
興復哈密國王記一卷　明馬文升撰
平番始末二卷　明許進撰
平夷賦一卷　明趙輔撰
平蠻録一卷　明王軾撰
西征日録一卷　明楊一清撰
制府雜録一卷　明楊一清撰
雲中事記一卷　明蘇祐撰
張司馬定浙二亂志一卷　明王世貞撰

雲南機務抄黄一卷　明張紞輯
滇載記一卷　明楊慎撰
平定交南録一卷　明丘濬撰
安南傳二卷　明王世貞撰
南翁夢録一卷　明黎澄撰
勘處播州事情疏一卷　明何喬新撰
防邊紀事一卷　明高拱撰
伏戎紀事一卷　明高拱撰
撻虜紀事一卷　明高拱撰
靖夷紀事一卷　明高拱撰
綏廣紀事一卷　明高拱撰
炎徼紀聞四卷　明田汝成撰
星槎勝覽一卷　明費信撰
瀛涯勝覽一卷　明馬歡撰
瀛涯勝覽集一卷　明張昇撰
奉使安南水程日記一卷　明黄福撰
朝鮮紀事一卷　明倪謙撰
使琉球録一卷　明陳侃撰
鴻猷録十六卷　明高岱撰
治世餘聞録上篇四卷下篇四卷　明箬陂撰
繼世紀聞六卷　明箬陂撰
名卿績紀四卷　明王世貞撰
靖難功臣録一卷
國琛集二卷　明唐樞撰

國寶新編一卷　明顧璘撰
續吳先賢讚十五卷　明劉鳳撰
明詩評四卷　明王世貞撰
吳郡二科志一卷　明閻秀卿撰
新倩籍一卷　明徐禎卿撰
金石契一卷　明祝肇撰
守溪筆記一卷　明王鏊撰
震澤長語摘抄一卷　明王鏊撰
彭文憲公筆記一卷　明彭時撰
畜德錄一卷　明陳沂撰
青溪暇筆摘抄一卷　明姚福撰
閒中今古錄摘抄一卷　明黃溥撰
翦勝野聞一卷　明徐禎卿撰
玉堂漫筆摘抄一卷　明陸深撰
金臺紀聞摘抄一卷　明陸深撰
停驂錄摘抄一卷　明陸深撰
續停驂錄摘抄一卷　明陸深撰
豫章漫抄摘錄一卷　明陸深撰
科場條貫一卷　明陸深撰
水東日記摘抄七卷　明葉盛撰
今言四卷　明鄭曉撰
餘冬序錄摘抄六卷　明何孟春撰
鳳洲雜編六卷　明王世貞撰
醫閭漫記一卷　明賀欽撰

譯語一卷　明岷峨山人撰
海槎餘錄一卷　明顧岕撰
君子堂日詢手鏡一卷　明王濟撰
庚巳編十卷　明陸粲撰
四友齋叢說摘抄七卷　明何良俊撰
菽園雜記摘抄七卷　明陸容撰
留青日札摘抄四卷　明田藝蘅撰
松窗寤言摘錄一卷　明崔銑撰
漫記一卷　明崔銑撰
近峯記略摘抄一卷　明皇甫庸撰
百可漫志一卷　明陳鼐撰
錦衣志一卷　明王世貞撰
星變志引一卷　題明抱甕外史撰
瑯琊漫抄摘錄一卷　明文林撰
病榻遺言一卷　明高拱撰
縣笥瑣探摘抄一卷　明劉昌撰
蘇談一卷　明楊循吉撰
病逸漫記一卷　明陸釴撰
前聞記一卷　明祝允明撰
寓圃雜記二卷　明王錡撰
蒹葭堂雜著摘抄一卷　明陸楫撰
窺天外乘一卷　明王世懋撰
二酉委譚摘錄一卷　明王世懋撰
閩部疏一卷　明王世懋撰

江西輿地圖說一卷　明趙秉忠撰
饒南九三府圖說一卷　明王世懋撰
志怪錄一卷　明祝允明撰
涉異志一卷　明閔文振撰
奇聞類紀摘抄四卷　明施顯卿撰
見聞紀訓二卷　明陳良謨撰
新知錄摘抄一卷　明劉仕義撰

1728 **歷代小史一百六種一百六卷**　明李栻編　明刻本　四十册　十一行二十六字　白口四周雙邊

路史一卷　宋羅泌撰
王子年拾遺記一卷　前秦王嘉撰　梁蕭綺錄
西京雜記一卷　漢劉歆撰
漢武故事一卷　漢班固撰
世說新語一卷　劉宋劉義慶撰
大業雜記一卷　唐杜寶撰
煬帝海山記一卷
煬帝開河記一卷
煬帝迷樓記一卷
隋遺錄一卷　唐顏師古撰
隋唐嘉話一卷　唐劉餗撰
唐語林一卷　宋王讜撰
翰林志一卷　唐李肇撰
松窗雜錄一卷　唐李濬撰

次柳氏舊聞一卷　唐李德裕撰
朝野僉載一卷　唐張鷟撰
卓異記一卷　唐李翱撰
開天傳信錄一卷　唐鄭棨撰
開元天寶遺事一卷　後周王仁裕撰
江行雜錄一卷　宋廖瑩中撰
中朝故事一卷　南唐尉遲偓撰
龍城錄一卷　唐柳宗元撰
避暑漫鈔一卷　宋陸游撰
幽閑鼓吹一卷　唐張固撰
北夢瑣言一卷　宋孫光憲撰
杜楊雜編一卷　唐蘇鶚撰
集異記一卷　唐薛用弱撰
鄴侯外傳一卷　唐李蘩撰
三楚新錄一卷　宋周羽翀撰
江南別錄一卷　宋陳彭年撰
默記一卷　宋王銍撰
蜀檮杌一卷　宋張唐英撰
燕翼貽謀錄一卷　宋王栐撰
孫公談圃一卷　宋孫升述　宋劉延世錄
聞見雜錄一卷　宋蘇舜欽撰
行營雜錄一卷　宋趙葵撰
鐵圍山叢談一卷　宋蔡絛撰
高齋漫錄一卷　宋曾慥撰

談淵一卷　宋王陶撰
春明退朝錄一卷　宋宋敏求撰
玉堂雜記一卷　宋周必大撰
錢氏私誌一卷　宋錢世昭輯
桐陰舊話一卷　宋韓元吉撰
揮麈錄一卷　宋楊萬里撰
王氏揮麈錄一卷　宋王明清撰
晉公談錄一卷　宋丁謂撰
王文正筆錄一卷　宋王曾撰
貴耳集一卷　宋張端義撰
古杭雜記一卷　元李有撰
國老談苑一卷　宋王君玉撰
清夜錄一卷　宋俞文豹撰
宣政雜錄一卷　宋江萬里撰
艮嶽記一卷　宋張淏撰
閒燕常談一卷　宋董棻撰
退齋筆錄一卷　宋侯延慶撰
避戎嘉話一卷　宋石茂良撰
朝野僉言一卷
朝野遺記一卷
白獺髓一卷　宋張仲文撰
齊東野語一卷　宋周密撰
桯史一卷　宋岳珂撰
遼志一卷　宋葉隆禮撰

金志一卷　宋宇文懋昭撰
松漠紀聞一卷　宋洪皓撰
北轅錄一卷　宋周煇撰
蒙韃備錄一卷　宋孟珙撰
北邊備對一卷　宋程大昌撰
西使記一卷　元劉郁撰
自警篇一卷　宋趙善璙撰
厚德錄一卷　宋李元綱撰
韓忠獻遺事一卷　宋強至撰
王文正遺事一卷　宋王素撰
萊公遺事一卷
南村輟耕錄一卷　元陶宗儀撰
遂昌山樵雜錄一卷　元鄭元祐撰
東園友聞一卷
廣客談一卷
稗史集傳一卷　元徐顯撰
翦勝野聞一卷　明徐禎卿撰
野記一卷　明祝允明撰
平夏錄一卷　明黄標撰
清溪暇筆一卷　明姚福撰
瑯琊漫鈔一卷　明文林撰
病逸漫記一卷　明陸釴撰
震澤紀聞一卷　明王鏊撰
皇明紀略一卷　明皇甫庸撰

北征録一卷 明金幼孜撰
北征記一卷 明楊榮撰
西征石城記一卷 明馬文升撰
興復哈密記一卷 明馬文升撰
復辟録一卷 明楊瑄撰
可齋雜記一卷 明彭時撰
否泰録一卷 明劉定之撰
謇齋瑣綴録一卷 明尹直撰
古穰雜録一卷 明李賢撰
雨湖塵談録一卷 明許浩撰
復齋日記一卷 明許浩撰
繼世紀聞一卷 明陳洪謨撰
江海殲渠記一卷 明祝允明撰
損齋備忘録一卷 明梅純撰
靖難功臣録一卷 明朱當㴐撰
備遺録一卷 明張芹撰
星槎勝覽一卷 明費信撰
眞臘風土記一卷 元周達觀撰
炎徼紀聞一卷 明田汝成撰
滇載記一卷 明楊愼撰

夷門廣牘一百七種一百六十五卷

明周履靖編 明萬曆二十五年金陵荆山書林刻本 四十册 九行十八字白口四周單邊

存六十七種九十三卷

文章緣起一卷　題梁任昉撰
釋名一卷　漢劉熙撰
詩品一卷　梁鍾嶸撰
文錄一卷　題宋唐庚撰
談藝錄一卷　明徐禎卿撰
騷壇秘語三卷　明周履靖撰
詩源撮要一卷　明張懋賢輯
籟紀三卷　陳陳叔齊撰
毛公壇倡和詩一卷　明周履靖撰
嘯旨一卷
廣易千文一卷　明周履靖撰
溪蠻叢笑一卷　宋朱輔撰
群物奇制一卷　明周履靖輯
墨經一卷　宋晁貫之撰
胎息經一卷　題□幻眞先生注
天隱子一卷
煉形内旨一卷
玉函秘典一卷
金笥玄玄一卷
畫評會海二卷　明周履靖撰
繪林題識一卷　明汪顯節輯
山家清供二卷　宋林洪撰

茹草編四卷　明周履靖撰　存一卷　一
水品全秩二卷　明徐獻忠撰

茶品要錄一卷　宋黄儒撰
茶寮記一卷附一卷　明陸樹聲撰
湯品一卷
酒經一卷附一卷　宋朱翼中撰
士大夫食時五觀一卷　題宋黄庭堅撰
詩牌譜一卷　明王良樞撰　明周履靖校續
九經二卷
朒陣篇一卷　明袁福徵撰
黄帝授三子玄女經一卷
黄帝宅經二卷
葬經一卷　金兀欽仄注
探春歷記一卷　題漢東方朔撰
握奇經一卷　題漢公孫弘解　握奇經續圖一卷
　八陣總述一卷　題晉馬隆述
祿嗣奇談二卷附一卷
靈笈寶章一卷
禽經一卷　題晉張華注
獸經一卷　明黄省曾撰　明周履靖增
種樹書三卷
蘭譜奥法一卷
梅品一卷　宋張鎡撰
菊譜二卷　明黄省曾撰

耒耜經一卷　唐陸龜蒙撰
理生玉鏡稻品一卷　明黄省曾撰
芋經一卷　明黄省曾撰
逸民傳二卷　明皇甫涍撰　明劉鳳補遺
香案牘一卷　明陳繼儒撰
列仙傳一卷　題漢劉向撰
神仙傳一卷　晋葛洪撰
續神仙傳一卷　唐沈汾撰
梅墟先生別錄二卷　明李日華、鄭琰撰
五柳賡歌四卷　晋陶潛撰　明周履靖和
群仙降乩語一卷　明周履靖輯
燎松吟一卷　明周履靖撰
尋芳詠二卷　明周履靖撰
鴛湖唱和稿一卷　明周履靖撰
山家語一卷　明周履靖撰
泛泖吟一卷　明周履靖撰
香山酒頌二卷　唐白居易撰　明周履靖和
狂夫酒語二卷　明周履靖撰
續易牙遺意一卷　明周履靖撰
王氏蘭譜一卷　宋王貴學撰
集仙傳一卷　宋曾慥撰
貧士傳二卷　明黄壽撰

稗海四十八種二百八十八卷續二十二種一百六十一

卷

明商濬編　明萬曆商濬刻清康熙振鷺堂重編補刻本　一百册　九行二十字小字雙行十九字白口四周單邊　封面鐫振鷺堂藏板

第一函

博物志十卷　晉張華撰　宋周日用、盧□注
西京雜記六卷　晉葛洪撰
王子年拾遺記十卷　前秦王嘉撰　梁蕭綺錄
搜神記八卷　晉干寶撰
述異記二卷　梁任昉撰
續博物志十卷　宋李石撰
摭言一卷　南漢王定保撰
小名錄二卷　唐陸龜蒙撰
雲溪友議十二卷　唐范攄撰
獨異志三卷　唐李亢撰

第二函

杜陽雜編三卷　唐蘇鶚撰
東觀奏記三卷　唐裴庭裕撰
大唐新語十三卷　唐劉肅撰
因話錄六卷　唐趙璘撰
玉泉子一卷
北夢瑣言二十卷　宋孫光憲撰

第三函

樂善錄二卷　宋李昌齡撰
蠡海集一卷　宋王逵撰
過庭錄一卷　宋范公稱撰
泊宅編三卷　宋方勺撰
閑窗括異志一卷　宋魯應龍撰
搜采異聞錄五卷　宋永亨撰
東軒筆錄十五卷　宋魏泰撰
青箱雜記十卷　宋吳處厚撰
蒙齋筆談二卷　宋葉夢得撰
畫墁錄一卷　宋張舜民撰

第四函

游宦紀聞十卷　宋張世南撰
夢溪筆談二十六卷補筆談一卷　宋沈括撰
學齋佔畢纂一卷　宋史繩祖撰
祛疑說纂一卷　宋儲泳撰
墨莊漫錄十卷　宋張邦基撰
侍兒小名錄拾遺一卷　宋張邦幾撰
補侍兒小名錄一卷　宋王銍撰
續補侍兒小名錄一卷　宋溫豫撰

第五函

孏眞子五卷　宋馬永卿撰
歸田錄二卷　宋歐陽修撰

東坡先生志林十二卷　宋蘇軾撰
蘇黄門龍川别志二卷　宋蘇轍撰
澠水燕談錄十卷　宋王闢之撰
冷齋夜話十卷　宋釋惠洪撰
老學庵筆記十卷　宋陸游撰

第六函

雲麓漫抄四卷　宋趙彦衛撰
石林燕語十卷　宋葉夢得撰
避暑錄話二卷　宋葉夢得撰
清波雜志三卷　宋周煇撰
墨客揮犀十卷　宋彭乘撰
異聞總錄四卷
遂昌雜錄一卷　元鄭元祐撰

續稗海

第七函

酉陽雜俎二十卷　唐段成式撰
宣室志十卷補遺一卷　唐張讀撰
河東先生龍城錄二卷　唐柳宗元撰
鶴林玉露十六卷補遺一卷　宋羅大經撰

第八函

儒林公議二卷　宋田況撰
侯鯖錄八卷　宋趙令畤撰
睽車志六卷　宋郭彖撰
江隣幾雜志一卷　宋江休復撰
桯史十五卷　宋岳珂撰
隨隱漫錄五卷　宋陳世崇撰
楓窗小牘二卷　宋袁褧撰　宋袁頤續
耕祿稿一卷　宋胡錡撰
厚德錄四卷　宋李元綱撰

第九函

西溪叢語二卷　宋姚寬撰
野客叢書三十卷附錄一卷　宋王楙撰
螢雪叢說二卷　宋俞成撰
孫公談圃三卷　宋孫升述　宋劉延世錄
許彥周詩話一卷　宋許顗撰
後山居士詩話一卷　宋陳師道撰

第十函

齊東野語二十卷　宋周密撰
癸辛雜識前集一卷後集一卷續集二卷別集二卷　宋周密撰

山房隨筆一卷　元蔣子正撰

漢魏叢書三十八種二百五十一卷

一五三〇

明程榮編　明萬曆二十年新安程榮刻本　四十八册　九行二十字小字雙行字同白口左右雙邊　有刻工

經籍

京氏易傳三卷　漢京房撰　吳陸績注
周易略例一卷　晉王弼撰　唐邢璹撰
古三墳一卷
詩說一卷　題漢申培撰
韓詩外傳十卷　漢韓嬰撰
大戴禮記十三卷　漢戴德撰
春秋繁露十七卷　漢董仲舒撰
白虎通德論二卷　漢班固撰
獨斷二卷　漢蔡邕撰
忠經一卷　題漢馬融撰　漢鄭玄注
輶軒使者絶代語釋别國方言十三卷　漢揚雄撰　晉郭璞解

史籍

元經薛氏傳十卷　唐薛收撰　宋阮逸注
逸周書十卷　晉孔晁注

穆天子傳六卷　晉郭璞注
西京雜記六卷　題晉葛洪撰

子籍

素書一卷　宋張商英注
新語二卷　漢陸賈撰
孔叢子三卷　題漢孔鮒撰
新序十卷　漢劉向撰
說苑二十卷　漢劉向撰
新書十卷附錄一卷　漢賈誼撰
法言十卷　漢揚雄撰
潛夫論十卷　漢王符撰
申鑒五卷　漢荀悅撰　明黄省曾注
中論二卷　漢徐幹撰
顔氏家訓二卷　北齊顔之推撰
商子五卷
人物志三卷　魏劉邵撰　西涼劉昞注
風俗通義十卷　漢應劭撰
劉子新論十卷　北齊劉晝撰　唐袁孝政注
神異經一卷　題漢東方朔撰
別國洞冥記四卷　題漢郭憲撰
述異記二卷　題梁任昉撰
王子年拾遺記十卷　題前秦王嘉撰
通占大象曆星經二卷

趙飛燕外傳一卷　題漢伶玄撰
古今刀劍錄一卷　題梁陶弘景撰
論衡三十卷　漢王充撰

漢魏叢書三十八種二百五十一卷　明程榮編　明萬曆二十年新安程榮刻本　四十册　〇九三九

廣漢魏叢書八十種四百四十三卷　明何允中編　明刻本　四十九册　九行二十字白口左右雙邊　一五四四

存七十九種四百四十卷

經翼

焦氏易林四卷　題漢焦延壽撰
周易略例一卷　魏王弼撰　唐邢璹注
古三墳一卷
詩傳孔氏傳一卷
詩說一卷　題漢申培撰
韓詩外傳十卷　漢韓嬰撰
大戴禮記十三卷　漢戴德撰　北周盧辯注
春秋繁露十七卷　漢董仲舒撰
白虎通德論四卷　漢班固撰
獨斷一卷　漢蔡邕撰
忠經一卷　題漢馬融撰
孝傳一卷　題晉陶潛撰

方言十三卷　漢揚雄撰　晉郭璞注
釋名四卷　漢劉熙撰
博雅十卷　魏張揖撰　隋曹憲音釋
小爾雅一卷　漢孔鮒撰

别史

吴語一卷　吴韋昭撰
越語一卷　吴韋昭撰
吴太伯世家一卷　漢司馬遷撰
越王勾踐世家一卷　漢趙曄撰
吴越春秋六卷　漢趙曄撰　元徐天祜音注
越絕書十五卷　漢袁康撰
十六國春秋十六卷　北魏崔鴻撰
元經薛氏傳十卷　唐薛收撰　宋阮逸注
汲冢周書十卷　晉孔晁注
竹書紀年二卷　梁沈約注
穆天子傳六卷　晉郭璞注
漢武帝内傳一卷　題漢班固撰
飛燕外傳一卷　題漢伶玄撰
雜事祕辛一卷
群輔錄一卷　題晉陶潛撰
神僊傳十卷　晉葛洪撰
高士傳三卷　晉皇甫謐撰
英雄記鈔一卷　魏王粲撰

子餘

參同契一卷　漢魏伯陽撰
陰符經一卷
素書一卷　宋張商英注
心書一卷　題蜀諸葛亮撰
新語二卷　漢陸賈撰
新書十卷　漢賈誼撰
新序十卷　漢劉向撰
新論十卷　北齊劉晝撰
淮南鴻烈解二十一卷　漢高誘注
孔叢二卷詰墨一卷　題漢孔鮒撰
法言十卷　漢揚雄撰
申鑒五卷　漢荀悅撰　明黃省曾注
中論二卷　漢徐幹撰
中說二卷　隋王通撰
潛夫論十卷　漢王符撰
天祿閣外史八卷　題漢黃憲撰
說苑二十卷　漢劉向撰
論衡三十卷　漢王充撰

載籍

搜神記八卷　題晉干寶撰
神異經一卷　題漢東方朔撰

海内十洲記一卷　題漢東方朔撰
述異記二卷　題梁任昉撰
續齊諧記一卷　題梁吴均撰
别國洞冥記四卷　題漢郭憲撰
西京雜記六卷　題晉葛洪撰
拾遺記十卷　題前秦王嘉撰
博物志十卷　題晉張華撰　宋周日用注
古今注三卷　晉崔豹撰
風俗通義十卷　漢應劭撰
人物志三卷　魏劉卲撰　西涼劉昞注
文心雕龍十卷　梁劉勰撰
詩品三卷　梁鍾嶸撰
書品一卷　梁庾肩吾撰
顔氏家訓二卷　北齊顔之推撰
鹽鐵論十二卷　漢桓寬撰　明張之象注
三輔黄圖六卷
華陽國志十四卷　晉常璩撰
洛陽伽藍記五卷　北魏楊衒之撰
水經二卷　漢桑欽撰
星經二卷
荆楚歲時記一卷　梁宗懔撰
南方草木狀三卷　晉嵇含撰
竹譜一卷　晉戴凱之撰
古今刀劍録一卷　題梁陶弘景撰

鼎録一卷　題陳虞荔撰

增定古今逸史五十五種二百二十三卷

明吳琯編　明吳琯刻本　二十四册　十行二十字小字雙行字同白口左右雙邊　有刻工

逸志

合志

輶軒使者絶代語釋別國方言十三卷　漢揚雄撰　晉郭璞注
釋名八卷　漢劉熙撰
白虎通德論二卷　漢班固撰
廣雅十卷　魏張揖撰　隋曹憲音解
風俗通義四卷　漢應劭撰
小爾雅一卷　題漢孔鮒撰　宋宋咸注
獨斷一卷　漢蔡邕撰
刊誤二卷　唐李涪撰
古今注三卷　題晉崔豹撰
中華古今注三卷　後唐馬縞撰
博物志十卷　題晉張華撰　宋周日用等注
續博物志十卷　題宋李石撰
拾遺記十卷　題前秦王嘉撰

分志

山海經十八卷　晉郭璞傳
海内十洲記一卷　題漢東方朔撰
吳地記一卷後集一卷　唐陸廣微撰
岳陽風土記一卷　宋范致明撰
洛陽名園記一卷　宋李格非撰
桂海虞衡志一卷　宋范成大撰
北邊備對一卷　宋程大昌撰
眞臘風土記一卷　元周達觀撰
三輔黄圖六卷
雍錄十卷　宋程大昌撰
洛陽伽藍記五卷　北魏楊衒之撰
教坊記一卷　唐崔令欽撰
樂府雜錄一卷　唐段安節撰
九經補韻一卷　宋楊伯喦撰

逸記

紀

三墳一卷
穆天子傳六卷　晉郭璞注
竹書紀年二卷　題梁沈約注
汲冢周書十卷　晉孔晁注

西京雜記六卷　題晉葛洪撰
別國洞冥記四卷　題漢郭憲撰
漢武故事一卷　題漢班固撰
趙后外傳一卷　題漢伶玄撰
海山記一卷
迷樓記一卷
開河記一卷
六朝事迹編類二卷　宋張敦頤撰

世家

晉史乘一卷
楚史檮杌一卷
越絕書十五卷　漢袁康撰
吳越春秋六卷　漢趙曄撰　元徐天祜音注
華陽國志十二卷　晉常璩撰

列傳

高士傳三卷　晉皇甫謐撰
列仙傳二卷　題漢劉向撰
劍俠傳四卷
神僧傳九卷　明成祖朱棣撰
本事詩一卷　唐孟棨撰
續齊諧記一卷　題梁吳均撰

博異記一卷　唐鄭還古撰
集異記一卷　唐薛用弱撰
遼志一卷　宋葉隆禮撰
金志一卷　題宋宇文懋昭撰
松漠紀聞一卷　宋洪皓撰

一五四二

增定古今逸史五十五種二百二十三卷

明吳琯編　明吳琯刻本　八冊

存二十二種九十二卷

輶軒使者絕代語釋別國方言十三卷　漢揚雄撰　晉郭璞注釋
釋名八卷　漢劉熙撰
白虎通德論二卷　漢班固撰
風俗通義四卷　漢應劭撰
小爾雅一卷　漢孔鮒撰　宋宋咸注
獨斷一卷　漢蔡邕撰
古今注三卷　晉崔豹撰
博物志十卷　晉張華撰
續博物志十卷　宋李石撰
山海經十八卷　晉郭璞撰
吳地記一卷後集一卷　唐陸廣微撰
岳陽風土記一卷　宋范致明撰
桂海虞衡志一卷　宋范成大撰
洛陽名園記一卷　宋李格非撰

十州記一卷　漢東方朔撰
北邊備對一卷　宋程大昌撰
眞臘風土記一卷　元周達觀撰

三輔黃圖六卷
洛陽伽藍記五卷　北魏楊衒之撰
樂府雜錄一卷　唐段安節撰
教坊記一卷　唐崔令欽撰
九經補韻一卷　宋楊伯嵒撰

一六六〇

祕册彙函二十七種一百五十二卷

明沈士龍、胡震亨編　明萬曆刻本　四十二册　九行十七、十八字不等白口左右雙邊

道德指歸論六卷　題漢嚴遵撰
周髀算經二卷　題漢趙君卿注　北周甄鸞重述　唐李淳風等注釋
數術記遺一卷　題漢徐岳撰　北周甄鸞注
漢雜事祕辛一卷
山海經圖讚二卷補遺一卷
搜神記二十卷　題晉干寶撰
搜神後記十卷　題晉陶潛撰
登眞隱訣三卷　梁陶弘景撰
異苑十卷　劉宋劉敬叔撰
於陵子一卷

銅劍讚一卷　梁江淹撰
靈寶眞靈位業圖一卷　梁陶弘景撰
周氏冥通記三卷　梁陶弘景撰
齊民要術十卷　北魏賈思勰撰
易傳十卷　唐李鼎祚撰
易解附錄一卷　明胡震亨輯
大唐創業起居注三卷　唐溫大雅撰
唐國史補三卷　唐李肇撰
歲華紀麗四卷　題唐韓鄂撰
錄異記八卷　前蜀杜光庭撰
東京夢華錄十卷　宋孟元老撰
益部方物略記一卷　宋宋祁撰
珩璜新論三卷　宋孔平仲撰
古賢小字錄二卷　宋陳思撰
泉志十五卷　宋洪遵撰
南唐書十八卷　宋陸游撰　音釋一卷　元戚光撰
佛國記一卷　晉釋法顯撰

一五三二

格致叢書□□種□□卷　明胡文煥編　明萬曆胡氏會文堂刻本　八十九册　十行二十字小字雙行字同白口左右雙邊　鈐明善堂覽書畫印記白文方印　安樂堂藏書記朱文方印

存七十四種二百八十五卷

新刻爾雅三卷　晉郭璞注
新刻小爾雅一卷　漢孔鮒撰　宋宋咸注　晉郭璞解
新刻爾雅翼三十二卷　宋羅愿撰
新刻廣雅十卷　魏張揖撰　隋曹憲音解
新刻俾雅二十卷　宋陸佃撰
新刻釋名八卷　漢劉熙撰
新刻方言十三卷　漢揚雄撰
新刻釋常談三卷
新刻胡氏詩識三卷　明胡文煥撰
新刻風俗通十卷　漢應劭撰
新刻白虎通德論二卷　漢班固撰
新刻急就篇四卷　漢史游撰　唐顏師古注　宋王應麟音釋
新刻山海經十八卷　晉郭璞注
新刻神異經一卷　漢東方朔撰
新刻禽經一卷　周師曠撰　晉張華注
新刻獸經一卷　明黄省曾撰
新刻述異記二卷　梁任昉撰
新刻北戶錄二卷　唐段公路撰
新刻博物志十卷　晉張華撰
新刻續博物志十卷　宋李石撰
新刻獨斷一卷　漢蔡邕撰
新刻李氏刊誤二卷　唐李涪撰
新刻孔氏雜說一卷　宋孔平仲撰
新刻鼠璞二卷　宋戴埴撰

新刻宜齋野乘一卷　宋吳枋撰
新刻芥隱筆記一卷　宋龔頤正撰
新刻天地萬物造化論一卷　宋王柏撰　明周顒注
新刻資暇集三卷　唐李匡乂撰
新刻三餘贅筆一卷　明都邛撰
新刻聽雨紀談一卷　明都穆撰
新刻歲時廣記四卷圖說一卷　宋陳元靚撰
新刻物原一卷　明羅欣撰
新刻事物紀原十卷　明胡文煥撰　存四至十卷
新刻古今注三卷　晉崔豹撰
新刻古今事物考八卷　明王三聘輯
新刻古今原始十五卷　明趙釴撰
新刻格古要論五卷　明曹昭撰　存四至五卷
新刻古器具名二卷　明胡文煥撰
新刻古器總說附一卷　明胡文煥撰
新刻洞天清錄一卷　宋趙希鵠撰
新刻香譜二卷　宋洪芻撰
新刻事物異名二卷　明余庭璧編
新刻寶貨辯疑一卷
新刻古今碑帖考二卷　明朱晨撰
新刻袖中錦一卷　宋太平老人撰
新刻南方草木狀二卷　晉嵇含撰
新刻厚生訓纂六卷　明周臣輯
新刻養生類纂二卷　宋周守中輯

新刻養生食忌一卷　明胡文焕撰
新刻實物本草二卷　明盧和撰
新刻食鑑本草二卷　明寧原撰
新刻顔氏家訓二卷　北齊顔之推撰
新刻參同契全書三卷　漢淳于叔通撰　參同契補塞遺兑篇一卷　漢徐景休撰
新刻太上靈寶淨明洞神上品經一卷
新刻郭子翼莊一卷　明高犇撰
新刻列女傳八卷　漢劉向撰
新刻助語辭一卷　明盧以緯撰
新刻慎言集二卷　明敖英撰
新刻文錄　明唐庚撰
新刻詩品一卷　梁鍾嶸撰
新刻談藝錄一卷　明徐禎卿撰
新刻錦帶補注一卷　宋杜門撰
新刻茶經三卷　唐陸羽撰
新刻茶譜一卷　明顧元慶輯
新刻茶集一卷附說一卷　明胡文焕撰
新刻辟塵珠一卷　明胡文焕撰
新刻文房圖贊一卷　宋林洪撰
新刻山房十友圖贊一卷　明顧元慶撰
集新刻文房四譜摘要四卷　宋蘇易簡集
新刻古器總說附一卷　明胡文焕撰
新刻詩家集法一卷　明李攀龍訂補
新刻詩文要式一卷　明胡文焕撰　明李攀龍校

新刻干祿字書一卷　唐顔元孫撰
新刻佩觿三卷附佩觿考異辨証一卷　後周郭忠恕撰

亦政堂鐫陳眉公家藏廣祕笈五十四種一百三卷　明陳繼儒編　明萬

曆四十三年沈德先刻寶顔堂祕笈本　三十九册　八行十八字白口四周單邊

寶顔堂訂正丙丁龜鑑六卷續錄一卷　宋柴望撰
寶顔堂訂正荆楚歲時記一卷　梁宗懔撰
寶顔堂訂正羯鼓錄一卷　唐南卓撰
寶顔堂訂正兩同書二卷　唐羅隱撰

存三十三種七十卷

滄浪嚴先生詩談一卷　宋嚴羽撰
陳眉公訂正遊城南記一卷　宋張禮撰
陳眉公訂正入蜀記四卷　宋陸游撰
高寄齋訂正吳船錄二卷　宋范成大撰
寶顔堂訂正鶴山渠陽經外雜抄二卷　宋魏了翁撰
寶顔堂訂正物類相感志一卷　題宋蘇軾撰
陳眉公訂正還冤志一卷　北齊顔之推撰
寶顔堂訂正正朔考一卷　宋魏了翁撰
寶顔堂訂正古今考一卷　宋魏了翁撰
陳眉公訂正風月堂詩話二卷　宋朱弁撰
陳眉公訂正文則二卷　宋陳騤撰
高寄齋訂正武林舊事六卷　宋周密撰

寶顔堂後集武林舊事五卷　宋周密撰
寶顔堂訂正老子解四卷　宋蘇軾撰
寶顔堂訂正貴耳集二卷　宋張端義撰
寶顔堂訂正王氏談錄一卷　宋王洙撰
寶顔堂訂正海内十洲記一卷　題漢東方朔撰
農田餘話二卷　題明長谷逸眞撰
寶顔堂訂正歲華紀麗譜一卷　元費著撰
牋紙譜一卷　元費著撰
蜀錦譜一卷　元費著撰
寶顔堂訂正庚申外史二卷　明權衡撰
寶顔堂訂正玉峯先生腳氣集二卷　宋車若水撰
寶顔堂訂正丹鉛續錄經說八卷　明楊愼撰
刻皆春居士飲食紳言一卷　題明龍遵敍撰
刻皆春居士男女紳言一卷　題明龍遵敍撰
寶顔堂訂正閩部疏一卷　明王世懋撰
高寄齋訂正學圃雜疏一卷　明王世懋撰
高寄齋訂正餠花譜一卷　明張謙德撰
寶顔堂訂正汲古叢語一卷　明陸樹聲撰

津逮秘書十五集一百四十一種七百四十八卷　明毛晉編　明崇禎毛氏汲古閣刻本　二百二十四册　九行十九、二十字不等白口左右雙邊間四周單邊　下書口鐫汲古閣

第一集

詩序辨說一卷　宋朱熹撰
詩傳孔氏傳一卷
詩說一卷　漢申培撰
詩外傳十卷　漢韓嬰撰
毛詩草木鳥獸蟲魚疏廣要二卷　明毛晉撰
詩攷一卷　宋王應麟撰
詩地理攷六卷　宋王應麟撰
爾雅三卷　宋鄭樵注

第二集

京氏易傳三卷　漢京房撰　吳陸績注
關氏易傳一卷　北魏關朗撰　唐趙蕤注
蘇氏易傳九卷　宋蘇軾撰
焦氏易林四卷　題漢焦延壽撰
周易集解十七卷　唐李鼎祚撰
易釋文一卷　唐陸德明撰
周易集解略例一卷　魏王弼撰　唐邢璹注
元包經傳五卷　北周衛元嵩撰　唐蘇源明、李江注
元包數總義二卷　宋張行成撰
周易舉正三卷　唐郭京撰
麻衣道者正易心法一卷

第三集

通鑑地理通釋十四卷　宋王應麟撰
通鑑問疑一卷　宋劉羲仲撰
小學紺珠十卷　宋王應麟撰
齊民要術十卷雜說一卷　北魏賈思勰撰
急就篇四卷　漢史游撰　唐顔師古注　宋王應麟音釋
漢制攷四卷　宋王應麟撰

第四集

佛說四十二章經一卷　漢釋迦葉摩騰、竺法蘭譯　宋釋守遂注
道德指歸論六卷　題漢嚴遵撰
青烏先生葬經一卷　金兀欽仄注
葬經翼一卷　明繆希雍撰
古本葬經内篇一卷　金兀欽仄注
葬圖一卷
難解二十四篇一卷
周髀算經二卷　題漢趙爽注　北周甄鸞重述　唐李淳風注釋　音義一卷　宋李籍撰
數術記遺一卷　題漢徐岳撰　北周甄鸞注
古文參同契集解一卷箋註集解一卷　題漢魏伯陽撰　明蔣一彪輯
三相類集解一卷　漢淳于叔通補遺　明蔣一彪輯
黃帝授三子玄女經一卷
胎息經一卷　題幻眞先生注
風后握奇經一卷　漢公孫弘注　握奇經續圖一卷八陣總述一卷　題晉馬隆撰
耒耜經一卷　唐陸龜蒙撰
五木經一卷　唐李翺撰　唐元革注

女孝經一卷
丸經二卷
通占大象曆星經二卷
忠經一卷　題漢馬融撰　漢鄭玄注
黃帝宅經二卷
墨經一卷　宋晁貫之撰

第五集

全唐詩話六卷　宋尤袤撰
六一詩話一卷　宋歐陽修撰
滄浪詩話一卷　宋嚴羽撰
後山詩話一卷　題宋陳師道撰
彥周詩話一卷　宋許顗撰
二老堂詩話一卷　宋周必大撰
紫薇詩話一卷　宋呂本中撰
石林詩話一卷　宋葉夢得撰
中山詩話一卷　宋劉攽撰
竹坡詩話一卷　宋周紫芝撰
續詩話一卷　宋司馬光撰

第六集

法書要錄十卷　唐張彥遠撰
東觀餘論二卷附錄一卷　宋黃伯思撰

廣川書跋十卷　宋董逌撰
宣和書譜二十卷

第七集

圖畫見聞誌六卷　宋郭若虛撰
歷代名畫記十卷　唐張彥遠撰
古畫品錄一卷　南齊謝赫撰
續畫品錄一卷　唐李嗣眞撰
宣和畫譜二十卷
圖繪寶鑑六卷補遺一卷　元夏文彥撰　明韓昂續
後畫錄一卷　唐釋彥悰撰
續畫品一卷　陳姚最撰
畫繼十卷　宋鄧椿撰
畫史一卷　宋米芾撰

第八集

詩品三卷　梁鍾嶸撰
詩品二十四則一卷　唐司空圖撰
風騷旨格一卷　唐釋齊己撰
芥隱筆記一卷　宋龔頤正撰
冷齋夜話十卷　宋釋惠洪撰
西溪叢語二卷　宋姚寬撰
益部方物略記一卷　宋宋祁撰
捫蝨新話十五卷　宋陳善撰

歲華紀麗四卷　題唐韓鄂撰
玉藥辨證一卷　宋周必大撰
桯史十五卷附錄一卷　宋岳珂撰
泉志十五卷　宋洪遵撰

第九集

酉陽雜俎二十卷續集十卷　唐段成式撰
誠齋雜記二卷　元林坤撰
甘澤謠一卷附錄一卷　唐袁郊撰
本事詩一卷　唐孟棨撰
五色線二卷
却掃編三卷　宋徐度撰
劇談錄二卷　唐康駢撰
瑯環記三卷　元伊士珍撰
輟耕錄三十卷　明陶宗儀撰

第十集

洛陽伽藍記五卷　北魏楊衒之撰
洛陽名園記一卷　宋李格非撰
靈寶眞靈位業圖一卷　梁陶弘景撰
東京夢華錄十卷　宋孟元老撰
西京雜記六卷　題晉葛洪撰
佛國記一卷　晉釋法顯撰

大唐創業起居注三卷　唐溫大雅撰
老學菴筆記十卷　宋陸游撰
漢雜事秘辛一卷
淳熙玉堂雜記三卷　宋周必大撰
焚椒録一卷　遼王鼎撰
唐國史補三卷　唐李肇撰

第十一集

搜神記二十卷　題晋干寶撰
搜神後記十卷　題晋陶潛撰
録異記八卷　前蜀杜光庭撰
稽神録六卷拾遺一卷　宋徐鉉撰
周氏冥通記四卷　梁陶弘景撰
異苑十卷　劉宋劉敬叔撰

第十二集

東坡題跋六卷　宋蘇軾撰
山谷題跋九卷　宋黄庭堅撰
无咎題跋一卷　宋晁補之撰
宛丘題跋一卷　宋張耒撰
淮海題跋一卷　宋秦觀撰
鶴山題跋七卷　宋魏了翁撰
放翁題跋六卷　宋陸游撰
姑溪題跋二卷　宋李之儀撰

石門題跋二卷　宋釋德洪撰
西山題跋三卷　宋眞德秀撰

第十三集

六一題跋十一卷　宋歐陽修撰
元豐題跋一卷　宋曾鞏撰
水心題跋一卷　宋葉適撰
益公題跋十二卷　宋周必大撰
後邨題跋四卷　宋劉克莊撰
止齋題跋二卷　宋陳傅良撰
魏公題跋一卷　宋蘇頌撰
晦菴題跋三卷　宋朱熹撰
容齋題跋二卷　宋洪邁撰
海岳題跋一卷　宋米芾撰

第十四集

樂府古題要解二卷　唐吴兢撰
癸辛雜識前集一卷後集一卷續集二卷別集二卷　宋周密撰
紹興内府古器評二卷　宋張掄撰
揮麈前録四卷後録十一卷三録三卷餘話二卷　宋王明清撰

第十五集

夢溪筆談二十六卷　宋沈括撰
湘山野録三卷續録一卷　宋釋文瑩撰

春渚紀聞十卷　宋何薳撰
齊東野語二十卷　宋周密撰
茅亭客話十卷　宋黄休復撰
河南邵氏聞見前録二十卷　宋邵伯溫撰
河南邵氏聞見後録三十卷　宋邵博撰
錦帶書一卷　梁蕭統撰
避暑録話二卷　宋葉夢得撰
貴耳集三卷　宋張端義撰

唐宋叢書九十種三百一十八卷

明鍾人傑、張遂辰編　明刻本　七十二册　一六七五
九行二十字小字雙行字同白口左右雙邊
鈐武氏藏書記朱文方印　漱潤齋藏書章朱文方印

經翼

關氏易傳一卷　題北魏關朗撰
潛虚一卷　宋司馬光撰
詩小序一卷
集語二卷　唐薛據輯
經外雜抄二卷　宋魏了翁撰
鶴山渠陽讀書雜鈔二卷　宋魏了翁撰
鼠璞二卷　宋戴埴撰

别史

大唐創業起居注三卷　唐溫大雅撰
唐國史補三卷　唐李肇撰
歲華紀麗四卷　題唐韓鄂撰
東京夢華録十卷　宋孟元老撰
大業雜記一卷　題劉宋劉義慶撰
東林蓮社十八高賢傳一卷
聞見近録一卷　宋王鞏撰
春明退朝録三卷　宋宋敏求撰
燕翼貽謀録五卷　宋王栐撰
佛國記一卷　晉釋法顯撰
吳地記一卷　唐陸廣微撰
夷俗考一卷　宋方鳳撰
南唐書三十卷　宋馬令撰
南唐近事三卷　宋鄭文寶撰
武林舊事六卷　宋周密撰

子餘

譚子化書六卷　五代譚峭撰
新書一卷　題蜀諸葛亮撰
枕中書一卷　題晉葛洪撰
道德指歸論六卷　題漢嚴遵撰
談苑四卷　宋孔平仲撰
孔氏雜説四卷　宋孔平仲撰

靖康緗素雜記十卷　宋黃朝英撰
捫虱新話四卷　宋陳善撰
羅湖野錄一卷　宋釋曉瑩撰
林下偶談四卷　宋吳子良撰
後山談叢四卷　宋陳師道撰
演繁露一卷　宋程大昌撰
補筆談二卷　宋沈括撰
野客叢談十二卷　宋王楙撰
野老記聞一卷　宋王楙撰
楓窗小牘二卷　宋袁褧撰
研北雜志二卷　元陸友撰
石林四筆四卷　宋葉夢得撰
隣幾雜志一卷　宋江休復撰
王氏談錄一卷　宋王洙撰

載籍

山海經圖讚三卷　晉郭璞撰
周髀算經二卷　題漢趙爽注
陳眉公訂正文則二卷　宋陳騤撰
詩式五卷　唐釋皎然撰
墨藪十卷　唐韋續撰
佩觿三卷　宋郭忠恕撰
籟紀一卷　陳陳叔齊撰
尤射一卷　魏繆襲撰

風后握奇經一卷　題漢公孫弘解
相貝經一卷
禽經一卷　題晉張華注
酒譜一卷　宋竇苹撰
茶經三卷　唐陸羽撰
香譜一卷　宋洪芻撰
筍譜二卷　宋釋贊寧撰
桐譜一卷　宋陳翥撰
續竹譜一卷　元劉美之撰
雲林石譜三卷　宋杜綰撰
宣和畫譜二十卷
畫鑒一卷　元湯垕撰
貞觀公私畫史一卷　唐裴孝源撰
益州名畫錄三卷　宋黃休復撰
桂海虞衡志十三卷　宋范成大撰
學古編一卷　元吾丘衍撰
洞天清錄一卷　宋趙希鵠撰
世範三卷　宋袁采撰
異苑十卷　劉宋劉敬叔撰
異林四卷　宋李兼輯
還冤記一卷　北齊顏之推撰
前定錄一卷　唐鍾輅撰
集異記一卷　唐薛用弱撰
博異志一卷　唐鄭還古撰

甘澤謠一卷　唐袁郊撰
周氏冥通記四卷　梁陶弘景撰
夢遊錄一卷　唐任蕃撰
本事詩一卷　唐孟棨撰
揮塵錄二卷　宋王明清撰
因話錄三卷　唐趙璘撰
清異錄四卷　宋陶穀撰
搜神後記十卷　晉陶潛撰
續博物志十卷　題宋李石撰
明道雜志一卷續志一卷　宋張耒撰
雲仙雜記十卷　題唐馮贄撰
碧鷄漫志一卷　宋王灼撰
玉照新志六卷　宋王明清撰
東觀奏記三卷　唐裴庭裕撰
井觀瑣言三卷　明鄭瑗撰
雲煙過眼錄二卷　宋周密撰

唐宋叢書八十九種一百四十九卷　明鍾人傑、張遂辰編　明刻本　二十册　九行十八字小字雙行字同白口左右雙邊　封面鐫經德堂藏板　一六一八

經翼

關氏易傳一卷　題北魏關朗撰
潛虛一卷　宋司馬光撰

詩小序一卷
論語筆解一卷　唐韓愈撰
毛詩草木鳥獸蟲魚疏二卷　唐陸璣撰
詩說一卷　題漢申培撰
鼠璞二卷　宋戴埴撰

別史

大唐創業起居注三卷　唐溫大雅撰
唐國史補一卷　唐李肇撰
歲華紀麗四卷　題唐韓鄂撰
東京夢華錄一卷　宋孟元老撰
大業雜記一卷　題劉宋劉義慶撰
東林蓮社十八高賢傳一卷
聞見近錄一卷　宋王鞏撰
春明退朝錄一卷　宋宋敏求撰
燕翼貽謀錄五卷　宋王栐撰
佛國記一卷　晉釋法顯撰
吳地記一卷　唐陸廣微撰
物類相感志一卷　宋蘇軾撰
南唐近事一卷　宋鄭文寶撰
畫墁錄一卷　宋張舜民撰

子餘

譚子化書六卷　五代譚峭撰
新書一卷　題蜀諸葛亮撰
枕中書一卷　題晉葛洪撰
宋景文公筆記一卷　宋宋祁撰
孔氏雜說一卷　宋孔平仲撰
青箱雜記一卷　宋吳處厚撰
緗素雜記一卷　宋黃朝英撰
捫虱新話一卷　宋陳善撰
仇池筆記一卷　宋蘇軾撰
羅湖野錄一卷　宋釋曉瑩撰
林下偶譚一卷　宋吳子良撰
後山談叢一卷　宋陳師道撰
友會談叢一卷　宋上官融撰
釋常談三卷　不著撰人
續釋常談　宋龔熙正撰
資暇錄一卷　唐李匡乂撰
楓窗小牘二卷　宋袁褧撰
研北雜志一卷　元陸友撰
石林燕語三卷　宋葉夢得撰
愛日齋藂抄一卷
王氏談錄一卷　宋王洙撰

載籍

獨斷一卷　漢蔡邕撰
文則一卷　宋陳騤撰
詩式一卷　唐釋皎然撰
墨經一卷　宋晁貫之撰
佩觿三卷　宋郭忠恕撰
籟紀一卷　陳陳叔齊撰
尤射一卷　魏繆襲撰
風后握奇經一卷　題漢公孫弘解
相貝經一卷
禽經一卷　題晉張華注
酒譜一卷　宋竇苹撰
茶經三卷　唐陸羽撰
香譜一卷　宋洪芻撰
筍譜二卷　宋釋贊寧撰
桐譜一卷　宋陳翥撰
畫竹譜一卷　元李衎撰
雲林石譜三卷　宋杜綰撰
畫論一卷　元湯垕撰
畫鑒一卷　元湯垕撰
畫史一卷　宋米芾撰
益州名畫錄三卷　宋黄休復撰
桂海虞衡志十三卷　宋范成大撰
學古編一卷　元吾丘衍撰
洞天清錄一卷　宋趙希鵠撰

世範一卷　宋袁采撰

異聞實錄一卷　唐李玫撰

異林一卷　明徐禎卿撰

還冤記一卷　北齊顏之推撰

前定錄一卷　唐鍾輅撰

集異記一卷　唐薛用弱撰

博異志一卷　唐鄭還古撰

甘澤謠一卷　唐袁郊撰

冥通記一卷　梁陶弘景撰

本事詩一卷　唐孟棨撰

續本事詩一卷

揮麈錄一卷　宋王明清撰

因話錄一卷　唐趙璘撰

清異錄四卷　宋陶穀撰　存一至三卷

搜神後記一卷　晉陶潛撰

芥隱筆記一卷　宋龔頤正撰

明道雜志一卷　宋張耒撰

雲仙雜記九卷　題唐馮贄撰

碧雞漫志一卷　宋王灼撰

玉照新志四卷　宋王明清撰

東觀奏記三卷　唐裴庭裕撰

井觀瑣言一卷　明鄭瑗撰

新唐書糾謬一卷　宋吳縝撰

一五六一
尚友叢書七種七卷
明夏洪基編　明末刻本　一册　九行二十字白口四周單邊　鈐叔龍鑑賞朱文方印

讀書十六觀一卷　明陳繼儒撰
書憲一卷　明吳從先撰
讀書筏一卷　明夏洪基撰
藏書譜一卷　明夏洪基撰
讀書樂一卷　明陳朗撰
芸窗矻語一卷　明夏洪基訂
書齋清事一卷　明華淑輯

三三一九
四朝子史彙鈔□□種□□卷
存十三種六十八卷
明抄本　間有佚名朱墨批校　二十册　十行二十字白口四周單邊藍格

西京雜記六卷　題晉葛洪撰
古今注三卷　題晉崔豹撰
灌畦暇語一卷　唐闕名撰
江南別錄一卷　宋陳彭年撰
蘇黃門龍川別志八卷　宋蘇軾撰
揮麈後錄二卷　宋王明清撰
泊宅編三卷　宋方勺撰
游宦紀聞十卷　宋張世南撰
涉史隨筆一卷　題晉葛洪撰
湘山野錄三卷續錄一卷　宋釋文瑩撰

唐語林二卷　宋王讜撰
夢溪筆談二十六卷　宋沈括撰
楚漢餘談一卷　明高岱撰

雜著三種五卷　明張合編　明抄本　一册　十行十九至二十一字不等白口四單邊藍格　三三二四

閒中今古三卷　明陳頎撰
吳山丁遜學詩摘稿一卷
紀善錄一卷　明杜瓊輯

檀几叢書一百五十七種一百五十七卷　清王晫、張潮編　清康熙三十四年新安張氏霞舉堂刻本　五〇九五
十册　九行二十字白口四周單邊　下書口鐫霞舉堂

存一百種一百卷

第一帙　東

三百篇鳥獸草木記一卷　清徐士俊撰
月令演一卷　清徐士俊撰
歷代甲子考一卷　清黄宗羲撰
二十一史徵一卷　清徐汾撰
黜朱梁紀年論一卷　清宋實穎撰
明史彈詞一卷　清金諾撰

釋奠考一卷　清洪若臯撰
臚傳紀事一卷　清繆彤撰

第二帙　壁

喪禮雜說常禮雜說一卷　清毛先舒撰
喪服或問一卷　清汪琬撰
錦帶連珠一卷　清王嗣槐撰
操觚十六觀一卷　清陳鑑撰
十七帖述一卷　清王弘撰撰
龜臺琬琰一卷　清張正茂撰
稚黃子一卷　清毛先舒撰
東江子一卷　清沈謙撰

第三帙　圖

續證人社約誡一卷　清惲日初撰
家訓一卷　清張習孔撰
高氏塾鐸一卷　清高拱京撰
餘慶堂十二戒一卷　清劉德新撰
猶見篇一卷　清傅麟昭撰
七勸口號一卷　清張習孔撰
元寶公案一卷　清謝開寵撰
聯莊聯騷一卷　清張潮撰
琴聲十六法一卷　清莊臻鳳撰

第四帙　書

鶴齡録一卷　清李清撰
新婦譜一卷　清陸圻撰
新婦譜補一卷　清陳確撰
新婦譜補一卷　清查𪭢撰
美人譜一卷　清徐震撰
婦人鞋襪考一卷　清余懷撰
七療一卷　清張潮撰
鬱單越頌一卷　清黄周星撰
地理驪珠一卷　清張潓撰
雁山雜記一卷　清韓則愈撰
越問一卷　清王修玉撰

第五帙　府

眞率會約一卷　清尤侗撰
酒律一卷　清張潮撰
酒箴一卷　清金昭鑑撰
觴政五十則一卷　清沈中楹撰
廣抑戒録一卷　清朱曉撰
農具記一卷　清陳玉璂撰
怪石贊一卷　清宋犖撰
愓菴石譜一卷　清諸九鼎撰

端溪硯石考一卷　清高兆撰
羽族通譜一卷　清來集之撰
獸經一卷　清張綱孫撰
江南魚鮮品一卷　清陳鑑撰
虎丘茶經注補一卷　清陳鑑撰
荔枝話一卷　清林嗣環撰

二集

第一帙

逸亭易論一卷　清徐繼恩撰
孟子考一卷　清閻若璩撰
人譜補圖一卷　清宋瑾撰
教孝編一卷　清姚廷傑撰
仕的一卷　清吳儀一撰
古觀人法一卷　清宋瑾撰
古人居家居鄉法一卷　清丁雄飛撰

第二帙

幼訓一卷　清崔學古撰
少學一卷　清崔學古撰
俗砭一卷　清方象瑛撰
燕翼篇一卷　清李淦撰

艾言一卷 清徐元美撰
訓蒙條例一卷 清陳芳生撰
拙翁庸語一卷 清劉芳喆撰
醉筆堂三十六善一卷 清李日景撰
七怪一卷 清黄宗羲撰

第三帙 翰

華山經一卷 清東蔭商撰
長白山錄一卷 清王士禛撰
水月令一卷 清王士禛撰
三江考一卷 清毛奇齡撰
黔中雜記一卷 清黄元治撰
苗俗紀聞一卷 清方亨咸撰
念佛三昧一卷 清金人瑞撰
佛解一卷 清畢熙暘撰

第四帙 墨

漁洋詩話一卷 清王士禛撰
文房約一卷 清江之蘭撰
蕈溪自課一卷 明馮京第撰
讀書燈一卷 明馮京第撰
學畫淺說一卷 清王槩撰
廣惜字說一卷 清張允祥撰

古歡社約一卷　清丁雄飛撰
彷園清語一卷　清張藎撰
鴛鴦牒一卷　明程羽文撰
裓菴黛史一卷　清張芳撰
小星志一卷　清丁雄飛撰
豔體聯珠一卷　明葉小鸞撰
戒殺文一卷　明黎遂球撰
九喜榻記一卷　清丁雄飛撰
行醫八事圖一卷　清丁雄飛撰

第五帙　林

雪堂墨品一卷　清張仁熙撰
漫堂墨品一卷　清宋犖撰
水坑石記一卷　清錢朝鼎撰
琴學八則一卷　清程雄撰
觀石錄一卷　清高兆撰
紅朮軒紫泥法定本一卷　清汪鎬京撰
陽羨茗壺系一卷　明周高起撰
洞山岕茶系一卷　明周高起撰
桐堦副墨(一名運掌經)一卷　明黎遂球撰
南村觴政一卷　清張惣撰
鴿經一卷　清張萬鍾撰

五〇一四

昭代叢書甲集五十種五十卷乙集五十種五十卷丙集五十種五十卷

清張潮編　清康熙三十六至四十二年詒清堂刻本　六册　九行二十字
白口四周單邊　下書口鎸詒清堂藏板

存甲集五十種五十卷

第一帙　禮

更定文章九命一卷　清王晫撰
天官考異一卷　清吳肅公撰
五行問一卷　清吳肅公撰
學曆説一卷　清梅文鼎撰
改元考同一卷　清吳肅公撰
進賢説一卷　清張能鱗撰
塾講規約一卷　清施璜撰

第二帙　樂

夙興語一卷　清甘京撰
家人子語一卷　清毛先舒撰
語小一卷　清毛先舒撰
心病説一卷　清甘京撰
日錄雜説一卷　清魏禧撰
觀宅四十吉祥相一卷　清周文煒撰

增訂心相百二十善一卷　清沈捷撰
竹溪雜述一卷　清殷曙撰
閒餘筆話一卷　清湯傳楹撰
悟語一卷　清石龐撰

第三帙　射

松溪子一卷　清王晫撰
讀莊子法一卷　清林雲銘撰
蒙養詩教一卷　清胡淵撰
謝皋羽年譜注一卷　清徐沁撰
西華仙籙一卷　清王言撰
將就園記一卷　清黃周星撰
歙問一卷　清洪玉圖撰
黃山松石譜一卷　清閔麟嗣撰

第四帙　御

外國竹枝詞一卷　清尤侗撰
西方要紀一卷　意大利利類思、比利時南懷仁等撰
安南雜記一卷　清李仙根撰
板橋雜記一卷　清余懷撰
花底拾遺一卷　明黎遂球撰
十眉謠一卷　清徐士俊撰

第五帙　書

秋星閣詩話一卷　清李沂撰
而菴詩話一卷　清徐增撰
製曲枝語一卷　清黃周星撰
書法約言一卷　清宋曹撰
戒賭文一卷　清尤侗撰
快說續紀一卷　清王晫撰
廋詞一卷　清黃周星撰
酒社芻言一卷　清黃周星撰
懶園觴政一卷　清蔡祖庚撰
芥茶彙抄一卷　清冒襄撰

第六帙　數

硯林一卷　清余懷撰
宣爐歌注一卷　清冒襄撰
裝潢志一卷　清周嘉胄撰
混同天牌譜一卷　清鄭旭旦撰
三友棋譜一卷　清鄭晉德撰
兵仗記一卷　清王晫撰
荔枝譜一卷　清陳鼎撰
蘭言一卷　清冒襄撰
龍經一卷　清王晫撰

楝亭藏書十二種六十九卷

清曹寅編　清康熙四十五年揚州詩局刻本　六册
十一行二十一字黑口左右雙邊　封面鐫揚州詩局重

刊　各卷末鐫楝亭藏本丙戌九月重刻于揚州使院

存八種二十四卷

琴史六卷　宋朱長文撰
釣磯立談一卷
新編録鬼簿二卷　元鍾嗣成撰
硯箋四卷　宋高似孫撰
墨經一卷　宋晁貫之撰
都城紀勝一卷　題宋灌園耐得翁撰
頤堂先生糖霜譜一卷　宋王灼撰
聲畫集八卷　宋孫紹遠輯

正誼堂全書六十三種

清張伯行編　清康熙雍正間正誼堂刻本　一百六十册　十行二十二字白口四周單邊間九行十七字小字雙行字同白口左右雙邊不等　書口下鐫正誼堂

存四十八種四百四十五卷

二程文集十二卷　宋程顥、程頤撰
二程粹言二卷　宋楊時輯
二程語録十八卷　宋朱熹輯
伊洛淵源録十四卷　清張伯行訂
廣近思録十四卷　清張伯行輯
續近思録十四卷　清張伯行解

困學錄二十四卷　清張伯行撰
續困學二十四卷　清張伯行撰
思辨錄三十五卷　清張伯行訂
道統錄二卷附錄一卷　清張伯行撰
閑闢錄十卷　清程曈輯
勤齋考道日錄一卷續編一卷　清諸士儼撰　清張伯行訂
陸稼書先生問學錄四卷　清張伯行訂
陸稼書先生松陽鈔存一卷　清張伯行訂
胡敬齋先生居業錄八卷　清張伯行訂
學規類編二十八卷　清張伯行纂
家規類編二卷　清張伯行纂
家規輯略一卷　清張鵬翮纂　清張伯行編
濂洛關閩書十九卷　清張伯行解
濂洛風雅九卷　清張伯行訂
朱子學的二卷　清丘濬輯　張伯行訂
學蔀通辨十卷　清張伯行訂
讀朱隨筆四卷　清陸隴其撰　清張伯行訂
讀禮志疑六卷　清陸隴其撰　清張伯行訂
居濟一得八卷　清張伯行撰
性理正宗四十卷　清張伯行撰
古文載道編十八卷　清張伯行選
周濂溪先生全集十三卷　宋周惇頤撰　清張伯行輯
張南軒先生文集六卷　宋張栻撰
張横渠先生文集十二卷　宋張載撰

陳北溪集十四卷　清張伯行編
魏貞庵集八卷　清張伯行訂
呂東萊集四卷　清張伯行訂
尹和靖先生集一卷　宋尹焞撰
陳克齋先生集五卷　宋陳文蔚撰
謝文節公集二卷　宋謝枋得撰
熊勿軒先生文集六卷　宋熊禾撰
陳剩夫先生集四卷　明陳眞晟撰
吳朝宗先生聞過齋集四卷　元吳海撰
許魯齋先生集六卷　元許衡撰
楊椒山先生文集二卷　明楊繼盛撰
魏莊渠先生集二卷　明魏校撰
羅整菴先生存稿二卷　明羅欽順撰
羅整菴先生困知記四卷　明羅欽順撰
明胡敬齋先生文集三卷　明胡居仁撰
方正學先生文集七卷　明方孝孺撰
張楊園先生文集十卷　清張伯行訂
陸稼書先生文集二卷　清陸隴其撰

說鈴前集三十八種四十二卷後集十七種二十六卷續集七種十卷

清吳震方輯　清康熙四十一年刻續集五十一年刻本　十二册　十一行二十五字黑口左右雙邊

存前集三十五種

冬夜箋記一卷　清王崇簡撰
隴蜀餘聞一卷　清王士禛撰
分甘餘話二卷　清王士禛撰
安南雜記一卷　清李仙根撰
筠廊偶筆二卷　清宋犖撰
金鰲退食筆記二卷　清高士奇撰
扈從西巡日錄一卷　清高士奇撰
塞北小鈔一卷　清高士奇撰
松亭行紀二卷　清高士奇撰
天祿識餘二卷　清高士奇撰
封長白山記一卷　清方象瑛撰
使琉球紀一卷　清張學禮撰
閩小紀二卷　清周亮工撰
滇行紀程一卷續抄一卷　清許纘曾撰
東還紀程一卷續抄一卷　清許纘曾撰
粵述一卷　清閔敍撰
粵西偶記一卷　清陸祚蕃撰
滇黔紀游一卷　清陳鼎撰
京東考古錄一卷　清顧炎武撰
山東考古錄一卷　清顧炎武撰
救文格論一卷　清顧炎武撰
雜錄一卷　清顧炎武撰
守汴日志一卷　明李光壂口授　清周斯盛重編
坤輿外紀一卷　清西洋南懷仁撰

臺灣紀略一卷　清林謙光撰
臺灣雜記一卷　清季麟光撰
安南紀游一卷　清潘鼎珪撰
峒谿纖志一卷　清陸次雲撰
泰山紀勝一卷　清孔貞瑄撰
匡廬紀游一卷　清吳闡思撰
登華記一卷　清屈大均撰
游雁蕩山記一卷　清周清原撰
甌江逸志一卷　清勞大與撰

後集十六种

讀史吟評一卷　清黄鵬揚撰
揚州鼓吹詞序一卷　清吳綺撰
湖壖雜記一卷　清陸次雲撰
談往一卷　清花村看行侍者撰
板橋雜記三卷　清余懷撰
簪雲樓雜説一卷　清陳尚古撰
天香樓偶得一卷　清虞兆漋撰
蚓菴瑣語一卷　清王逋撰
見聞錄一卷　清徐岳撰
冥報錄二卷　清陸圻撰
現果隨錄一卷　清釋戒顯撰
果報聞見錄一卷　清楊式傳撰

信徵錄一卷 清徐慶撰
曠園雜志二卷 清吳陳琰撰
言鯖二卷 清呂種玉撰
嶺南雜記 清吳震方撰
述異記三卷 清東軒主人撰
觚賸一卷 清鈕琇輯

续集存二种

畫壁詩一卷 清范承謨撰
筠廊二筆一卷 清宋犖撰

武英殿聚珍版叢書一百三十八種二千四百十六卷 清紀昀等編 Z〇〇〇四

清乾隆武英殿聚珍版印本 七百十一册 初刻四種十行二十一字小字雙行字同白口四周雙邊 聚珍版九行二十一字小字雙行字同白口四周雙邊

易緯十二卷 漢鄭玄註
易緯乾坤鑿度二卷
易緯稽覽圖二卷
易緯通卦驗二卷
易緯是類謀一卷
易緯乾鑿度二卷
易緯辨終備一卷
易緯乾元序制記一卷
易緯坤靈圖一卷
漢官舊儀二卷補遺一卷 漢衛宏撰

魏鄭公諫續錄二卷　元翟思忠撰
帝範四卷　唐太宗李世民撰

经部

周易口訣義六卷　唐史徵撰
易説六卷　宋司馬光撰
易原八卷　宋程大昌撰
吳園周易解九卷附錄一卷　宋張根撰
郭氏傳家易説十一卷　宋郭雍撰
誠齋易傳二十卷　宋楊萬里撰
易象意言一卷　宋蔡淵撰
易學濫觴一卷　元黄澤撰
尚書詳解二十六卷首一卷　宋夏僎撰
尚書詳解五十卷　宋陳經撰
融堂書解二十卷　宋錢時撰
禹貢指南四卷　宋毛晃撰
禹貢説斷四卷　宋傅寅撰
詩總聞二十卷　宋王質撰
續呂氏家塾讀詩記三卷　宋戴溪撰
絜齋毛詩經筵講義四卷　宋袁燮撰
欽定詩經樂譜全書三十卷樂律正俗一卷
儀禮集釋三十卷　宋李如圭撰
儀禮釋宫一卷　宋李如圭撰
儀禮識誤三卷　宋張淳撰

大戴禮記十三卷　漢戴德撰　北周盧辯注
春秋釋例十五卷　晉杜預撰
春秋傳說例一卷　宋劉敞撰
春秋經解十五卷　宋孫覺撰
春秋集註四十卷　宋高閌撰
春秋攷十六卷　宋葉夢得撰
春秋辨疑四卷　宋蕭楚撰
春秋繁露十七卷　漢董仲舒撰
鄭志三卷　魏鄭小同撰
論語意原四卷　宋鄭汝諧撰
輶軒使者絶代語釋別國方言十三卷　漢揚雄撰　晉郭璞注

史部

兩漢刊誤補遺十卷　宋吳仁傑撰
三國志辨誤三卷
五代史纂誤三卷　宋吳縝撰
東觀漢記二十四卷
御選明臣奏議四十卷
元朝名臣事略十五卷　元蘇天爵撰
鄴中記一卷　晉陸翽撰
蠻書十卷　唐樊綽撰
水經注四十卷首一卷　北魏酈道元撰
元和郡縣志四十卷　唐李吉甫撰

元豐九域志十卷　宋王存等撰
輿地廣記三十八卷　宋歐陽忞撰
嶺表錄異三卷　唐劉恂撰
琉球國志略十六卷首一卷　清周煌撰
麟臺故事五卷　宋程俱撰
西漢會要七十卷　宋徐天麟撰
東漢會要四十卷　宋徐天麟撰
唐會要一百卷　宋王溥撰
五代會要三十卷　宋王溥撰
宋朝事實二十卷　宋李攸撰
建炎以來朝野雜記甲集二十卷乙集二十卷　宋李心傳撰
欽定武英殿聚珍版程式一卷　清金簡撰
直齋書錄解題二十二卷　宋陳振孫撰
絳帖平六卷　宋姜夔撰
欽定重刻淳化閣帖十卷
欽定四庫全書考證一百卷
唐書直筆四卷　宋呂夏卿撰

子部

傅子一卷　晉傅玄撰
公是弟子記四卷　宋劉敞撰
明本釋三卷　宋劉荀撰
項氏家說十卷附錄二卷　宋項安世撰

農書二十二卷　元王楨撰
農桑輯要七卷　題元司農司撰
蘇沈良方八卷　宋蘇軾、沈括撰
小兒藥證眞訣三卷　宋錢乙撰
周髀算經二卷　題漢趙君卿注　北周甄鸞重述　唐李淳風釋　音義一卷　宋李籍撰
九章算術九卷　晉劉徽撰　唐李淳風釋　音義一卷　宋李籍撰
海島算經一卷　晉劉徽撰　唐李淳風注
孫子算經三卷　唐李淳風注
五曹算經五卷　唐李淳風注
五經算術二卷　北周甄鸞撰　唐李淳風注
夏侯陽算經三卷　隋夏侯陽撰
寶眞齋法書贊二十八卷　宋岳珂撰
墨法集要一卷　明沈繼孫撰
鶡冠子三卷　宋陸佃解
意林五卷　唐馬總輯
學林十卷　宋王觀國撰
能改齋漫錄十八卷　宋吳曾撰
雲谷雜記四卷首一卷末一卷　宋張淏撰
猗覺寮雜記二卷　宋朱翌撰
甕牖閒評八卷　宋袁文撰
考古質疑六卷　宋葉大慶撰
朝野類要五卷　宋趙昇撰
澗泉日記三卷　宋韓淲撰
敬齋古今黈八卷　元李治撰

唐語林八卷　宋王讜撰
涑水紀聞十六卷　宋司馬光撰
歸潛志十四卷　元劉祁撰
老子道德經二卷　魏王弼注
文子纘義十二卷　宋杜道堅撰

集部

張燕公集二十五卷　唐張説撰
文忠集十六卷　唐顔眞卿撰
南陽集六卷　宋趙湘撰
元憲集三十六卷　宋宋庠撰
景文集六十二卷　宋宋祁撰
文恭集四十卷　宋胡宿撰
祠部集三十五卷　宋強至撰
華陽集四十卷　宋王珪撰
公是集五十四卷　宋劉敞撰
彭城集四十卷　宋劉攽撰
淨德集三十八卷　宋呂陶撰
忠肅集二十卷　宋劉摯撰
山谷内集詩注二十卷外集詩注十七卷别集詩注二卷　宋黄庭堅撰　宋任淵等注
后山詩十二卷　宋陳師道撰　宋任淵注
陶山集十六卷　宋陸佃撰
學易集八卷　宋劉跂撰

西臺集二十卷　宋畢仲游撰
柯山集五十卷　宋張耒撰
浮沚集九卷　宋周行己撰
毘陵集十六卷　宋張守撰
浮溪集三十二卷　宋汪藻撰
簡齋集十六卷　宋陳與義撰
茶山集八卷　宋曾幾撰
文定集二十四卷　宋汪應辰撰
雪山集十六卷　宋王質撰
攻媿集一百十二卷　宋樓鑰撰
乾道稿二卷淳熙稿二十卷章泉稿五卷　宋趙蕃撰
止堂集十八卷　宋彭龜年撰
絜齋集二十四卷　宋袁燮撰
南澗甲乙稿二十二卷　宋韓元吉撰
蒙齋集二十卷　宋袁甫撰
恥堂存稿八卷　宋高斯得撰
拙軒集六卷　金王寂撰
金淵集六卷　元仇遠撰
牧庵集三十六卷　元姚燧撰
御製詩文十全集五十四卷首一卷　清高宗弘曆撰
萬壽衢歌樂章六卷　清彭元瑞輯
文苑英華辨證十卷　宋彭叔夏撰
悦心集四卷　清世宗胤禛輯
歲寒堂詩話二卷　宋張戒撰

碧溪詩話十卷　宋黃徹撰
浩然齋雅談三卷　宋周密撰
詩倫二卷　清汪薇輯

5011
雅雨堂叢書十三種一百六十八卷
清盧見曾編　清乾隆二十一至二十五年盧氏雅雨堂刻本　清郁泰峰校並題款　二十冊　十行二十一字白口四周單邊　封面鐫乾隆丙子鐫　下書口鐫雅雨堂

李氏易傳十七卷　唐李鼎祚集解　附周易音義一卷　唐陸德明撰
鄭氏周易三卷圖一卷　漢鄭玄撰　宋王應麟輯　清惠棟補輯
鄭司農集一卷　漢鄭玄撰
周易乾鑿度二卷　漢鄭玄撰
尚書大傳四卷　漢鄭玄注　附補遺一卷續補遺一卷考異一卷　清盧文弨輯並撰
大戴禮記十三卷　題北周盧辯注
戰國策三十三卷　漢高誘注
匡謬正俗八卷　唐顏師古撰
唐摭言十五卷　五代王定保撰
北夢瑣言二十卷　宋孫光憲撰
封氏聞見記十卷　唐封演撰
文昌雜錄六卷補遺一卷　宋龐元英撰
金石錄三十卷　宋趙明誠撰

5012
雅雨堂叢書十三種一百六十八卷
清盧見曾編　清乾隆二十一至二十五年盧氏雅雨堂刻本　十七冊

存九種一百四卷

李氏易傳十七卷　唐李鼎祚集解　附周易音義一卷　唐陸德明撰
鄭氏周易三卷圖一卷　漢鄭玄撰
周易乾鑿度二卷　漢鄭玄撰
尚書大傳四卷補遺一卷　漢伏勝撰
唐摭言十五卷　五代王定保撰
戰國策三十三卷　漢高誘注
北夢鎖言二十卷　宋孫光憲撰
文昌雜錄六卷補遺一卷　宋龐元英撰

抱經堂叢書十八種二百七十五卷

清盧文弨編　清乾隆四十九年至嘉慶元年盧氏抱經堂刻本　四十八册　十行二十一字小字雙行字同間十一行二十一字黑口間白口左右雙邊　封面鐫乾隆辛亥重雕

五〇一八

經典釋文三十卷　唐陸德明撰　考證三十卷　清盧文弨撰
孟子音義二卷　宋孫奭撰
儀禮注疏詳校十七卷　清盧文弨撰
逸周書十卷　晉孔晁注　附錄一卷校正補遺一卷
白虎通四卷　漢班固撰　白虎通義攷一卷　清莊述祖撰　白虎通闕文一卷　清莊述祖輯　校勘補遺一卷　清盧文弨撰
輶軒使者絕代語釋别國方言十三卷　漢揚雄撰　晉郭璞注　校正補遺一卷　清盧文弨撰
荀子二十卷　唐楊倞注　清謝墉輯補　校勘補遺一卷　清謝墉撰
新書十卷　漢賈誼撰
春秋繁露十七卷附錄一卷　漢董仲舒撰

顏氏家訓七卷　北齊顏之推撰　清趙曦明注　傳一卷　清盧文弨注釋　重校正一卷補遺一卷
清盧文弨撰　補正一卷　清錢大昕撰
群書拾補初編三十九卷　清盧文弨撰
五經正義表補逸一卷
易經注疏校正一卷
周易略例校正一卷
尚書注疏校正一卷
春秋左傳注疏校正一卷
禮記注疏校正一卷
儀禮注疏校正一卷
呂氏讀詩記補闕一卷
史記惠景閒侯者年表校補一卷
續漢書志注補校正一卷
晉書校正一卷
魏書禮志校補一卷
宋史孝宗紀補脱一卷
金史補脱一卷
資治通鑑序補逸一卷
文獻通考經籍校補一卷
史通校正一卷
新唐書糾謬校補一卷
山海經圖讚補逸一卷
水經敍補逸一卷
宋史藝文志補一卷

補遼金元藝文志一卷
鹽鐵論校補一卷
新序校補一卷
說苑校補一卷
申鑒校正一卷
列子張湛注校正一卷
韓非子校正一卷
晏子春秋校正一卷
風俗通義校正逸文一卷
新論校正一卷
潛虛校正一卷
春渚紀聞補闕一卷
嘯堂集古錄校補一卷
鮑照集校補一卷
韋蘇州集校正拾遺一卷
元微之文集校補一卷
白氏文集校正一卷
林和靖集校正一卷
西京雜記二卷　題晉葛洪撰
獨斷二卷　漢蔡邕撰
三水小牘二卷　唐皇甫枚撰
鐘山札記四卷　清盧文弨撰
龍城札記三卷　清盧文弨撰
解春集文鈔十二卷補遺二卷詩鈔三卷　清馮景撰

抱經堂文集三十四卷　清盧文弨撰

奇晉齋叢書十六種十九卷

清陸烜編　清乾隆三十四年陸烜奇晉齋刻本　六册
八行十九字白口左右雙邊　下書口鐫奇晉齋

五〇二二

松牕雜錄一卷　唐李濬撰
灌畦暇語一卷
平巢事蹟考一卷
采石瓜洲斃亮記一卷　宋蹇駒撰
鶴山筆錄一卷　宋魏了翁撰
臨漢隱居詩話一卷　宋魏泰撰
北牕炙輠錄二卷　宋施德操撰
文山題跋一卷　宋文天祥撰
遺山題跋一卷　金元好問撰
大理行記一卷　元郭松年撰
雲煙過眼續錄一卷　元湯允謨撰
寓意編一卷　明都穆撰
快雪堂漫錄一卷　明馮夢禎撰
筆麈一卷　明莫是龍撰
雲間雜誌三卷
雲南山川志一卷　明楊慎撰

拜經樓叢書□□種□□卷

清吳騫編　清乾隆嘉慶間拜經樓刻本　九册　十行
二十字至二十五字不等小字雙行字同白口左右雙邊
下書口間鐫拜經樓定本拜經樓正本　鈐三間草堂朱文方印　秀圃所藏白文方印

五〇二三

存六種二十卷

國山碑攷一卷　清吳騫撰

詩譜補亡後訂一卷拾遺一卷　清吳騫撰

桃谿客語五卷　清吳騫撰

讒書五卷　唐羅隱撰　附校一卷　清吳騫撰

陽羨名陶錄二卷續一卷　清吳騫撰

拜經樓詩話四卷　清吳騫撰

七三〇八　紫藤書屋叢刻六種十四卷　清陳□編　清乾隆五十七年秀水陳氏刻本　四册　九行二十字白口左右雙邊

存三種五卷

五代史闕文一卷　宋王禹偁撰

五代春秋二卷　宋尹洙撰

五國故事二卷

五〇一〇　微波榭叢書十一種一百四十五卷　清孔繼涵編　清乾隆中曲阜孔氏微波榭刻本　四十七册　十行二十一字白口左右雙邊間九行十八字小字雙行字同白口四周雙邊　下書口鐫微波榭　鈐夢選樓胡氏宗懋藏朱文方印

存九種一百二十一卷

戴氏遺書　清戴震撰

東原文集十卷

毛鄭詩攷正四卷首一卷

杲溪詩經補注二卷

考工記圖二卷

孟子字義疏證三卷

聲韻攷四卷

聲類表九卷首一卷

原善三卷

原象一卷

續天文略二卷

水地記一卷

方言疏證十三卷

水經注四十卷

算經十書　清孔繼涵輯

周髀算經一卷　漢趙爽注　北周甄鸞重述　附音義一卷　宋李籍撰

九章算術九卷　魏劉徽注　唐李淳風等注釋　清戴震補圖　附音義一卷　宋李籍撰　策算　清戴震撰

海島算經（一名九章重差）一卷　魏劉徽撰　唐李淳風等注釋

孫子算經三卷　唐李淳風等注釋

五曹算經五卷　唐李淳風等注釋

夏侯陽算經三卷　隋夏侯陽撰

張丘建算經三卷　北周甄鸞注　唐李淳風等注釋　唐劉孝孫細草

五經算術二卷　北周甄鸞撰　唐李淳風等注釋　考證一卷　清戴震撰

緝古算經一卷　唐王孝通撰並注
數術記遺一卷　漢徐岳撰　北周甄鸞注
句股割圜記三卷　清戴震撰　清吳思孝注
春秋地名一卷　晉杜預撰
春秋長歷一卷　晉杜預撰
春秋金鎖匙一卷　元趙汸撰
國語補音三卷　宋宋庠撰
孟子十四卷　漢趙岐注　附音義　宋孫奭撰
五經文字三卷　唐張參撰　附五經文字疑一卷　清孫繼涵撰
新加九經字樣一卷　唐唐玄度撰　附九經字樣疑一卷　清孔紀涵撰

硯雲甲乙編二十六種六十卷附毘耶寶驅暑間抄十種一卷

清金忠淳編　清乾隆四十年硯雲書屋刻本　十二册　九行二十字左右雙邊細黑口　下書口鐫硯雲書屋

甲編

都公譚纂二卷　明都穆撰
明良記一卷　明楊儀撰
北牕瑣語一卷　明余永麟撰
顧曲雜言一卷　明沈德符撰
南中紀聞一卷　明包汝楫撰
耳新八卷　明鄭仲夔撰
屏居十二課一卷　明黃景昉撰
夢憶一卷　明張岱撰

乙編

汴京勼異記八卷　明李濂撰
小隱書全帖一卷　明敬虛子撰
嶠南瑣記二卷　明魏濬撰
揮麈詩話一卷　明王兆雲撰
斂帚齋餘談一卷　明沈德符撰
長物志十二卷　明文震亨撰
槎上老舌一卷　明陳衎撰
冷賞八卷　明鄭仲夔撰

貸園叢書初集十四種四十九卷

清周永年編　清乾隆五十四年歷城周氏竹西書屋據益都李文藻本重印　十六册　十一行二十二字小字雙行字同黑口左右雙邊　封面鐫竹西書屋藏版

九經古義十六卷　清惠棟撰
易例二卷　清惠棟撰
春秋左傳補註六卷　清惠棟撰
左傳評三卷　清李文淵撰
古韻標準四卷詩韻舉例一卷　清江永撰　清戴震參定
四聲切韻表一卷凡例一卷　清江永撰
聲韻考四卷　清戴震撰
石刻鋪敍二卷　宋曾宏父撰
鳳墅殘帖釋文二卷　清錢大昕撰
三事忠告四卷　元張養浩撰

牧民忠告二卷

風憲忠告一卷

廟堂忠告一卷

蒿庵閒話二卷　清張爾岐撰

談龍錄一卷　清趙執信撰

五〇二三

經訓堂叢書二十一種一百六十八卷　清畢沅編　清乾隆鎮洋畢氏經訓堂刻本　三十二册　十一行二十二字小字雙行字同黑口四周單邊　山海經封面鐫乾隆癸卯開雕　經訓堂藏板　各卷後鐫靈巖山館刊

山海經十八卷　晉郭璞傳　清畢沅校　清乾隆四十八年刊

夏小正攷注一卷　清畢沅撰　清乾隆四十八年刊

老子道德經攷異二卷　清畢沅撰　清乾隆四十八年刊

墨子十六卷附篇目考一卷　周墨翟撰　清畢沅校注　清乾隆四十九年刊

晏子春秋七卷附音義二卷　周晏嬰撰　清孫星衍校並撰音義　清乾隆五十三年刊

呂氏春秋二十六卷　秦呂不韋撰　漢高誘注　清畢沅輯校　清乾隆五十三年刊

釋名疏證八卷補遺一卷續釋名一卷（正字本）清畢沅撰　清乾隆五十五年刊

釋名疏證八卷補遺一卷續釋名一卷（篆字本）清畢沅撰　清乾隆五十四年刊

王隱晉書地道記一卷　晉王隱撰　清畢沅輯　清乾隆四十九年刊

晉太康三年地記一卷　晉□□撰　清畢沅輯　清乾隆四十九年刊

晉書地理志新補正五卷　清畢沅撰　清乾隆四十九年刊

三輔黃圖六卷補遺一卷　漢□□撰　清畢沅校　清乾隆四十九年刊

長安志二十卷附圖三卷　宋宋敏求撰　圖元李好文繪　清乾隆四十九年刊

易漢學八卷　清惠棟撰

說文解字舊音一卷　清畢沅撰　清乾隆四十八年刊
明堂大道錄八卷　清惠棟撰
禘說二卷　清惠棟撰
關中金石記八卷　清畢沅撰　清乾隆四十六年刊
中州金石記五卷　清畢沅撰
音同義異辯一卷　清畢沅撰
經典文字辨證書五卷　清畢沅撰　清乾隆四十九年刊

二餘堂叢書十二種二十四卷

清師範編　清嘉慶九年小停雲館刻本　八册
九行二十二字小字雙行字同白口四周雙邊　封面鐫嘉慶甲子秋鐫　小停雲館藏板

存九種九卷

古文辭彙纂序目一卷　清姚鼐撰
四六叢話緣起一卷　清孫梅輯
魏伯子雜說一卷　清魏際瑞撰
魏叔子文集外篇一卷　清魏禧撰
微波榭遺書一卷　清孔繼涵撰
習園藏稿一卷　清佘長慶撰
鴨亭詩話一卷　清屠紳撰
切時政要一卷　清韓學渾撰
蜀遊記一卷　清沈鎬撰
滇海虞衡記十三卷　清檀萃撰

五〇七三 士禮居黃氏叢書二十種一百九十三卷 清黃丕烈編 清嘉慶道光間黃氏士禮居刻本 三十四册

行款字數邊框不等 鈐黃氏耕湘館藏朱文方印 黃印均隆白文方印 曾在周叔弢處朱文方印 孝經一卷人家朱文方印

存二十一種二百卷

周禮十二卷 漢鄭玄注 札記一卷 清黃丕烈撰
儀禮十七卷 漢鄭玄注 校錄一卷 清黃丕烈撰
夏小正戴氏傳四卷 宋傅崧卿注 校錄一卷 清黃丕烈撰
夏小正經傳集解四卷 清顧鳳藻撰
國語二十一卷 吳韋昭解 校刊札記一卷 清黃丕烈撰
戰國策三十三卷 漢高誘注 重刻札記三卷 清黃丕烈撰
梁公九諫一卷
輿地廣記三十八卷 宋歐陽忞撰 校勘札記二卷 清黃丕烈撰
汲古閣珍藏秘本書目一卷 清毛扆藏並撰
延令宋板書目一卷 清季振宜藏並撰
藏書紀要一卷 清孫從添撰
傷寒總病論六卷 宋龐安時撰 重雕札記一卷 清黃丕烈撰
洪氏集驗方五卷 宋洪遵輯
焦氏易林十六卷 題漢焦延壽撰
博物誌十卷 題晉張華撰 宋周日用注
新刊宣和遺事前集一卷後集一卷
百宋一廛賦一卷 清顧廣圻撰 清黃丕烈注
汪本隸釋刊誤一卷 清黃丕烈撰

船山詩選六卷　清張問陶撰　清石韞玉選錄
同人唱和詩三卷　清黃丕烈輯　存虎丘詩唱和詩集一卷
附古文苑九卷　不著撰人

眞意堂叢書三種十三卷

清吳志忠編　清嘉慶十六年璜川吳氏活字印本　三册　二六七六
九行二十一字白口左右雙邊　封面鐫嘉慶辛未璜川吳氏
校印　下書口鐫眞意堂叢書　鈐周氏叔弢朱文方印

洛陽伽藍記五卷　北魏楊衒之撰
兼明書五卷　唐邱光庭撰
河朔訪古記三卷　元納新撰

鴂鳺隨手錄九種十一卷

清張祥河編　清抄本　八册　八行十八字四周單邊綠格　三三一七

飲水詩集一卷　清納蘭性德撰
飲水詞集一卷　清納蘭性德撰
驂鸞錄一卷　宋范成大撰
續驂鸞錄一卷　清張祥河撰
驂鸞吟稿一卷　清張祥河撰
詩舲詩續二卷詞續一卷　清張祥河撰
桂勝集一卷　清張祥河撰
粵西筆述一卷　清張祥河撰
會典簡明錄一卷　清張祥河撰

四〇一八　學津討原二十集一百七十三種一千零五十三卷　清張海鵬編　清嘉慶十年琴川張氏照曠閣刻本　二百六十册　九行二十一字黑口左右雙邊　下書口鐫照曠閣

第一集

子夏易傳十一卷　周卜商撰
周易集解十七卷　唐李鼎祚撰
蘇氏易傳九卷　宋蘇軾撰
京氏易傳三卷　漢京房撰　吳陸績注
關氏易傳一卷　後魏關朗撰　唐趙蕤注
周易略例一卷　魏王弼撰　唐邢璹注
周易舉正三卷　唐郭京撰
麻衣道者正易心法一卷

第二集

尚書鄭注十卷　漢鄭玄撰　宋王應麟輯　清孔廣林增訂
尚書中候鄭注五卷　漢鄭玄撰　清孔廣林輯
東坡書傳二十卷　宋蘇軾撰
詩序辨說一卷　宋朱熹撰
詩攷一卷　宋王應麟撰
詩地理攷六卷　宋王應麟撰
毛詩草木鳥獸蟲魚疏廣要二卷　明毛晉撰
韓詩外傳十卷　漢韓嬰撰

第三集

太平經國之書十一卷首一卷　宋鄭伯謙撰
儀禮逸經傳二卷　元吳澄撰
春秋微旨三卷　唐陸淳撰
春秋金鎖匙一卷　元趙汸撰
春秋胡傳考誤一卷　明袁仁撰
癸巳論語解十卷　宋張栻撰
司馬氏書儀十卷　宋司馬光撰
皇祐新樂圖記三卷　宋阮逸、胡瑗撰

第四集

爾雅鄭註三卷　宋鄭樵撰
爾雅翼三十二卷序一卷　元羅願撰　序元洪焱祖釋
急就篇四卷正文一卷　漢史游撰　唐顏師古注　宋王應麟音釋
九經補韻一卷　宋楊伯嵒撰
毛詩古音考四卷附錄一卷讀詩拙言一卷　明陳第撰
屈宋古音義三卷　明陳第撰

第五集

稽古錄二十卷　宋司馬光撰
通鑑地理通釋十四卷　宋王應麟撰
續宋編年資治通鑑十五卷　宋劉時舉撰
宋季三朝政要六卷

第六集

西京雜記六卷　晉葛洪撰
大唐創業起居注三卷　唐溫大雅撰
吳越備史四卷補遺一卷　宋范坰、林禹撰
靖康紀聞一卷　宋丁特起撰　拾遺一卷
北狩見聞錄一卷　宋曹勛撰
建炎維揚遺錄一卷
建炎復辟記一卷
松漠紀聞一卷續一卷補遺一卷　宋洪皓撰
西使記一卷　元劉郁撰
燕翼貽謀錄五卷　宋王栐撰
庚申外史一卷　明權衡撰
復辟錄一卷　明楊瑄撰
綏寇紀略十二卷補遺三卷　清吳偉業撰

第七集

洛陽伽藍記五卷　後魏揚衒之撰
洛陽名園記一卷　宋李格非撰
東京夢華錄十卷　宋孟元老撰
夢粱錄二十卷　宋吳自牧撰
吳地記一卷後集一卷　唐陸廣微撰
吳郡圖經續記三卷　宋朱長文撰

佛國記一卷　晉釋法顯撰
諸蕃志二卷　宋趙汝適撰
益部方物略記一卷　宋宋祁撰
閩中海錯疏三卷　明屠本畯撰　明徐𤊹補疏
海語三卷　明黄衷撰

第八集

漢制攷四卷　宋王應麟撰
唐國史補三卷　唐李肇撰
淳熙玉堂雜記三卷　宋周必大撰
明宫史五卷　明劉若愚撰　明呂毖輯
州縣提綱四卷　宋陳襄撰
官箴一卷　宋呂本中撰
晝簾緒論一卷　宋胡太初撰
唐史論斷三卷附錄一卷　宋孫甫撰
通鑑問疑一卷　宋劉羲仲撰
泉志十五卷　宋洪遵撰
子略四卷目一卷　宋高似孫撰

第九集

周髀算經二卷　漢趙爽注　北周甄鸞重述　唐李淳風等釋注　音義一卷　宋李籍撰
數術記遺一卷　漢徐岳撰　北周甄鸞注

易林四卷首一卷 題漢焦延壽撰
元包經傳五卷 北周衛元嵩撰 唐蘇源明傳 唐李江注 宋韋漢卿音釋
元包數總義二卷 宋張行成撰
六經天文編二卷 宋王應麟撰
宅經二卷
青烏先生葬經一卷 漢青烏子撰 金兀欽仄注
古本葬書一卷 題晉郭璞撰
葬經翼一卷圖一卷難解二十四篇一卷 明繆希雍撰

第十集

齊民要術十卷雜說一卷 北魏賈思勰撰
耒耜經一卷 唐陸龜蒙撰
紀效新書十八卷首一卷 明戚繼光撰
八陣合變圖說一卷 明龍正撰
增廣太平惠民和劑局方十卷 宋陳師文等編 用藥總論三卷 宋許洪撰

第十一集

法書要錄十卷 唐張彥遠輯
歷代名畫記十卷 唐張彥遠撰
圖畫見聞誌六卷 宋郭若虛撰
宣和書譜二十卷
宣和畫譜二十卷
畫繼十卷 宋鄧椿撰

第十二集

忠經一卷　題漢馬融撰　漢鄭玄注
鶡冠子三卷　宋陸佃解
郁離子二卷　明劉基撰
意林五卷　唐馬總輯
李氏刊誤二卷　唐李涪撰
攷古編十卷　宋程大昌撰
演繁露十六卷續集六卷　宋程大昌撰
西溪叢語二卷　宋姚寬撰
學齋佔畢四卷　宋史繩祖撰

第十三集

封氏聞見記十卷　唐封演撰
東觀餘論二卷附錄一卷　宋黃伯思撰
夢溪筆談二十六卷補筆談一卷續筆談一卷　宋沈括撰
宋景文公筆記三卷　宋宋祁撰
芥隱筆記一卷　宋龔頤正撰
文昌雜錄六卷補遺一卷　宋龐元英撰
鼠璞二卷　宋戴埴撰
袪疑說一卷　宋儲泳撰

第十四集

春明退朝録三卷　宋宋敏求撰
避暑録話二卷　宋葉夢得撰
曲洧舊聞十卷　宋朱弁撰
却掃編三卷　宋徐度撰
齊東野語二十卷　宋周密撰

第十五集

冷齋夜話十卷　宋釋惠洪撰
春渚紀聞十卷　宋何薳撰
師友談記一卷　宋李廌撰
東坡志林五卷　宋蘇軾撰
老學庵筆記十卷　宋陸游撰
貴耳集三卷　宋張端義撰
閒居録一卷　元吾丘衍撰
瑯環記三卷　元伊世珍撰
學古編一卷　元吾丘衍撰
丸經二卷
歙州硯譜一卷　宋唐積撰
歙硯説一卷辯歙石説一卷　宋曹紹撰
硯史一卷　宋米芾撰
端溪硯譜一卷
墨經一卷　宋晁貫之撰
雲林石譜三卷　宋杜綰撰

香譜二卷　宋洪芻撰
茶經三卷　唐陸羽撰
糖霜譜一卷　宋王灼撰

第十六集

搜神記二十卷　晉干寶撰
搜神後記十卷　晉陶潛撰
異苑十卷　劉宋劉敬叔撰
酉陽雜俎二十卷續集十卷　唐段成式撰
開天傳信記一卷　唐鄭綮撰
杜陽雜編三卷　唐蘇鶚撰
甘澤謠一卷附録一卷　唐袁郊撰
劇談録二卷　唐康駢撰
前定録一卷續一卷　唐鍾輅撰
稽神録六卷拾遺一卷　宋徐鉉撰

第十七集

唐摭言十五卷　五代王定保撰
鑒誡録十卷　後蜀何光遠撰
南部新書十卷　宋錢易撰
涑水記聞十六卷　宋司馬光撰
王文正筆録一卷　宋王曾撰
歸田録二卷　宋歐陽修撰

國老談苑二卷　宋王君玉撰
茅亭客話十卷　宋黄休復撰
道山清話一卷
孫公談圃三卷　宋孫升述　宋劉延世録
湘山野録三卷續一卷　宋釋文瑩撰

第十八集

河南邵氏聞見前録二十卷　宋邵伯溫撰
河南邵氏聞見後録三十卷　宋邵博撰
揮麈前録四卷後録十一卷三録三卷餘話二卷　宋王明清撰
玉照新志五卷　宋王明清撰

第十九集

桯史十五卷附録一卷　宋岳珂撰
癸辛雜識前集一卷後集一卷續集二卷别集二卷　宋周密撰
錦帶書一卷　梁蕭統撰
歲華紀麗四卷　唐韓鄂撰
龍筋鳳髓判二卷　唐張鷟撰
蒙求正文一卷集註二卷　後晉李瀚撰　宋徐子光補注

第二十集

道德指歸論六卷　漢嚴遵撰
古文參同契集解三卷箋注集解一卷三相類集解一卷　明蔣一彪輯

胎息經一卷　題口幻眞先生注
眞誥二十卷　梁陶弘景撰
象教皮編六卷　明陳士元輯
樂府古題要解二卷　唐吳兢撰
詩品三卷　梁鍾嶸撰
詩品二十四則一卷　唐司空圖撰
風騷旨格一卷　唐釋齊己撰
四六話二卷　宋王銍撰
四六談塵一卷　宋謝伋撰

學津討原二十集一百七十三種一千零五十三卷　清張海鵬編　清嘉慶十年琴川張氏照曠閣刻本　二百三十八册　八〇二四

學津討原二十集一百七十三種一千零五十三卷　清張海鵬編　清嘉慶十年琴川張氏照曠閣刻本　二百八十册　五〇一九

墨海金壺一百十五種七百三十四卷　清張海鵬編　清嘉慶十三至十六年張海鵬刻本　一百二十二册　八〇三〇
十一行二十三字小字雙行二十二字黑口左右雙邊

經部

吳園周易解九卷附錄一卷　宋張根撰
易說四卷　宋趙善譽撰
洪範口義二卷　宋胡瑗撰
禹貢說斷四卷　宋傅寅撰
五誥解四卷　宋楊簡撰
呂氏家塾讀詩記三十二卷　宋呂祖謙撰
續呂氏家塾讀詩記三卷　宋戴溪撰
周官新義十六卷附考工記解二卷　宋王安石撰
儀禮釋宮一卷　宋李如圭撰
禮記訓義擇言八卷　清江永撰
春秋通訓六卷　宋張大亨撰
春秋正旨一卷　明高拱撰
春秋左傳補註六卷　清惠棟撰
古微書三十六卷　明孫瑴撰
論語筆解二卷　唐韓愈、李翺撰
論語意原四卷　宋鄭汝諧撰
四書逸箋六卷　清程大中撰
瑟譜六卷　元熊朋來撰
韶舞九成樂補一卷　元余載撰
律呂成書二卷　元劉瑾撰
切韻指掌圖二卷　宋司馬光撰　附檢圖之例一卷　明邵光祖撰
古韻標準四卷詩韻舉例一卷　清江永撰　清戴震參定

史部

三國志辨誤三卷
續後漢書四十二卷音義四卷　宋蕭常撰
春秋別典十五卷　明薛虞畿撰
渚宮舊事五卷補遺一卷　唐余知古撰
咸淳遺事二卷
大金弔伐錄二卷
平宋錄三卷　元劉敏中撰
昭忠錄一卷
征南錄一卷　宋滕元發撰
江南別錄一卷　宋陳彭年撰
江表志三卷　宋鄭文寶撰
三楚新錄三卷　宋周羽翀撰
南唐書三十卷　宋馬令撰
吳郡志五十卷　宋范成大撰
吳中水利書一卷　宋單鍔撰
治河圖略一卷　元王喜撰
中吳紀聞六卷　宋龔明之撰
歲華紀麗譜一卷　元費著撰
蜀牋譜一卷　元費著撰
蜀錦譜一卷　元費著撰
吳中舊事一卷　元陸友撰
平江記事一卷　元高德基撰
大唐西域記十二卷　唐釋玄奘譯　唐釋辯機撰
職方外紀五卷首一卷　意大利艾儒略撰

五代會要三十卷　宋王溥撰
宋朝事實二十卷　宋李攸撰
諡法四卷　宋蘇洵撰
歷代建元考十卷　清鍾淵映撰
救荒活民書三卷拾遺一卷　宋董煟撰
荒政叢書十卷附錄二卷　清俞森輯
救荒全書一卷　宋董煟撰
荒政叢言一卷　明林希元撰
荒政考一卷　明屠隆撰
荒政議一卷　明周孔教撰
賑豫紀略一卷　明鍾化民撰
荒箸略一卷　明劉世教撰
救荒策一卷　清魏禧撰
常平倉考一卷　清俞森撰
義倉考一卷　清俞森撰
社倉考一卷　清俞森撰
歷代兵制八卷　宋陳傅良撰

子部

少儀外傳二卷　宋呂祖謙撰
準齋雜説二卷　宋吳如愚撰
内訓一卷　明仁孝文皇后撰
神機制敵太白陰經十卷　唐李筌撰

守城錄四卷　宋陳規、湯璹撰
陣紀四卷　明何良臣撰
練兵實紀九卷雜集六卷　明戚繼光撰
折獄龜鑑八卷　宋鄭克撰
農桑衣食撮要二卷　元魯明善撰
博濟方五卷　宋王衮撰
旅舍備要方一卷　宋董汲撰
傷寒微旨論二卷　宋韓祇和撰
全生指迷方四卷　宋王貺撰
靈棋經二卷　漢東方朔撰　晉顏幼明　劉宋何承天注　元陳師凱、明劉基解
李虚中命書三卷　唐李虚中注
珞琭子三命消息賦註二卷　宋徐子平撰
珞琭子賦註二卷　宋釋曇瑩撰
太清神鑑六卷
羯鼓錄一卷　唐南卓撰
樂府雜錄一卷　唐段安節撰
棊經一卷　宋晏天章撰
棊訣一卷　宋劉仲甫撰
宜德鼎彝譜八卷　明吕震等撰
欽定錢錄十六卷
洛陽牡丹記一卷　宋歐陽修撰
揚州芍藥譜一卷　宋王觀撰
范村梅譜一卷　宋范成大撰
菌譜一卷　宋陳仁玉撰

鬻子一卷　周鬻熊撰　唐逄行珪注
子華子二卷
尹文子一卷
慎子一卷
公孫龍子一卷　宋謝希深注
人物志三卷　魏劉邵撰　後魏劉昞注
化書六卷　南唐譚峭撰
資暇集三卷　唐李匡乂撰
靖康緗素雜記十卷　宋黄朝英撰
能改齋漫録十八卷　宋吴曾撰
日損齋筆記一卷附録一卷　元黄溍撰
緯略十二卷　宋高似孫撰
珩璜新論一卷　宋孔平仲撰
日聞録一卷　元李翀撰
玉堂嘉話八卷　元王惲撰
書敍指南二十卷　宋任廣撰
雞肋一卷　宋趙崇絢撰
明皇雜録二卷補遺一卷　唐鄭處誨撰
東齋記事五卷補遺一卷　宋范鎮撰
玉壺野史十卷　宋釋文瑩撰
唐語林八卷　宋王讜撰
南窗紀談一卷
萍洲可談三卷　宋朱彧撰
高齋漫録一卷　宋曾慥撰

張氏可書一卷　宋張知甫撰
步里客談二卷　宋陳長方撰
東南紀聞三卷
菽園雜記十五卷　明陸容撰
漢武帝内傳一卷　漢班固撰
陶朱新錄一卷　宋馬純撰
陰符經疏三卷　唐李筌撰
關尹子一卷
文子二卷
亢倉子一卷

集部

古文苑二十一卷　宋章樵注
餘師錄四卷　宋王正德撰

小石山房墜簡拾遺六種七卷　清顧湘編　清道光間抄本　佚名錄清顧湘跋　二册　九行二十字無格　三七六二

偃曝談餘二卷　明陳繼儒撰
谿山餘話一卷　明陸深撰
吳郡丹青志一卷　明王穉登撰
畫說一卷　明莫是龍撰
香國史一卷　明柳隱撰
北邙踏青詞一卷　明孫永芳撰

玲瓏山館叢刻六種十三卷　清顧湘編　清道光二十九年虞山顧氏彙印本　十册　行款字數不等　五〇二六

五經文字三卷　唐張參撰　康熙中揚州馬氏叢書樓刊
新加九經字樣一卷　唐唐玄度撰　康熙中揚州馬氏叢書樓刊
稽瑞一卷　唐劉賡撰　道光十四年虞山顧氏小石山房刊
班馬字類二卷　宋婁機撰　康熙中揚州馬氏叢書樓刊
字孿二卷　明葉秉敬撰　嘉慶中蕉雨軒刊道光中小石山房補刊
漢魏六朝志墓金石例三卷唐人志墓諸例一卷　清吳鎬撰　嘉慶十七年蟾波閣刊

欣賞集十種十五卷

清溫忠翰編　清嘉慶間溫氏霞青簃館抄本　溫忠翰彩筆評注並題識　四册　八行二十四至三十二字不等綠格　下書口鐫霞青簃館手錄本　鈐忠翰朱文方印　　三六七〇

選選詩一卷
杜詩讀要二卷
三李選讀二卷
青邱樂府選一卷　明高季迪撰
依聲小錄四卷
養生要旨擇鈔一卷
玉紀一卷　清陳性撰
端州巖石記一卷　宋米芾撰
王石谷與周減齋論畫一卷　清王翬撰
傳神祕要一卷　清蔣驥撰

銷夏錄舊五種十一卷

清管廷芬編　稿本　二册　十二行二十七字黑格　下書口鐫筆華吟館校本　　三三一五

全唐詩補逸一卷　清俞思謙撰
全唐詩逸三卷　日河世寧輯

彭孝介雜著三卷　清彭孫貽撰
樊榭悔少集注三卷　清汪鉽撰
重訂曲海總目一卷　清黄文暘撰

一瓻筆存一百十三種一百二十四卷　清管廷芬編　稿本　九册　九行二十五字二十四字不等無格　鈐

學士白文方印　臣庭芬印白文方印　海寧管庭芬讀朱文方印

存一百六種一百十六卷

經部

古三墳一卷　晉阮咸注
歸藏一卷
尚書逸篇一卷
逸禮經一卷
夏小正注釋一卷　清李楚珩撰
左傳人物表一卷　清袁棟撰
逸論語一卷
孟子逸文考一卷　清周廣業撰
孟子外書一卷
疑孟一卷　宋司馬光撰
大學改本考一卷　清袁棟撰
四書攷異四卷　明陳仁錫撰

小爾雅一卷　漢孔鮒撰　宋宋咸注
連文釋義一卷　清王言撰
四庫全書辨字一卷　清王朝梧撰
清書十二字母一卷　不著撰人
古韻通略一卷　清柴紹炳撰
四書對語一卷　清繆艮撰

史部

五代春秋二卷　宋尹洙撰
五代史闕文一卷　宋王禹偁撰
祈請使行程記一卷　宋嚴光大撰
北上志一卷　明嚴嵩撰
西使志一卷　明嚴嵩撰
東游闕里記一卷　元楊奐撰
勾漏洞天游記一卷　元吳元美撰
大理行記一卷　元郭松年撰
四明山游記一卷　明沈明臣撰
黝山紀游一卷　清汪淮撰
西藏記一卷　清劉樹撰
河源記一卷　元潘昂霄撰
江源考一卷　明徐宏祖撰
水月令一卷　清王士禛撰
汲古閣秘書目一卷　清毛扆撰
延令宋板書目一卷　清季振宜編

通志堂經解目錄一卷　清翁方綱撰
古今碑帖箋一卷　明屠隆撰

子部

語言談一卷　明張翼獻撰
友論一卷　意大利利瑪竇撰
古歡社約一卷　清丁雄飛撰
叙戰金針一卷　明郭應響撰
銃車末議一卷　明郭應響撰
修備紀略一卷　明周宗彝撰
怪病録一卷　元朱震亨撰
接骨手法一卷　明無名氏撰
步天歌一卷　隋丹元子撰
日月大小論一卷　意大利利瑪竇撰
寫山水訣一卷　元黄子久撰
雲煙過眼續録一卷　元湯允謨撰
寓意編一卷　明都穆撰
書畫史一卷　明陳繼儒撰
書法一卷　明董其昌撰
端溪硯譜一卷　宋葉樾撰
雪堂墨品一卷　清張仁熙撰
漫堂墨品一卷　清宋犖撰
洞石岕茶系一卷　清周高起撰
陽羡茗壺系一卷　清周高起撰

瓶花譜一卷　明張謙德撰
觀石錄一卷　清高兆撰
紅朮軒紫泥法定本一卷　清汪鎬京撰
海味索隱一卷　明屠本畯撰
眉公筆記二卷　明陳繼儒撰
酒緣一卷　明吳從先撰
攬勝圖酒令一卷　明無名氏撰
花寮一卷　明華淑撰
入山十八觀一卷　清吳一駿撰
讀書燈一卷　清馮京第撰
易翫一卷　明無名氏撰
百家姓新箋一卷　明黄周星撰
山海經逸文一卷　清吳任臣撰
長恨傳一卷　唐陳鴻撰
鮑壁人傳一卷　清無名氏撰
艾子雜説一卷　宋蘇軾撰
艾子雜説補遺一卷
艾子後語一卷　明陸灼撰
艾子外語一卷　明屠本畯撰
憨子雜俎一卷　明屠本畯撰
權子雜俎一卷　明耿定向撰
花底拾遺一卷　明黎遂球撰
鴛鴦譜一卷　題明悦心子撰
鴛鴦牒一卷　清程羽文撰

海漚小譜一卷　清趙執信撰
陰符經解一卷　明湯顯祖撰
莊子遺篇一卷　宋王應麟輯
丹山圖詠一卷　清黄宗羲撰

集部

織錦廻文讀法一卷　元釋起宗撰
焚餘集一卷　題明馮小青撰
天啓宫詞二卷　明秦徵蘭撰
律陶一卷　題明謔菴居士撰
巡海紀勝詩一卷　清費俊撰
和玉谿生無題詩一卷　清楊守知撰
揚州竹枝詞一卷　清董偉業撰
百美新詠二卷　清顔希源撰
京師新樂府一卷　清蔣士銓撰
抵掌八十一吟一卷　清馬履泰撰
集唐春日雜吟殘本一卷　清無名氏撰
紅樓夢詩鈔一卷　題清紅葉邨莊隱者輯
絳守居園池記句讀一卷　元趙仁舉撰
文山題跋一卷　宋文天祥撰
遺山題跋一卷　金元好問撰
艷體聯珠一卷　明葉小鸞撰
賣藝文一卷　清呂留良撰
詩品三卷　梁鍾嶸撰

二十四詩品一卷　唐司空圖撰
續詩品一卷　清袁枚撰
詩式一卷　唐釋皎然撰
樂府古題要解二卷　唐吴兢撰

待清書屋雜鈔五百三十六種初編二百六種續編八十九種再續七十種補編一百四種附錄三十四種拾遺三十三種

清管廷芬編　稿本　二十二册　行款字數不等無格　鈐管印庭芬白文方印　庭芬涉筆白文方印　荒江老屋舊書印朱文方印　渟溪老屋朱文方印

初編

小學考一卷　清謝啓昆撰
明朝小史一卷　呂毖撰
國榷一卷　清談遷撰
罪惟錄一卷　清查繼佐撰
高麗史箋目一卷　朝鮮鄭麟趾撰
酌中志一卷　明劉若愚撰
武林郡學碑錄一卷
小眠齋讀書日札一卷　清汪沆撰
金石考略一卷　清宋經畬撰
承德府志一卷　清海忠撰
紹興府志一卷　清李亨特撰
金華府志一卷　清張藎著

溫州府志一卷　清李琬撰
仁和縣志一卷　清趙世安撰
西安縣志一卷　清姚寶煃撰
象山縣志一卷　清吳錫疇撰
麗水縣志一卷　清張銑撰
瑞安縣志一卷　清張德標撰
龍游縣志一卷　清盧燦撰
遂昌縣志一卷　清朱煌撰
縉雲縣志一卷　清湯成烈撰
泰順縣志一卷　清朱國源撰
分水縣志一卷　清李檠撰
咸淳毘陵志一卷　宋史能三撰
鎮江府志一卷
湖北通志一卷
山西解州志一卷　清言如泗撰
四川通志一卷　清常明撰
龍安府志一卷　清鄧存詠撰
雅州府志一卷　清曹掄彬撰
漢州志一卷　清劉長庚撰
綿州志一卷　清李在文撰
忠州志一卷　清吳友篪撰
瀘州志一卷　清沈紹輿撰
彰明志一卷　清陳謀撰
江安縣志一卷　清高學濂撰

南川縣志一卷　清蔣作梅撰
達縣志一卷　清余永寧撰
石泉縣志一卷　清趙德林撰
中江縣志一卷　清楊霈撰
南充縣志一卷　清袁鳳孫撰
灌縣志一卷　清孫天寧撰
夾江縣志一卷　清王佐撰
射洪縣志一卷　清陳廷鈺撰
犍爲縣志一卷　清呂朝恩撰
富順縣志一卷　清張利貞撰
洪雅縣志一卷　清王好音撰
峨眉縣志一卷　清王燮撰
雙流縣志一卷　清汪士侃撰
新都縣志一卷　清張奉書撰
保寧府志一卷　清黎學錦撰
蓬溪縣志一卷　清徐楊文保撰
昭化縣志一卷　清孫文起撰
新寧縣志一卷　清黃位斗撰
乍浦縣志一卷　清鄒璟撰
臨平記一卷　清沈謙撰
天目山志一卷　清釋廣賓撰
峨眉小志一卷　清蔣超撰
金陵梵刹志一卷　清葛寅亮撰
靈隱續志一卷　清沈鍊彪撰

柳邊紀略一卷　清楊賓撰
西城總志一卷　清題長白七十一椿園撰
綏靖屯志一卷　清李涵元撰
瀛環志略一卷　清徐繼畬撰
海國志一卷　清魏源撰
熙朝新語一卷　清金德水撰
宋人小說一卷　題馮夢龍等編
明人小說一卷　題馮夢龍等編
需次燕語一卷　清王朝渠撰
艾學閒談一卷　清王朝渠撰
張氏可書一卷　宋張知甫撰
鬱岡齋筆麈一卷　明王肯堂撰
姜氏雜著一卷　明姜南撰
菽園雜記一卷　明陸容撰
樊川叢話一卷　明姜兆熊撰
棗林雜俎一卷　明談遷撰
梅花草堂筆談一卷　明張大復撰
昨非菴日纂一卷　清鄭瑄撰
菰中隨筆一卷　清顧炎武撰
懷陳編一卷　清閔從隆撰
池北偶談一卷　清王士禛撰
居易錄一卷　清王士禛撰
香祖筆記一卷　清王士禛撰
古夫于亭雜錄一卷　清王士禛撰

分甘餘語一卷　清王士禎撰
竹窗解頤錄一卷　清張次仲撰
聞見巵言一卷　清祝文彥撰
柳南隨筆一卷　清王東溆撰
過庭記餘一卷　清陶越撰
賦魚齋雜抄一卷
炙硯瑣談一卷　清湯大奎撰
午風堂叢談一卷　清鄒炳泰撰
水曹清暇錄一卷　清汪啓淑撰
西齋偶得一卷　清博明撰
書隱叢說一卷　清袁棟撰
尾蔗叢談一卷　清李調元撰
春融堂雜著一卷　清王昶撰
閱微草堂筆記一卷　清紀昀撰
聽雨軒雜記一卷　題清清凉道人撰
自求集一卷　清思齊居士撰
埋憂集一卷　清朱翊清撰
懶翁隨筆錄一卷　清查鈺撰
簷曝雜記一卷　清趙翼撰
壽石山房筆記一卷　題金江聲撰
衍謝一卷　清陳倬撰
竹葉亭雜記一卷　清姚元之撰
藤陰雜記一卷　清戴璐撰
借閒隨錄一卷　清汪遠孫撰

秋坪新語一卷　清張景運撰
談暇一卷　清陳萊撰
質直談耳一卷　清錢肇鰲撰
瑣語一卷　題夢餘道人撰
履園叢話一卷　清錢泳撰
兩般秋雨庵隨筆一卷　清梁紹壬撰
浪蹟叢談一卷　清梁章鉅撰
歸田瑣記一卷　清梁章鉅撰
竹初山房札記一卷　清吳昂駒撰
交翠軒筆記一　清沈濤撰
古柏齋雜記一卷　清王家文撰
東望望閣隨筆一卷　清查奕照撰
印雪軒隨筆一卷　清俞潤花撰
花間笑語一卷
悅目益心一卷　清黃凱鈞撰
曹村雜著一卷　清曹憲馨撰
翼駉稗編一卷　清湯用中撰
冷廬雜識一卷　清陸以湉撰
耐冷譚一卷　清宋咸熙撰
鐵槎山房見聞錄一卷　清于克襄撰
靜涵書屋隨筆一卷　清趙夢齡撰
籟庵劄記一卷　清蔣光煦撰
廣新聞一卷　題無悶居士撰
野語一卷　題湖郡道場山人撰

待清書屋散記一卷　清管庭芬撰
尖陽叢筆一卷　清吳騫撰
鄉邦舊聞一卷　清趙夢齡撰
谿上遺聞一卷　清尹元煒撰
霞客游記一卷　清徐宏祖撰
人海記一卷　清查慎行撰
客皖紀行一卷　清周廣業撰
桃溪客語一卷　清吳騫撰
愁題上方紀遊一卷　清查禮撰
楚庭稗珠錄一卷　清檀萃撰
粵中見聞錄一卷　清范端撰
滇南新語一卷　清張泓撰
峽行錄一卷
龍井見聞錄一卷　清汪孟鋗撰
乍浦紀事一卷　清盧奕春撰
浙水述聞一卷
隴蜀述聞一卷
聞見錄一卷　清陳起曾撰
竺國紀游一卷　清周譪聯撰
說硯一卷　清吳蘭修撰
陶說一卷　清朱琰撰
博物新編一卷　題泰西合信撰
植物學一卷　題泰西韋廉臣撰
舊書所見述一卷　清錢天樹撰

眞蹟所見述一卷　清錢天樹撰
孫氏祠堂書目一卷　清孫星衍撰
墨林今話一卷　清蔣寶齡撰
大瓢偶筆一卷　清楊賓撰
三魚堂日記一卷　清陸隴其撰
沈氏農書一卷
本草分經一卷
串雅内外編一卷　清趙學敏撰
西醫略論一卷　題泰西合信撰
集驗方選一卷　清王士雄撰
槐堂詩注一卷　清汪沆撰
復初齋詩注一卷　清翁方綱撰
婆娑洋雜詠注一卷　清黃繼光撰
使藩草注一卷　清姚元之撰
存素堂詩注一卷　清法式善撰
國朝詩人徵略一卷　清張維屏撰
髦餘詩話一卷　清周春撰
匏廬詩話一卷　清沈濤撰
靈芬館詩話一卷　清郭麐撰
閩遊詩話一卷　清徐祚永撰
椽坪詩話一卷　清方恆泰撰
春草堂詩話一卷　清謝堃撰
偏行堂集一卷　清釋澹歸撰
楊園逸集一卷　清張履祥撰

靜惕堂文集一卷 清曹溶撰
軫石文鈔一卷 清王猷定撰
宋潛虛集一卷
黍谷居士外編一卷 清周春撰
覺莊外編一卷 清顧宗伊撰
李養一文集一卷 清李兆洛撰
復初齋文集一卷 清翁方綱撰
清白居士集一卷 清梁玉繩撰
柯庭餘習一卷 清汪文柏撰
晚學集一卷 清桂馥撰
使黔草一卷 清何紹基撰
千字文同聲一卷 清葛璇撰
續千字文同聲一卷 清朱紫撰
紫巖詩選一卷 宋于石介撰
大雅集一卷 元楊維楨撰
清容集一卷 元袁桷撰
鐵橋漫稿一卷 清嚴可均撰
愛日堂詩草一卷 清范驤撰
㑺浦詩草一卷 清馬世榮撰
山左詩鈔一卷 清盧見曾撰
黃皆令詩曲一卷 清黃媛介撰
金陵舊稿一卷 清羅聘撰
餅水齋詩集一卷 清舒位撰
小十誦寮詩存一卷 清周南撰

息影庵詩存一卷　清蔣坦撰

續編

經史問答一卷　清全祖望撰
日知錄一卷　清顧炎武撰
日知錄之餘一卷　清顧炎武撰
十駕齋養新錄一卷　清錢大昕撰
陔餘叢考一卷　清趙翼撰
隨園隨筆一卷　清袁枚撰
初白外書一卷　清查慎行撰
關中金石志一卷　清畢沅撰
金石學錄一卷　清李遇孫撰
小滄浪筆談一卷　清阮元撰
定香亭筆談一卷　清阮元撰
懷小編一卷　清沈濂撰
談徵一卷　題外方山人撰
曝書雜記一卷　清錢泰吉撰
黃山志一卷　清閔麟嗣撰
海昌外志一卷　清談遷撰
赤雅一卷　清鄺露撰
粵語一卷　題蕭然山人撰
曲洧舊聞一卷　宋朱弁撰
嶺外代答一卷　宋周去非撰

雲間雜誌一卷 清陳鼎撰
滇黔紀遊一卷 清陳鼎撰
霞客遊記一卷 清徐宏祖撰
廬山紀遊一卷 清查慎行撰
魏塘人物記一卷 清汪能肅撰
魏塘紀勝一卷 清曹庭棟撰
粵遊合筆一卷 清陳鴻壽撰
武夷三遊日記一卷 清孫霖撰
江行日記一卷 清郭麐撰
吳會英才集小傳一卷 清畢沅撰
道命錄一卷 宋李心傳撰
山房隨筆一卷 元蔣正子撰
麈史一卷 宋王得臣撰
庶齋老學叢談一卷 元盛如梓撰
雲谷雜記一卷 宋張淏撰
樂郊私語一卷 元姚桐壽撰
竹影樓筆叢一卷
疑耀一卷 明張萱撰
快雪堂漫錄一卷 明馮夢禎撰
棗林雜俎一卷 清談遷撰
敬修堂同學出處偶記一卷 清查繼佐撰
筠廊二筆一卷 清宋犖撰
寒夜叢談一卷 清沈赤然撰
奩史一卷 清王初桐撰

茶餘客話一卷　清阮葵生撰
蠡窗劄記一卷
石菖山館隨記一卷　清葛繼常撰
冰山再錄一卷
端溪硯石說　清高兆撰
端溪硯坑述一卷　題蕭然山人撰
畫學淺說一卷　清王蓍撰
豐裕莊課農種稻法一卷　清潘曾沂撰
食憲鴻秘一卷　清年希堯撰
攜笈通書一卷　清周文萃撰
諏吉略記一卷　題海昌柳衣老人撰
吳門畫舫續錄一卷　題箇中生輯
歸硯錄一卷　清王士雄撰
治疥集驗方一卷
竹雲題跋一卷　清王澍撰
虛舟題跋一卷　清王澍撰
歸田詩話一卷　明瞿佑撰
蓮坡詩話一卷　清查爲仁撰
隨園詩話一卷　清袁枚撰
樗園銷夏錄一卷　清郭麐撰
靈芬館續詩話一卷　清郭麐撰
榕城詩話一卷　清杭世駿撰
鐙窗瑣語一卷　清王源撰
攓石齋詩注一卷　清錢載撰

新坂土風注一卷　清陳鱣撰
西湖秋柳詞注一卷　清楊鳳苞撰
潛研堂集一卷　清錢大昕撰
大雲山房文稿一卷　清惲敬撰
雲石山房集一卷　清馬汶撰
宋人絕句一卷　清王士禎輯
宋人絕句一卷　清袁枚輯
宋人絕句一卷　清郭麐輯
元人絕句一卷　清郭麐輯
湖海樓詩集一卷　清陳維崧撰
硯林詩集一卷　清丁敬撰
葦間詩集一卷　清姜宸英撰
甌北詩鈔一卷　清趙翼撰
離垢集一卷　清華嵒撰
船山詩草一卷　清張問陶撰
春星草堂詩稿一卷　清吳熙撰
小謨觴館詩集一卷　清彭兆蓀撰
知止堂詩錄一卷　清朱綬撰
復莊詩問一卷　清姚燮撰
秋鷗遺稿一卷　清徐濬撰
楓江草堂詩集一卷　清朱紫貴撰

再續編

宸垣識略一卷　清吳長元撰
日下舊聞一卷　清朱彝尊撰
天臺小志一卷　清張聯文撰
海昌外志一卷　清談遷撰
蜀行日記一卷　清朱邇邁撰
桃溪客語一卷　清吳騫撰
東城雜記一卷　清厲鶚撰
北隅掌錄一卷　清黃士珣撰
樵錄一卷　清夏樂叟撰
前溪客話一卷　清蘇士樞撰
天一閣書目一卷　明范欽撰
天一閣書目一卷　清阮元撰
世善堂書目一卷　明陳第撰
採集遺書總錄一卷　清浙江書局編
勿菴曆算書目一卷　清梅文鼎撰
瀛舟筆談一卷　清阮亨撰
虛舟題跋補鈔一卷　清王澍撰
竹雲題跋補鈔一卷　清王澍撰
碧血錄一卷　題燕客撰
夢溪筆談一卷　宋沈括撰
山居新語一卷　元楊瑀撰
丹鉛總錄一卷　明楊慎撰
棗林外索一卷　清談遷撰
初白外書補鈔一卷　清查慎行撰

天錄識餘一卷　清高士奇撰
尖陽叢筆補鈔一卷　清吳騫撰
捫蝨瑣譚一卷　清曹宗載撰
北山居士瑣記一卷　清朱緒曾撰
聞窗瑣記一卷
近事瑣譚一卷
農桑輯要一卷　元司農司撰
通俗編一卷　清翟灝撰
桐陰日省編一卷　清吳騫撰
隨園食單一卷　清袁枚撰
餘事錄一卷
近聞錄一卷　題慵訥居士撰
質直談耳一卷　清錢肇鰲撰
新齊諧一卷　清袁枚撰
夜航船一卷　題破額山人撰
七嬉一卷　題棲雲野客撰
柳崖外編一卷　清徐昆撰
南雷文鈔一卷　清黃宗羲撰
鮚埼亭集一卷　清全祖望撰
鮚埼亭集外編一卷　清全祖望撰
樊榭文集一卷　清厲鶚撰
靈芬館雜著一卷　清郭麐撰
朱莊恪公集一卷　清朱桂楨撰
花農雜稿一卷　清蘇士樞撰

冬青館集一卷　清張鑑撰
拾香草堂集一卷　清溫日鑑撰
什一偶存一卷
蘋廬小著一卷　清許楠撰
表異錄附一卷　清朱彝尊撰
帶經堂詩話補鈔一卷　清王士禎撰
橡坪詩話補鈔一卷　清方恆泰撰
明詩綜一卷　清朱彝尊撰
感舊集一卷　清王士禎撰　清盧見曾補
與袁堂詩集一卷　清陳殿桂撰
與袁堂詩集補鈔一卷　清陳殿桂撰
射山詩鈔一卷　清陸嘉淑撰
敬業堂詩集一卷　清查慎行撰
查浦詩鈔一卷　清查嗣瑮撰
潛山外集一卷　清俞思謙撰
東海半人詩鈔一卷　清鍾大源撰
篔谷詩鈔一卷　清查揆撰
都門竹枝詞一卷
京都竹枝詞一卷　清德碩亭撰
論印絕句一卷　清吳騫撰
金元詩選一卷　清顧奎光撰
雪笑集一卷　清楊學易撰
詞綜發凡一卷　清朱彝尊撰

補編

東華錄一卷　清蔣良騏撰
金源劄記一卷　清施國祁撰
明紀稗史一卷
明諡彙編一卷　明郭道憲撰
讀書敏求記一卷　清錢曾撰
述古堂藏書目一卷　清錢曾撰
書城偶輯一卷　清陳萊孝撰
揅經堂續提要一卷　清阮元撰
拜經樓藏書題跋記一卷　清吳壽暘撰
鐵函齋書跋一卷　清楊賓撰
湛園題跋一卷　清姜宸英撰
蘇齋題跋一卷　清翁方綱撰
甌香畫跋一卷　清惲格撰
谿山臥遊錄一卷　清盛大士撰
紹興府志補鈔一卷　清李亨特撰
寧波府志一卷　清曹秉仁撰
台灣府志一卷　清范咸等撰
餘姚志一卷　清唐若瀛撰
富陽縣志一卷　清錢晉錫撰
縉雲縣志補鈔一卷　清湯成烈撰
龍泉縣志一卷　清蘇遇龍撰
金華縣志一卷　清黃金聲撰

桐鄉縣志一卷　清李廷輝撰
震澤鎭志一卷　清紀磊、沈眉壽撰
酆都縣志一卷　清瞿頡撰
峨眉縣志補鈔一卷　清王燮撰
銅梁縣志一卷　清徐瀛撰
朝鮮國志一卷　明黄𣓨忠撰
琉球國志一卷　清周煌撰
旃林紀略一卷　清徐瀛撰
秣陵雜事一卷　清陳文述撰
閩中摭聞一卷　清陳雲程撰
閩小紀一卷　清周亮工撰
楚庭稗珠録補鈔一卷　清檀萃撰
南中紀聞一卷　清包汝楫撰
隴蜀餘聞一卷　清王士禛撰
灌江備考一卷　清張灼撰
粤中見聞一卷　清范端昂撰
嶺南隨筆一卷　清關涵撰
嶺南雜記一卷　清吴震方撰
粤述一卷　清閔敘撰
粤西偶記一卷　清陸祚蕃撰
雲麓漫鈔一卷　宋趙彦衛撰
集古偶錄一卷　清陳星瑞撰
談古偶錄一卷　清陳星瑞撰
湛園札記一卷　清姜宸英撰

訂譌雜錄一卷　清胡鳴玉撰
四寸學一卷　清張雲璈撰
東湖叢記一卷　清蔣光煦撰
冷賞一卷　明鄭仲夔撰
耳新一卷　明鄭仲夔撰
夢憶一卷　清張岱撰
冬夜箋記一卷　清王崇簡撰
觚賸一卷　清鈕琇撰
蓴鄉贅筆一卷　清董含撰
三岡識略一卷　清董含撰
見聞錄一卷　清徐岳撰
見聞雜記一卷　清李樂撰
鴻泥日錄一卷　清王定柱撰
東歸紀略一卷　清杜致遠撰
筠廊偶筆一卷　清宋犖撰
述異記一卷　題東軒主人撰
曠園雜志一卷　清吳陳琰撰
蚓菴瑣語一卷　清王逋撰
志雅堂雜鈔一卷　宋周密撰
硯北雜志一卷　元陸友撰
西青散記一卷　清史震林撰
南野堂筆記一卷　清吳文溥撰
少見錄一卷　清吳文溥撰
耐冷譚一卷　清宋咸熙撰

兩般秋雨盦隨筆補鈔一卷　清梁紹壬撰
瓜廬紀異一卷　清許文數撰
板橋雜記一卷　清余懷撰
續板橋雜記一卷　清吳珠泉撰
外科症治全生集一卷　清王維德撰
備急簡易方一卷　清吳氏撰
清菴先生中和集一卷　元李道純撰
山居備用一卷
臼操一卷　清閔寓五撰
深省堂詩話一卷　清李確撰
漁洋詩話一卷　清王士禎撰
帶經堂詩話一卷　清王士禎撰
拜經樓詩話一卷　清吳騫撰
蓮子居詞話一卷　清吳衡照撰
顧曲直言一卷　明沈德符撰
崇禎宮詞注一卷　清王譽昌撰
朝鮮紀事詩注一卷　清陸琳撰
清尊集注一卷　清汪遠孫撰
宋詩紀事一卷　清厲鶚撰
南宋江湖集一卷　宋陳起撰
松雪齋集一卷　元趙孟頫撰
撫雲集一卷　清錢良擇撰
茗齋詩存一卷　清彭孫貽撰
松江詩鈔一卷　清姜兆翀撰

朝鮮採風錄一卷　清孫致彌撰
蘭雪詩翰一卷　朝鮮許景樊撰
貞蕤稿略一卷　朝鮮朴齊家撰
澄江集一卷　清陸次雲撰
靜存齋詩集一卷　清錢師曾撰
錦囊集一卷　清徐熊飛撰
虛字發蒙一卷　清許逢辰撰

附錄

大清典要一卷
製義叢話一卷　清梁章鉅撰
物類相感志一卷　宋蘇軾撰
宋東京考一卷　清周城撰
心史一卷　宋鄭思肖撰
二申野錄一卷　清孫之騄撰
東林列傳凡例一卷　清陳鼎撰
吳乘竊筆一卷　明許元溥撰
竹汀日記一卷　清錢大昕撰
西清筆記一卷　清沈初撰
學程一卷
本語一卷　明高拱撰
湖山遺事一卷　清朱彭撰
東南諸山記一卷　清查奕慶撰

書影一卷　清周亮工撰
戲瑕一卷　明錢希言撰
醉裡耳餘錄一卷　清陳銘撰
毘陵雜事一卷　清褚邦慶撰
賢己編一卷　清黃安濤撰
訓俗遺規一卷　清陳弘謀撰
竹嫩畫媵一卷　清李日華撰
所見書畫錄一卷　清陸時化撰
畫論一卷　清查人渼撰
柯亭畫蘭題句一卷　清汪文柏撰
甬東文約一卷
寶輪齋稿一卷　明釋明源撰
梅村詩集注一卷　清吳翌鳳撰
清暉贈言一卷　清言德堅編
丁辛老屋集一卷　清王又曾撰
太鶴山人集一卷　清端木國瑚撰
松壺畫贊一卷　清錢杜撰
頤道堂詩選一卷　清陳文述撰
湖山游侶詩存一卷　清施紹培撰

拾遺

兩漢書校本記一卷　清錢泰吉撰
梅里志一卷　清楊謙撰　清李富孫補

粤海堂諸子著書目評一卷　清錢儀吉撰
觀妙齋藏金石文字考略一卷　清李光映撰
楚北金石錄一卷
揚州畫舫錄一卷　清李斗撰
洞庭游記一卷　清王文佐撰
蓬島雜錄一卷　清錢沃臣撰
竹窗鮮頤錄補鈔一卷　清張次仲撰
于野紀錄一卷　清張次仲撰
待軒隨筆一卷　清張次仲撰
續太平廣記一卷　清陸壽名輯
聞見卮言補鈔一卷　清祝文彦撰
嵐窗雜錄一卷　清杏橋居士撰
昭代名人小傳一卷　清吳修撰
國朝閨秀正始集小傳一卷　清惲珠撰
冷廬雜識一卷　清陸以湉撰
沈氏農書一卷
西吳蠶法一卷
說蠶一卷　清硯貞氏撰
畫學指南一卷
海上集驗方一卷
飲食譜一卷　清王士雄撰
今文偶見一卷　清徐斐然輯
國朝二十四家文鈔一卷　清徐斐然輯
待軒先生遺集一卷　清張次仲撰

柏梘山房集一卷　清梅曾亮撰
衎石齋記事稿一卷　清錢儀吉撰
甘泉鄉人集一卷　清錢泰吉撰
葆沖書屋集一卷　清汪如洋撰
勉學詩一卷　清陶蓮生撰
百一山房詩外一卷　清應時良撰
扶風題贈錄一卷　清馬氏輯

滌襟樓遺懷集四種四卷

清郭師泰編　清光緒二十四年稿本　孫默庵跋　二册　九行二十五字無格　鈐滌襟樓白文方印　郭師泰印白文方印　字筠孫朱文方印　滌襟樓書畫印朱文方印

三六五七

存二種二卷

小唱一卷
奇談一卷

家集叢書

翠巖遺稿三種二十七卷

清李雍熙撰　清康熙間湛恩堂刻本　三册　九行二十二字黑口左右雙邊　鈐會稽魯氏貴讀樓藏書印朱文方印

五二七七

翠岩偶集六卷
孝行庸言十四卷
孝弟編七卷　清李斯義撰

德州田氏叢書十三種一百三十八卷　清田雯編　清康熙乾隆間刻本　六册　行款字數不等黑口左右雙邊　鈐蟫香館藏書朱文方印　七一〇〇

存六種二十三卷
長河志籍考十卷　清田雯編
水東草堂詩一卷　清田需撰
鬲津草堂詩六卷　清田霡撰
鬲津草堂乃了集一卷　清田霡撰
安德明詩選遺一卷　清田同之撰
二學亭文湙四卷　清田同之撰

德州田氏叢書十三種一百三十八卷　清田雯編　清康熙乾隆間刻本　十册　八一八二

存六種七十一卷
蒙齋年譜一卷續一卷　清田雯撰　附補一卷　清田肇麗撰
古歡堂集三十六卷　清田雯撰
長河志籍考十卷　清田雯撰
黔書二卷　清田雯撰

有懷堂文集一卷詩集一卷　清田肇麗撰
硯思集六卷　清田肇麗撰

許氏巾箱集三種五卷

清許兆熊編　清嘉慶二十二年許氏石契齋刻本　一册　十一行二十一字白口左右雙邊　封面鐫嘉慶丁丑夏日刊　石契齋藏版　五八四九

南峰雜咏一卷　明許察撰
耕閒偶吟三卷　清許徐翀撰
本支世系記略一卷　清許兆熊撰

江都汪氏叢書八種三十八卷

清汪喜孫編　清道光間汪喜孫刻本　清許印林等校　十一册　十至十三行十九至三十字不等白口左右雙邊間四周單邊不等　五〇三一

存六種三十二卷

述學内篇三卷外篇一卷補遺一卷別録一卷
春秋述義一卷附録一卷　清汪中撰
從政録四卷　清汪喜孫撰
孤儿編三卷　清汪喜孫撰
行述一卷　清汪保和等撰
汪氏學行記六卷　清汪喜孫撰

江都陳氏叢書七種一百五卷

清陳本禮、陳逢衡撰　清嘉慶道光間刻本　二十六册　九行至十一行二十一至二十二字不等　五〇三七

白口左右雙邊

存五種九十卷

屈辭精義六卷　清陳本禮撰
漢詩統箋　清陳本禮撰
漢樂府三歌牋註三卷
急就探奇一卷
協律鉤元四卷外集一卷　清陳本禮撰
竹書紀年集證五十卷首一卷　清陳逢衡撰　清嘉慶十八年裛露軒刊
逸周書補注二十二卷首一卷末一卷　清陳逢衡撰　清道光五年梅山館刊

自著叢書

朱子遺書十五種一百三卷　宋朱熹撰　清康熙中禦兒呂氏寶誥堂刻本　十六册
十二行二十二字黑口左右雙邊

近思錄十四卷　宋朱熹、呂祖謙輯
延平李先生師弟子答問一卷後錄一卷　宋朱熹輯
雜學辨一卷附錄一卷
中庸輯略二卷　宋石𡼏輯

七六四一

論語或問二十卷
孟子或問十四卷
伊雒淵源錄十四卷
上蔡先生語錄三卷　宋謝良佐撰　宋朱熹輯
國朝諸老先生論語精義十卷
孟子精義十四卷
易學啓蒙四卷
詩序辨一卷
朱子陰符經考異一卷　宋黄瑞節撰
朱子周易參同契考異一卷　宋黄瑞節撰
孝經刊誤一卷

一六四七

陸放翁全集六種一百五十九卷

宋陸游撰　明末毛氏汲古閣刻清康熙毛扆增刻本　四十八册　八行十八字白口左右雙邊　下書口鎸汲古閣

渭南文集五十卷
劍南詩稿八十五卷
放翁逸稿二卷續添一卷
南唐書十八卷音釋一卷
家世舊聞一卷
齋居紀事一卷

五四三八

許文正公遺書十五種十二卷首一卷末一卷

元許衡撰　清乾隆五十五年刻本　八

册　九行二十一字白口四周單邊　封面鐫乾隆五十五年鐫

語錄二卷
小學大義
大學要略（以上合一卷）
大學直解一卷
中庸直解一卷
讀易私言一卷
陰陽消長論
揲蓍說（以上合一卷）
奏疏一卷
雜著一卷
書狀一卷
稽古千文
編年歌括（以上合一卷）
詩一卷
授時歷經一卷

一五四五
邵文莊公經史全書五種二十八卷　明邵寶撰　明曹荃編　明崇禎四年曹荃刻本　八册　十行二十字白口四周單邊

存四種二十七卷

泉齋簡端錄十二卷
學史十三卷
左觿一卷
容春堂雜鈔一卷

陽明先生集要四種十六卷

明王守仁撰　明施邦曜編　清乾隆五十二年濟美堂刻本　十册　十行二十字白口左右雙邊　封面鐫乾隆丁未重刊　濟美堂藏板　下書口鐫濟美堂

六七六七

理學編四卷
經濟編七卷
文章編四卷
陽明先生年譜一卷　清劉原道撰

王氏家藏集五種六十五卷

明王廷相撰　明嘉靖刻清順治十二年楊時薦補刻本　十八册　十行十八字白口四周單邊　鈐丁氏八千卷樓藏書記白文方印

一一三二

王氏家藏集四十一卷
慎言十三卷
雅述二卷
内臺集七卷
喪禮備纂二卷

碧里六種九卷

明董穀撰　明刻本　八册　十行十七字二十字不等白口四周單邊間雙邊不等　鈐竹泉山房朱文方印　曾在李鹿山處朱文方印

Z〇〇一五

碧里雜存一卷
董漢陽碧里後集雜存一卷　附十五子傳一卷
碧里疑存遵程錄一卷
董漢陽碧里後集疑存一卷附豢龍子一卷
碧里達存一卷
董漢陽碧里後集達存二卷

儼山外集二十三種四十卷

明陸深撰　明嘉靖二十四年刻本　十六册　十行二十字白口左右雙邊　一五四六

傳疑錄二卷
河汾燕閒錄二卷
春風堂隨筆一卷
聖駕南巡日錄一卷
大駕北還錄一卷
淮封日記一卷
南遷日記一卷
知命錄一卷
金臺紀聞二卷
願豐堂漫書一卷
谿山餘話一卷
玉堂漫筆三卷
停驂錄一卷續三卷
科場條貫一卷
豫章漫抄四卷
中和堂隨筆二卷

史通會要三卷
平胡錄一卷
春雨堂雜抄一卷
同異錄二卷
蜀都雜抄一卷
古奇器錄一卷附江東藏書目錄小序一卷
書輯三卷

一五四七

皇極篇十種二十七卷

明文翔鳳撰　明萬曆四十五年刻本　二十六册　九行二十字　白口四周單邊　鈐明善堂覽書畫印記白文方印　謝燕之印白文方印

伊川草四卷
汝海稿五卷
南國講錄三卷
孔邇錄三卷
天津稿一卷
于邁錄一卷
雲夢藥溪談一卷
太紫草一卷
于役錄一卷
太微堂目錄五卷

一五六二

吾學編十四種六十九卷

明鄭曉撰　明嘉靖刻鄭端簡公全集本　八册　十行十九字白口左右雙邊　有刻工

存七種三十一卷

皇明同姓諸侯王表二卷　傳三卷附異姓三王孔氏世家
兩京典詮尚書表一卷
皇明直文淵閣諸臣表一卷
皇明名臣記十八卷
皇明天文述一卷
皇明地理述二卷
皇明三禮述二卷
皇明百官述二卷

一五四八　**一齋集十二種三十五卷**　明陳第撰　明焦竑校　明萬曆會山樓刻本　十六册　十行二十一字白口左右雙邊間八行十八字白口四周雙邊
封面鎸會山樓藏板

存十一種三十三卷
伏羲圖贊二卷附雜卦傳古音考一卷
尚書疏衍四卷
毛詩古音考四卷附讀詩拙言一卷
屈宋古音義三卷
松軒講義一卷
謬言一卷
書札燼存一卷
意言一卷
五嶽遊草七卷
兩粤遊草一卷

寄心集六卷

少室山房全稿一百八十九卷 明胡應麟撰　明江湛然編　明萬曆四十六年江湛然刻本　十六册　九行十八字白口四周單邊 一二六六

存一種一百二十卷

少室山房類稿一百二十卷

李竹嬾先生説部八種二十五卷 明李日華撰　明天啓至崇禎刻本　十册　八行十九字白口四周單邊 一五四九

存七種二十四卷

六研齋筆記四卷二筆四卷三筆四卷

紫桃軒雜綴三卷又綴三卷

竹嬾畫媵一卷續畫媵一卷

禮白嶽記一卷

璽召録一卷

薊旋録一卷

墨君題語一卷

陳眉公吴寧野精校青蓮露六熌六卷 明葉華撰　明陳繼儒等校　明萬曆樹德堂刻本　六册　八行十七字白口四周單邊　封面鐫樹德堂藏板　有刻工　鈐自莊嚴堪朱文方印 一三九二

金粟園清語一卷附錄一卷
心經石點頭一卷
逸園清史一卷
太平清調迦陵音一卷迦陵指迷十六觀一卷
澹齋八景霏玉一卷
養生主一卷

七二七八

楊園先生全集十四種二十八卷

清張履祥撰　清乾隆籲山西池書屋刻本
六册　十行二十四字黑口左右雙邊　鈐沈
燕謀藏書記白文方印

備忘錄四卷
文稿四卷
答問一卷
訓子語二卷
經正錄一卷
農書二卷
問目一卷
學規一卷
喪祭雜說一卷
願學記一卷
近古錄四卷
言行見聞錄二卷
初學備忘二卷
門人所記一卷

孫文定公全集六種十二卷 清孫廷銓撰 清康熙十七年師儉堂刻本 八册 八行二十字白口四周單邊 四八七八

存三種四卷

沚亭刪定文集二卷

沚亭自刪詩一卷

琴譜指法省文一卷

東谷全集四種五十一卷 清白胤謙撰 清順治康熙間刻本 二十册 九行二十字白口左右雙邊 下書口鐫東谷集 四六三二

東谷集詩二十卷續刻二卷文八卷續刻四卷

歸庸齋詩四卷文四卷

桑榆集詩三卷文三卷

學言二卷續一卷

聰山集四種十三卷附二種二卷 清申涵光撰 清康熙刻清補刻本 三册 九行二十字白口四周單邊間四周雙邊 封面鐫渾脱居藏板 六八〇八

聰山詩選八卷

聰山文集三卷

荆園小語一卷

荆園進語一卷

附申凫盟先生年譜略一卷傳一卷墓誌銘、鄉賢録一卷 清申涵煜撰

八三〇八

唱經堂才子書彙稿十種十五卷　清金人瑞撰　清乾隆九年傳萬堂刻本　四冊　十行二十二字白口左右雙邊　封面鐫乾隆甲子重訂　傳萬堂梓行　鈐四明林春齋周氏珍藏書畫印白文方印　臣慶煒印白文方印

聖嘆外書

唱經堂杜詩解四卷附沈吟樓借杜詩一卷

唱經堂古詩解一卷

唱經堂左傳釋一卷

唱經堂釋小雅一卷

唱經堂釋孟子四章一卷

唱經堂批歐陽永叔詞十三首一卷

聖嘆內書

唱經堂通宗易論一卷

唱經堂聖人千案一卷

唱經堂語錄纂二卷

聖嘆雜篇

唱經堂隨手通一卷

四七二九

中山集四種十四卷　清郝浴撰　清康熙刻本　八冊　十行二十字白口左右雙邊　鈐戴經堂藏書白文方印　靖廷朱文方印

中山文鈔四卷

中山詩鈔四卷

中山史論二卷

中山奏議四卷

王漁洋遺書三十八種二百七十三卷

清王士禛撰並輯　清康熙間刻本
八十册　十行十九字白口四周單邊

漁洋山人詩集二十二卷續集十六卷
蠶尾集十卷續集二卷後集二卷
南海集二卷
雍益集一卷
漁洋山人文略十四卷
漁洋山人精華録十卷
蜀道驛程記二卷
皇華紀聞四卷
粤行三志三卷
池北偶談二十六卷
謚法攷一卷
秦蜀驛程後記二卷
隴蜀餘聞一卷
長白山録一卷補遺一卷
古懽録八卷
居易録三十四卷
浯溪考二卷
載書圖詩一卷
香祖筆記十二卷
古夫于亭雜録五卷

分甘餘話四卷
漁洋詩話三卷
阮亭選古詩五言詩十七卷七言詩十五卷
唐賢三昧集三卷
十種唐詩選十七卷
蕭亭詩選六卷　清張實居撰　清王士禛輯
徐詩二卷　清徐夜撰　清王士禛輯
考功集選四卷　清王士祿撰　清王士禛輯
古鉢集選一卷　清王士祜撰　清王士禛輯
二家詩選二卷　清王士禛編
華泉先生集選四卷　明邊貢撰　清王士禛輯
睡足軒詩選一卷　明邊習撰　清王士禛、徐夜輯
抱山集選一卷　清王士禧撰　清王士禛輯
唐人萬首絕句選七卷
歷仕錄一卷　清王之垣撰
隴首集一卷　清王與胤撰
清癖齋心賞編一卷　明王象晉撰
剪桐載筆一卷　明王象晉撰

王漁洋遺書三十八種二百二十八卷　清王士禛撰　清康熙間刻本　五十三册　七五〇三

存二十五種一百四十五卷
唐文粹詩選六卷
長白山錄一卷補遺一卷

浯溪考二卷補遺一卷
唐人萬首絶句選七卷
載書圖詩一卷
國朝謚法考一卷
南來志一卷
華泉先生詩選四卷　存二卷
秦蜀驛程後記二卷
龍蜀餘聞一卷
贈行詩一卷
賜沐紀程一卷
漁洋山人詩集二十二卷續集十六卷
考工集選四卷
雍益集一卷
蠶尾集十卷續集二卷
漁洋山人精華錄十卷
居易錄三十四卷
漁洋山人文略十四卷
香祖筆記十二卷
唐賢三昧集三卷
蕭亭詩選六卷
分甘餘話四卷
歷仕錄一卷
隴首集一卷附疏

七二六九　**世德堂遺書七種二十三卷**　清王鉞撰　清康熙刻本　十册　十行二十二字白口左右雙邊間九行二十字黑口左右雙邊

水西紀略一卷
世德堂文集二卷詩集二卷
朱子語類纂十三卷　清王鉞輯
暑窗臆說二卷
讀書蕞殘一卷
粵遊日記一卷
星餘筆記一卷

五一四一　**安溪李文貞公解義三種四卷**　清李光地撰　清康熙五十八年清謹軒刻本　二册　十一行二十字白口四周單邊　鈐海豐吳氏朱文方印

離騷經一卷附九歌一卷
參同契一卷
陰符經一卷

八一四七　**李文貞公全集三十九種四十七卷附七種二十三卷**　清李光地撰　清乾隆元年李清植刻嘉慶六年補刻本　八十册　行款字數不等白口左右雙邊

榕村全集四十卷
詩所八卷

大學古本說一卷
中庸章段一卷
中庸餘論一卷
讀論語劄記二卷
讀孟子劄記二卷
古樂經傳五卷
榕村別集五卷
周易觀象大指二卷
離騷經解一卷
九歌注一卷
陰符經注一卷
參同契注一卷
孝經全注一卷　嘉慶六年重刊
洪範說二卷
榕村制義初集一卷二集一卷三集一卷四集一卷
周易通論四卷
榕村語錄三十卷
周易觀象十二卷
朱子禮纂五卷　清李光地輯
尚書七篇解義二卷
澍叟存愚二卷　清李清植撰
太極圖解一卷　宋周敦頤撰　宋朱熹注
通書一卷　宋周敦頤撰　宋朱熹注
西銘一卷　宋張載撰

論定性書一卷　宋程顥撰
顔子所好何學論一卷　宋程頤撰
經書源流歌訣一卷　清李鍾倫撰
三禮儀制歌訣一卷　清李鍾倫撰
歷代姓系歌訣一卷　清李鍾倫撰
握奇經訂本一卷　清李光地注
榕村字畫辨訛一卷
正蒙注二卷
二程子遺書纂二卷外書纂一卷　清李光地輯
古文精藻二卷　清李光地輯
韓子粹言一卷　唐韓愈撰　清李光地輯
榕村講授三卷　存下編　清李光地輯
朱子語類四纂五卷　清李光地輯

附

交食蒙求訂補二卷　清梅文鼎撰
弧三角舉要五卷　清梅文鼎撰
筆算五卷　清梅文鼎撰
環中黍尺五卷　清梅文鼎撰
塹堵測量二卷　清梅文鼎撰
曆象本要一卷
曆象駢枝　存三卷

七九三〇

西堂全集四種一百二十八卷 清尤侗撰 附一種六卷 清康熙中刻後印本 十

六册 十行二十一字白口四周單邊 鈐沉迷簿硯朱文方印 半制朱文方印

存三種六十七卷附一種六卷

西堂文集二十四卷
西堂雜組一集八卷
西堂雜組二集八卷
西堂雜組三集八卷
西堂詩集三十卷
西堂剩稿二卷
西堂小草一卷
西堂秋夢錄一卷
論語詩一卷
右北平集一卷
看雲草堂集八卷
述祖詩一卷
于京集五卷
哀絃集二卷
擬明史樂府一卷
外國竹枝詞一卷
百末詞五卷詞餘一卷
西堂樂府七卷

讀離騷一卷
弔琵琶一卷
桃花源一卷
黑白衛一卷
李白登科記一卷
鈞天樂二卷
附湘中草六卷　清湯傳楹撰

八〇三一
西堂全集四種一百二十八卷 清尤侗撰 附一種六卷 清康熙刻本 五十冊
十行二十一字上白口下細黑口四周單邊間十三行二十三字白口左右雙邊有圖

存一種六十七卷
西堂餘集六十七卷
年譜圖詩一卷
小影圖贊一卷
年譜二卷
性理吟一卷後吟一卷
續論語詩一卷
艮齋倦稿詩集十一卷文集十五卷
艮齋雜說十卷
看鑑偶評五卷
明史擬稿六卷外國傳八卷

宮閨小名錄五卷

五〇九〇

張篔山三種十一卷　清張貞生撰　清康熙中講學山房刻本　四册　九行十九字白口左右雙邊

存二種五卷

唾居隨錄四卷

崇祀錄一卷

七一四二

鈍翁全集二種一百一十八卷附三種七卷　清汪琬撰　清康熙刻本　十六册　十行十九字小字雙行十八字黑口左右雙邊

鈍翁類稿六十二卷

詩稿十二卷文稿三十八卷

外稿十二卷

古今五服考異八卷

東都事略跋三卷

歸詩考異一卷

鈍翁續稿五十六卷

詩稿八卷文稿二十二卷

別稿二十六卷

擬明史列傳二十四卷

蘇州汪氏族譜一卷

先府君事略一卷

附

寸碧堂詩集二卷外集一卷 明汪膺撰

汪伯子箐菴遺稿一卷 清汪筠撰

姑蘇楊柳枝詞一卷補一卷補注一卷 清周枝楙輯 清周靖箋注

陸雲士雜著五種二十一卷

清陸次雲撰 清貢煒等校 清康熙二十二年宛羽齋刻本 八冊 九行十九字小字雙行十八字白口左右雙邊 五〇三三

八紘譯史

譯史四卷

八紘荒史一卷

峒谿纖志三卷

纖志志餘一卷

譯史紀餘四卷

澄江集一卷

北墅緒言五卷

玉山詞一卷

湖壖雜記一卷

禮山園全集二十一種五十九卷

清李來章撰 清康熙刻乾隆增刻本 十三冊 行款字數不等黑口間白口左右雙邊 六五三一

存十五種二十六卷

嵩少遊草一卷
新城王氏西城別墅十三詠一卷
鎖闈雜詠一卷
達天錄二卷
聖人家門喻一卷　清魏象樞撰
書紳語略一卷
南陽書院學規二卷首一卷
學要八箴一卷
紫雲書院讀史偶譚一卷
敕賜紫雲書院志不分卷
連山書院志六卷
聖諭圖象衍義二卷存下卷
聖諭宣講鄉保條約一卷儀注一卷
聖諭衍義三字歌俗解一卷
御製訓飭士子文淺解一卷宣講儀注一卷宣講條約一卷

楊氏全書八種三十六卷

清楊名時撰　清乾隆五十九年葉廷甲水心草堂刻本　八册　十行二十一字白口左右雙邊　有刻工　鈐弢齋藏書記朱文方印

易經劄記三卷
詩經劄記一卷
四書劄記四卷
經書言學指要一卷

大學講義二卷
中庸講義一卷
程功錄四卷
文集十二卷別集六卷附錄二卷

朱文端公藏書十三種 清朱軾撰 清康熙至乾隆間刻本 二十六册 九行二十二字白口左右雙邊 七三六五

存三種五十八卷

歷代名儒傳八卷首一卷 清朱軾、蔡世遠輯
歷代名臣傳三十五卷首一卷續編五卷 清朱軾、蔡世遠輯
歷代循吏傳八卷 清朱軾、蔡世遠輯

徐位山六種八十七卷 清徐文靖撰 清雍正乾隆間志寧堂匯印本 三十六册 九行二十字小字雙行字同白口左右雙邊 八一三二

天下山河兩戒考十四卷圖一卷 清雍正元年刊
禹貢會箋十二卷圖一卷 清乾隆十八年淳溪趙文冕刊
竹書紀年統箋十二卷前編一卷雜述一卷 清乾隆十五年當塗崔萬烜刊
志寧堂稿不分卷
管城碩記三十卷 乾隆九年毛大鵬刊
經言拾遺十四卷 乾隆二十年毛大鵬刊

抗希堂十六種一百四十四卷 清方苞撰 清康熙乾隆間桐城方氏抗希堂刻本 六十四册 九行二十四字白口四周雙邊 八〇二七

周官集注十二卷
周官析疑三十六卷

考工記析疑四卷
周官辨一卷
離騷經正義一卷
春秋直解十二卷
春秋通論四卷
春秋比事目錄四卷
禮記析疑四十八卷
儀禮析疑十七卷
喪禮或問一卷
左傳義法舉要一卷　清方苞述　清王兆符、程崟錄
史記注補正一卷
删定管子一卷　周管仲撰　清方苞删定
删定荀子一卷
望溪先生文集不分卷
望溪先生文外集不分卷

硯谿先生全集八種十一卷目錄二卷

清惠周惕撰　清乾隆惠氏紅豆齋刻本　四册　十一行二十二字小字雙行字同白口左右雙邊　封面鎸紅豆齋藏板

五〇三二

存七種十卷目錄二卷

北征集一卷
峥嶸集一卷

東中集一卷
紅豆集一卷
嚶語集一卷
謫居集一卷
詩說三卷

介石堂集三種二十六卷附一種一卷　清郭起元撰　清乾隆刻本　十二册　九行十九字小字雙行字同白口左右雙邊　鈐世有好事進忠學朱文方印　四七四二

存二種二十卷附一種一卷

介石堂詩集十卷
介石堂文集十卷
附
蘭居吟草一卷　清陳玉瑛撰

鹿洲全集八種四十三卷　清藍鼎元撰　清雍正十年刻本　八册　九行十九字白口左右雙邊　有刻工　七二五八

存四種十一卷

平臺紀略一卷
東征集六卷
鹿洲公案二卷
修史試筆二卷

五〇三五 **文壇清鑑集四種十八卷** 清屠元淳撰 清乾隆十一年刻本 五册 十行二十一字黑口四周雙邊

尋樂類編六卷
萬花擷繡四卷
閱史閒評四卷
照代舊聞四卷

五四四四 **青雲洞遺書初刻八種十卷二刻六種六卷** 清謝丕振撰 清乾隆二十一年李養亨刻本 四册 十行二十二字黑口左右雙邊

初刻

考亭遺矩一卷
朱子師友傳一卷
事賢錄一卷
友仁錄一卷
河東先儒遺訓一卷
河東先儒醒世文一卷
河汾淵源二卷
善教名臣言行錄一卷

二刻

左陶右邵一卷
臥雲草一卷

八物吟一卷
北窗草一卷
司鐸草一卷
文集一卷

杉亭集二種二卷　清吳烺撰　清乾隆刻本　一册　十行十九字小字雙行十八字黑口左右雙邊　六六五〇

存一種一卷

五聲反切正韻一卷

高梅亭讀書叢鈔十一種四十二卷　清高嵣撰　清乾隆五十三年廣郡永邑楊氏培元堂刻本　四十八册　九行二十五字小字雙行字同白口四周雙邊　鈐讀書最樂朱文方印　五八二五

左傳鈔六卷
公羊傳鈔一卷
穀梁傳鈔一卷
國語鈔二卷
國策鈔二卷
史記鈔四卷
前漢書鈔四卷
後漢書鈔二卷附蜀漢文鈔
唐宋八家鈔八卷
歸餘鈔四卷

嘉懿集初鈔四卷續鈔四卷

獨學廬全稿八種四十七卷　清石韞玉撰　清乾隆嘉慶間刻本　二十四册　十行　六八九五
十八字小字雙行字同黑口左右雙邊　鈐觀古堂朱文方
印　葉德輝煥彬甫藏閱書白文方印　杭州王氏九峰舊廬藏書之章朱文方印

存六種三十二卷

獨學廬初稿詩八卷文三卷
讀左巵言一卷
漢書刊誤一卷
獨學廬二稿詩三卷文三卷
獨學廬三稿文五卷
詩晚香樓集六卷外集二卷

陳一齋全集五種四十二卷　清陳梓撰　清嘉慶二十年胡敬義堂刻本　八册　九　六五三三
行二十一字小字雙行字同白口左右雙邊　各子目封
面均鐫嘉慶乙亥重鐫　敬義堂胡藏板

存四種三十九卷

經義質疑八卷
四書質疑五卷
刪後文集十六卷
刪後詩存十卷

七八八〇

楚蒙山房集三種四十九卷

清晏斯盛撰　清乾隆七年新喻晏氏刻本　三十册
九行十九字黑口四周雙邊

楚蒙山房集二十卷
序二卷
奏疏五卷
壽文一卷
祭文一卷
江北水利書二卷
記説一卷
試士策問一卷
條教一卷
傳讚事狀一卷
墓表誌銘一卷
書四卷
楚蒙山房經解二十四卷
楚蒙山房詩五卷
學易初津二卷
易翼宗六卷
易翼説八卷
禹貢解八卷

五〇〇二

上湖遺集八種三十六卷

清汪師韓撰　清乾隆刻本　二册　十三行二十六字小字
雙行三十九字白口四周單邊　鈐曾在周叔弢處朱文方印
拜經樓吳氏藏書印朱文方印　碧桃八十一番年白文方印

存三種八卷

韓門綴學五卷續編一卷

談書錄一卷

詩學纂聞一卷

杭大宗七種叢書十七卷　清杭世駿撰　清乾隆中杭賓仁羊城刻本　五册　十行二十一字白口左右雙邊　八二九二

兩漢蒙拾五卷

漢書蒙拾三卷

後漢書蒙拾二卷

石經考異二卷

續方言二卷

晉書補傳贊一卷

文選課虚四卷

榕城詩話三卷

心齋十種二十一卷　清任兆麟撰　清乾隆中震澤任氏忠敏家塾刻本　四册

夏小正補注四卷　清乾隆五十一年刊　九行十七字小字雙行字同白口左右雙邊　封面鐫忠敏家塾藏版　五〇二八

石鼓文集釋一卷　清乾隆五十三年刊　六行八字白口左右雙邊　封面鐫心齋藏書

尸子三卷附錄一卷　周尸佼撰　清惠棟輯　任兆麟補遺　清乾隆五十三年刊　九行十七字白口左右雙邊

四民月令一卷　漢崔寔撰　清任兆麟輯　清乾隆五十三年刊　九行十七字白口左右雙邊　下書

口鐫忠敏家塾
襄陽耆舊記三卷　晉習鑿齒撰　清任兆麟訂　清乾隆五十三年刊　九行十七字白口左右雙邊
文章始一卷　梁任昉撰　清任兆麟校
壽者傳三卷　明陳懋仁撰　清任兆麟評　清乾隆五十年刊　九行十七字白口左右雙邊
孟子時事略一卷　清乾隆五十三年刊　九行十七字白口左右雙邊
心齋集詩稿一卷附弦哥古樂譜一卷　九行十七字白口不等左右雙邊
綱目通論一卷　清乾隆四十六年刊　十行十九字白口左右雙邊　封面鐫同川書屋藏板　有刻工

消閒四種七卷

清左潢撰　清嘉慶藤花書舫刻本　四册　八行十六字白口四周梅花間不規則多邊形花紋欄　封面鐫嘉慶丙寅辛未年鐫　四八九七

紅樓茗飲一卷
會眞別趣四卷
探花集字譜一卷
臥遊名山圖一卷

天香全集十二種三十三卷

清舒夢蘭撰　清嘉慶六至十八年刻本　十册　八行二十字白口四周雙邊　鈐順德蘇伯得珍藏金石書畫記朱文方印　六五三四

存九種二十八卷

遊山日記十二卷
湘舟漫錄三卷
驂鸞集三卷
古南餘話五卷

三三二三

古籐書屋雜著十種二十九卷附二種五卷

清湯成烈撰 稿本 二十一冊 十行字數不等 藍格 下書口鐫古藤書屋鈔本 鈐湯成烈印白文方印

和陶詩一卷
香詞百選一卷
歸舟雜詠一卷
秋心集一卷
南征集一卷
古籐書屋文鈔七卷
古籐書屋文甲集二卷乙集五卷外編一卷
清淮詞稿二卷附雜文
古籐書屋詩稿一卷
典訓恭記五卷
經史人名韻編□□卷 存一至十二 十四至十五
國史列傳（陽湖籍）一卷
退園隨筆壬二卷
毘陵歷代史傳三卷
大清會典摘抄不分卷

附

蒔薌詩草三卷 清李述來撰
淳則齋詩二卷 清洪惠方撰

笙雅堂全集四種二十一卷

清張九鐔撰　清嘉慶十七年張世浣刻本　十册　十行二十一字黑口四周雙邊　六八三五

笙雅堂文集四卷詩集十四卷
竹書紀年考證一卷
竹南賦略一卷
易通一卷

飴山全集五種三十九卷

清趙執信撰　清乾隆十七年刻、文集等三十九年因園刻本　十册　十行二十一字白口四周單邊間左右雙邊　封面鐫乾隆壬申新鐫　因園藏板　六一一四

飴山詩集二十卷
文集十二卷附録一卷
聲調譜三卷
禮俗權衡二卷
談龍録一卷

有眞樂齋雜著十二種

清沈廼普撰　清抄本　十四册　九行二十一字無格　三六四五

有眞樂齋詩存八卷
有眞樂齋尺牘二卷
有眞樂齋試貼六卷
有眞樂齋經藝不分卷
有眞樂齋時藝不分卷
有眞樂齋霏屑集不分卷

淮壖詩賦各體抄存不分卷
有眞樂齋賦草二卷
有眞樂齋四季吟草不分卷
花柳聯唫不分卷
分詠菊花疊韻詩二卷
梅雪爭春集二卷

三三四八

王綸閣先生稿本彙錄四十種附二種

王襄撰　稿本　一百六冊　行款字數不等

簠室殷契類纂
秦前文字韻林
古鏡寫影
古鏡寫影（初稿）
殷代貞史待徵錄
殷代貞史待徵錄（初稿）
流沙墜簡勘誤記
毛公鼎釋文
綸閣所撫金石文字
古陶今釋
綸閣文稿
綸閣詩稿
簠室題跋
古文流變臆說
古文流變臆說（初稿）
滕縣漢石刻畫記

古陶殘器絜語
虞齋臨摹古今文字
宋錢志異錄
貞卜文臨本
古鉢臨本
兩漢文物舉例
簠室小知錄
敬吾心室識篆圖
三體石經考錄本
簠室雜抄
入蜀瑣記
説文古籀補錄本
殷虚書契待問篇錄本
李越縵詩文錄
簠室集古籀文聯語
綸閣所錄殷契
簠室所撫殷契
契文彙錄
簠室課餘雜鈔
簠室筆記
簠室叢錄
叢錄備忘
附陳介琪書札一卷　清陳介琪撰
東堂畫集一卷　清魏東堂繪　王襄題跋

後記

一九七八年為實現周恩來總理『要盡快把全國古籍善本書目編出來』的遺願，在文化部圖書館事業管理局的直接領導下，在全國範圍内開始了古籍善本書的普查和編目工作。天津圖書館積極配合這項工作，并以此為契機，開始着手對館藏古籍善本書進行普查和編目工作。我們從一九七八到一九八九年用了十餘年的時間完成了館藏古籍善本書的基礎整理和上報《中國古籍善本書目》選目工作。在此基礎上，我們于一九九三年五月正式啟動《天津圖書館古籍善本書目》（以下簡稱《館藏善本書目》）的編製工作，又經過了十餘年的努力，到二零零八年一部全新的《館藏善本書目》終于殺青。時逢天津圖書館建成一百周年，我們謹以這部《館藏善本書目》向百年館慶獻禮！

天津圖書館的前身是天津直隸圖書館，創辦于清光緒三十三年（一九〇七）十一月，告成于三十四年五月，至今已有百年發展歷史。在漫長的歲月中，館藏古籍的收藏不斷豐富，由此也曾產生過多部綜合性或專題性古籍書目。這些書目反映了天津圖書館古籍藏書的情況，也為後來古籍編目工作奠定了基礎。在這些書目中最重

要的當屬建館初期編纂的第一部古籍書目——《天津直隸圖書館書目》和一九六一年編印的第一部古籍善本書目——《天津市人民圖書館館藏善本書目》兩部目錄。

《天津直隸圖書館書目》編纂于民國二年（一九一三），由當時的直隸提學使、我國著名藏書家、校勘家傅增湘先生主持編纂。由譚新嘉、韓梯雲負責編目工作。該書目裒集館藏全部古籍于一帙，并無善本與普通書之分。全書共分三十二卷，收書一二五五七種，基本采用四庫分類，并參閲古越藏書樓及其他各家書目體例略加變通，經部分四類，史部十七類，子部十三類，集部五類。類目清晰，條例分明，著錄内容大抵為書名、卷數、著者、版本、稽核項等。傅氏對該目極為滿意，稱：『義例翔明，區分有法，雖不能企七閣四庫之美備，以例夫新編之江寧圖書館書目，固已南北遥相輝映矣。』前有傅增湘撰『天津直隸圖書館書目序』及『凡例』十則，後有譚新嘉撰『天津圖書館書目跋』。這部書目多年來無論在圖書館自身藏書建設工作中，還是在為讀者服務工作中，都發揮了很大的作用。

《天津市人民圖書館藏善本書目》是自直隸圖書館成立以後編纂的第一部館藏古籍善本書目。由時任本館古籍部負責人、藏書家姒兼山先生主持編纂。一九六一年排版刷印。該目收錄了一九六〇年以前本館入藏的古籍善本二五五四種，按經、史、子、集、叢五部排列，著錄内容雖仍為書名、卷數、著者、版本、冊數等項，但明顯地看出，該書目無論對著者或版本的考訂上都是極為審慎的。多年以來，該書目得到了社會廣泛認同，在引導讀者閲讀，為專家學者開展學術研究等方面發揮了重要作用。

此外，本館還根據歷年古籍藏書的不斷遞增而編製了多部專題書目。如一九五五年編製了《天津市人民圖書館藏方志目録》，一九八〇年重新編製了《天津市人民圖書館方志目録》，收録一九一一年以前刊印或抄寫的地方志書三六八六部，較之前者增加了近七百部。又一九六二年編製了館藏《明清小説目録》，以及一九八一年編製的《天津圖書館藏活字本書目》等，這些書目都為後來古籍圖書的整理和編目工作提供了重要依據。

一九七八年開始的全國範圍的古籍普查和《中國古籍善本書目》編目工作，是一項有着重大意義的傳統文化建設工程。也是對各館收藏古籍的一次徹底清理，為摸清館藏家底提供了一個良機。這項工作得到了當時館領導班子成員，特别是著名學者黄鈺生館長的大力支持，抽調人力，重新組建古籍特藏部。在當時吕十朋、常淑芬二位正副主任直接帶領下，老一輩古籍編目工作者王寶琦、楊燕英、杜建榮、常惠生、陳瑞明、陶俊鈴，以及白莉蓉、張金環等年輕同志，參加了這一艱苦細緻的古籍普查和整理編目工作。至一九八〇年五月前完成了對上報《中國古籍善本書目》的善本古籍的著録和分編工作。這裏特别令我們懷念的是，在這期間，我們多次得到我國著名藏書家、版本目録學家、《中國古籍善本書目》編纂委員會顧問周叔弢先生的親臨指教，為我們解决了諸多版本鑒定方面的難題。我國著名版本目録學家、《中國古籍善本書目》主編、上海圖書館館長顧廷龍先生在來津看望周叔弢先生之際，抽暇來館為我們鑒定版本，對編目工作給與具體指導。還有國家圖書館研究館員、《中國古籍善本書目》副主編冀淑英、國家圖書館研究館員丁瑜二位先生冒着嚴寒來到天津圖書館，對疑難版本進行鑒定。在此期間，《中國古籍善本書目》編委會多次下達問詢表，調閲書影，查核問題，答疑

解惑。在整理館藏古籍，編寫本書目期間，曾得到了我國著名版本目錄學家、國家圖書館研究館員李致忠先生的具體指教。這些均為我們館藏古籍編目工作打下了堅實基礎。

一九八三年後，謝忠岳、李國慶二位正副主任主持部門工作，繼續館藏古籍的基礎性整理工作。歷時十個寒暑終于完成了館藏全部古籍的著錄和分編工作，取得了階段性重要成果。一九九三年五月在新一屆館領導班子，特別是陸行素館長和孔方恩副館長的鼓勵和鞭策下，正式啟動《天津圖書館古籍善本書目》的編製工作。編委會成員分工：由當時目錄組組長白莉蓉董理斯事，具體負責總編總校工作，包括起草《收錄範圍》、《著錄規則》、《類目表》及《編例》等；負責各部編定及初校工作的人員包括：經部張金環，史部白莉蓉，子部李國慶，集部謝忠岳、季秋華，叢部萬群。劉尚恆負責全稿初校工作。顯然，對于這部目錄的編製，如果沒有國家古籍善本書目項目的拉動，如果沒有各屆館領導的支持和幫助，如果沒有本館老中青古籍編目工作者所做的艱苦細緻的基礎整理工作，也就不可能有這部善本書目的問世。因此說，這部全新的館藏古籍善本書目是新老同仁心血的結晶，是集體成果。

《中國古籍善本書目》的編纂，對古籍善本的概念進行了重新界定，製定出新的收錄範圍、著錄條例及分類表，即被世人認可的『三性九條』。這對我們編纂新的館藏善本書目提供了理論依據。因此，在『遵循國家標準、突出館藏特色、盡可能多地向讀者提供原書信息』的理念下，我們對這部館藏善本書目的收錄範圍、著錄內容、類目設置等進行了一些調整，從而使這部目錄具有如下特點：

（一）確定收錄範圍，突出館藏特色

天津圖書館共收藏歷代古籍綫裝書五十二萬餘冊。若以部為單位進行統計共有五萬餘部，其中善本古籍八千餘部。經過幾次篩選、精校縝勘，在已編入《中國古籍善本書目》的二三六七部館藏善本的基礎上，又適當擴大收錄範圍，將那些接近《中國古籍善本書目》收錄標準而下一格的館級善本納入其中，如對明代以前刻印或抄寫的圖書，含叢書零種以及殘書存卷在全書三分之一以上者，均予收錄；清代乾隆以前的稿本、刻本、抄本，乾隆朝的精刻精抄本，乾隆以後、辛亥革命前具有一定學術資料價值的稿本及流傳較少的刻本、抄本或反映特殊印刷工藝的，如多色套印本、泥、銅活字本、木活字本中流傳較少者，均予收錄。此外，具有特殊意義的地方文獻、天津人的著述、書札、墨迹等，辛亥革命前名人批校題跋者亦均屬收入之列。因此這部書目共收錄館藏古籍善本書四八六〇種，五三五八部，較一九六一年編製的《天津市人民圖書館藏善本書目》的二五五四種多出近一倍。

本書目不僅收錄了天津圖書館收藏的宋元明代的珍貴藏品、孤本秘籍，同時也注重反映館藏特點，如地方志的收藏是天津館藏書中的一大特色，共藏有原刻方志三六〇〇餘部，其中明版方志五十三種，清版方志二四〇〇餘種，且有多部孤本或稀見本。在這些藏品中被收入《中國古籍善本書目》者三八三種。此次在編製館藏善本書目中對這部分藏書進行了重新整理，依據《中國地方志聯合目錄》的著錄，對流傳相對較少和部分雖刊刻較晚或屬續修之書，因初修志或初刻本已流傳極少者均收入其中。對于極個別的殘本方志，因原刻本幾為孤

帙，故即使本館存卷極少，也將其收入。所以，此次方志的補充量相對來説要多一些，共收入七百部左右，約占館藏方志的五分之一弱。

明清人詩文集也是館藏的一大特色，不僅數量多，在藏品的質量上也占優勢，此次收入這部目錄的明清人詩文集中，孤本、稀見本等就有百餘種之多，對流傳較少的清人詩文集也着意收入。因此該目錄共收錄明清人詩文集九三二種一〇〇七部，占該目錄收書總數的近五分之一。

明清寶卷是本館特色館藏之一。館藏善本書目收錄明清寶卷六十五部，包括《巍巍不動太山深根結果寶卷》、《嘆世無為卷》、《苦功悟道卷》、《破邪顯證鑰匙卷》和《正信除疑無修證自在寶卷》『五部六册』（明羅清著）在内的重要明清寶卷。其中明版寶卷三十八部，清版寶卷二十七部。針對《中國古籍善本書目》有選擇地衹收錄了十部明代寶卷而言，本書目既可補其不足，又可為學人提供更多的查閲明清寶卷書目的綫索。

此外注意收錄辛亥革命前後有重要史料價值及學術資料價值的稿本、抄本等。如康有為手稿《大同書》、《禮運注》、《論語注》、《孟子微》、《康有為詩稿》；梁啟超手稿《番禺梁文忠公日記真迹》；天津籍學者王襄手稿《王綸閣先生稿本匯錄》等。

（二）個别類目的適當調整

宋代學者鄭樵在其所著《通志校讎略》中曾闡明他對目錄分類的觀點，指出『類列既分，學術即明，以起先後本末具在』，意在通過分類來體現學術的先後本末，源流沿襲，使百家九流各有條理。因此古籍圖書分類

的最終目的是給讀者提供一部具有科學分類體系，能夠反映學術源流，條分縷析，層次分明的藏書目錄，以為讀者治學之門徑。

因此這部新的《館藏善本書目》，基本遵循《中國古籍善本書目》所確定的類目，將所收之書按經、史、子、集、叢五部分類體系分類編排。同時參考前人經驗對其中個別類目的隸類做了適當調整，如對《中善目》中子部小説類的調整，《中善目》小説類將古代筆記小説與通俗小説合而為一，下設『筆記、短篇、長篇』三類：『筆記』之下又分『雜事、異聞、瑣語、諧謔』四個小類：短篇之下不設小類：『長篇』之下設『講史、人情、神怪』三個小類。這種設類自然有它的道理，可以説是兼通古今的一種過渡方法。然我館的這部善本書目則是在參考《四庫全書總目》等其他書目的基礎上，仍在子部設小説家類，集部設小説類，以為這樣類屬更為明瞭。再是集部別級類，《中善目》將各朝代別集直接列入二位類，如『漢魏六朝別集、唐五代別集、宋別集』等。而《四庫全書總目》的分類則突出『別集類』，使之與『總集類』并行。即在楚辭類後設『別集類』，以下再按各朝別集分之。我們以為這樣的類屬更為合理，故將『別集類』列為二位類，列各朝別集為三位類。

此外，根據館藏實際情況，對一些類目的設置略作變通。主要表現在以下兩個方面，一、本着依書設類的原則，無書者不再設類；二、收書少者采取暗分明不分的排序原則，衹反映到二級類目，以避免類目的冗繁。

（三）增加著錄內容，擴大信息量

目前所見到的圖書館的古籍藏書目錄，從編纂體例來説，大多是屬于簡易的簿錄式目錄，衹著錄書名、卷

數、著者、版本、校跋者、冊數這些基本内容，這樣的簡單著録對讀者利用，尤其是據以鑒定古籍版本顯得信息量不夠。有鑒于此，館藏善本書目在編製時將原書中比較直接的與鑒定版本有關的信息盡可能地揭示出來，以擴大目録的信息量，使讀者見目如見書，指導讀者按圖索驥，擇優索取，或為同行之間在古籍版本鑒定方面提供一些參考依據。本書目除對每書的基本内容，如書名、卷數、著者、版本、後人校跋、冊數的著録做到力求準確之外，還增加對一書行款、版式、刻書牌記、有無刻工、封面中所涉及的刻書年代、刊刻者室名齋號、藏版地，以及藏書印章的内容和形制的著録。這些雖然衹是古籍版本鑒定中的部分内容，但它是最基本的、最直接的依據。

本書目的版式設計和文字排版，由劉繼銘和欒威先生負責，在數年編目過程中，增删文字不計其數，他們以高度責任心，高質量地完成了這項工作。在此，我們表示衷心感謝！

限于水平，本書目肯定還有很多疏漏之處，敬請大家不吝賜教！

《天津圖書館古籍善本書目》編委會

二〇〇八年七月二十九日